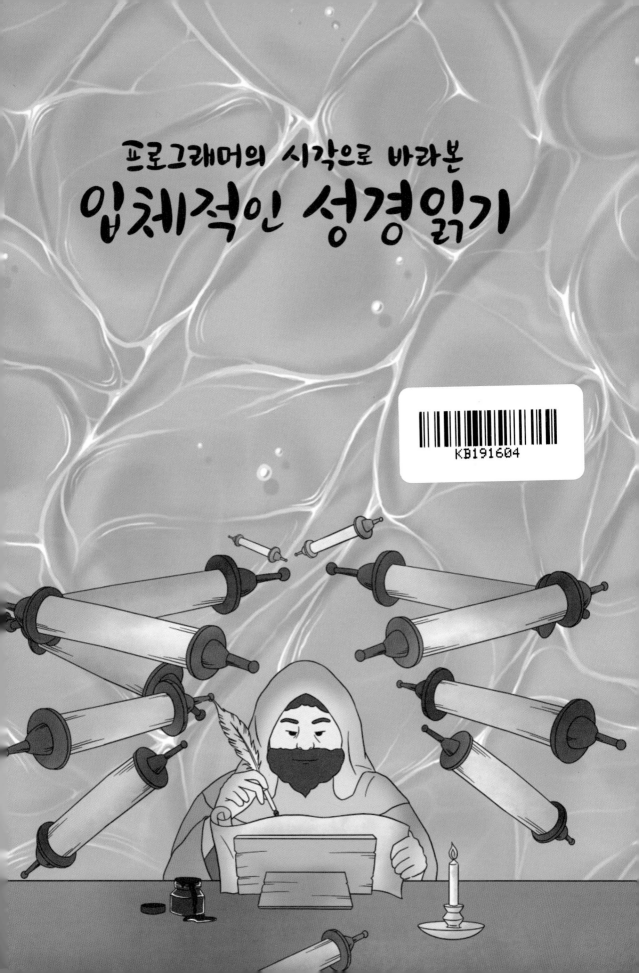

**저자소개**  성경읽는 프로그래머

약 3년 전 세종으로 내려와 세종시에 거주하며 침례교단인 세종꿈의교회에 출석하고 있습니다.
프로그램 개발사를 운영하는 프로그래머이자 프로그램기획자입니다.
성경을 조금 더 편안한 느낌으로 읽을 수 있게 도움을 드릴 수 있지 않을까 하는 생각으로
두 번째 책을 내게 되었습니다.

**다른 책**  《프로그래머가 원리로 설명하는 히브리어 성경읽기》

프로그래머의 시각으로 바라본
# 입체적인 성경읽기

초판 1쇄 발행  2024. 8. 28.

**지은이**  성경읽는 프로그래머(kdj082@kakao.com)
**펴낸이**  김병호
**펴낸곳**  주식회사 바른북스

**3D모형디자인**  성경읽는 프로그래머(kdj082@kakao.com)
**일러스트지도**  성경읽는 프로그래머(kdj082@kakao.com)
**표지디자인**  김서정(김고등)(tjwjd997@naver.com)
**표지캘리그라피디자인**  해손글씨(calli.hae11@gmail.com)

**등록**  2019년 4월 3일 제2019-000040호
**주소**  서울시 성동구 연무장5길 9-16, 301호 (성수동2가, 블루스톤타워)
**대표전화**  070-7857-9719 | **경영지원**  02-3409-9719 | **팩스**  070-7610-9820

•바른북스는 여러분의 다양한 아이디어와 원고 투고를 설레는 마음으로 기다리고 있습니다.

**이메일**  barunbooks21@naver.com | **원고투고**  barunbooks21@naver.com
**홈페이지**  www.barunbooks.com | **공식 블로그**  blog.naver.com/barunbooks7
**공식 포스트**  post.naver.com/barunbooks7 | **페이스북**  facebook.com/barunbooks7

ⓒ 성경읽는 프로그래머(kdj082@kakao.com), 2024
ISBN 979-11-7263-110-9 93230

# 목차

# 머리말

제 첫번째 책인 "프로그래머가 원리로 설명하는 히브리어 성경읽기"에 이은 두번째 책입니다.
약 15년전쯤 초안을 구성하고 보관되어 있던 자료를 다시 꺼내 이렇게 마무리를 하게 되네요.

사실 15년전에는 책을 출간할 목적이 아니라 개인적으로 성경을 좀 더 깊이 묵상하고 싶어서 만들었던 내용을
이번에 취합 교정하였습니다.
성경은 어려서부터 읽었지만 숙제처럼 읽는 것에 불과했기에.. 신앙을 가지고 있지만 성경은 늘 어렵고 힘든
책이었거든요.
그런 성경이 어느날부터 재밌어지기 시작하더니 지금은 제가 제일 재밌게 읽는 책이 되었습니다.

저는 암기하는 것을 정말 못하고 싫어하는 평신도 프로그래머입니다.
그렇기에 성경을 최대한 이야기로 엮어서 흐름으로 이해하려고 무던히 노력했던 기억이 납니다.

저처럼 성경을 부분적으로는 알지만 전체적으로는 연결되지 않고 어려우신 분들에게는  '맨 땅에 헤딩'하며
정리한 이 자료가 조금은 도움이 되지 않을까 하는 마음에 이렇게 책을 쓰게 되었습니다.

---

이 책을 쓰며 제가 제일 중요하게 생각한 내용은..
**"인간의 한계와 하나님의 절대주권의 인정"입니다.**
프로그래머라는 직업의 특성상 저는 모든 것을 "참과 거짓"으로 나누는 이분법적인 생각이 저도 모르게 생활화
되어 있었습니다. 아니 아직도 그렇습니다.

이런 제게 창세기 1장부터 11장은 제일 어려운 부분인 것이 너무도 당연한 일이었구요. 머리에서 이해가 되지
않으면 절대 받아들이지 못하는 성격이었으니까요..
그간은 "믿음"이 아닌 "믿으려고 노력"하는 모습이었던 것 같습니다.

하지만 [욥38:33] 네가 하늘의 궤도를 아느냐 하늘로 하여금 그 법칙을 땅에 베풀게 하겠느냐라는 구절을 통해
고집스런 내 생각을 내려놓고, 인간의 한계를 느끼면서 성경을 바라보는 시각이 변하게 된 듯 합니다.

---

**또 한가지는 '겸손'입니다.**
어느날부터 성경을 읽으며 "영적성숙이 아닌 지식"이 쌓이기 시작하자 내면 깊은 곳에 자리잡고 있던
"교만"이라는 싹이 자라나는 것을 느꼈습니다.

그때 제게 알게 하신 것이 "바벨론과 앗수르는 하나님이 사용하신 나라, 막대기에 불과하다"는 점입니다.
하나님의 일에 사용되는 것과 영적성숙은 전혀 다른 부분이라는 점을 알게 하셨기에 이 책을 쓰는 동안 제가
바벨론이 되고 앗수르가 되지 않기를 기도했습니다.
부끄럽지만 다른 사람들을 세우는 것도 좋지만 제가 무너지지 않게 해달라는 기도를 하며 책을 쓴 것 같습니다.

신학자도 역사학자도 아닌 평신도 프로그래머이기에 목회자분들이 전하여 주시는 깊이 있는 말씀을 감히 따라갈 수는 없지만, 반면에 신학을 하지 않은 일반인 평신도 분들의 입장은 같은 상태라 잘 알기에 어떤 면에서는 이게 장점이 될 수도 있지 않을까 하는 기대도 아주 살짝? 해봅니다. ㅎ

---

그간 제가 제일 어려웠던 부분은 신학을 배우지 못했기에 올바르고 정통성있는 자료를 찾는 일이었습니다.
물어볼 곳도 없고, 혼자의 노력으로 해결이 안되기에 제가 원어로 읽기 위해 히브리어를 배운 것이기도 합니다

그런데 인터넷상 자료를 찾으며 제가 제일 놀랐던 점은 이단들의 열심이었습니다.
세상적 기준으로만 보면 정통과 이단이라는 것은 어쩌면 "신자의 수"일수도 있다고 생각합니다.
(오해하심 안되요.. '세상기준으로만 보면' 입니다)

그런데 제가 자료를 찾으면 정말 많은 이단교회의 글들이 넘쳐나고 있더라구요.
읽어가다 이상해서 보면 이단교회이고 하다보니, 언젠가부터 검색을 하고나면 자료를 읽기 전에 어떤 교파인지를 살피는 것이 버릇이 되었을 정도입니다.

**지금 시대를 살아가며 우리는 얼마나 "하나님의 일을 향한 열정"을 가지고 있을까요?**
상대적으로 적은 수인 이단교회들의 열심을 보며, 저를 포함한 다수의 정통교회 성도님들은 유대인들이 가진 선민의식처럼 살고 있지 않을까요?

남유다 멸망기에 "하나님의 성전이 있는 곳이기에 예루살렘성은 무너지지 않는다"라고 백성들은 생각했습니다.
하지만 하나님의 생각은 다릅니다. "나는 네 대적이라"고 말씀하십니다.
[렘21:13] 여호와의 말씀이니라 골짜기와 평원 바위의 주민아 보라 너희가 말하기를 누가 내려와서 우리를 치리요 누가 우리의 거처에 들어오리요 하거니와 나는 네 대적이라
정통교회에 단지 몸만 출석하는 것이 구원을 의미하는 것은 아니라고 생각합니다.
이 책을 통해 아직 성경이 어렵고 이해가 안되시는 분들이 "하나님을 향한 열정"을 가지고 살아갈 수 있도록.. 말씀을 재밌게 읽을 수 있도록.. 하나의 길을 제시하여 줄 수 있었으면 하는 소망을 가져봅니다.

---

마지막으로..
언제나 못난 자식을 향한 기도로 늘 함께 해 주신 부모님께 감사드립니다.
세종시에 내려와 살며 힘들 때 힘이 되어주신 혜숙목자님, 은정간사님께도 이 자리를 빌어 감사의 인사를 전합니다.
세종 꿈의교회 복사님들과 전도사님들께도 감사의 말씀을 전합니다.
말씀과 매일 아침묵상(RT)을 통해 무너지지 않게 새 힘을 주셔서 지금까지 온 것 같습니다.
이 책을 보시는 모든 분들께 주님의 평강이 함께 하시길 기도합니다.

세종시 소담동에서 **성경읽는 프로그래머**

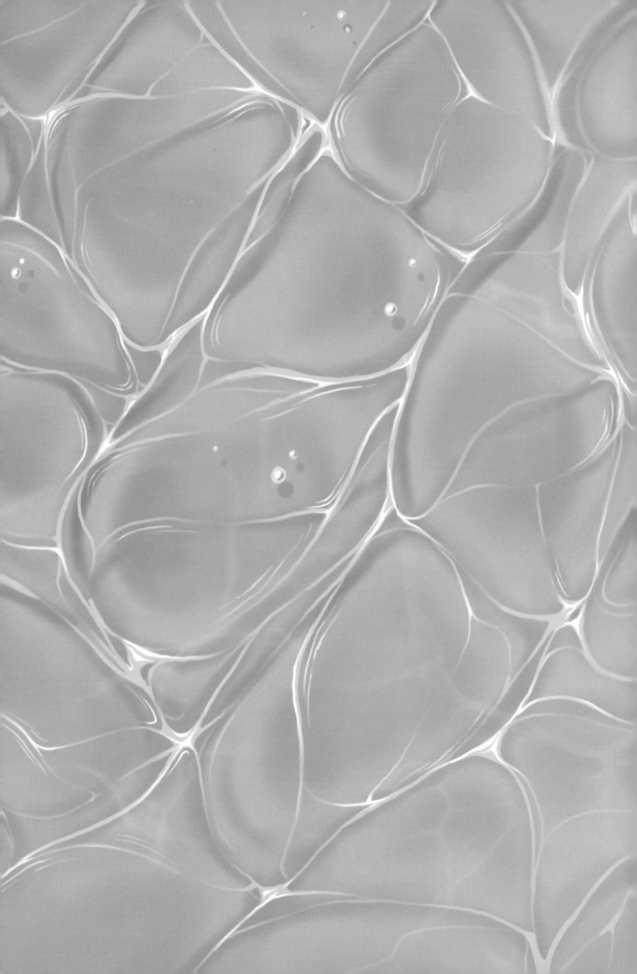

프로그래머의 시각으로 바라본
# 입체적인 성경읽기

1부 입체적인 성경읽기를 시작하며

# 이 책의 특징

보통 성경읽기책 또는 성경요약책의 경우 시대순, 역사순 또는 성경의 목차순등으로 정리를 합니다.
이 책의 경우도 기존의 형식을 기본적으로는 유지하지만, 제가 생각하기에 가장 쉽다고 생각하는 방식을 더해
진행을 해 볼 생각입니다. 다만 다른 몇 가지 다른 특징을 적어보도록 할께요.


**특징1. 이 책은 요한계시록을 맨 앞으로 당겨서 배치를 했습니다.**
요한계시록을 맨 앞으로 배치한 이유는, 많이들 어려워하고 무서워하는 부분이기도 하지만,계시록 속에는
예수님이 어떤 분이신지가 사복음서만큼이나 정말 많이 그려져있기 때문입니다.
요한계시록은 종말에 대한 환상이 너무도 많이 나와 어렵게 느껴집니다. 이단사상들도 너무 많구요.
하지만 "어렵다"고 그리고 "잘못 읽으면 위험해"라는 생각에 사로잡혀 읽는 것을 두려워하실 필요 없습니다.
계시록을 어떻게 바라봐야 하는지를 먼저 정리하고 나면, 성경전체를 바라보는 관점도 바꿀 수 있다고
생각합니다.
그래서 앞으로 성경읽으실 때 관점을 바꿔보시면 어떨까 하는 마음에 맨 앞으로 배치했습니다.


**특징2. 에스겔서,스가랴서,다니엘서등 예언서도 꽤나 많은 분량을 할애했습니다.**
에스겔서와 스가랴서,다니엘서는 계시록과도 함께 바라보면 많은 내용이 보이는 것 같습니다.
**특히 에스겔성전의 경우는 제가 한 절 한 절 체크해가면서 3D모형을 직접 그렸습니다. (동영상 링크 있어요)**
기존에 인터넷이나 자료들을 보면 에스겔성전 모형들이 성경에 기록된 내용과 다른 이상한 부분이 너무
많더라구요.
게다가 에스겔성전 특징을 설명하면서 "휘장이 없다! 여인의 뜰,이방인의 뜰이 없다"등등의 받아들이기 어려운
설명들이 많기도 하고 성전의 그림 자체도 성경기록과 다른 부분이 정말 많습니다.
우리가 어려워하는 에스겔성전환상은 사실 성경에 3장 정도에 불과한데도 왜 이렇게 많이 다른지 모르겠습니다.
부분적인 관점은 다를 수 있지만 최소한 성경에 분명하게 언급된 부분은 정확히 표현을 해야 에스겔성전이 어떤
의미를 가지는지 부분적으로나마 알 수 있다고 생각하는데, 제 생각에 성경과 다르다고 생각되는 부분이 많아
불가피하게 직접 그리게 되었습니다.


**특징3. 이사야서를 포함한 선지서들의 경우도 가능한 많은 내용을 담으려고 노력했습니다.**
기본적으로 어려워하시는 선지서 부분을 많이 언급하고 이해하기 쉽게 정리하고자 노력했습니다.
창세기는 내용적으로 쉽게 읽어지지만 선지서는 어려우니 늘 속독으로 건너뛰는 모습에서 벗어나는 것도
중요하다고 생각해요.. 성경은 어느 부분만 중요한 것이 아니잖아요?

선지서를 "○ ○ ○ 요약"등으로 정리된 내용을 보면 보통 활동시기, 시대적 배경, 저자의 이름 뜻, 주요
줄거리정도로 요약된 내용들이 많습니다.
예를들어 오바댜의 경우 "에돔 멸망에 대한 예언이다"를 아는 것이 성경을 읽는데 진짜 중요한 부분일까요?
많은 선지서들의 멸망예언들의 주제가 "훗날 역사적으로 성경내용이 어떻게 이루어졌다" 라고 증명하는 것만은
아니라고 아니라고 생각합니다. 선지서는 역사서가 아니니까요..
멸망하는 에돔이,바벨론이 그리고 북이스라엘과 남유다가 현재의 우리의 모습이라는 것이 더 중요합니다.
멸망하는 나라들에 대한 예언의 말씀은 현재를 살아가는 우리에게 하시는 말씀이라는 것이 더 중요한 핵심이라고
생각합니다. 어쩌면 우리에게는 회복만큼이나 중요한 것이 "그들이 왜 멸망했는가?"라는 점입니다.

서점에 가면 성경의 역사적 배경과 흐름등을 주로 설명하면서 성경에 나오는 사건들을 이해하기 쉽게 하는 것에 중점을 둔 서적들이 많고 이 방법도 매우 유용합니다.
하지만 이런 방식은 이미 다양하게 많은 목회자님, 교수님들이 좋은 책을 많이 출간하셨기에,
이 책은 프로그래머이자 일반인인 "제가 읽고 만난 성경"을 정리한 살짝 다른 저만의 스타일이라고 생각해 주셨으면 합니다.

아 그리고..
제 기준에서 지금까지 만난 분들을 보면.. 대충 이런 것 같습니다.

▷ **창세기~사무엘하까지** : 대충 흐름도 알고 설명하라면 좀 어려워도 말씀 들으면 대충 어떤 이야기인지 안다.
▷ **열왕기/역대기** : 부분 부분 많이 들어 본 내용인데 전체적인 내용은 잘 모르겠다.(왕족보까진 외울 생각 없다!)
▷ **에스라/느헤미야/에스더** : 에스더는 대충.. 나머지는 어렵다.
▷ **욥기/시편/잠언/전도서/아가** : 어려운 말은 아닌데 내용이 안들어온다.(그냥 욥기는 두 배의 축복정도라는 정도?)
▷ **이사야~말라기까지** : 아! 여긴 읽었다에 의의를 두어야겠다. 일독이 중요한거야! 빠르게 빠르게~~

모태신앙인데.. 예수님을 믿은지 10년이 되었는데..
그럼에도 불구하고 처음에 어렵던 선지서가 아직까지도 어렵고 요한계시록이 어려우시다면 살짝 다른 관점으로 관점을 바꿔서 재밌게 읽어나갈 수 있게 작은 도움이라도 되는 책이 될 수 있으면 좋겠다는 생각을 합니다.

제가 신학을 전공하거나 목회를 하는 것이 아니기에 깊이 있는 지식이 부족하다는 단점이 분명 존재합니다.
하지만 일상의 삶속에서 성경을 재밌게 읽어나가고 싶은 일반인 성도분들에게는, 같은 입장의 일반인 프로그래머가 이해 안되는 구절들을 붙잡고 많은 실패와 좌절 속에 맨 땅에 헤딩하는 과정을 거쳐서 정리한 이 방식이 오히려 장점이 될 수도 있다고도 생각을 합니다.

더 예쁜 문구를 쓰면 좋겠는데 생각이 나질 않네요.. **"과부 맘은 홀아비가 안다"**라는 속담도 있잖아요ㅎㅎ
어쨌든 저처럼 정말 바닥에서부터 조금씩 성경을 묵상해가는 일반 성도분들이, 제가 걸어온 길 보다는 조금은 더 쉬운 길로 가실 수 있으시면 하는 맘을 담은 책입니다.

# 제가 성경을 읽는 방법

창세기를 시작하기전 성경을 재밌게 바라보는 시각을 한번 이야기해 보려구요..

여러분은 창세기의 주인공은 누구라고 생각하시나요? 아브라함? 야곱? 요셉?
그런데 이삭을 꼽는 분은 못본 것 같아요..그만큼 특징이 잘 보이지 않는 인물인 거죠.

그런데 창세기를 읽고 나면 늘 의문이 있었어요. 이삭은 왜?라는..
이삭에 대한 이야기는 사실 아브라함의 종인 엘리에셀보다도 적은 분량을 가지는 것 같다는 생각이 들더라구요..
요즘 드라마로 치면, 끝날때 자막으로 " 특별출연 이삭 " 정도로 나오는 느낌?

이삭에 대해서는 성경기록에서 많이 기억하는 것이 아브라함이 제물로 드리려 한 사건입니다.
그런데 사람들이 이 사건에서 기억하는 것은 아브라함의 믿음입니다. 이삭이 아니구요..

그런데 내가 이삭이 되어 이삭 번제사건을 한번 생각해보시면 다른 내용도 보입니다.
모리아산에 오를 때 아버지 아브라함은 "불과 칼"만 들고 오릅니다.
"번제 나무"를 지고 오르는 것은 이삭이지요..당시 이삭 나이는 이십대입니다.
아버지에게 질문도 합니다..
"불과 나무는 있거니와 번제할 어린 양은 어디 있나이까"
이삭은 번제가 무엇인지, 제물이 됨은 죽음임도 이미 알고 있습니다.

모리아산에 올라 아브라함이 이삭을 "결박하여"라고 되어 있어요..
결박당한 걸까요? 아니면 결박당하여준 걸까요?
이십대의 이삭은 건장하고 빠른 힘있는 나이대이고, 아브라함은 이미 최소 백 이십세 노인입니다.

저는 아직도 조금만 피해가 와도 신앙이 흔들릴 때가 많습니다.
그런데 하물며 죽음 앞입니다.
여러분이 이삭이면 어떤 선택을 하셨을까요?

이런 생각을 합니다.
"아.. 다른 어떤 사건을 나열할 필요조차 없을만큼 이 사건이 이삭의 모든 것을 증언하고 있을 수 있구나.."
예수님도 잡히시기 전 겟세마네동산에서 기도하십니다..
"아버지여 아버지께는 모든 것이 가능하오니 이 잔을 내게서 옮기시옵소서 그러나 나의 원대로 마시옵고 아버지의 원대로 하옵소서 하시고" 아버지의 뜻에 오직 순종입니다.

이삭도 동일하게 볼 수 있다고 생각합니다.
이삭은 선하신 하나님이 죽이지 않으리라.. 아니면 죽어도 살리시리라..
아니 그리 아니하실지라도 오직 아버지의 선하신 계획을 믿고 순종하리라..
이 사건을 이렇게 생각하면 적은 분량에 불과하지만 이삭에 대해 많은 것을 보여준다고 생각합니다.

제가 직업이 프로그래머이다보니 시스템 제작시 사용자입장, 관리자입장, 대표이사의 입장이 되어 그들의 필요와 편의를 생각하며 작업합니다.

이게 오랜시간 버릇이 되어 성경을 묵상하면서도 제가 성경속 사건의 당사자가 되어 바라보는 버릇이 생겼습니다..

이런 시각으로 바라보면 재밌고도 입체적인 성경을 만날 수 있는 것 같습니다.

또 한가지..성경의 기본적인 흐름을 알고 있는가를 알기 위해서는 각각의 성경을 짧게 요약해서 설명할 수 있으면 기본적인 출발은 된다고 생각합니다.

창세기부터 사무엘하까지는 각 성경이 크게 배경지식이 없어도 이야기의 흐름이기에 이게 가능합니다. 많은 분들이 여기까지는 대충 가능하지 않으실까요?

하지만 선지서,예언서들은 좀 복잡한 과정이 필요하기에 많이 어려워 하시지요..

창세기 하면 대충 나오는데 스바냐서는 되실까요? 스가랴서는요?

스가랴서를 학개선지자와 함께 '성전재건 독려'라고만 기억하신다면 많은 메세지를 놓치고 계신 것이랍니다.

아..혹시 오해하실까봐 추가로 말씀드릴 것이 있네요.

요새 "성경 몇 분 요약"등의 영상도 많고 "성경요약책"도 많다보니 대충 이야기 구성이나 흐름은 이해하시는 분들이 많아진 것 같습니다. 참 감사한 일입니다.

이런 좋은 자료들도 정말 큰 의미가 있어요..

그런데 이런 강의나 책을 보고 설명할 수 있는 것이 "성경을 깊이 있게 묵상하고 있다"와는 전혀 다른 이야기란 점입니다.

이런 방법은 좀 더 쉽게 다가가는 길을 제시하여 주는 것이지 결국은 스스로 성경을 읽어가며 "내가 만난 성경"이 되어야 한다는 점입니다.

영상만 보고, 책만 보고..

**실제 성경은 안 읽으면서 "아 쉽다,대충 이해된다"로 끝나시면 절대 깊은 묵상으로 나아가실 수 없습니다.**

**스스로 직접 읽으며 직접 만나는 성경 즉, "진짜 내가 만난 성경"이 되시면 좋겠다는 생각을 합니다.**

마지막으로 시드기야왕 9년에, 첫째 해 첫째 달, 고레스왕 원년에..

이런 부분이 사실 의미없이 지나가기 참 좋은 구절입니다.

그런데 이 부분을 정확히 보고 넘어가는 것은 아주 중요합니다. 시기와 배경 두 가지를 알려주는 부분이니까요.

이 부분은 다니엘, 에스겔등 뿐만 아니라 출애굽기와 민수기등을 읽어나가는데도 아주 중요합니다.

심판을 이야기하는데 이게 에돔인지 남유다인지, 마지막 때를 말씀하시는데 이게 남유다인지 아니면 예수님의 다시 오심인지 전혀 다른 의미를 가지게 되잖아요?

이를 이해하시는 것이 이후 전개되는 사건 이해에 큰 도움을 줍니다.

제일 대표적인 부분이 다니엘서로 다니엘서는 시간순이 아닌 주제별로 뒤섞여 있습니다.

바벨론에서 바사로 바사에서 바벨론으로 .. 다시 바사로.. 이런 부분을 놓치면 성경에 담긴 많은 부분을 놓치게 되니 꼭 신경써서 읽어 내려가시면 좋겠습니다.

# 성경의 큰 흐름 잡기

성경을 이야기로 한번 적어볼까요?
혹시라도 아직 전체 성경의 흐름이 어려우신 분들도 있으실 수 있으니까요..

## 창세기

창세기는 1장~11장 / 12장~50장으로 크게 나누어집니다.
앞부분은 천지창조, 아담과 하와, 가인과 아벨, 족보, 노아의 홍수, 바벨탑사건등이 있습니다.
뒷부분은 아브라함부터 요셉까지의 이야기가 기록되어 있는데, 애굽에 팔려간 요셉을 통해 이스라엘민족이
애굽으로 내려가 거주하게 되는 이야기입니다. 마지막에 요셉이 죽고 요셉을 모르는 왕이 일어난다며
마칩니다. (복선)
아.. 한가지.. 뒤에 나오는 욥기의 배경이 창세기 정도의 시대입니다. 족장시대 이야기입니다..

## 출애굽기

창세기의 마지막이 시간이 지나 요셉을 모르는 왕이 일어나는 부분이었습니다.
당시 애굽의 총리로 신망받던 요셉이기에 애굽으로 내려간 이스라엘 민족은 편안한 삶을 살았었겠지요?
그런데 요셉을 모르는 왕이 일어나고 상황이 급변합니다. 430년이 흐르고 이스라엘 백성들이 노예가 되어
있습니다.
출애굽기는 창세기에 붙어있지만 약 430년이 흘러 노예생활을 하는 이스라엘 백성의 모습에서 출발을 합니다.
70명이(창 46장)애굽에 내려갔는데 장정만 60만(출 12:37, 38)의 민족이 되어 있습니다.
이런 상황에서 하나님은 택하신 백성을 통해 하나님이 왕이신 나라를 세우시기 위해, 모세라는 지도자를 택하시고
10재앙으로 대표되는 재앙을 통해 이스라엘 백성들을 출애굽하게 도우십니다.
홍해가 갈라지는 등의 사건을 지나 시내산에 도착하게 되지요.

## 레위기

시내산에서 받은 율법입니다. 요즘으로 치면 법전정도 되겠지요? 정말 어렵고 재미없을 수 있는? 부분입니다.
중요한 책이지만 일단 성경이 처음이시면 넘어가셔도 흐름 파악에는 지장이 없는 부분입니다.
딱 한가지 기억하실 부분은 아직도 시내산입니다.

## 민수기

민수기의 시작은 아직도 시내산입니다. 혹시 예전에 배운 국가의 3요소 기억하시나요? 국민, 주권, 영토입니다.
애굽에서 큰 민족을 이루었으니 "국민"은 완성입니다.
하나님이 다스리는 나라여야 하기에 시내산에서 율법을 주셨죠? "하나님의 주권"도 완성입니다.
이제 남은 한가지, 영토가 필요합니다. 그런데 하나님이 주신 젖과 꿀이 흐르는 땅인 가나안 땅에는 이미 다양한
민족들이 거하고 있기에 전쟁을 해야 합니다.
전쟁을 위한 첫 단계는 전쟁을 위한 인구조사입니다. 이게 민수기입니다.
그런데 중간에 중요한 사건이 있습니다.
정탐꾼들이 하나님을 신뢰하지 못하고 정복전쟁을 거부합니다.
이 때문에 40년간 광야를 돌며 출애굽한 1세대가 모두 죽게 되지요..

불순종으로 인하여 40년의 광야생활을 보낸 후 다시 정복전쟁을 준비합니다.

전쟁전에 무엇을 해야 했지요? 네.. 인구조사입니다.

이것이 2차 인구조사인데 안그래도 인구조사는 읽기 힘든데 두번이나 들어가 더 힘들어졌지요..

민수기는 '백성을 센 기록'이라는 의미로 두 번의 인구조사가 기록되어 있습니다.

아.. 그리고 잊지말아야 할 부분은..

<u>요단의 동쪽편은 이미 정복을 하고 르우벤, 갓, 므낫세 반지파에게 분배되었습니다.</u>

<u>즉, 민수기가 끝나는 지금 위치는? 이미 정복한 요단 동편입니다.</u>

## 신명기

요단 동편을 정복하며 마친 민수기에 이어지는 책인데요..

내용이 지금까지의 내용의 요약판 같이 많은 부분이 중복입니다. <u>장소이동이 없어 아직도 요단동편입니다.</u>

이유는 단순합니다.

지금까지 리더로 백성을 이끈 <u>모세의 고별설교거든요..</u>

모세는 므리바사건(민20장)으로 가나안 땅을 밟지 못하리란 말씀을 듣고 실제 바라만 보고 죽음을 맞이합니다.

이 모세가 죽음을 앞두고 백성들에게 한 마지막 설교입니다.

그런데 이 설교를 한 이유를 생각해보셔야 합니다

정복전쟁을 두려워하고 믿음없음으로 광야1세대가 여호수아와 갈렙을 제외하고 모두 죽은 상태입니다.

1세대는 사실 홍해의 기적도, 이집트의 10재앙도 경험한 세대이지만 2세대는 아닙니다.

<u>이런 광야2세대에게 하나님이 어떻게 이끄셨고 백성들이 어떻게 불순종했는지를 다시 한번 정리하며 믿음을 더하기 위한 모세의 설교입니다.</u>

사실 신명기는 구약성경 마지막 책인 말라기와 함께 "콕 찍어서 이스라엘 백성을 향해 말씀"하신 두 권의 말씀중 하나입니다. 그렇기에 나중에 구약의 마지막 책 말라기를 읽으시면서 신명기를 연결해서 생각해 보시면 좀 더 다가오는 성경을 만나실 수 있습니다.

신명기는 또한 앞으로 벌어질 일들 (예>백성들이 왕을 요구등)에 대해서도 많은 것들이 담겨 있기에 열심히 묵상하셔야 합니다..ㅎ

나중에 북이스라엘과 남유다로 분열왕국이 되는 이유도 나오는 등 아주 많은 이야기가 담겨있는 책입니다.

## 여호수아

자.. 이제 요단을 건너며 정복전쟁을 시작합니다. <u>드디어 가나안으로의 장소이동이 시작됩니다.</u>

홍해가 갈라짐 같이 요단도 갈라집니다.

단지 홍해는 모세가 지팡이를 들자 갈라졌다면 요단은 발걸음을 내딛어 물을 밟자 갈라졌기에 믿음의 단계, 믿음의 성장이 필요하다등으로 많이 언급합니다..

<u>여호수아서는 정복전쟁을 하고 각 지파별 땅분배까지 이야기들이 주된 내용입니다.</u>

그런데 가장 중요한 것을 거주하던 모든 민족을 멸하라는 말씀에 순종하지 않은 점입니다.

훗날 이것은 지속적으로 이스라엘 백성들의 발목을 잡는 사건이 됩니다.

그리고..정복전쟁인데 사실 전투로는 네 건만 기록되어 있습니다.

여리고성전투, 아이성전투, 남방정복, 북방정복입니다.

여호수아서를 다 읽었는데 여리고성과 아이성전투만 생각난다? 맞아요..ㅎㅎ
나머지는 좀 묶여 있기에 전쟁으로는 두 정복전쟁만 상세하게 언급되어 있습니다. 잘 읽으신 거예요.


## 사사기

또 시간이 흐릅니다.
당시는 왕이 없던 때이고 지도자인 제사장이 정치?도 감당하던 시기입니다. 신정일치라고 하나요?
"모든 민족을 멸하라"는 명령의 불순종하며 남겨둔 이방나라와 민족들에게 오히려 고통 받는 모습들이 그려집니다.
좀 더 정확히는 불순종하여 남겨둔 이방민족들에 의해 우상숭배등이 만연했기에 고통을 받았다고 할 수 있을 듯
합니다.
사사기는 12사사가 나오는데 사사가 누구든 사건이 무엇이든 상황은 동일합니다.
백성들의 타락>이방민족을 통한 심판>사사를 보내시고 백성들이 회개>또 다시 타락
어찌보면 지금 우리의 모습인듯도 합니다.
사사기는 "그 때에는 왕이 없으므로" 로 대표되는데 이제 신명기에서 모세가 예언한 백성들이 왕을 요구하는
지점까지 왔습니다. 사사기는 이렇게 마칩니다.


## 룻기

뜬금 없어 보이는 이방여인(모압여인)의 사랑이야기입니다.
성경에서 여인이 책 제목인 것은 룻기와 에스더 둘입니다.
그 중 에스더는 바사(페르시아)에 포로로 끌려간후 귀환하지 않은 디아스포라이니 이방여인으로는 룻기가
유일합니다.
사랑이야기처럼 보이지만 사실은 다윗왕의 계보를 보이기 위한 책으로, 앞으로 사무엘상 사울왕을 거쳐 이어지는
"이스라엘의 진정한 왕인 다윗왕"으로 연결시키며 왕정시대의 출발을 알리는 책입니다.


## 사무엘상하

엘리 제사장 한나 이야기등이 있지만 가장 중요한 것은 이스라엘의 초대왕 사울과 다윗왕의 이야기가
담겨있습니다. 사울왕은 사무엘상에 다윗왕은 사무엘하에 나옵니다
왕이기에 열왕기와 역대기에도 있지만 사무엘상하에 더 많이 있습니다.
사울과 다윗 모두에게 왕으로 기름붓는 이가 한나의 아들 선지자 사무엘입니다. 그래서 한나이야기가 있어요.
이어지는 열왕기는 분열왕국의 시작이 되는 솔로몬왕부터 시작합니다.


여기까지가 창세기부터 사무엘하까지 간단히 요약해 보았습니다.
지금 저도 지금 머릿속에 생각나는 중요사건들을 떠오르는 대로 적었기에 놓친 중요한 부분도 있을 수 있습니다.
하지만 이렇게 대충 흐름을 이야기로 풀어 자신만의 이야기로 설명할 수 있다면 기본적인 성경읽기는 쉬워집니다.


저작년대가 언제이고 등등을 암기하는 것보다 중요한 것이 이렇게 각자의 이야기로 풀어낼 수 있느냐입니다.
큰 뼈대가 잡히면 살은 금방 붙습니다. 성경은 암기하고 학습하는 책이 아닙니다.
다음 페이지부터는 통일왕국에서 신약의 예수님까지를 연결시켜 보도록 하겠습니다.

앞에서 사무엘하까지 간단히 정리했습니다.

처음에는 바로 각론으로 들어가고 열왕기를 시작하기 전에 이후 내용을 또 정리하고 시작할까 생각했었는데 아예 전체적인 내용을 이야기로 보시는 편이 성경을 바라보시기에 편할 듯 해서 바로 이어 정리합니다.


## 통일왕국의 시작부터 예수님 탄생까지 이야기

이스라엘이라는 초대왕 사울, 2대왕 다윗을 거쳐 3대왕 솔로몬왕까지만 통일왕국을 유지합니다.

이후 솔로몬의 아들 르호보암이 중심이 된 남유다와, 여로보암을 중심으로 하는 북이스라엘로 분열왕국이

시작됩니다.


두 나라는 모두 분열왕국시대에 20명의 왕이 통치를 하게 되는데 북이스라엘이 앗수르에 의해 주전 721년 먼저

멸망을 하게 되구요.

남유다는 주전 587년 강성하던 앗수르를 멸망시킨 바벨론에 의해 멸망을 하게 됩니다.


여기서 기억하셔야 할 부분은 두 나라를 멸망시킨 앗수르와 바벨론의 정복후 정책이 판이하게 달랐다는 점입니다.


### 앗수르

앗수르는 철저하게 민족 말살정책을 펼칩니다. 모든 이들을 죽였다는 의미가 아니구요..

예를들면 정복한 A나라의 국민의 일부를 다른 정복한 나라인 B나라에 이주시키고, 반대로 B나라국민을 A나라로

이주시키는 방식의 혼혈정책을 펼칩니다.

이런 방식으로 민족성을 지워버리는 정책은 반란을 최소화 할 수 있는 아주 손쉬운 방식이었습니다.

앗수르에 멸망당한 북이스라엘도 동일하게 혼혈정책을 펼쳤기에 인종이 섞인 사마리아인이 탄생하게 됩니다.

훗날 예수님 시대에도 사마리아인과는 왕래를 하지 않는 모습을 보이지요..


북이스라엘을 멸망시킨 앗수르는 남유다도 당연히 침공을 하지만 뜻을 이루지 못하고 돌아갑니다.

만약 남유다도 앗수르에 멸망했다면 유대인은 역사속에서 사라졌을겁니다.

하지만 하나님은 아브라함과 세운 언약을 이루시는 분이기에 남유다는 앗수르의 침략에서 구원을 받습니다.


### 바벨론

남유다는 이런 은혜가운데서도 돌이키지 않는 모습을 보입니다.

결국 예레미야,하박국등의 선지자를 통해 바벨론에 멸망하고 70년의 포로생활을 하게 될 것을 말씀하십니다.

하나님의 계획은 신실하게 이루어지고 남유다인들은 바벨론에 끌려가 70년의 포로생활을 거친 후 돌아옵니다.


여기서 기억하실 부분은.. 바벨론에 남유다가 한방에 무너진 것은 아니랍니다.

마지막 3차포로를 끌고가며 예루살렘성이 파괴되고 남유다도 멸망하게 됩니다.

1차,2차는 포로를 끌고 갔지만 예루살렘성은 남아 있었고 3차침공시 예루살렘성이 무너지고 멸망합니다.

여기서 잠시 생각해 볼 부분이 있습니다.
바벨론입장에서 생각해보면 어떤 포로를 끌고 갈까요?
결국 능력있는 자들부터 끌고 가고 남는 이들은 점점 더 힘없고 능력이 없는 이들일 껍니다.

앞에서 본 것 처럼 바벨론은 세번에 걸쳐 포로를 끌고갑니다.
**1차포로** : 왕족중심(왕족이 지식도 많고 또한 왕족이 사라지면 반란도 막을 수 있겠지요?,다니엘도 이 때
끌려갑니다.)
**2차포로** : 기술자중심(당시 왕인 여호야긴왕과 에스겔 포함)
**3차포로** : 나머지 쓸만한? 인물들..

재밌는 부분은 당시 포로로 끌려가지 않고 남은 이들은 "포로로 끌려간 이들은 그들의 죄때문이다"라고
생각했다는 점입니다.
이 부분은 에스겔서에서 자세히 다룹니다.

앗수르의 정책과 중요한 차이는 포로생활이란 점입니다.
즉, 바벨론은 앗수르처럼 혼혈정책을 펼치는 대신 주요인물들을 포로로 끌고가 자신들의 학문등을 가르치고
교육하며 민족동화정책을 펼칩니다. 대표적인 인물이 다니엘이지요?
여튼 이렇게 정복후 방식이 달랐기에 유대인은 민족성을 유지하게 됩니다.
이것 역시 언약을 이루시는 하나님 계획입니다.


**바사 고레스왕의 포로귀환**
70년이 지나고 바벨론을 멸망시킨 바사의 고레스왕은 고레스칙령을 내리며 유대인들이 귀환해서 성전을
건축하도록 합니다. 포로 귀환 역시 포로와 마찬가지로 3차에 걸쳐 이루어집니다.

**1차 포로귀환**
총독 스룹바벨과 대제사장 예수아가 리더입니다. 돌아온 이들은 새로운 성전의 기초를 놓습니다.
하지만 거주하고 있던 사마리아인들이 자신들도 성전 건축에 참여시켜 달라고 하고 이를 거부하자(이유는 앗수르
혼혈정책이 되는 거 이해되시죠?) 성전 건축을 방해하게 되고 16년간 성전건축은 중단됩니다.

이때 등장한 선지자가 학개와 스가랴입니다.
이들은 성전건축을 중단한 이들에게 "성전은 무너져 있는데 너희들만 판벽한 집에 거하는 것이 옳으냐"고
책망하고 이에 감동한 백성들은 다시 성전재건을 시작합니다.
이 때가 주전 520년입니다. 이렇게 다시 시작된 성전건축은 4년이 지나 주전 516년에 완성이 됩니다.

## 2차 포로귀환

2차 귀환의 중심인물은 에스라입니다.

에스라는 "백성들의 영적 생활지도"라는 사명을 감당합니다.

참고로 1차귀환과 성전건축중단, 그리고 학개/스가랴 선지자를 통한 성전재건의 실제 이야기는 에스라서와 느헤미야서에 담겨있습니다.

학개서와 스가랴서는 설교와 예언이 담겨있기에 귀환후 상황을 읽으시려면 에스라서와 느헤미야서를 읽으셔야 합니다.

참고로 에스라서와 느헤미야서는 원래 1권으로 느헤미야서에도 1인칭이 나오기에 저자에 대한 의견이 분분하고 나뉘었지만 1인칭으로 언급한 부분은 에스라의 '인용'으로 보고 에스라가 저자라고 봅니다.

## 3차 포로귀환

이미 언급된 느헤미야가 중심인물입니다. 귀환한 느헤미야는 " 무너진 성벽재건 " 이라는 사명을 감당하고 52일만에 완성합니다.

**여기까지가 북이스라엘과 남유다가 멸망후 귀환하는 지점까지입니다.**

추가 언급하자면 포로로 끌려간 이들중 귀환한 숫자는 20%에 불과하다는 점입니다.

나머지 80%는 바사에 그대로 남았습니다. 이렇게 귀환하지 않고 남은 유대인들을 "디아스포라"라고 합니다.

이중 대표적인 인물이 "별처럼 빛나는 여인" 에스더입니다.

당시 차별없고 발전된 나라인 강대국 바사에서 철저하게 무너진 이스라엘로의 귀환을 선택하는 일은 쉽지 않은 선택이었을 겁니다.

그래서 에스라서와 느헤미야서에서는 이 거룩한 선택을 한 이름들을 일일히 나열하며 기록하고 있는 거지요..

읽기에 따분하실 수 있어도 이런 배경을 느끼시면 포로 귀환을 선택한 명단을 좀 더 의미를 가지고 읽어가실 수 있습니다.

## 귀환이후 이야기의 시작

그럼 또 이어지는 얘기를 해 볼께요.. 70년 포로생활이 지난 후 귀환이 이루어졌습니다.

거룩한 선택을 한 이들이니 신실하게 살며 하나님의 축복을 맘껏 누렸을까요?

안타깝게도 그렇지 못합니다.

또 다시 범죄와 우상숭배속에 들어갑니다.

구약성경 마지막인 말라기에서 "하나님이 어떻게 우리를 사랑하셨나이까"라는 질문을 던지는 모습이 당시 시대상을 명확하게 보여주고 있습니다.

**이 질문에 대한 대답은 약 400년이 지나 예수님이 이 땅에 오심으로 완성됩니다.**

400년이란 시기를 침묵기, 암흑기라고 하는데 저는 그렇게 생각하지 않습니다.

하나님이 하나님의 때에 하나님의 계획을 완성하시기 위해 참고 기다리신 것이라고 생각합니다.

말라기 이후 이 400년이란 시간동안이 성경에는 기록이 없습니다.

한 장만 넘기면 마태복음이지요..

이 부분을 보통 신구약 중간사라고 하는데 이 부분을 이해하면 신약이 열립니다.

앞으로 신구약 중간사에서 좀더 자세히 다룰 예정이지만 간단히만 우선 살펴보고 넘어가도록 하겠습니다.

신구약 중간사는 마카비혁명등 알아야 할 내용이 많아서 구약성경과 신약성경 사이에 내용을 정리할 생각입니다.

일단 간단히만 정리해볼께요.


## 신구약 중간사

풍족하든 아니든 귀환한 유대인들은 독립적인 민족으로 살고 있었습니다.

이때 대제국이 나타납니다. 알렉산더의 헬라제국이지요..

유다는 다시 또 헬라제국의 지배하에 들어가게 됩니다.

그런데 알렉산더가 젊은 나이(33세)에 인도정복중 열병으로 죽고 헬라제국은 4개로 분열되며 유다는 그 중 2나라(프톨레미왕조, 셀레우커스왕조)의 중간에 끼어 이쪽 저쪽의 지배를 받습니다.


프톨레미왕조는 이집트지역으로 유다의 남서쪽을 지배하고 있었고, 셀레우커스왕조는 유다북부에서 바사지역까지를 지배하고 있었습니다.

유다는 초기에는 프톨레미왕조의 지배하에 있었고, 점차 셀레우커스왕조의 지배하로 넘어갑니다.

당연히 유다 내부에는 두 왕조를 지지하는 분파가 있었기에 혼란스웠겠지요?


이 프톨레미왕조와 셀레우커스왕조 또한 신흥강국인 로마에 멸망당하고, 유대는 다시 또 로마의 지배하로 들어갑니다.


## 로마

당시 로마는 "모든 길은 로마로 통한다"라고 할 정도로 엄청난 제국이었고 이런 큰 제국이 되며 헬라어가 오늘날의 영어와 같이 세계공용어처럼 됩니다.


이 때가 말라기 백성들의 질문에 대한 답을 주시는, 하나님이 그간 참고 기다리셨던 하나님의 때입니다.

이 로마시대에 예수님이 이 땅에 오시고 사역하시고 십자가에서 돌아가십니다.

그리고 세계공용어인 헬라어로 번역된 성경은 로마가 닦아 놓은 길을 통해 열방에 전해지게 됩니다.


당시 로마는 정복한 나라에 자신들의 입맛에 맞는 통치자를 세우는 방식을 택했는데, 이 때 정치적으로 꽤나 능력을 보였던 이두매인 안티파테르가 로마의 권력을 등에 업고 등장하며 유대를 통치하게 됩니다.

이 안티파테르의 아들이 예수님 탄생시 영아학살을 지시한 헤롯대왕이 되는 것이구요.

신약에 헤롯이란 이름도 많고 헷갈리기에 신구약중간사에서는 헤롯가문도 연결합니다.

헤롯가문은 마카비혁명과도 연결되고, 세(침)례요한의 죽음과도 연결이 됩니다.

나중에 로마서 16:10에서 바울이 아리스도불로의 권속에게도 문안하는 인사가 나오는데 이 아리스도불로는 헤롯대왕 차남의 아들입니다.

지금까지 간단하게 통일왕국시대부터 신약성경으로 이어지는 전반적인 흐름을 간단히 정리해 보았습니다.

이 책에서는 역사서들보다는 선지서와 예언서를 이해하는데 더 촛점을 두고 있습니다.
역사서는 배경등이 거의 필요없어서 편히 읽으시는데 선지서와 예언서는 많이들 어려워 하시거든요..
그렇기에 구약성경의 역사서는 간단하게 넘어가고 선지서들을 분열왕국시대의 왕들과 연결하며 상세히 다뤄볼
예정입니다. 이후에 신구약 중간사와 신약성경을 다루게 됩니다.

잘 따라오셔서 재밌는 성경을 만나시길 기도합니다.

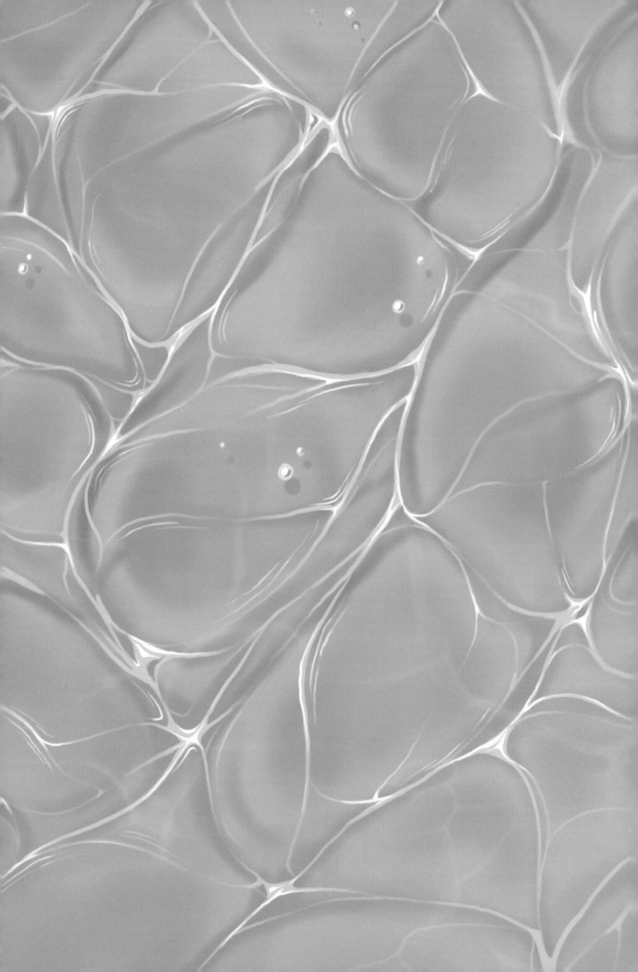

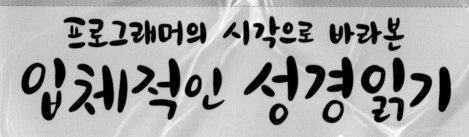

프로그래머의 시각으로 바라본
# 입체적인 성경읽기

2부 성경 돋보기

프로그래머의 시각으로 바라본

# 입체적인 성경읽기

2부 Part 1. 요한계시록

# 요한계시록을 보기 전에..

요한계시록이라고 하면 보통의 경우 '잘못 읽으면 위험하다', '어렵다'등등을 먼저 떠올리게 됩니다.
저 역시 "예언서를 함부로 해석하는 것은 정말 위험한 일"이라고 들으며 살아왔고, 몇 년 전까지
에스겔서/계시록등은 성경을 일독하기 위해 거치는 빠르게 넘어가는 과정중 하나였습니다.

그런데 질문 하나 드릴께요. 혹시 출석하시는 교회에서 요한계시록에 대한 설교말씀을 많이들 들어보셨나요?
저 개인적으로는 모태신앙으로 지금까지 신앙생활을 했지만, 올해 아시아 일곱교회에 대한 설교를 처음
접했습니다.
이단적인 해석이 너무 판치는 세상이 되다보니 계시록/스가랴서등은 정통교회에서 언급하는 것 자체를 꺼리는
상황입니다. 그나마 있는 설교는 일곱교회까지만이구요.
**저도 정통교회를 다니고 있지만 계시록을 보기전에 정통교회 분들에게도 아래 이야기는 꼭 한번 하고 싶습니다.**
일단 말씀을 한번 볼께요.

---

[계22:7] 보라 내가 속히 오리니 이 두루마리의 예언의 말씀을 지키는 자는 복이 있으리라 하더라

---

>>> 성경에서는 이 예언의 말씀을 지킬 것을 말씀하고 계십니다. 피하기만 할 문제는 아니라는 점입니다.
이단들이 판치지 않게 오히려 좀 더 충실하게 양질의 말씀을 하여 주시는 것이 더 중요하지 않을까요?
**설교자체를 피하며 "위험하니 알아서들 조심하라"라고 성도에게 모든 책임을 미루는 "안전위주의 목회가 답이**
**아닐 수도 있다"라고 감히 생각합니다.**
다음으로 사도요한이 요한계시록의 마지막에 적은 말씀을 볼께요.

---

[계22:18-19]
18 내가 이 두루마리의 예언의 말씀을 듣는 모든 사람에게 증언하노니 만일 누구든지 이것들 외에 더하면
하나님이 이 두루마리에 기록된 재앙들을 그에게 더하실 것이요
19 만일 누구든지 이 두루마리의 예언의 말씀에서 제하여 버리면 하나님이 이 두루마리에 기록된 생명나무와 및
거룩한 성에 참여함을 제하여 버리시리라

---

많은 이단사설은 요한계시록의 내용을 현실에 끼워맞추고 자신의 생각을 "더하며" 출발합니다.
정통교회들이 이로 인해 많은 타격을 받고 "휴거, 종말론, 천년왕국, 새 하늘과 새 땅, 환난"등의 단어에 대해
강력한 거부감을 가지고 있기에 계시록 언급을 꺼리게 된 것 같구요.
하지만 성경은 분명히 말씀하고 계십니다. "제하여 버리면" 안된다고.. 하지만 많은 정통교회들에서 일부를 제하여
**버리는 정도가 아니라 요한계시록은 아예 없는 성경과 같이 변해버린 것 같아 너무 안타깝다는 생각을 합니다.**

그러면 왜 요한계시록에 유독 이단사설들이 판을 치는 걸까요?
이는 요한 계시록에 나오는 종말때문이겠지요.
**요한계시록을 해석하면서 종말이 오기전에 일어나는 현상들에 주목하며, 이 종말을 피하는 방법을 찾고자**
**읽어가기에 다양한 이단사설이 발생한다고 생각합니다.**

하지만 요한계시록은 "일어나는 현상을 보고 종말임을 직감하라고 주신 성경이 아니다!"라고 생각합니다.
성경에도 분명하게 기록되어 있습니다.
"내가 진실로 속히 오리라", "내가 도둑같이 이르리니 어느때에 네게 이를는지 네가 알지 못하리라"
요한계시록은 분명 이 예언을 통해 해석하고 그 때를 맞추라고 주신 말씀이 아니라는 겁니다.

**그러면 사람들은 왜 그렇게 "더하여 해석"하면서까지 '그 시기'를 알고자 하는 걸까요?**
아마도 답을 찾으려 함은 아직도 죄 속에 아직 살고 있다는, 그리고 지금 종말이 오면 자신은 구원받지 못할지도
모르는 '두려움'때문일 것이라고 생각합니다.
이번에도 말씀 한번 볼게요.

[계21:8] 그러나 두려워하는 자들과 믿지 아니하는 자들과 흉악한 자들과 살인자들과 음행하는 자들과
점술가들과 우상 숭배자들과 거짓말하는 모든 자들은 불과 유황으로 타는 못에 던져지리니 이것이 둘째 사망이라

제가 계시록을 읽으며 의문이 들었던 구절입니다.
'두려워하는 자들' 뒷부분은 이해가 갑니다. 흉악하고,살인하고,음행하고..
이해가 안 간 부분이 '두려워하는 자들'이었는데 여기서 '두려워하는' 이 헬라어로 '데일로스'(비겁한, 겁먹은,
믿음없는)입니다.

**즉, '두려워 하는 자들 = 믿지 아니하는 자들'**이 되는 것이고 어쩌면 "믿지 아니함의 결과가, 겉으로 발현되는
모양이 두려움"이라는 생각이 듭니다.
우리 현실에서도 이런 두려움 많이 가지고 있지 않나요? 결국 내 주인이시고 모든 것을 아시고 언제나 사랑하시는
하나님에 대한 믿음이 없을 때 현실에서 발현되는 것이 두려움(믿음없음)이고 결과는 사망입니다.

정리해 볼게요.
요한계시록을 읽어가시면서 집중하실 부분은 시기와 징조가 아닙니다.
환상이 어렵다면 느낌만 잡고, 환상을 모두 해석하려고 더하거나 빼지 마세요.
직접가서 보시면 되니 서둘 필요 없잖아요?
보석같이 빛나는 눈이란 표현을 그림으로 그리며 눈에 보석을 그리지는 않지요?
환상이 감이 안오시면 느낌만 잡으시고 환상해석보다 더 중요한 것은 요한계시록이 말씀하고자 하시는 주제라고
생각하는 예수님이 어떤 분이신지를 표현하는 부분에 더 집중하시면 요한계시록이 어렵거나 무섭지 않습니다.

종말? 두려워하지 마세요. 요한계시록? 무서운 이야기 아닙니다.
**우리가 신앙생활을 하면서 바라보는 것은 예수님이 다시 오실때잖아요? 우리가 기다리는 이 때가 종말입니다.**

[계22:13] 나는 알파와 오메가요 처음과 마지막이요 시작과 마침이라

종말이란 단어의 '끝'이라는 의미를 붙잡고 두려워하실 필요 없습니다.
믿지 않는 자에게는 마지막이고 마침이 되는 시기이지만, 믿는 자들에게는 '새로운 시작이고 처음'이 되는
시기입니다.
우리가 입으로는 예수님이 다시 오실 때를 기다린다고 하면서 종말은 무서워한다? 맞지 않습니다.

요한계시록을 읽어가면 예수님이 어떤 분이신지를 그 어느 성경보다도 많이 설명하고 있습니다.
지금까지 바라보던 시각이 아닌 즐거운 마음으로 예수님이 어떤 분이신지 언급된 부분을 하나하나 정리해 두며
읽어가시면 색다른 요한계시록, 재밌는 요한계시록이 되고 무섭게, 위험하게만 생각할 것이 아니라는 것을 알 수
있으실 것이라고 생각합니다.

# 요한계시록 준비단계

요한계시록을 읽기 전에 몇 가지 용어와 개념을 생각해두셔야 합니다.
**대환난,휴거(휴거후 대환란, 휴거전 대환란),전천년설,후천년설,무천년설**입니다.

## 1. 휴거(단어자체는 성경에 없음)

사실 휴거라는 단어는 들으면 제일 먼저 드는 생각은 "이단??" 아니실까요?ㅎㅎ
정확히 성경에 '휴거'라는 단어가 나오지 않습니다. 헬라어가 아닌 한자어거든요.(이끌 휴, 들 거)
휴거라는 단어가 만들어지게 된 구절을 한 번 볼께요.(살전13~18절)

[살전4:16-17]
16 주께서 호령과 천사장의 소리와 하나님의 나팔 소리로 친히 하늘로부터 강림하시리니 그리스도 안에서 죽은 자들이 먼저 일어나고
17 그 후에 우리 살아 남은 자들도 그들과 함께 구름 속으로 끌어 올려 공중에서 주를 영접하게 하시리니 그리하여 우리가 항상 주와 함께 있으리라

이 구절에서 탄생한 "휴거"라는 단어가 이단으로 인하여 문제가 발생하며 거의 금기시 되는 단어가 된 겁니다.
16절에 죽은 자들 , 17절에 살아남은 자들 모두 그리스도 안에 있는 자들은 끌어올려진다고 기록되어 있습니다.

휴거가 문제가 된 부분은 종말론과 더해지면서 날짜를 지정하며 환난을 피해 자신들만이 구원된다는 과거의 많은 이단때문입니다. 두려움을 심어주고 자신들의 교리만이 진실이라고 하지요.
그런데 앞에서 본 것처럼 두려움은 믿음없음입니다. 두려움을 심는 것은 믿음이 없도록 하는 것일 수도 있습니다.
또한 무엇보다 중요한 것은 성경은 두려움을 주기 위해 쓰여진 책이 아닙니다. 온전히 하나님의 사랑을 드러내는 책입니다. 회개하지 않는 백성들에게 사랑으로 끊임없이 선지자들을 보내시기에 선지서가 많아서 성경일독이 부담되고 어렵지요..ㅎㅎ
<u>기본적으로 "두려움을 심으며 자신들의 교리를 믿어야만 환란을 피할수 있다"라고 하면 거의 이단이라고 생각합니다.</u>
계시록을 포함한 모든 성경은 두려움을 심기 위한 것이 아닌 하나님의 사랑을 드러내는 책임을 기억하세요~

휴거와 같이 이해할 부분이 환난입니다. 휴거후 대환란, 휴거전 대환란으로 의견이 나누어 집니다.

## 2. 환난전 휴거설

말 그대로 휴거가 대환난전에 일어나므로 믿는 자들은 환난을 겪지 않는다는 설입니다.(달콤해 보입니다)
종말론쪽에서 많이 사용되고 이단들도 자신들을 믿으면 환난을 겪기 전에 끌어올려진다고 하지요.**(꼭 이단이란 말은 아닙니다. 다음페이지 하단에 말씀드립니다.)**
특징으로는 공중재림과 지상재림 두번이 나옵니다. **개인적으로는 동의하지는 않습니다.**

환난전에 휴거되므로 환난을 겪지 않는다고 보기에, 이단사설들이 두려움의 씨를 뿌리기 아주 좋은 토양이 됩니다.
저는 요한계시록을 묵상하며 성경의 내용과 다르다고 생각해서 동의하지 않습니다.

휴거후 대환난설을 말씀하시는 분들의 근거구절입니다.

[고전15:23-24]
23 그러나 각각 자기 차례대로 되리니 먼저는 첫 열매인 그리스도요 다음에는 그가 강림하실 때에 그리스도에게 속한 자요
24 그 후에는 마지막이니 그가 모든 통치와 모든 권세와 능력을 멸하시고 나라를 아버지 하나님께 바칠 때라

어떠신가요? 휴거후 대환난설의 경우는 재림이 두 번(공중재림,지상재림)이지요?
"그 후에는 마지막이니"로 강림이 한 번 더 있다고 보고있습니다.
저는 이에 동의하지 않는다고 말씀드렸는데요. 다른 근거는 계시록을 보며 진행하지만 이 구절은 미리 언급해 볼께요.일단 NIV,KJV의 번역을 한번 볼께요.

NIV : Then the end will come,
KJV : Then cometh the end,

일단 뭔가 명확해 보이시지 않나요?
"그 후에는 마지막이니"는 마지막 재림을 의미하는 것이 아닌 "종말(끝)"을 의미합니다.
아니 좀 더 정확히는 믿지 않는 자들에게는 종말이고 믿는 자들에게는 "시작(처음)"이 되는 것이겠지요.
제 관점이 이렇기에 저는 환난이 일어난 후, 휴거가 일어난다는 아래 언급되는 3. 휴거전 대환난설의 입장입니다.

저는 신학자가 아닌 프로그래머입니다. 제 생각이 맞다라는 것이 아니라 제가 읽은 성경이 이렇다는 것으로,
개인적으로 묵상을 하며 더 깊이 찾아보시기 바랍니다.

## 3. 환난후 휴거설

이건 단순합니다. 대환난이 일어나고 휴거가 일어난다고 보는 설입니다. **저도 이렇게 봅니다.**
그럼 대환난은 믿는 자들도 겪어야 하는 일이 되지요? 솔직히 부담은 좀 됩니다.ㅎㅎ
대환난이 지나고 예수님이 재림하시며 휴거된다는 입장입니다.

환난전 휴거와 환난후 휴거가 어느 것이 맞는지는 누구도 모릅니다.
단지 저는 "환난후 휴거"란 입장이고, "환난전 휴거"쪽이 달콤하기에 아무래도 이단사설이 많이 있습니다.
하지만 정통교회에서도 "환난전 휴거"의 입장을 취하는 곳도 많습니다.
예를들어 열방은 환난전에 휴거되고 유대인만 환난을 겪는다는 의견을 가지신 분들도 계시구요.

제가 말씀드렸지만 이 모든 것은 "하나님의 주권"하의 일입니다.
누구도 정답을 가지고 있다고 생각하지는 않습니다.
단지 "144,000명에 들어야 한다"라든지 "다른 정통교회는 잘못된 것이고 자신들의 교리만 맞다"라고 하는 경우는 조심하셔야 한다고 생각은 합니다.

### 4. (참고) 믿는 자만 부활하나요?

참 어려운 이야기 같습니다만 그냥 성경말씀을 보는 것이 제일 맞지 않을까 싶습니다.

[계1:7] 볼지어다 그가 구름을 타고 오시리라 각 사람의 눈이 그를 보겠고 그를 찌른 자들도 볼 것이요 땅에 있는 모든 족속이 그로 말미암아 애곡하리니 그러하리라 아멘

"그를 찌른 자도 볼 것이요"라는 부분이 나옵니다. 그럼 믿지 않는 자도 모두 부활하는 것 아닐까요?
근데 그렇다면 뭔가 억울한 느낌 안드시나요?ㅎㅎ
믿지 않고 죽은 자도 부활한다고 보는 것이 맞다고 생각합니다. (찌른 자를 유대인으로 보면 다른 해석도
가능합니다)
다만 어떤 해석이 되는, 그들을 기다리는 것은 둘째 사망 즉, 심판을 위한 부활이 되는 거지요.
믿는 자들을 기다리는 것은 영생의 부활입니다.
예수님의 말씀도 한번 볼께요

[요5:29] 선한 일을 행한 자는 생명의 부활로, 악한 일을 행한 자는 심판의 부활로 나오리라

기타 전천년설,후천년설, 무천년설은 예수님의 재림시기를 천년왕국전으로 보는지, 후로 보는지 아니면 없다고 보는지에 따라 다른 의견들이 존재합니다. 이 부분은 용어만 이해하고 넘어갈께요.

# 요한계시록

요한계시록은 교회에서 설교로 접하기 쉽지 않고 그나마 일곱교회에 대한 설교까지라고 말씀드렸지요?
일곱교회의 환경등등 역사를 기반으로 한 설교를 들을 때도 당시 성도들이 '지금의 나'라는 생각으로 들으셔야
합니다.

그냥 '당시 시대상이 어떤 상황이었고 그렇기에 이런 말씀을 주셨구나' 라는 개념이 아닌 지금 우리가 직면한
상황이 당시와 무엇이 다른가에 대한 생각을 하면서 지금의 나에게 하시는 말씀이라고 생각하면서 묵상하셔야
합니다. 요한계시록과 선지서등은 역사로만 해석하면 안된다고 생각하거든요.
그리고 당시 일곱교회의 역사적, 시대적 배경으로 풀어가는 것도 의미가 있다고 생각을 하지만 이 일곱교회는
정확히 당시 일곱교회에 대해서만 한정해서 하신 말씀이 아니라고 생각합니다. 선지서들처럼요..
완전수인 7이라는 것에서 보시듯, 모든 교회, 현실의 모든 교회에게도 동일하게 하시는 말씀이라고 생각합니다.

성경에서 직접 말씀하시는부분이 보통 붉은 색이지요?
요한계시록을 한 장씩 넘기면서 한번 확인해보세요. 붉은 글씨로 된 부분은 앞에는1~3장 일곱교회 이야기에 모여
있구요.
4장 시작과 16장에 1절이 있고 21장과 마지막인 22장에 모여있습니다.
**그리고 1~3장 일곱교회에 대한 말씀에 공통된 문구가 나옵니다. "이기는 자(이기는 그)"**
그럼 마지막 모여있는 21장을 볼까요?

[계21:7] 이기는 자는 이것들을 상속으로 받으리라 나는 그의 하나님이 되고 그는 내 아들이 되리라

결국 요한계시록은 예수님이 어떤 분이신지에 대하여 다양한 표현을 통해 알 수 있게 해줌과 동시에, 현실을
이겨내는 이기는 자(이기는 교회)가 되라는 메시지를 담고 있다고 생각합니다.
이기는 자가 되기 위해 더 많이 알아야 하기에 상세하게 예수님을 설명하는 책이라고 생각합니다.
일곱교회(정확히 다섯교회)에 대한 책망도 책망하기 위함이 아닌 "이기는 자가 되라"는 격려의 말씀입니다.
다시 말씀드리지만 요한계시록은 그리고 성경 전체는 두려움을 심기 위한 말씀이 아닙니다!!!

그럼 중간에 직접인용부분인 4장과 16장은 어떤 내용인지 한번 보고 넘어가겠습니다.

[계4:1] ~이리로 올라오라 이 후에 마땅히 일어날 일들을 내가 네게 보이리라 하시더라
[계16:15] 보라 내가 도둑 같이 오리니 누구든지 깨어 자기 옷을 지켜 벌거벗고 다니지 아니하며 자기의
부끄러움을 보이지 아니하는 자는 복이 있도다

정말 재밌다는 생각이 듭니다. 4장시작은 환상들을 보여주심이고, 중간에 한 구절은 도둑같이 오심입니다.
이부분외에는 종말시에 대한 마땅히 일어날 일에 대한 환상이구요.
직접 말씀하신 내용만을 읽어보시면 하나의 흐름이 보이지 않으시나요? 왜 우리는 오직 중앙의 환상에만 집중하려
하는 걸까요? '이런 일이 발생할꺼야 하지만 이기는 자가 되어 승리하는 자가 되렴'. 이것이 계시록입니다.

| | | |
|---|---|---|
| - 일곱교회<br>- 이기는 자 | - 네게 보이리라[환상들]<br>- 도둑 같이 오리니 | - 이기는 자<br>- 지키는 자의 복<br>- 더하지도말고 빼지도 말라<br>- 속히 오리라 |

요한계시록을 제가 자꾸 예수님이 어떤 분이신지를 드러내는 책이라고 하니 생소하게 느껴지실 수도 있습니다.
계시록 시작부분을 한번 보도록 할께요

[계1:1-3]
1 예수 그리스도의 계시라 이는 하나님이 그에게 주사 반드시 속히 일어날 일들을 그 종들에게 보이시려고 그의
천사를 그 종 요한에게 보내어 알게 하신 것이라
2 요한은 하나님의 말씀과 예수 그리스도의 증거 곧 자기가 본 것을 다 증언하였느니라
3 이 예언의 말씀을 읽는 자와 듣는 자와 그 가운데에 기록한 것을 지키는 자는 복이 있나니 때가 가까움이라.

계시록의 저자인 요한이 저술한 복음서가 요한복음이지요? 말씀 볼께요.

[요1:14]
말씀이 육신이 되어 우리 가운데 거하시매 우리가 그의 영광을 보니 아버지의 독생자의 영광이요 은혜와 진리가
충만하더라

요한복음을 보셨으니 계시록을 다시 볼께요.

▷ 1절 보이시려고 : 위험하니 계시록은 읽지 말고 설교하지 말라고 적혀 있지 않습니다.
▷ 2절 하나님의 말씀과 예수그리스도의 증거 : 요한복음과 연결이 되지요? 요한복음은 많이 설교로 접하니 이
부분이 예수님임을 우리는 알고 있습니다.
그런데 뒷 부분을 볼께요. "곧 자기가 본 것을 다 증언하였느니라" 그 증언이 계시록입니다.
여기서 "곧"이 어떤 의미인지 보이시나요?
사도요한이 계시록을 통해서 증언하고자 한 자기가 본 것은 "하나님의 말씀과 예수 그리스도의 증거"입니다.
즉, 중간의 환상등을 통해서도 여러가지 보이실 부분이 있지만 이 환상들 조차도 결국은 '하나님의 말씀과 예수
그리스도의 증거'를 나타내기 위함임을 분명하게 기록하고 있습니다.
▷ 3절 기록한 것을 지키는 자는 복이 있나니 : 결국 지키고 이겨내고 영원한 생명으로 이끄시는 책입니다.
선지서들 속에서 바벨론, 에돔, 주변국가들의 멸망을 예언함은 믿는 자들은 이런 길로 가지 말기를 원하심을
보여주신다고 생각합니다. 역시 역사서가 아니니까요.

계시록도 기존의 선지서와 흐름은 비슷합니다.

▷ 선지서 : 바벨론,유다등 당시 악한 백성의 멸망 -> 회복
▷ 계시록 : 마지막 시대(종말)의 다양한 환상들(18장 바벨론으로 묘사된 악의 패망) ->19장부터 어린양의
혼인잔치로 시작하는 회복

선지서들은 바벨론, 에돔등이 먼 나라 과거의 이야기로 생각해서 무서워하지 않고 그냥 역사로 풀어나가면서,
유독 계시록은 미래적인 개념이다보니 환난을 피하고자 하는 두려움(믿음없음)속에 자꾸만 '자신의 생각을 더해
해석하며 시기를 알려고' 하니 문제가 생긴다고 생각합니다.
계시록이 왜 어렵고, 왜 무서운 책, 위험한 책인가요? 흐름으로는 선지서와 동일하지 않나요?

여기서는 1장 '일곱 금촛대 사이에 인자 같은이'를 보면서 환상등을 보는 기준? 정도를 이야기해보려 합니다.

계시록에는 환상이 많은데 모두 해석하려고 노력하는 것은 좋은 방법이 아니라고 생각합니다.

일단 계시록1장의 부분만을 한 번 보도록 할게요.

▷ 발에 끌리는 옷 : 왕들이 입던 옷.　　▷ 가슴에 금 띠 : 제사장
▷ 양털같다 : 순결하고 정결함, 희생.　　▷ 눈은 불꽃 : 두루 감찰하시는 분, 내 맘의 모든 것까지 아시는 분
▷ 발은 빛난 주석 : ???　　▷ 많은 물소리 : ???
▷ 오른 손에 일곱별,일곱촛대 : 이 부분은 계시록에 설명이 나옵니다. 일곱 별은 일곱교회의 사자요, 일곱 촛대는 일곱교회니라
▷ 좌우에 날선 검: 성령의 검, 심판

내용을 보시면서 사실 왕, 제사장등이 그런 의미일 것이다 정도는 느낌으로는 아실꺼예요.

이 부분도 사실 "위엄을 나타내겠구나" 정도로 충분하기는 합니다. 그래도 좀 더 나가고 싶으시면..

좀 헷갈리는 부분은 두 군데인데요. 이런 경우 제일 먼저 저는 '주석'이 어떤 의미로 성경에서 사용되었는지를 검색합니다. 검색한 결과 **"풀무불에 녹여 정결한"** 정도로 보면 될 것이라고 생각을 했습니다.

'많은 물소리'의 경우 **(시93:4)여호와의 능력, (겔1:24)전능자의 음성, (겔43:2)하나님의 음성** 정도로 사용되었기에 그 정도로 생각하시면 될 것 같습니다.

딱 이정도까지 입니다. 내 생각과 현실의 상황을 붙여 해석하지 마시고 오직 성경을 기준으로 하는 부분까지만 진행하시면 됩니다.

너무 쉬운 환상이니 이렇게 설명하지 '중간의 환상들은 어렵지 않나요'라고 물으실 수도 있어서 추가해볼게요.

마지막 시대에 대한 환상중 대표적인 한 가지가 '검은 해'입니다. 요엘서등에도 나오구요.

[계6:12] 내가 보니 여섯째 인을 떼실 때에 큰 지진이 나며 해가 검은 털로 짠 상복 같이 검어지고 달은 온통 피 같이 되며

자꾸 현실에 맞추기 원하는 분들은 계시록의 지진등도 어디서 큰 지진이 나면 징조다등등의 말씀들을 하십니다. 그럴 수도 있습니다. 하지만 위 검은 해를 기준으로 제 생각을 말씀드릴게요.

사실 '검은 해'는 제가 세종시로 처음 내려오려고 출발하던 날 열린환상으로 보여주신 장면이기도 해서 선반위에 오랫동안 묵혀두었던 내용입니다.

일단 '검은해,해가 어두워지고'를 '일식'등으로 해석할 수도 있겠지요. 종말에 실제로 그리될 수도 있구요.

하지만 꼭 이렇게 현실에 보여지는 현상으로 맞춰야만 하는 것이 아닙니다.

예를들어 '해와 달'이라는 부분은 천지창조에서 만드신 것이기도 하구요. "빛남"이라는 것은 영적으로 좋은 상태를 보여주는 증거이기도 하지요..

**해가 어두워지는 부분은 어쩌면 보이는 현상이 아니라 "종말의 때에 많은 이들이 신앙을 버리는 일이 발생할 수도 있다"라고도 생각할 수도 있습니다.** 코로나를 거치며 많은 이들이 온라인으로 드리다가 돌아오지 않는 것이 오히려 해가 어두워지는 징조일 수도 있다처럼.. 개인적으로는 현상이 아닌 이런 쪽으로 생각하고 있습니다.

이렇게 의미적으로만 잡고 넘어가면 현상을 현실에 맞추는 이단적인 사상없이 계시록을 접하실 수 있습니다.

이 정도로만 보시고 모르시면?? 그냥 넘어가시면 되세요. 직접 가서 보시면 됩니다. ㅎㅎ

계시록을 구절구절 묵상한 부분을 올리는 것에 대해서 고민을 했지만 몇 가지만 더 언급 하려고 합니다.

[계2:4-5]
4 그러나 너를 책망할 것이 있나니 너의 처음 사랑을 버렸느니라
5 그러므로 어디서 떨어졌는지를 생각하고 회개하여 처음 행위를 가지라 만일 그리지 아니하고 회개하지 아니하면 내가 네게 가서 네 촛대를 그 자리에서 옮기리라

저희 교회에서 강조하는 부분이 "앎이 삶이 되는 것"입니다. 에베소교회에 대해 처음 사랑을 버렸다고 말씀하시고 회개하여 처음 행위를 가지라고 말씀하십니다. 앎이 삶이 되는 것이 진정한 회개인 것 같다는 생각을 합니다.
사랑이란 마음만이 아닌 행동으로 완성되는 모습인 것 같습니다.

개인적으로는 환란후 휴거로 보는 입장이라고 말씀드렸는데 살짝 다르게 보실 수 있는 구절이 빌라델비아교회에 나옵니다.

[계3:10] 네가 나의 인내의 말씀을 지켰은즉 내가 또한 너를 지켜 시험의 때를 면하게 하리니 이는 장차 온 세상에 임하여 땅에 거하는 자들을 시험할 때라

이 구절만을 읽어보면 "믿는자들은 시험의 때를 겪지 않는다"라고 해석이 되는 것 같기에 다른 구절들과 부합하지 않는 것처럼 느껴져서 어려웠습니다.
여기서 '지켜'는 헬라어로 테레오(지키다,보호하다)의 의미입니다. 그럼 휴거후 환란일 수도 있어보이니까요.
그런데 '면하게 하리니'는 에크(~으로부터,~의 밖으로)인데 분리의 개념을 담고 있습니다.
출애굽시 10재앙을 한번 생각해 볼께요. 당시 이스라엘 백성도 애굽에 있었습니다.
단지 재앙들에서 분리시키고 지키고 보호하셨지요. 저는 이렇게 보고 있습니다.
'이기는 자'라는 말씀은 환난가운데 인내의 말씀을 지키는 것을 의미한다고 생각합니다.

▷ 계시록 7장 144,000명에 들어야 한다?
이단쪽에서 많이 주장하는 부분으로 알고있습니다. 144,000에 들어야 한다고.. 성경을 한번 볼까요?
144,000명에 대한 설명후 7:9에서 각 나라 족속과 백성과 방언으로 흰 옷 입은 무리가 나옵니다.
또한 7:14절에서 그들은 큰 환난에서 나오는 자들인데 어린 양의 피에 그 옷을 씻어 희게 하였느니라라고 성경에 기록되어 있습니다.
144,000명은 계시록 14:1~5에 또 나옵니다. 그런데 그 뒤에 바로 6~13절에 모든 민족과 종족과 방언과 백성이 이어져 나옵니다. 바벨론(사탄)의 멸망을 말씀하시며 12절에 성도들의 인내가 여기있나니라고 나옵니다.
13절 지금 이후로 주 안에서 죽는 자들은 복이 있도다 그들이 수고를 그치고 쉬리니 이는 그들의 행한 일이 따름이라
어떻게 생각을 하시나요?

> [계3:17] 네가 말하기를 나는 부자라 부요하여 부족한 것이 없다 하나 네 곤고한 것과 가련한 것과 가난한 것과 눈 먼 것과 벌거벗은 것을 알지 못하는도다

라오디게아 교회의 차지도 뜨겁지도 않은 부분에 대한 말씀입니다.
부요하다고 생각하는 그들이 실제 가난하고 눈 멀고 벌거벗은 것이라고 말씀하시는데 창세기 선악과사건이
떠오릅니다.
"하나님과 같이 선악을 알고자" 먹은 선악과의 결과는 "벌거벗음을 알게 된 것"이었습니다.


이번에는 회복..즉, 어린 양의 혼인잔치입니다.

> [계19:8] 그에게 빛나고 깨끗한 세마포 옷을 입도록 허락하셨으니 이 세마포 옷은 성도들의 옳은 행실이로다
> 하더라

믿는 자들이 입는 **세마포 옷은 성도들의 옳은** 행실이라고 기록되어 있습니다.
그런데 세마포가 성막의 뜰을 구분하는 울타리였다는 것 기억하시나요?(레위기 27장)
골방에 박혀, 산에 들어가서 혼자 살면서 말씀 읽고 기도하는 시간이 분명 필요할 수 있습니다.
하지만 성경의 기록은 "앎이 삶이 되는 삶"입니다.
세상 속에서 구별된 자로 살아가는 삶입니다. 세상 밖에 구분된 삶이 아닌 것을 보여주고 있습니다.


마지막으로 계시록 19장의 백마를 탄 자 부분입니다.

> [계19:12] 그 눈은 불꽃 같고 그 머리에는 많은 관들이 있고 또 이름 쓴 것 하나가 있으니 자기밖에 아는 자가 없고

제가 계시록 2장 버가모교회를 읽으며 이해가 안갔던 부분이 여기서 해결된 것 같습니다.
제가 어려웠던 구절을 한 번 볼께요.

> [계2:17] 귀 있는 자는 성령이 교회들에게 하시는 말씀을 들을지어다 이기는 그에게는 내가 감추었던 만나를 주고
> 또 흰 돌을 줄 터인데 그 돌 위에 새 이름을 기록한 것이 있나니 받는 자 밖에는 그 이름을 알 사람이 없느니라

이름은 기본적으로 자기를 위한 것이 아니지요? 자신이 부르는 것이 아닌 남이 불러주는 데 사용되는 것이
이름입니다.
그런데 '받는 자 밖에는 알 사람이 없다'라는 구절은 뭔가 이상했습니다.
그냥 '예수 그리스도'인 것 같다라는 느낌이었는데 좀 더 명확하게 보여주는 구절이 계시록 19:12절인 것 같습니다.


계시록을 너무 두렵게만, 위험하게만 보지 말고..
구원을 받았다는 확신속에, 종말의 시간이 믿는 자에게는 처음인 시간이라는 맘으로 편하게 읽으셨으면 하는
바램에서 계시록을 정리해 보았습니다.


계시록의 중간부분 환상들의 경우는 처음에 언급하며 자세히 가려면 너무 벽에 부딪칩니다.
계시록은 선지서와 예언서에 많이 링크되는 성경입니다. 스가랴서 에스겔서등 정말 많은 성경과 연결이 됩니다.

처음에는 느낌대로만 그대로 읽어가시고 다른 예언서나 선지서에서 언급되는 부분에서 공통된 부분이나 유사한 부분으로 연결해서 어떤 말씀을 하시려는지 살펴보도록 하겠습니다.

**계시록만 백 만번 읽는다고 계시록이 보이는 것은 아니라고 생각합니다.**
성경적으로 올바르게 해석하기 위해서는 같은 이야기를 하고 있는 다른 성경들에서 어떻게 사용되었는지를 참고하며 성경기준으로 성경에서 말씀하시는 것까지만 나아가는 것이 바른 방법이라고 생각합니다.

어려운 예언서중 하나인 스가랴서의 에바속 여인과 납을 미사일의 모양과 비슷하고 소재가 비슷하다고 그리 해석하는 등 현실에 맞추는 노력을 할 필요 없습니다. 다른 성경과 보는 것이 더 중요하다고 생각합니다. (이 이야기는 스가랴서 에바속 여인에 계시록과 비교해 나옵니다. )

여튼 지금은 계시록 환상이 이해가 안가도 넘어가시고 같은 내용이 다른 성경에 나올때 보시면 됩니다.

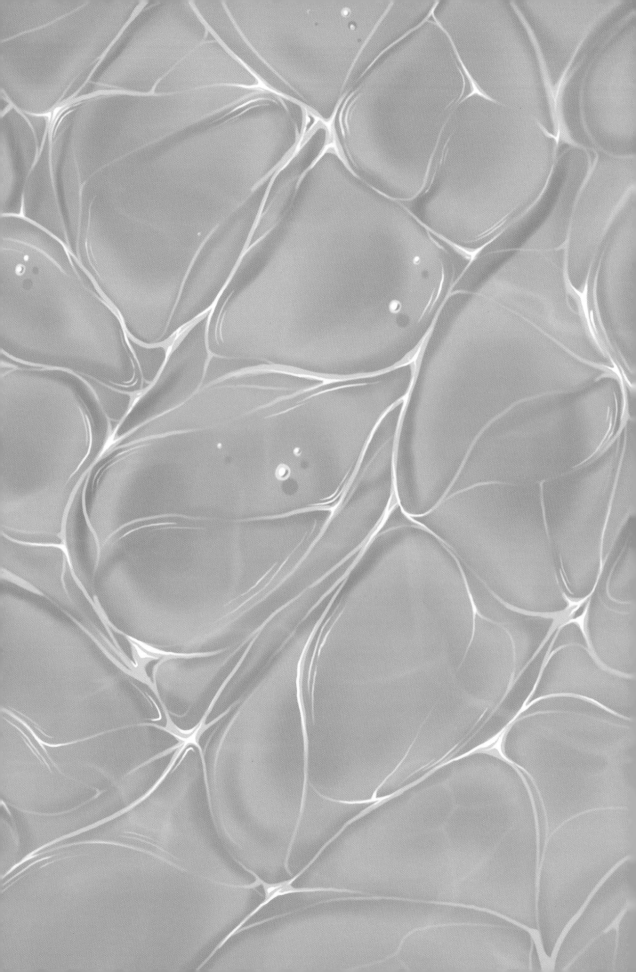

프로그래머의 시각으로 바라본

# 입체적인 성경읽기

2부 Part 2. 창세기부터 사무엘상하까지

# 구약성경의 배경파악

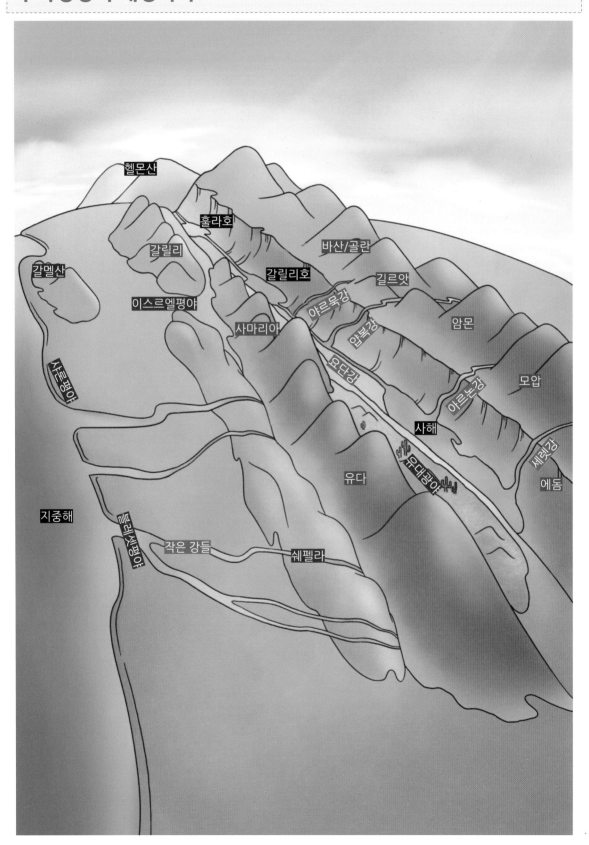

[요단강 동편] - 강으로 구분

▷ 세렛강 : 모압과 에돔을 구분하는 강입니다.

▷ 아르논강 : 모압과 암몬족 구분(세력에 따라 위쪽 아래쪽으로 변경되기는
하였지만 기본적으로 아르논강으로 구분됩니다.)

▷ 얍복강 : 암몬과 길르앗의 구분이 되는 강이 얍복강입니다.

▷ 야르묵강 : 길르앗과 바산/골란의 구분점이 되는 강이 야르묵강입니다.

[요단강 북쪽]

맨 위에 헬몬산이 보입니다.

헬몬산에서의 물이 훌라호를 지나 갈릴리호수와 사해로 흘러들어옵니다.

헬몬산 아래에는 단지역이 있습니다.

사사기 18장에서 단지파가 블레셋을 피해 북쪽에 있는 라이스를 정복하고 단이라고 성읍의 이름을 바꾼
지역입니다.

▷ 요단강 : 단에서 흘러내리다(요르+단)라는 의미입니다. 현대에 요단강 동편에 위치한 나라가 요르단이기도
합니다.

[요단강 서편]

요단 서편은 유다/사마리아/갈릴리로 나누어집니다.

이 부분은 대강 아실 것으로 생각하고 다른 부분을 말씀드릴께요. 이미지에서 요단 서편의 아래쪽부터 살펴볼께요.
그림을 그리게 살짝 맘에 안드는데.. 녹색 유다산지옆에 서쪽으로 둔덕처럼 표시된 곳이 있습니다.
그지역을 "쉐펠라"라고 하는데 평지로 번역되어 있지만, 평지와 산지의 중간정도입니다.

▷ 작은 강들 5개 : 블레셋 평야옆의 작은 강들이 쉐펠라지역을 통해 유다로 연결되어 있습니다. 물이 흐른다는
것은 골짜기라는 의미지요? 산을 넘어서 가는 것보다는 계곡을 통하면 쉽게 갈 수 있지요? 블레셋도 이 강들을
통해서 쳐들어오며 유다를 괴롭혔습니다. 그런 느낌을 보시라고 표시했는데 이름까지는 굳이 기억하지 않으셔도..

▷ 샤론평야 : 나중에 가나안정복후 지파별 땅분배를 보시면 <u>므낫세지파가 꽤 큰 지역입니다. 그런데
에브라임지파와 함께 땅이 적다고 불평을 합니다. 이건 샤론평야를 이해하셔야 합니다.</u> 이 지역에 나중에
<u>가이샤라함</u>이 세워지며 개발이 되었지만 당시는 거의 늪지대입니다. 즉, 거처할만한 땅이 아니기에 땅이 적다고
불평한 것이랍니다.

▷ 갈멜산 : 갈멜산하면 엘리야가 떠오르시죠? 참 갈멜산은 우뚝 솟은 산 하나라기보다는 산악지대랍니다.

▷ 유대광야 : 지중해에서 불어오는 바람이 산지에 부딪치고 비를 내린 후 넘어가며 건조한 바람으로 변하면서
생긴 작은 광야입니다. 엣세네파(중간사에 언급)거주지로 성경 쿰란사본이 발견된 쿰란도 있구요, 다윗이 사울을
피한 엔게디광야(사울의 화장실? 옷자락 벤 곳)도 여기 있습니다.

지역의 입체적인 느낌은 잡으셨을테니 보다 넓은 지역으로 주변 민족들을 한번에 살펴보도록 하겠습니다.

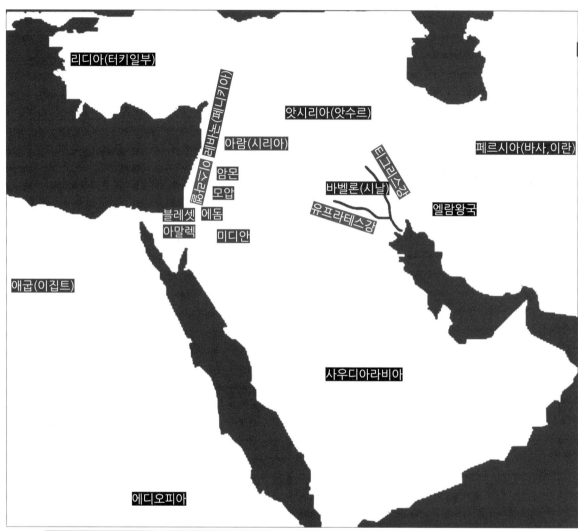

리디아(터키일부)

페니키아

앗시리아(앗수르)

아람(시리아)

페르시아(바사,이란)

이스라엘

암몬

티그리스강

모압

바벨론(시날)

엘람왕국

브레셋 에돔

유프라테스강

아말렉

미디안

애굽(이집트)

사우디아라비아

에디오피아

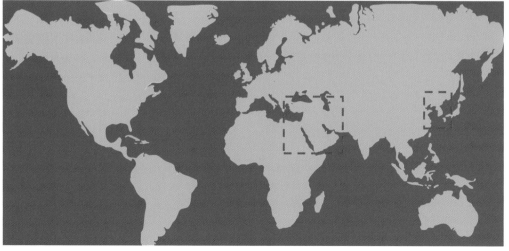

앞쪽 성경의 흐름을 볼 때, 북이스라엘과 남유다의 멸망 이후의 나라들인 앗수르, 바벨론, 바사, 로마는 이미 살펴보았습니다. 여기서는 지속적으로 문제가 되는 기타 민족들을 살펴보고 지나가려 합니다.

에돔, 모압, 암몬, 아람, 블레셋등 입니다.(블레셋은 애매해서 아래에 추가 언급합니다.)

그런데 이 나라들은 공통점이 하나 있습니다. 계보를 타고 올라가면 이스라엘 민족이라는 부분입니다.

여튼 이 나머지 종족과 나라를 보기 위해서는 일단 족보를 이해하셔야 편합니다.

족보를 통해서 설명해 보도록 하겠습니다. 일단은 아브라함 이전과 이후로 나누어 주요부분만 먼저 확인합니다.

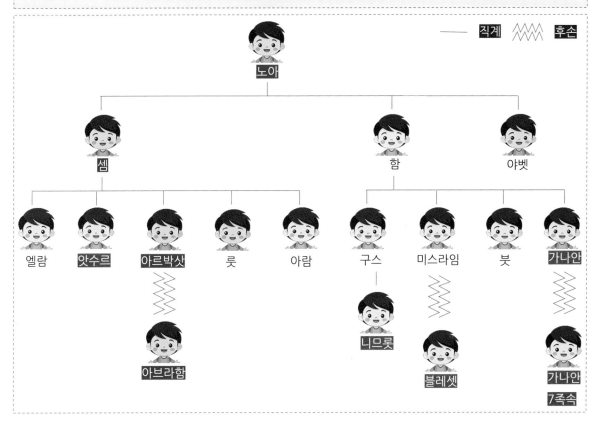

**아브라함까지의 족보**

▷ **함 :** 아버지 노아가 술취한 이야기 기억하시지요?

▷ **엘람 :** 엘람왕국이라고 시날땅 인근에 거주하였었기에 이란의 조상등 여러의견이 있습니다만 성경읽기에는 크게..

▷ **앗수르 :** 앗수르는 시날땅으로 건너갑니다. 그곳에는 이미 함의 자손 니므롯이 있습니다. 신앙을 잃고 동생 아르박삿을 통해서 예수님의 계보가 이어집니다(위 파란색이 예수님의 계보입니다.)

▷ **아람 :** 아람은 사실 대적국가이긴 한데.. 신26:5에서 "내 조상은 유리하는 아람 사람"이 걸리나 대적국가라서..

▷ **니므롯 :** 시날땅에 먼저 자리잡은 바벨탑사건의 주역입니다. 아낙자손/거인/메뚜기

▷ **블레셋 :** 블레셋은 함의 손자 가슬라힘의 아들입니다. 그런데 혼혈여부는 정확하지 않으나 해양민족이 정착한 곳이 블레셋지역이기에 이방의 해양민족이라고도 하고 의견이 다양합니다.

민족의 역사를 보는 것은 아니기에 그냥 함의 후손으로 보셔도 무방하지 않을까 생각합니다.

▷ **가나안 :** 가나안 원주민 7족속의 조상입니다.

족보가 나오니 좀 어려우실 것이라고 생각합니다. 최대한 부분만 가져오지만 그래도 성경을 이해하는 기본이 되는 부분이라 .. 일단 간단 족보는 여기가 끝이니 조금만 더 힘내고 읽어보시기 바랍니다.

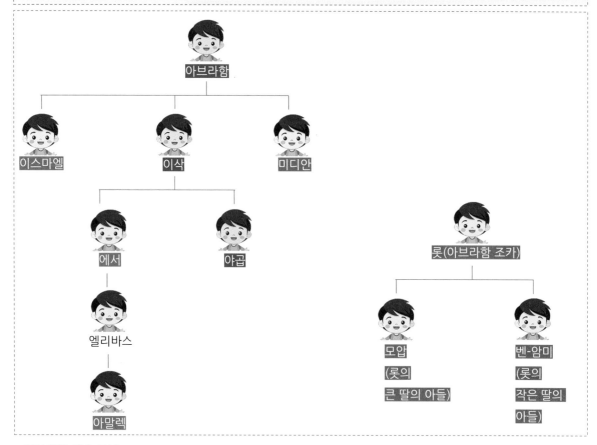

아브라함 이후 족보

▷ 이스마엘 : 아브라함과 사라의 여종 하갈사이의 소생입니다. 하나님의 언약의 때를 기다리지 않고 사람의 생각이 더해져서 나온 결과입니다. 이스마엘에 대해서는 유대 역사가 요세푸스는 아라비아의 조상으로도 언급하고 있습니다만 이 부분은 정확히 성경에 보이지 않는 것 같습니다.

▷ 미디안 : 모세의 장인과 모세의 아내 십보라가 미디안족입니다. 발락과 함께 모의한 발람사건으로 인해 죽임을 당한다고 민수기 31장에 언급되는데 사사기에서도 출현을 합니다.

▷ 에서(에돔) : 이삭의 형인 에서가 에돔족의 시조입니다. 장자권을 가벼이 여김으로 발생한 사건으로 인해 야곱과 에서는 화해한 것으로 보이나 이후 남유다 멸망시에도 바벨론을 도와 남유다인을 포로로 끌고가는등의 사건에 연결됩니다. 시온산과 대비되는 에서의 산으로 대표될 만큼 악함의 상징이기도 합니다.

▷ 아말렉 : 출애굽시 신광야 르비딤 전투(아론과 훌이 모세의 손 들어..)를 한 민족입니다. 창세기36:12에서 아말렉을 언급하고 있습니다. **"에서의 아들 엘리바스의 첩 딤나는 아말렉을 엘리바스에게 낳았으니 이는 에서의 아내 아다의 자손이며"** 에서의 분파정도 되지요? 사는 지역도 에돔의 아래쪽으로 추정됩니다.

▷ 롯/모압/벤암미 : 아브라함의 조차 롯은 소돔과 고모라사건을 기억하시죠? 롯의 두 딸리 후손이 모압족과 암몬족을 이룹니다. 가나안 정복시 에돔과 모압 암몬의 경우는 하나님이 멸하지 않도록 하십니다.

# 창세기

드디어 창세기를 들어갑니다. 창세기부터 사무엘하까지는 간단히 정리한다고 말씀드렸습니다.
큰 이슈들이나 생각할 부분만을 언급해드리고 구절구절 언급하지는 않는 방식으로 진행할 생각입니다.
앞에서 성경의 큰 흐름을 기억하시고 각자의 이야기를 풀어 설명할 수 있다면 큰 어려움 없이 만나실 수 있는
성경입니다.

성경을 읽다보면 '땅'이라는 단어가 많이 나옵니다. 그런데 이 땅은 조금 생각해두시면 좋을 부분이 있습니다.
히브리어로 '땅'이 '에레쯔'와 '아다마'라는 표현으로 나누어지거든요.
창세기에 언급된 땅을 한번 그려 볼께요.

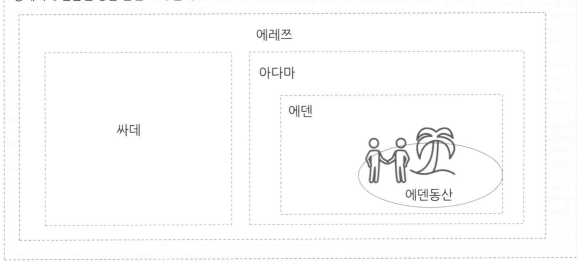

천지창조에서 사용된 땅은 "에레쯔"입니다.
"싸데"는 풀이 자연적으로 자라는 땅으로 '가시덤불'등 잡초들이 자라는 땅의 개념으로 보시면 되구요..
"아다마"는 아담을 하나님이 아다마의 흙(아팔: 먼지)로 창조하시고 "경작하고 지키게" 하십니다.

성경번역에서는 땅이라고 되어 있지만 성경의 원어를 보면 다른 단어를 사용하고 있는 부분이 꽤 있습니다.

[겔7:2] 너 인자야 주 여호와께서 이스라엘 땅에 관하여 이같이 말씀하셨느니라 끝났도다 이 땅 사방의 일이 끝났
도다

일반적인 땅으로는 '에레쯔'란 단어가 많이 사용되지만 윗 부분처럼 '아다마'로 특정되어 사용하는 경우가 있습니다.
위 구절에서 이스라엘 땅은 '구분되고 경작하고 지키는 땅'이란 의미가 되고, 이제 그 땅이 에레쯔 또는 싸데가
된다는 의미가 되겠지요.

## 가인/아벨/셋
가인은 아벨을 죽이고 쫓겨나며 이후 셋이라는 아들을 통해서 계보가 이어집니다.
여기서 '셋'은 히브리어로 "대신하다,대체하다"라는 의미입니다. 뭔가 의미가 보이는 것 같지요?
죽은 아벨은 원어로 "헤벨(숨,호흡,수증기)"라는 의미인데요, 전도서에서 "헛되고 헛되니 헛되고 헛되도다"에서
나오는 헛되다가 헤벨입니다. 이 헤벨은 숨,호흡등보다는 "입김처럼 존재하다가 금방 사라지는"정도의 의미가
원어의 뜻에 가깝습니다.

창세기 4장을 보면 가인과 셋의 계보들이 언급됩니다.

그런데 가인의 족보는 꽤 길게 언급이 되는 반면에 셋의 경우는 너무도 단촐합니다.

가인은 동생 아벨을 죽인 인류 최초의 살인 이후 놋 땅으로 가서 거주합니다.

가인의 자손은 (음악)문화와 (철기)문명을 발전시키는등의 긴 설명이 있어요. 훗날 이들은 노아홍수사건의 원인이 되지요. **반면에 셋은 단촐합니다.** 제가 책의 시작에서 이삭을 언급한 적이 있지요?

이삭의 분량은 창세기에서 아주 적지만 그 구절이 많은 것을 담은 듯 하다구요. 셋의 계보도 동일합니다.

[창4:26] 셋도 아들을 낳고 그의 이름을 에노스라 하였으며 그 때에 비로소 사람들이 여호와의 이름을 불렀더라

하나님이 보시기엔 화려한 문명의 조상이 되고 성공한 것보다 더욱 크고 중요한 것이 "여호와의 이름을 부르는 것" 즉, 예배의 자리/찬양의 자리/기도의 자리에 나오는 것입니다.

**므두셀라 이름의 의미?**

제가 전에 어느 분이 보내 주신 링크를 보고 정말 놀란 적이 있습니다.

므두셀라의 이름을 해석에 해석을 더하고 나이를 계산하니 그가 죽던해에 홍수가 발생하게 된다며 노아의 홍수와 연결하여 해석하셨더라구요.

**정말 이런 방식은 아니라고 생각합니다. 이런 것이 깊게 성경을 묵상하는 것도 아니라고 저는 생각합니다.**

그 분이 제시한 방식은 다음과 같습니다.

므두셀라의 이름이 '창의 사람, 창을 던지다'라는 의미인데 이것을 "과거에 창던지는 자가 전쟁에서 최후방에 위치하고 그가 죽으면 끝난다. 그래서 므두셀라는 하나님이 에녹에게 노아홍수를 말씀하시고 이를 이름(이가 죽으면 재앙이 임한다)으로 짓게 하신 것이다"라고 하며, 해석 가운데 성경으로 계산하면 "므두셀라가 죽던 해에 노아의 홍수가 일어난다(므두셀라는 성경에 가장 오래 산 인물로 969세였는데, 므두셀라가 라멕을 187세에 낳았고 라멕이 노아를 182세에 낳았고 노아가 600세에 홍수가 일어나니 187+182+600=969세)"고 근거를 제시합니다. 이게 맞을까요? 저는 전혀 맞지 않는다고 생각합니다.

성경은 우리나라의 조선왕조실록처럼 모든 내용을 나열하고 기록한 책이 아닙니다.

또한 "창의 사람"이란 이름에 왜 해석을 더하고 더해 "그가 죽으면 재앙이 임한다"라고 더할까요?

연도도 그렇습니다. 성경에 기록된 것은 모든 기록이 아닙니다. 실제 제일 분명하다고 하는 솔로몬을 기준으로 나이를 더해 거슬러 올라가 천지창조가 주전 4000년이라는 등의 계산을 합니다.

여기에 더해서 날짜를 더 정확히 하면 4114년이다라고도 하고요. 여러분의 생각은 어떠신가요?

처음에 저도 이 논리를 따라서 그대로 확인은 해 보았습니다. 성경에 기록된 인물의 수명기준으로는 맞아보입니다. 그렇다고 이게 맞나요? 같은 방식이면 마태복음도 성경이고 마태복음의 족보는 다윗왕을 나타내기 위함이든 아니든 족보가 다르지요?

또한 인류최초의 문명으로 추정되는 시기, 공룡등의 시기등을 감안하면 이게 맞을까요?

물론 공룡뼈등의 탄소연대측정등 과학적이라는 부분도 분명히 "인간이 지금까지 가진 한계"를 담고 있는 이야기 이기에 이게 맞다는 것이 아닙니다. 계시록이 마지막때를 맞추라는 의미가 아닌 것처럼, 창세기는 창조연수를 계산하고 측정하라고 주신 책이 아니라는 겁니다. **이 부분은 정말 꼭 말씀드리고 싶습니다.**

세부적인 내용은 넘어가지만 창세기에서 하나만 더 보고 넘어갈 부분이 있습니다.
아브라함의 이동경로입니다. 지역이해라는 개념도 좋지만 재밌게 묵상할 부분이 있는 것 같습니다.

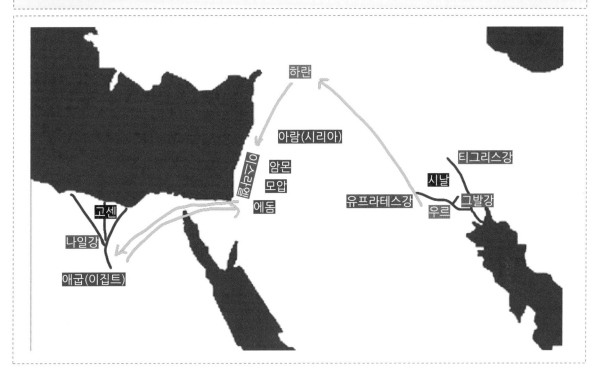

아브라함이 이동한 이동경로입니다.
하나님이 아브라함을 75세때 부르신 곳은 바벨탑을 세웠던 바벨론 갈대아 우르였습니다.
바벨탑 사건으로 대표되는 죄를 지은 그 곳에서 다시 새 일을 시작하신 하나님입니다.
끊임없는 죄에도 포기하지 않으시는 하나님의 사랑을 느낄 수 있습니다.
또 한편으로는 시날 땅은 악으로 대표되는 지역입니다. 이 곳에서 부르심은 하나님나라의 백성을 구별하고
구분하심으로도 볼 수 있는 것 같습니다.

우르 옆 티그리스강과 유프라테스 강 사이에 작은 강이 있습니다. 그발강가입니다.
이 곳에서 에스겔이 30세때 선지자로 부르심을 받습니다.
우르 인근은 바벨론에 멸망한 남유다의 포로들이 끌려간 곳입니다.
당시 유프라테스강의 잦은 범람으로 인하여 제방을 만드는 노역현장에서 포로들이 많이 일을 했습니다.

신기한 부분은 아브라함을 불러내신 그 곳으로 남유다의 백성들이 다시 끌려간 점입니다. 모든 것이 리셋입니다.
하나님은 75세의 아브라함도 하나님나라의 백성으로 선택하여 불러내셨지만, 남유다의 포로들도 다시
하나님나라의 백성으로 만드시기 위해 70년의 포로생활이 지나자 불러내신다는 점입니다.
좀 더 세부적으로 아브라함의 이동경로는 다음과 같습니다.
갈대아우르 -> 하란 -> 세겜 -> 벧엘 -> 가뭄으로 애굽 -> 브엘세바 ->헤브론
지역의 위치등은 이후에 이스라엘 주요지명에서 확인하세요~

# 창세기 주요지명 및 위치

● 다마스커스
(=다메섹)

아람

● 시돈

호바 ●

페니키아

▲ 헬몬산
단 ● ● 가이사랴빌립보

두로 ●

갈릴리

바산/골란

악십 ●
하솔 ●
훌라호

악고 ●
고라신 ●

지중해

악삽 ●
가나 ●
가버나움 ●
● 벳세다
게네사렛 ●

아스다롯 ●

▲ 갈멜산
막달라 ● 갈릴리호수
나사렛 ●
디베랴 ●

기손강
돌 ●
나인 ●
▲ 다볼산(변화산)
아르묵강

므깃도 ●
수넴 ●
이스르엘평야

샤론평야

가이사랴 ●

길르앗

사마리아 ● 도단

길르앗야베스 ●
길르앗라못

요단여
수가 ●
가다라 ●
● 미스바

사마리아 ●
▲ 에발산

거라사 ●

욥바 ●
에벤에셀 ●
세겜 ●
브누엘(브니엘) ● ● 마나하임
▲ 그리심산
숙곳 ●
얍복강

실로 ●

● 랍바(암몬)

벧엘 ●
● 아이

암몬

미스바 ●
길갈 ●
● 베다니

딤나 ●
기브온 ●
싯딤 ●

아스돗 ●
벧세메스 ●
▲ 감람산
여리고 ●
헤스본 ●

블레셋
가드 ●
예루살렘 ● ● 베다니
▲ 느보산

아스글론 ●
베들레헴 ●
쿰란 ●
● 벧여시못

블레셋평야
라기스 ●
막벨라 ●
야다롯 ●

가사 ●
헤브론 ●
● 디본

그랄 ● ● 시글락
유다
엔게디 ●
아르논강

마사다 ●
사해
● 소돔

브엘세바 ●
● 고모라
모압

● 이예아바림

르호봇 ●
싯딤골짜기
세렛강
소알

● 브엘라헤로이

바란광야
에돔

네게브
아라바

아말렉

가데스바네아
미디안

**[애굽에서 돌아와 정착초기]**

▷ **벧엘** : 애굽에서 돌아와 머문 곳.

▷ **헤브론(=마므레)** : 조카 롯과 헤어지고 머문 곳.

▷ **소돔과 고모라** : 롯이 거주하던 곳

**[조카 롯 구출]**

▷ **싯딤골짜기** : 남쪽5왕과 북쪽4왕이 전쟁을 한 곳으로 북쪽왕이 승리하고 롯을 잡아간 곳.

▷ **단** : 아브라함이 조카 롯을 구출.

▷ **호바** : 도망치는 적을 호바까지 추격.

▷ **예루살렘** : 살렘왕이 아브라함을 축복

**[아브라함시대 주요 지명]**

▷ **브엘라헤로이** : 도망쳤던 하갈이 여호와의 사자를 만난 곳으로 만난 후 다시 돌아감.

▷ **헤브론(=마므레)** : 사라의 잉태를 말씀하신 곳.

▷ **소알** : 롯이 소돔과 고모라에서 소알로 도망침.

▷ **그랄** : 아브라함이 사라를 누이라고 함.

▷ **브엘세바** : 아브라함과 그랄왕이 언약을 맺은 곳.

▷ **예루살렘(모리아산)** : 아브라함이 아들 이삭을 번제로 드리려 한 곳.

▷ **세겜** : 야곱의 딸 디나 강간사건.

▷ **브니엘** : 야곱이 하나님과 씨름 한 곳.

▷ **마하나임** : 하나님의 천사들

▷ **베들레헴(에브랏길)** : 라헬이 베냐민을 낳고 장사된 곳

▷ **딤나** : 유다의 며느리 다말이 몸 파는 여인으로 속여 임신한 곳.

▷ **도단** : 요셉의 형들이 요셉을 판 곳.

야곱의 아내 라헬은 베냐민을 낳고 죽게 되어 베들레헴 길인 에브랏에 장사됩니다. 라헬은 막벨라굴이 아닙니다.
라헬은 죽기 전에 아들의 이름을 '베노니(벤-오니 : 내 슬픔의 아들)'이라고 부릅니다.
하지만 야곱은 "베냐민(벤-야민 : 내 오른 손의 아들, 권능의 아들,영광의 아들)"로 바꾸어 부릅니다.

이렇게 이름을 지은 라헬의 마음과 야곱의 마음은 개인적으로 묵상해 보시기 바랍니다.

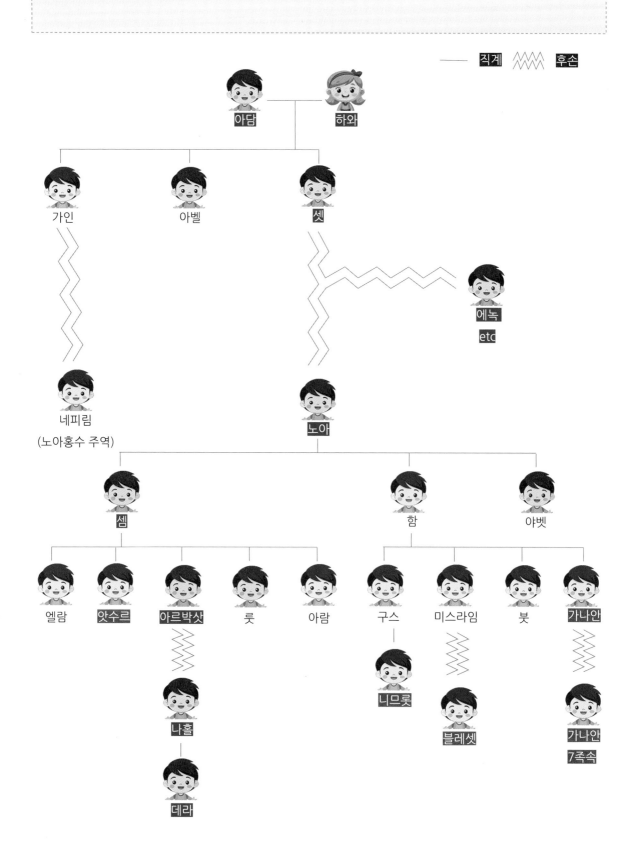

직계 ――― 후손 〰〰

- 아담 — 하와
  - 가인
    - 네피림
    (노아홍수 주역)
  - 아벨
  - 셋
    - 에녹 etc
    - 노아
      - 셈
        - 엘람
        - 앗수르
        - 아르박삿
          - 나홀
            - 데라
        - 룻
        - 아람
      - 함
        - 구스
          - 니므롯
        - 미스라임
          - 블레셋
        - 붓
        - 가나안
          - 가나안 7족속
      - 야벳

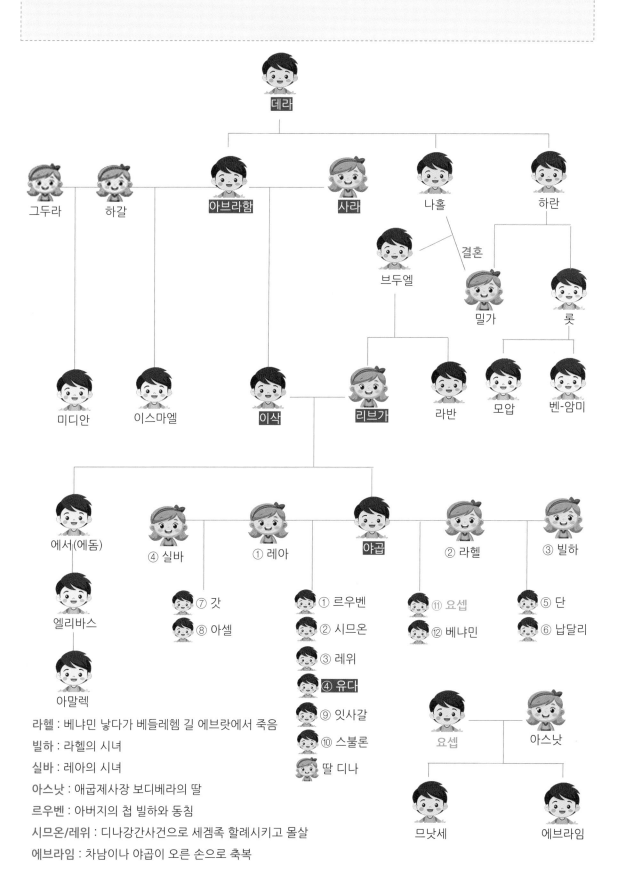

데라

그두라 하갈 아브라함 사라 나홀 하란

브두엘 결혼 밀가 롯

미디안 이스마엘 이삭 리브가 라반 모압 벤-암미

에서(에돔) ④ 실바 ① 레아 야곱 ② 라헬 ③ 빌하

엘리바스 ⑦ 갓 ① 르우벤 ⑪ 요셉 ⑤ 단

아말렉 ⑧ 아셀 ② 시므온 ⑫ 베냐민 ⑥ 납달리

③ 레위

④ 유다

⑨ 잇사갈

⑩ 스불론

딸 디나

요셉 아스낫

라헬 : 베냐민 낳다가 베들레헴 길 에브랏에서 죽음
빌하 : 라헬의 시녀
실바 : 레아의 시녀
아스낫 : 애굽제사장 보디베라의 딸
르우벤 : 아버지의 첩 빌하와 동침
시므온/레위 : 디나강간사건으로 세겜족 할례시키고 몰살
에브라임 : 차남이나 야곱이 오른 손으로 축복

므낫세 에브라임

53

# 출애굽기

창세기와 출애굽기는 약 430년이라는 시간텀이 있습니다. 70명이 애굽에 내려갔는데 장정만 60만이 되어 있습니다.

모세를 세우시고 애굽땅에서 가나안 땅으로 이끄시는 내용입니다.

정확히는 출애굽후 시내산까지입니다. 이어지는 레위기도 시내산으로 장소가 동일합니다.

여기서 두가지 질문입니다.

1. 하나님은 왜 애굽으로 인도하시고 노예생활을 하도록 하셨을까요?
2. 노예생활을 하던 유대인들은 신앙을 지키며 살아가고 있었을까요?

## 1. 하나님은 왜 애굽으로 인도하시고 노예생활을 하도록 하셨을까요?

어떻게 생각해 보셨나요? 하나님 나라의 백성으로 삼기 위해.. 또는 영토전쟁을 위한 민족을 구성하기 위해등등.. 여러가지 답이 나올 수 있습니다.

그럼 가나안 땅에 그대로 있었으면 인구가 크게 늘지 않았을 것이라 애굽종살이를 시키신 걸까요? 왜 애굽일까요? "가나안의 이방민족들에 동화될까봐"라기에는 애굽 역시 하나님을 믿는 나라가 아닌 우상숭배를 하는 국가입니다. 왜일까요? 성경에 아주 재밌는 언급이있습니다.

요셉이 가족들이 이스라엘에서 애굽으로 내려오자 바로를 만나 할 이야기를 미리 말해줍니다.

[창46:34] 당신들은 이르기를 주의 종들은 어렸을 때부터 지금까지 목축하는 자들이온데 우리와 우리 선조가 다 그러하니이다 하소서 애굽 사람은 다 목축을 가증히 여기나니 당신들이 고센 땅에 살게 되리이다

가나안도 애굽도 이방신을 섬기기는 마찬가지입니다. 단지 차이가 있다면 애굽사람은 목축을 가증히 여기는데 유대인들은 목축이 주된 생활수단입니다. 자연스럽게 고센땅이란 곳에 분리되어 혼혈되지 않고 살게 됩니다. 이 구절은 성경을 묵상하며 정말 재밌다고 생각한 부분 중 하나입니다. 또 한가지 재밌는 부분은.. 앞 페이지 그림의 고센땅의 위치입니다.

나일강은 북쪽이 하류입니다. 즉 우리가 학생때 많이 배우던 비옥한 지역인 나일강삼각주 기억하시나요? 그 지역입니다. 양떼를 먹이기에 충분하고 많은 민족이 될 수 있는 최적의 장소입니다.

사람의 생각과 달리 하나님은 하나님 보시기에 최선인 것을 주고 계신 모습입니다.

## 2. 노예생활을 하던 유대인들은 신앙을 지키며 살아가고 있었을까요?

이 부분은 저는 신기했던 부분입니다. 최소한 애굽은 몰라도 선택받은 백성들이 내려가서 구분된 상태에서 살았습니다."그러면 최소한의 신앙은 가지지 않았을까?"라는 것이 보통의 생각이 아닐까요?

그런데 성경은 전혀 다른 이야기를 말씀하고 계십니다. 모세가 부르심을 받는 장면입니다.

[출3:13] 모세가 하나님께 아뢰되 내가 이스라엘 자손에게 가서 이르기를 너희의 조상의 하나님이 나를 너희에게 보내셨다 하면 그들이 내게 묻기를 그의 이름이 무엇이냐 하리니 내가 무엇이라고 그들에게 말하리이까

하나님이 보내셨다고 하면 그들이 "그의 이름이 무엇이냐?"라는 질문을 할 것이라는 구절입니다.

신앙이란 것이 전혀 없는 상태로 보입니다. 이런 상태이기에 하나님은 10재앙과 홍해의 기적등을 통해 보이셨고, 이후 시내산에서 율법등을 주시면서 본격적인 하나님나라의 백성이 되는 과정을 진행하십니다.

유대인의 달력은 태양력과 다릅니다. 우리의 3~4월 사이의 날이 유대의 1월입니다.
약 2~3개월이 빠르다고 생각하시면 대충 맞게 됩니다.
이는 유대인들이 태양력과 음력을 합친 독특한 달력을 사용하기 때문이라고 하기는 하는데 성경에서도 이유를 볼 수 있습니다. 애굽의 마지막 장자죽음 재앙이 발생하기 전입니다. 이로 인해 출애굽이 되지요?

[출12:2] 이 달을 너희에게 달의 시작 곧 해의 첫 달이 되게 하고
[출12:3] 너희는 이스라엘 온 회중에게 말하여 이르라 이 달 열흘에 너희 각자가 어린 양을 취할지니 각 가족대로 그 식구를 위하여 어린 양을 취하되
[출12:6] 이 달 열나흗날까지 간직하였다가 해 질 때에 이스라엘 회중이 그 양을 잡고

이스라엘 민족의 출애굽을 바로가 받아들이기 직전 상황입니다.
이 달을 해의 첫 달이 되게 하라심은 새로운 하나님나라의 백성으로의 출발을 의미하는 것처럼 보입니다.
열흘에 어린 양을 취한 후 간직하였다가 14일에 잡습니다. 그리고 그 다음날 밤에 출애굽을 합니다.
이것이 첫 유월절입니다. 즉 유월절은 유대력으로 1월 14일이 됩니다.
유월절은 신약에서 예수님이 유월절을 지키러 예루살렘을 향하시는 모습이 보입니다.
유월절은 유대민족이 애굽에서 나온 것을 기념하는 날입니다.
현대에는 이어지는 7일간의 무교절을 포함하여 유월절이라고도 합니다.
무교절은 하나님이 지정하신 부분도 성경에 기록되어 있습니다. 간단히 연결지어 생각하면 장자재앙으로 놀란 바로가 그 밤에 출애굽을 시키면서 발교되지 않은 반죽을 담은 그릇을 메고 나왔기에 누룩이 없는 빵을 먹었다고 생각하면 유월절과 연결되면서 이해가 쉽습니다. 그 다음날 밤에 출애굽을 합니다. 첫월 15일 즉, 유월절 다음날이 됩니다. 이하에서는 중요사건들과 날짜가 보이는 구절들을 나열하고 살펴보겠습니다.

[출13:17] 바로가 백성을 보낸 후에 블레셋 사람의 땅의 길은 가까울지라도 하나님이 그들을 그 길로 인도하지 아니하셨으니 이는 하나님이 말씀하시기를 이 백성이 전쟁을 하게 되면 마음을 돌이켜 애굽으로 돌아갈까 하셨음이라
[출14장] 홍해가 갈라지는 기적
[출16:1] 이스라엘 자손의 온 회중이 엘림에서 떠나 엘림과 시내 산 사이에 있는 신 광야에 이르니 애굽에서 나온 후 둘째 달 십오일이라(신광야의 기적 : 만나와 메추라기)
[출17:12] 모세의 팔이 피곤하매 그들이 돌을 가져다가 모세의 아래에 놓아 그가 그 위에 앉게 하고 아론과 훌이 한 사람은 이쪽에서, 한 사람은 저쪽에서 모세의 손을 붙들어 올렸더니 그 손이 해가 지도록 내려오지 아니한지라
[출19:1] 이스라엘 자손이 애굽 땅을 떠난 지 삼 개월이 되던 날 그들이 시내 광야에 이르니라(셋째달 초하루)
[출40:2] 너는 첫째 달 초하루에 성막 곧 회막을 세우고

▷ 13장 : 왜 가까운 길이 아닌 돌아가는 길을 택하셨는지를 말씀하십니다.
▷ 16장 : 약1개월이 지난 시점입니다. 무교병도 떨어지고 먹거리가 없자 신광야에서 만나와 메추라기 주셨다!
▷ 17장 : 아말렉족과의 르비딤전투입니다. 또 하나의 기적이 일어납니다. 13장 블레셋과의 전투도 사실 하나님에게는 문제가 되는 부분이 아닙니다. 백성들이 두려움으로 가질 마음까지 살피셨다고 보는게 맞을 듯 합니다.

▷ **19장** : 시내산입니다. 지금부터 레위기를 지나 민수기의 시작부분까지 장소의 변화는 없이 시내산입니다.

▷ **40장** : 출애굽후 1년이 지나는 시점입니다. 초하루에 성막(회막)을 세우라는 말씀을 주십니다.

큰 날짜의 변화와 사건을 보았습니다. 19장부터 40장사이가 좀 비죠? 이 부분을 추가 언급해 보겠습니다.

보통 "레위기는 어려워!"라고 생각했다가 출애굽기 후반부와 민수기에서 몇 번 더 고난?을 통과합니다. 맞죠? ㅎ ㅎ
출애굽기 모세는 산에 올라 20장부터 31장사이에 십계명, 율법, 성막, 각종규례등에 대한 하나님의 말씀을
받습니다.
그런데 내려오자 금송아지 사건이 기다립니다.(32장) 다혈질 모세는 돌판을 깨지요..
이후 다시 산에 올라 돌판을 다시 받고 내려옵니다(~34장)
**그러면 모든 것이 끝난 것 같은데 앞에서 20장 부터 40장까지가 빈다고 말씀드렸죠?**
출 35장부터 40장까지는 앞의 어렵던 규례와 성막등이 다시 반복됩니다.
이건 그런데 헷갈리기 쉬운 부분이 있습니다.
규례받고 내려와 돌판깨고 다시 규례받고가 아닙니다. 돌판은 34장에 다시 받고 내려옵니다.
20장부터 31장까지는 하나님이 산에서 모세에게 주신 말씀이고, 35장부터 40장까지는 모세가 백성들에게 그
내용을 전하는 내용입니다. 돌판을 깨서 다시 하나님께 말씀을 받은 것이 아닙니다.

출애굽하여 시내산까지의 경로를 한 번 보겠습니다.

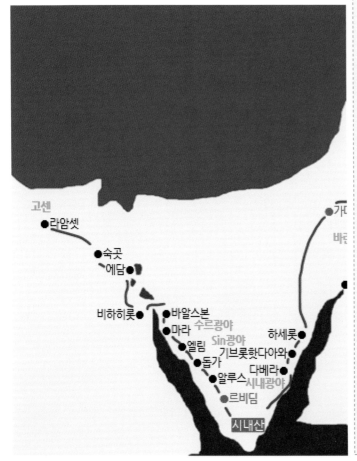

고센
라암셋
숙곳
에담
비하히롯
바알스본
마라 수르광야
엘림 Sin광야
돕가 기브롯핫다아와
알루스 다베라
시내광야
르비딤
시내산
가
배
하세롯

사실 홍해가 팀사호다 아니다등의 말도
많구요.
시내산도 미디안광야가 있는 현재
사우디아라비아에 있는 알 라오즈산일
것이라는 의견도 많습니다.

저는 전통적으로 인정하는
시내산(호렙산)의 위치를 표시했습니다.
이게 실제 위치가 어디인지는 성경을
묵상하는데 있어서는 전혀 중요하지 않은
부분이라고 생각합니다.
우리는 고고학자가 아니니까요..

개인적으로는 과학적으로 바다에 잠긴
병거의 발견등에 대해서는 고려하지
않는데요..성경에서 모세의 장인이
미디안인인데 미디안에 거주하던 모세가
양을 치러 가는 것을 고려할 때 라오즈산도
가능할 수도 있다고 생각은 합니다.하지만
이런 부분은 성경묵상에는 전혀 중요하지
않습니다.

# 레위기

레위기와 시가서는 성경의 전체흐름을 이해하는 부분에 있어서는 큰 비중을 차지하지는 않습니다.
처음에는 재미없게 느낄 수 있지만 사실 레위기도 재밌게 묵상이 가능합니다.

그런데 이 책은 계속 말씀드리지만 전체적인 성경의 흐름을 기본적으로 이해하면서, 많이들 어려워하시는
열왕기/선지서/예언서등을 좀 더 쉽게 다가가는 부분에 초점을 맞추었습니다.

참고로 앞으로 나올 신약성경에서 사복음서 역시 간단한 설명만 하고 넘어갈 예정입니다.
사복음서는 내용이 어렵다기보다는 묵상에 한정되는 부분인데 거의 설교노트처럼 되어야 하는데 그럴 능력도
없고 이 책의 방향과도 살짝 다릅니다. 설교도 많이 하시는 부분이니까요.

레위기 역시 간단히 정리하는데요. 레위기는 표로만 정리합니다. 하지만 이 표는 정말 중요합니다.
출애굽기에서 유월절과 무교절의 기간과 의미등을 설명드렸잖아요?
유대에 있는 절기들은 꽤나 자주 성경에 등장을 합니다.
이 절기에 대한 기본적인 정보를 아시는 것이 성경읽기에 큰 도움을 주거든요.

또한 제사의 종류와 의미도 표로 정리합니다. 제사의 종류도 정말 많이 나오고 제사의 방식과 의미 역시
중요합니다.

한 페이지에 순서에 맞춰 정리하여야 보시기 편하기에 다음 페이지에 표를 그려보겠습니다.

| 종류 | 구분 | 제사목적 |
|------|------|---------|
| 번제 | 방식 | 가죽을 제외한 흠없는 제물 전부를 불살라 드림 |
| | 목적 | 죄가 없는 경우는 완전한 헌신(이삭 번제 /노아홍수이후 노아)<br>죄가 있는 경우는 죄사함과 하나님의 진노를 덮기 위함(레16:24) |
| | 히브리어 | 올라 = 올라가다 |
| 소제 | 방식 | 피가 없는 유일한 제사로 곡식가루등을 불살라드림 |
| | 목적 | 하나님의 은혜에 대한 감사(수확물에 대한 감사등)<br>아내의 부정을 의심할 때의 소제도 있다(민5:11~15) |
| | 히브리어 | 민하=선물/헌물 |
| 화목제 | 방식 | 하나님과의 화평과 교제를 위함 / 서원하는 경우 |
| | 목적 | 하나님과의 교제 / 서원 |
| | 히브리어 | 쉘라밈(샬롬복수형) = 화평 |
| 속죄제 | 방식 | 죄와 부정/허물을 사함 받기 위함 |
| | 목적 | 하나님과의 관계 회복 |
| | 히브리어 | 하타트 = 죄 |
| 속건제 | 방식 | 하나님의 성물을 범하거나 나때문에 이웃에게 발생한 피해 보상으로 범한 물건의 1/5을 더 냄 |
| | 목적 | 불의하고 불공평한 일에 대한 보상<br>삼상6장에서 블레셋이 탈취한 언약궤를 돌려보낼 때도 속건제 |
| | 히브리어 | 아샴 = 죄과/과오/배상 |

제사의 종류를 먼저 확인하시고 이해하셔야 다음 페이지 표인 제사의 방법을 볼 때 이해하실 수 있습니다.

제사의 방법에 따라 사용하는 제사방식이 정해져 있기에 제사방식에 대해 꼭 이해하고 넘어가주세요.

| 방법 | 구분 | | 비고 |
|---|---|---|---|
| 화제 | 방식 | 불로 태워 드리는 제사 | |
| | 제사종류 | 번제/소제/화목제/속죄제/속건제 | |
| 요제 | 방식 | 제물의 가슴 또는 곡식 단을 흔들어 드리는 제사 | [요제와 거제 비교]<br>▷ 공통점<br>제사가 끝난 제물은 제사장이 받음<br>▷ 차이점<br>요제 : 성소**안**에서 행해짐<br>거제 : 성소**밖**에서 행해짐 |
| | 제사종류 | 화목제/속건제 | |
| 거제 | 방식 | 제물을 높이 들었다가 내리는 들어올리는 제사 | |
| | 제사종류 | 화목제 | |
| 전제 | 방식 | 포도주 또는 독주를 다른 제물에 부어서 드리는 제사 | |
| | 제사종류 | 번제/소제/화목제 | |

## 3. 유대의 절기(유대의 7대 명절)

| 태양력 | 유대력 명칭 | 유대월 | 날짜 | 유대명절 |
|---|---|---|---|---|
| 3~4월 | 니산 (Nisan) =아빕월 | 1월 | 14일 | 유월절 무교절 : 유월절 이후 7일간 |
| 4~5월 | 이얄 (Iyyar) | 2월 | | |
| 5~6월 | 시반 (Sivan) | 3월 | 6일 | 오순절(=칠칠절,초실절,맥추절) |
| 6~7월 | 타무즈 (Tammuz) | 4월 | | |
| 7~8월 | 아브 (Av) | 5월 | 9일 | 성전파괴기억(=금식일) |
| 8~9월 | 엘룰 (Elul) | 6월 | | |
| 9~10월 | 티쉬리 (Tishri) | 7월 | 1일 | 유대신년, 나팔절(Rosh HaShanah(로쉬하샤나)) |
| | | | 10일 | 대속죄일 |
| | | | 15일 | 초막절(=장막절,수장절) |
| 10~11월 | 헤쉬반 (Marheshvan) | 8월 | | |
| 11~12월 | 키슬레브 (Kislev) | 9월 | 25일 | 수전절 |
| 12~1월 | 테벳 (Tevet) | 10월 | | |
| 1~2월 | 쉬밭 (Shvat) | 11월 | | |
| 2~3월 | 아달 (Adar) | 12월 | 15일 | 부림절 |

▷ **유월절** : 앞에 출애굽기에서 유월절과 무교절을 설명해 드리며 하나님이 "해의 첫 달"로 정합니다.

▷ **무교절** : 유월절이 출애굽한 날짜라면, 무교절은 급히 나와 누룩 없는 빵을 먹는 의미의 이어지는 7일입니다.

▷ **오순절** : (칠칠절의 헬라식 표현) 모세가 시내산에서 하나님의 영광을 보고 십계명을 받은 것을 기념하는 절기

▷ **초실절** : 유월절이후 50일만에 지키는 절기로 보리추수의 첫 열매로 감사드림(=맥추절)

-> 살짝 애매한 부분이 오순절과 초실절입니다. 초실절의 개념이 먼저 있었는데요, 신구약 중간기이후 50이란 단어가 번역되면서 오순절이란 말과 함께 모세가 율법을 받은 기념일로 지켜지기에 중복입니다.

▷ **나팔절** : Rosh HaShanah(로쉬하샤나)는 한 해의 시작이라는 의미로 인류창조를 기념함과 동시에 속죄일로 끝나기에 속죄의 의미도 가집니다. 나팔을 불며 이 절기가 시작되며 10일동안 지속되어 대속죄일에 끝이 납니다.

▷ **대속죄일** : 대속죄일은 10일 하루입니다. 성막에 대제사장이 1년에 한번..떠올려보세요

▷ **초막절** : 속죄일후 5일째에 시작되어 7일간 지속됩니다. 출애굽후 40년간 광야를 돌던 여정을 상징하며 감사하는 절기로 장막절이라고도합니다.. 곡식을 추수후 저장하고 지키기에 수장절이라고도 합니다.

▷ **수전절** : 신구약중간사의 주요사건인 유대 마카비혁명을 통해 셀레우커스왕조 안티오쿠스4세에 의해 더럽혀진 성전을 되찾아 하나님께 바친 것을 기념하는 절기입니다.

▷ **부림절** : 에스더서 아각사람 하만이 유대인멸족계획 벗어남을 기념하느 절기로 푸림(주사위)에서 유래된 절기입니다.

# 민수기

에고 고생하셨습니다. 이제 어려운 절기와 제사를 넘어왔습니다.
이제 민수기입니다. 정복전쟁준비이지요. 위치는 아직도 시내산입니다. 민수기의 마지막은 요단동편이구요.
민수기란 이름에 맞게 두 번의 인구조사가 있어서 우리를 힘들게 합니다. ㅎㅎ
인구조사 -> 시내산 떠나 출발 -> 가데스바네아에서 정탐꾼 보냄 -> 12정탐꾼중 여호수아와 갈렙을 제외하고는
부정적 -> 광야40년 -> 요단동편정복(이 지점에서 민수기가 끝납니다.)
참고로 신명기는 므리바사건으로 가나안 땅을 눈으로만 보고 죽게되는 모세의 마지막 고별설교이지요.
역시 요단 동편이구요.

그런데 출애굽기에서 눈치 빠른 분들은 이상하다고 느끼셨을 부분이 있습니다.
출애굽기의 시내산 도착에 대한 구절을 언급하며 개역개정성경과 다른 문구를 제가 뒤에 덧붙여 놓았습니다.
설명을 하지 않고 넘어간 이유는 유대의 절기등을 먼저 보아야 조금 더 이해가 되실 것이라고 생각해서입니다.
원어적인 의미로는 "세 번째 달이 되던 날"이 되구요. 새번역,NIV등에서는 "셋째달 초하룻날"로 되어 있습니다.

[출19:1] 이스라엘 자손이 애굽 땅을 떠난 지 삼 개월이 되던 날 그들이 시내 광야에 이르니라(셋째달 초하루)

그냥 새번역과 NIV등을 기준으로 하면서 초하루로 보셔도 상관 없습니다.
단지 개역개정판의 해석은 저만 그런지 몰라도 좀 오해의 소지가 있다고 생각합니다.

한번 출애굽하던 날을 떠올려 볼께요.
첫해 열흘에 양을 준비하고 14일에 잡고 문설주에 피를 바릅니다. 그밤에 나온다고 되어있기에 15일이 될꺼예요.
그리고 시내산 도착은 바로 위 말씀이 있지요? 아래처럼 많이 다르게 되지요.
▷ 떠난지 삼개월 : 4월 15일 도착('삼 개월'을 '셋째 달'로 해석한다고 쳐도 3월 15일)
▷ 셋째달 초하루: 3월 1일

출애굽한 날짜가 첫째달 15일이니 첫째달의 남은 16일 둘째달 28일만 더하면 44일입니다.
오순절과 칠칠절은 유월절이후 50일만에 지키는 절기라고 앞에서 살펴보았지요?
출애굽기 19장에서 시내산 도착후 하나님의 말씀이 계십니다.

[출19:10-11]
10 여호와께서 모세에게 이르시되 너는 백성에게로 가서 오늘과 내일 그들을 성결하게 하며 그들에게 옷을 빨게
하고
11 준비하게 하여 셋째 날을 기다리게 하라 이는 셋째 날에 나 여호와가 온 백성의 목전에서 시내 산에 강림할 것
임이니

이 말씀후 셋째날에 산에 오른 모세가 십계명을 받습니다.
대략적으로 50일이라는 기준이 맞게됩니다. 정확히 도착후 장막을 치고등등에 대한 세부적인 것은 성경에 없고
계산할 수도 없습니다. 하지만 셋째달 초하루라는 번역이 삼개월이 되던 날보다는 원어적으로도 그렇고 맞다고
생각합니다.

진짜 민수기로 넘어갑니다.
레위기는 별도로 보면 출애굽기에서 이어지는 성경이 민수기입니다.
시내산 도착은 첫째해 셋째달 초하루입니다. 그럼 민수기의 시작을 먼저 말씀으로 볼께요.

민1:1] 이스라엘 자손이 애굽 땅에서 나온 후 둘째 해 둘째 달 첫째 날에 여호와께서 시내 광야 회막에서 모세에게 말씀하여 이르시되(계수하라)

약 11개월간 시내산에 머물며 십계명,성막,율법,규례등을 받으면서 하나님의 주권을 알아가는 시간을 보냈습니다.
이제 국민,주권,영토중의 영토를 향해 나가갈 시간입니다.
정복전쟁을 위한 계수를 하고 출발을 합니다.

[민10:11-12]
11 둘째 해 둘째 달 스무날에 구름이 증거의 성막에서 떠오르매
12 이스라엘 자손이 시내 광야에서 출발하여 자기 길을 가더니 바란 광야에 구름이 머무니라

출발하는 장면입니다. 감격적인 순간일 듯 합니다.
바란광야에 도착을 하게 되고 가데스바네아에서 12정탐꾼을 보내게 되지요.
이후 백성들의 믿음없음으로 40년의 광야생활과 2세대의 요단동편정복으로 마무리가 됩니다.

대략적인 민수기는 끝이나지만 성경을 묵상하며 한 번에 잘 들어오지 않는 부분과 오해의 소지가 있는 부분을 추가로 정리하려고 합니다.

보통 행진대형과 멈춤대형에 대한 구분이 잘 안된 자료들이 있는 것 같아요.
특히나 행진대형은 1차계수의 명수와 1차계수의 명수가 달라지는데 보통 1차만 언급하며 다양한 해석이 되고 있는 것 같습니다. 일단 페이지상 1차와 2차의 계수된 숫자만 살펴보고 다음 페이지에 나머지를 볼께요.

해석부분은 언급하지 않겠지만 일단 행진대형과 멈춤대형이 다른 것은 기억하셔야 합니다.

▷ 1차 멈춤진영(총 603,550명)
동쪽(총 186,400명) 유다 74,600명, 잇사갈 54,400명, 스불론 57,400명
남쪽(총 151,450명) 르우벤 46,500명, 시므온 59,300명, 갓 45,650명
서쪽(총 108,100명) 에브라임 40,500명, 므낫세 32,200명, 베냐민 35,400명
북쪽(총 157,600명) 단 62,700명, 아셀 41,500명, 납달리 53,400명

▷ 2차 멈춤진영(총 601,730명) -> 2차인구조사후 전쟁가능 인원
동쪽(총 201,300명) 유다 76,500명, 잇사갈 64,300명, 스불론 60,500명
남쪽(총 106,430명) 르우벤 43,730명, 시므온 22,200명, 갓 40,500명
서쪽(총 130,800명) 에브라임 32,500명, 므낫세 52,700명, 베냐민 45,600명
북쪽(총 163,200명) 단 64,400명, 아셀 53,400명, 납달리 45,400명

이제는 행군대형과 멈춤대형을 나누어서 보도록 하겠습니다.

## 1. 멈춤대형

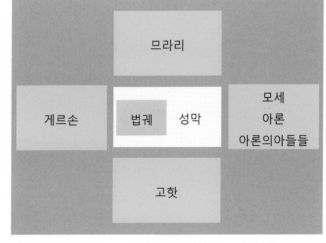

단
아셀
납달리

| 에브라임 므낫세 베냐민 | | 므라리 | | | 유다 잇사갈 스불론 | **동쪽** |

게르손　법궤　성막　모세 아론 아론의아들들

고핫

르우벤
갓
시므온

## 2. 행진대형

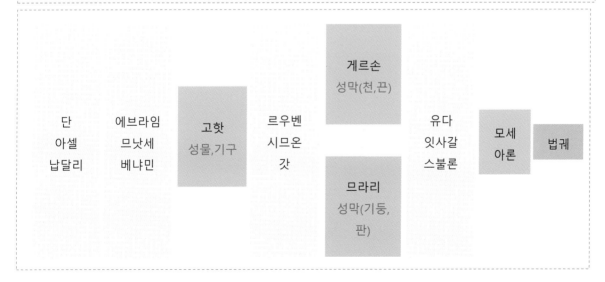

단　　에브라임　고핫　　르우벤　게르손　　유다　　모세　법궤
아셀　므낫세　성물,기구　시므온　성막(천,끈)　잇사갈　아론
납달리　베냐민　　　　갓　므라리　　스불론
　　　　　　　　　　　성막(기둥,판)

## 3. 행진대형 추가설명

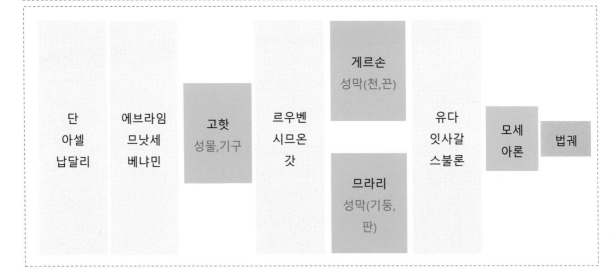

> [민10:33] 그들이 여호와의 산에서 떠나 삼 일 길을 갈 때에 여호와의 언약궤가 그 삼 일 길에 앞서 가며 그들의 쉴 곳을 찾았고

법궤가 맨 앞입니다.  그런데 민수기 4장을 보면 민4:5에서 아론과 그 아들들은 휘장을 걷어 증거궤를 덮고..
민4:15절 덮는 일을 마치면 고핫자손이 와서 멜 것이니라 라고 되어 있습니다.
뒤쪽에 고핫자손이 성물과 기구를 메지만 법궤를 메는 일부는 앞에 있는 것 같습니다.
법궤관련 잘 아시는 구절을 한번 볼께요. 다윗이 하나님의 법궤를 가져오라고 한 부분입니다.

> [삼하6:3]그들이 하나님의 궤를 새 수레에 싣고 산에 있는 아비나답의 집에서 나오는데 아비나답의 아들 웃사와 아효가 그 새 수레를 모니라
> [삼하6:6-7]
> 6 그들이 나곤의 타작 마당에 이르러서는 소들이 뛰므로 웃사가 손을 들어 하나님의 궤를 붙들었더니
> 7 여호와 하나님이 웃사가 잘못함으로 말미암아 진노하사 그를 그곳에서 치시니 그가 거기 하나님의 궤 곁에서 죽으니라

뭔가 이상합니다. 원래 법궤는 수레로 이동하는 것이 아니고 메고 이동해야 하는데 수레를 사용합니다.
물론 결과적으로는 손으로 붙들어 죽었다고 있지만 소들이 뛰놀게 하심도 수레로 이동하는 잘못된 방식때문이 아닐까 생각합니다.

또 볼 것은 **게르손족속**은 무게가 좀 가벼운 것이구요. **므라리 족속**은 무게가 나가기에 민7장에서 수레6개와 소 12마리가 주어집니다. 고핫자손은 물두멍도 그렇고 법궤등도 그렇고 무게가 엄청났을텐데 오직 "메어야"만 했습니다.
민수기 16장에 보면 고핫자손인 고라와 다단과 아비람이 반역을 일으키고 땅이 삼키게 되는 일이 일어납니다.
우리가 살면서 행복을 느끼지 못하는 것은 "남과의 비교" 때문이라고 생각합니다.
이건 성경에 없는데 개인적으로 생각해본 것이지만 고핫자손의 반역과도 같이 생각해보면 재밌는 것 같습니다.

# 신명기

이제 모세오경의 마지막인 신명기로 왔습니다.

신명기는 광야2세대를 향한 모세의 고별설교라고 말씀드렸습니다. 그래서 앞의 내용의 중복이기도 하구요.

신명기는 이스라엘 족속을 콕 찍어 말씀하신 성경입니다(말라기와 함께 유이합니다.)

단지 과거의 중복만은 아니고, 미래에 백성들이 왕을 세워달라는 요청부터 분열왕국이 일어나는 이유까지 많은 내용이 담겨있기에 깊이 묵상해 보시면 좋겠습니다.

또한 민수기의 마지막은 요단동편의 정복까지입니다. 신명기의 위치도 동일합니다

일단은 출애굽후 모세의 고별설교가 이루어지는 모압평지까지 지도입니다.

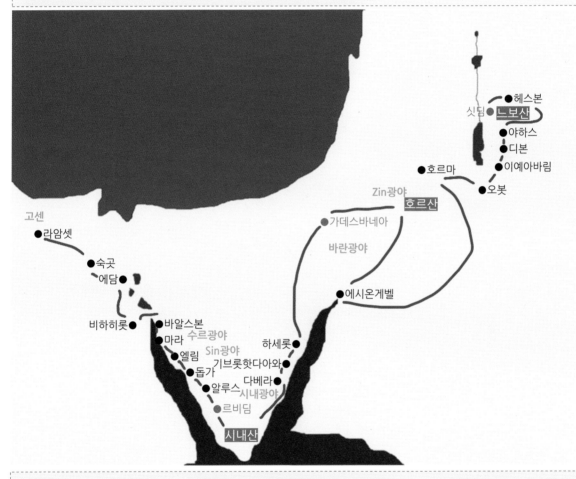

신17:14~17 (왕에 관하여) 우리도 우리 주위의 모든 민족들 같이 우리 위에 왕을 세워야겠다는 생각이 나거든

[신17:16] 그는 병마를 많이 두지 말 것이요…

[신17:17] 그에게 아내를 많이 두어 그의 마음이 미혹되게 하지 말 것이며 자기를 위하여 은금을 많이 쌓지 말 것이니라

솔로몬왕이 훗날 병거를 많이 둘 뿐만 아니라 정략결혼을 통해 얻은 많은 이방나라의 여인들이 가지고 들어온 우상으로 인하여 분열왕국이 시작됩니다.

먼 미래에 발생할 백성들의 왕요구, 분열왕국의 시작까지 이미 모세는 이야기하고 있습니다.

모세는 고별설교를 마친후 느보산에서 죽음을 맞이합니다(민34:1~7)

모세는 고별설교를 마친후 느보산에서 죽음을 맞이합니다(민34:1~7)
그렇게 가고 싶었던 가나안 땅을 눈으로만 보고 들어가지 못합니다.
모세의 가나안 땅을 향한 소망이 엿보이는 곳 몇 가지를 보고 신명기는 짧게 마무리하려고 합니다.

모세가 가나안 땅을 못들어가는 이유는 아시지요? 사실 백성들 때문이라기는 좀 그렇죠?

[민20:8-12]
8 지팡이를 가지고 네 형 아론과 함께 회중을 모으고 그들의 목전에서 너희는 반석에게 명령하여 물을 내라 하라 ..
10 ..모세가 그들에게 이르되 반역한 너희여 들으라 우리가 너희를 위하여 이 반석에서 물을 내랴 하고
11 모세가 그의 손을 들어 그의 지팡이로 반석을 두 번 치니 물이 많이 솟아나오므로 회중과 그들의 짐승이 마시니라
12 여호와께서 모세와 아론에게 이르시되 너희가 나를 믿지 아니하고 이스라엘 자손의 목전에서 내 거룩함을 나타내지 아니한 고로 너희는 이 회중을 내가 그들에게 준 땅으로 인도하여 들이지 못하리라 하시니라

하지만 모세는 고별설교중 백성들에게 **"너희로 인하여 내게 진노하시어 내가 요단을 건너지 못한다"**라고 여러 번 언급합니다. 어쩌면 참 인간적인 면도 많이 보이는 것 같습니다. 말씀 볼게요.

[신3:26] (너희로 인하여 내게 진노하시어)
[신4:21] (너희 때문에 내게 진노하시어 내가 요단을 건너지 못할것이라)

여기서 3장 성경말씀을 조금 더 보도록 할게요.

[신3:25-26]
25 구하옵나니 나를 건너가게 하사 요단 저쪽에 있는 아름다운 땅, 아름다운 산과 레바논을 보게 하옵소서 하되
26 여호와께서 너희 때문에 내게 진노하사 내 말을 듣지 아니하시고 내게 이르시기를 그만해도 족하니 이 일로 다시 내게 말하지 말라

요단 동편에서 눈으로만 보아야 하는 가나안 땅.. 모세의 갈망이 울컥한 마음을 들게 합니다.
"다시"라는 말이 처음 이야기 할 때도 '다시는 말하지 말라'고 할 수 있는 말이지만..
개인적으로는 성경에 기록되어 있지는 않지만 절절한 마음으로 여러 번 하나님께 간구하지 않았을까 생각합니다.
하지만 모세가 고별설교를 끝내자 하나님은 말씀하십니다.

[신32:49-50]
49 너는 여리고 맞은편 모압 땅에 있는 아바림 산에 올라가 느보 산에 이르러 내가 이스라엘 자손에게 기업으로 주는 가나안 땅을 바라보라
50 네 형 아론이 호르 산에서 죽어 그의 조상에게로 돌아간 것 같이 너도 올라가는 이 산에서 죽어 네 조상에게로 돌아가리니

어쩌면 야속해보이기도 하는 장면이고 모세가 되어 생각하면 눈물이 왈칵 쏟아집니다.
하지만 하나님은 모세에게 선물을 주십니다.
성경에서 모세가 꿈에 그리던 가나안땅을 밟는 장면이 나옵니다.
신약성경 변화산 사건에서 엘리야와 함께 등장을 합니다.

# 여호수아

간단 요약은 앞의 내용을 가져와 볼게요.

이제 요단을 건너며 정복전쟁을 시작합니다. <u>드디어 가나안으로의 장소이동이 시작됩니다.</u>

홍해가 갈라짐 같이 요단도 갈라집니다.

단지 홍해는 모세가 지팡이를 들자 갈라졌다면 요단은 발걸음을 내딛어 물을 밟자 갈라졌기에 믿음의 단계, 믿음의 성장이 필요하다등으로 많이 언급합니다..

<u>여호수아서는 정복전쟁을 하고 각 지파별 땅분배까지 이야기들이 주된 내용입니다.</u>

그런데 가장 중요한 것을 거주하던 모든 민족을 멸하라는 말씀에 순종하지 않은 점입니다.

훗날 이것은 지속적으로 이스라엘 백성들의 발목을 잡는 사건이 됩니다.

그리고..정복전쟁인데 사실 전투로는 네 건만 기록되어 있습니다.

여리고성전투, 아이성전투, 남방정복,북방정복입니다.

아!!! 중요한 사간이 하나 더 있네요.. 기생라합.. **여호수아서는 지도를 많이 보셔야 합니다.**

다음페이지의 지도를 보시겠지만 일단 체크할 부분이 있습니다.

요단 동편의 마지막 숙영지는 싯딤이구요. 요단을 넘어 첫번째 숙영지는 여리고성 앞의 길갈입니다.

미가서에서도 설명하겠지만 미가서의 구절을 먼저 볼게요.

[미6:5] 내 백성아 너는 모압 왕 발락이 꾀한 것과 브올의 아들 발람이 그에게 대답한 것을 기억하며 <u>싯딤에서부터 길갈까지의 일을 기억하라</u> 그리하면 나 여호와가 공의롭게 행한 일을 알리라 하실 것이니라

미가서의 구절은 여호수아서를 보여주는 구절입니다.

그럼 이것이 무엇을 의미하는지 보이시나요? 민수기 25장에 이상한 사건이 하나 나옵니다.

조금만 더 설명하면 기억이 나실겁니다. 민22장부터 모압의 왕 발락이 발람을 통해 이스라엘을 저주하라고 요청하고 민24장에서 발람이 돌아간 후에 벌어진 사건입니다.

백성들이 싯딤에서 <u>모압여자들과</u> <u>음행을 하기 시작하고</u> 미디안여인을 데리고 왔다가 남자와 여자 모두 창에 배를 뚫려 죽는 사건입니다. 이 사건후 여호와께서 <u>미디안인을 대적하여 치라고</u> 명령하시고요.

여호수아서 5장에서는 요단을 건넌 후 길갈에서 할례를 받습니다. <u>의미가 느껴지시나요?</u>

광야 40년을 돌아 다시 한번 하나님의 백성으로 부른 상태에서 요단동편을 점령하자 벌써부터 그 곳 여인들과 음행을 하는 일이 벌어집니다. 이 때 하나님은 어떠셨을까요? 정말 다 돌이키고 싶으셨을 수도 있습니다.

<u>하지만 하나님은 포기하지 않으시고 새롭게 하십니다.</u>

요단을 건너 길갈에 도착하고 여리고성을 목전에 둔 상태에서 할례를 통해 다시금 하나님의 백성으로 부르십니다.

다른 면에서 보면 창세기 34장의 야곱의 딸 디나 강간사건의 경우 히위족속을 할례하라고 하고 몰살시킨 사건을 기억하시면 여리고성을 목전에 두고 참 어려운 결정이기도 합니다. 여호수아는 이에 순종을 합니다.

세상 눈으로는 쉽지 않은 선택입니다. 하지만 선하신 하나님은 이미 준비하신 모습을 보여주는 구절이 있습니다.

[수5:1] 요단 서쪽의 아모리 사람의 모든 왕들과 해변의 가나안 사람의 모든 왕들이 여호와께서 요단 물을 이스라엘 자손들 앞에서 말리시고 우리를 건너게 하셨음을 듣고 <u>마음이 녹았고 이스라엘 자손들 때문에 정신을 잃었더라</u>

1세대 정탐꾼의 말에 백성들의 마음이 녹았었지요. <u>믿고 순종하면 이미 준비하신 축복으로 들어갑니다.</u>

여호수아 주요지명 및 위치

앞의 지도에서 성경에 언급된 부분의 왕의 위치를 묶어서 표시해 두었습니다.
싯딤(요단동편 마지막 숙영지) -> 길갈(요단 건너 첫 숙영지) -> **여리고성전투** -> **아이성전투** -> 남방전투 ->
북방전투

**남방전투 :** 예루살렘왕/헤브론왕/야르뭇왕/라키스왕/ 에글론왕 : 마케다굴에 숨었다가 나무에 달림
**북방전투 :** 하솔왕/마돈왕/심론왕/악삽왕: 메롬물가에서 정복(**수11장**)

앞으로는 평면지도로 계속 사용될 것이기에 이쯤에서 앞의 입체지도를 다시 한번 확인해 보겠습니다.
아래 입체지도를 앞으로는 생각하시면서 대략적인 느낌을 가지고 평면지도를 보시면 이해가 더 빠를 듯 합니다.

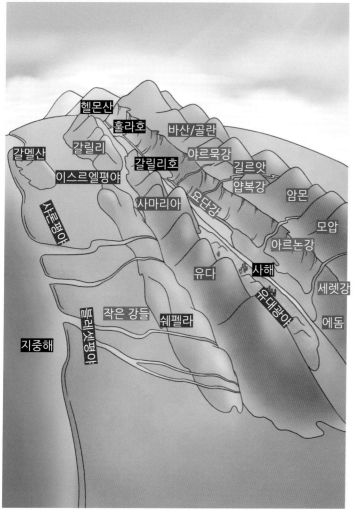

1. 요단 동편은 강으로 구분이 된다고
말씀드렸지요?

2.샤론평야는 당시는 늪지대로 살만한 곳이
아니었기에 므낫세반지파가 땅이 적다고
불평했다도 다시 기억하시구요.

3. 블레셋족속이 살단 부분인 블레셋
평야로 흐르는 작은 강들이 있는데 이
강들이 골짜기이기에 블레셋이 유다를
침략할 때 진입로로 사용되던 곳이라고도
말씀드렸습니다.

# 여호수아 12지파 땅분배

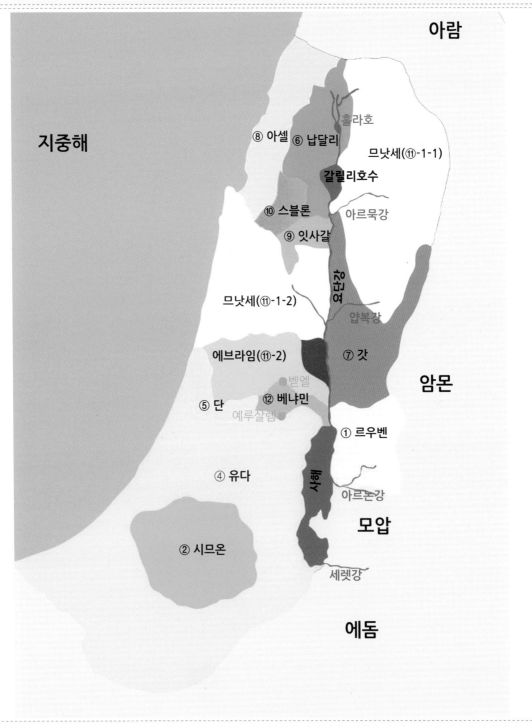

계속 말씀드린 므낫세지파의 땅 불평을 위 지도만으로는 꽤 넓은 땅이기에 이해가 안되고 샤론평야를 이해해야 한다고 말씀드렸습니다.단지파 위치는 블레셋 옆입니다. 이 위치는 기억해 두시면 좋습니다.

사사기의 사사 삼손이 단지파입니다. 그렇기에 삼손은 블레셋과 연결되지요.

나중에 단지파는 북쪽 라이스땅을 정복하고 '단'성읍을 세웁니다. 이후 이스라엘은 단에서 브엘세바까지로 통칭됩니다.

# 사사기

여호수아 이후 또 시간이 흘러갑니다.
창세기의 마지막을 기억하시나요? 요셉을 모르는 왕이 일어났다고 복선을 깔고 마무리가 되지요.
출애굽기는 시간이 흘러 노예가 되어 있는 이스라엘 백성으로 시작합니다.
여호수아서에서도 동일한 느낌의 구절이 나옵니다.

[삿2:10] 그 세대의 사람도 다 그 조상들에게로 돌아갔고 그 후에 일어난 다른 세대는 여호와를 알지 못하며
여호와께서 이스라엘을 위하여 행하신 일도 알지 못하였더라

시간이 흐르며 여호수아가 죽고 그 세대의 사람도 죽고나자 그 후에 일어난 세대는 여호와를 알지도, 이스라엘을
위하여 행하신 일도 알지 못한다고 언급되어 있습니다. 신앙교육의 중요성을 보여주고 있다고 생각합니다.

사사기는 보통 그냥 12명의 사사의 이야기로 생각합니다. 그런데 맨 뒤에 이상한? 이야기 두 가지가 언급되며
마무리되는 형태인 것도 기억해 두셔야 합니다.
1~2장 : 여호수아시대의 마무리와 함께 여호와를 모르는 세대가 일어남
3~16장 : 12명의 사사이야기(사실상은 옷니엘,에훗,드보라,기드온,입다,삼손만 스토리가 있고 나머지는 소개만)
17장~21장 : 2건의 이상한 이야기???
사실 사사들의 이야기는 내용만 다르지 한가지로 귀결됩니다.
**범죄함 -> 이방민족을 통한 심판 -> 백성들의 간구 -> 사사를 보내시고 구원 -> 회개 -> 다시 범죄**입니다.
각각의 이야기는 사실 이야기의 형식이기에 어렵지 않고 말씀드릴 부분이 크게 없습니다.
여기서는 마지막에 나오는 두 건의 이상한 이야기만 살펴보겠습니다.

두 개의 이야기중 첫번째 나오는 이야기가 미가 집의 제사장입니다.
삼손 이후 갑자기 나오는 이상한 이야기들 입니다. 일단 이야기를 요약해 보겠습니다.

**17장 시작입니다.** 에브라임 산지에 미가와 어머니가 살고 있습니다. 어느날 어머니가 돈을 잃어버리고 저주를
하지요.
그런데 훔쳐간 사람은 아들 미가입니다. 저주를 들은 미가가 고백하고 돈을 돌려주자 어머니의 행동이 이상합니다.
미가를 위해 은으로 신상을 만들며 "이 은을 여호와께 거룩히 드리노라"라고 합니다.
그리고 아들 미가를 제사장으로 삼습니다.

이런 상황에서 레위인 한 청년이 미가의 집에 오자, 미가는 그에게 제사장을 맡깁니다.
[삿17:12-13]
**12 미가가 그 레위인을 거룩하게 구별하매 그 청년이 미가의 제사장이 되어 그 집에 있었더라**
**13 이에 미가가 이르되 레위인이 내 제사장이 되었으니 이제 여호와께서 내게 복 주실 줄을 아노라 하니라**
도무지 이해가 안가는 내용의 연속입니다. 이 상황의 미가의 말은 정말 ..

**이제 18장으로 넘어갑니다.** 드디어 이런 이야기를 하는 이유가 소개됩니다. "그 때에 이스라엘에 왕이 없었고"
그런데 18:1에 또 한가지 이상한 부분이 있습니다. 미가 집을 방문한 단지파가 "그 때까지 기업을 분배받지
못하였고"라고 언급됩니다.그런데 단지파는 분배를 받았지요? 바로 앞에 사사 삼손도 단지파이구요.
여기서는 블레셋으로 인해 안정된 기업을 이룰 수 없었다 정도로 보시면 될 듯 합니다.

단지파가 땅을 정탐하러 가는 길에 미가의 집에 들르고 상황을 묻자 레위인이 대답합니다.
"미가가 이러이러하게 나를 대접하고.. 제사장으로 삼았느니라"
이것도 황당한 일인데 단지파의 반응은 더 놀랍습니다. "하나님께 우리 길이 형통할지 물어보아달라"
레위인은 "평안히 가라 너희가 가는 길은 여호와 앞에 있느니라"
이후 이야기는 라이스땅을 정탐한 이들이 정복하러 다시 가며 제사장과 에봇까지 가져가는 이야기입니다.

왜 사사기 18장의 시작이 "이스라엘에 왕이 없었고"인지 보이시나요?
사사기의 마지막 구절입니다.
[삿21:25] 그 때에 이스라엘에 왕이 없으므로 사람이 각기 자기의 소견에 옳은 대로 행하였더라
결국 사사기는 가만히 들여다보면 12사사의 이야기를 포함해 신앙을 잃은 백성들이 각기 자기의 소신대로 행하는
시대가 되었다는 것을 이야기합니다. 즉 백성들의 생각에는 '이제 왕을 필요로 하는 시기가 되었다'라고
이야기합니다.
그런데 신앙을 지키는 삶에서는 왕이 필요하지 않았습니다.
성경은 하나님이 진정한 왕이심을 나타내는 책이기도 하고요.
이 미가 이야기가 일어난 위치가 어디인지는 꼭 기억해 두시면 좋습니다. "에브라임지파입니다."
이렇게 첫번째 이야기가 끝이 납니다.

19장의 두번째 이야기 시작도 동일합니다. "이스라엘에 왕이 없을 그 때에"..
한 레위 남자가 에브라임 산골에 살다가 유다의 베들레헴에서 첩을 데려오는 이야기입니다.
그런데 뭔가 많이 이상합니다.
데려오는 첩은 "행음하고 남편을 떠나 유다 베들레헴"에 가서 머물고 있습니다.

일단 레위인은 제사장지파입니다. 제사장이 첩을 두고 살고 있습니다. 이것부터 말이 안됩니다.
다섯째 날까지 "먹고 마시며" 즐깁니다. 그리고 날이 저물어갈 때야 떠나는 모습입니다.

또 한가지.. 행음하고 떠난 첩.. 호세아의 불행한 결혼과 흐름은 비슷해보이시지 않나요?
음란한 아내를 맞이하라고 하시고 또한 음녀가 된 여인을 돈을 주고 다시 사오는 내용을 통해 호세아서는
이스라엘의 부정한 모습에도 사랑하시는 하나님의 마음을 표현하고 있습니다.
하지만 사사기의 이야기는 호세아서와 모양은 비슷하지만 의미가 전혀 다른 내용인 것이 재밌게 느껴집니다.

앞의 12지파 땅분배지도를 보시면 에브라임 -> 베냐민 -> 유다로 지파가 이어져 있습니다.
첩을 데리고 돌아오는 길에 여부스족이 머물던 예루살렘은 "이스라엘 자손이 아닌 이방 사람들의 성읍"이기에
지나칩니다. 그리고 베냐민지파 땅인 기브아에 이르러 유숙을 합니다..
무엇이 중요한 건지 전혀 이해가 가지 않습니다.
또한 이스라엘 민족인 베냐민지파의 사람들은 "나그네를 대접하는 삶"의 모습이 아닙니다.
유숙하게 허락하는 이가 없습니다.
여기서 유숙하게 하는 노인도 "에브라임지파"입니다.

이후 이야기에서 히브리어 원어를 잠깐 볼께요.

[삿19:22] 그들이 마음을 즐겁게 할 때에 그 성읍의 불량배들이 그 집을 에워싸고 문을 두들기며 집 주인 노인에게 말하여 이르되 네 집에 들어온 사람을 끌어내라 우리가 그와 관계하리라 하니

불량배(에노쉬) : 사람들,무리,악한자 / 사람(이쉬) : 남자,사람

사람이란 원어의 의미를 보고 이어지는 내용을 보면 이게 남자의 의미인 것이 보입니다. 새번역도 동일합니다.

이후 레위인의 첩이 겁탈 당한후 죽게되고 레위인은 첩의 시체를 12조각으로 열두지파에게 보냅니다.
이에 미스바에 모인 이스라엘 자손의 군대 40만이 베냐민지파를 치러 갑니다.
당시 베냐민지파중 칼을 빼는 자가 이만 육천(+700,기브아주민중 택한 자)이라고 나옵니다.

결국 패한 베냐민지파는 600명만 남게 됩니다. 사실살 1지파가 사라질 위기입니다.
미스바에서 자신들의 딸을 베냐민지파에게 주지 않기로 맹세하였기에 이 전투에 참여하지 않았기에 맹세도 하지 않은 길르앗야베스로 가서 칼로 치고 처녀400명을 데려옵니다. 부족한 200명의 경우는 추후 실로(에브라임지파) 축제때 납치를 하게 합니다.

[삼상9:21] 사울이 대답하여 이르되 나는 이스라엘 지파의 가장 작은 지파 베냐민 사람이 아니니이까 또 나의 가족은 베냐민 지파 모든 가족 중에 가장 미약하지 아니하니이까 당신이 어찌하여 내게 이같이 말씀하시나이까 하니

다시 사사기의 마지막구절로 갑니다.

[삿21:25] 그 때에 이스라엘에 왕이 없으므로 사람이 각기 자기의 소견에 옳은 대로 행하였더라

이 이상한 이야기 두 개가 왜 사사기의 마지막에 들어 있는 것일까요?
**두 이야기 모두 에브라임지파가 주인공입니다.**
**이 이야기는 사무엘서의 법궤의 이동과 관련해서 다시 한번 생각해 보겠습니다.**

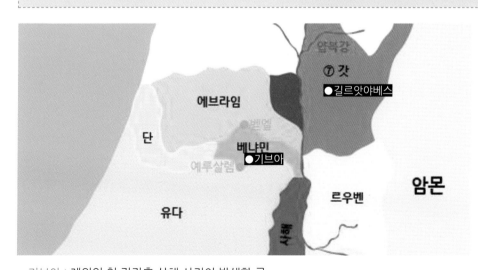

기브아 : 레위인 첩 강간후 살해 사건이 발생한 곳
길르앗야베스 : 12지파가 베냐민지파를 위해 전투에 참여하지 않은 길르앗야베스를 칼로 침.

# 룻기

성경에서 여인이 책 제목인 것은 룻기와 에스더서 둘입니다.
그 중 에스더는 바사(페르시아)에 포로로 끌려간후 귀환하지 않은 디아스포라이니 이방여인으로는 룻기가
유일합니다.
사랑이야기처럼 보이지만 사실은 다윗왕의 계보를 보이기 위한 책으로, 앞으로 사무엘상 사울왕을 거쳐 이어지는
"이스라엘의 진정한 왕 다윗왕"으로 연결시키며 왕정시대의 출발을 알리는 책입니다.

개인적으로는 에스더란 이름을 언급할 때 "별과 같이 빛난 여인 에스더"라고 합니다.
에스더의 이름 뜻이 '별'이기도 합니다.
그런데 이방(모압)여인이자 과부이며 가난한 여인 룻의 이야기가 성경의 제목에 들어 있는 것도 참 재밌다는
생각을 합니다. 어쩌면 세상적인 눈, 좀 더 정확히 당시 이스라엘 백성들의 시각으로 본다면 정말 안좋은 모든
조건을 가지고 있는 것 같습니다.
하지만 하나님은 열방이 하나님의 백성이 되기를 원하시고, 세상적인 눈으로 보이는 것이 아닌 하나님의 시선으로
볼 때 귀한 것은 다른 것임을 보여주는 것 같기도 합니다.
보아스와 나오미 사이의 아들이 오벳입니다.

[룻4:22] 오벳은 이새를 낳고 이새는 다윗을 낳았더라

사사기의 마지막은 "그 때에 이스라엘에 왕이 없으므로"였지요?
마지막의 이야기는 베냐민지파가 거의 끊어질 상황을 보여주는 장면이었습니다.
사무엘상에 이어지는 사울왕은 베냐민 지파입니다.
다윗왕은 유다지파이지요. 룻기는 다윗왕의 계보를 말하면서 마무리됩니다.

룻기는 크게 언급할 부분이 없고 다음 사무엘상과 열왕기 역대기에 연결되는 다른 이야기를 추가로 해 보려고
합니다.
혹시 유대인들이 보는 성경과 현대인들이 보는 성경의 순서가 다른 것을 알고 계신가요?
처음으로 순서가 달라지는 성경이 룻기입니다. 유대인들의 성경에서는 다니엘서,스가랴서도 예언서가 아니랍니다.
그래서 이 부분을 잠깐 살펴보려고 합니다.

혹시 "타나크"란 말 들어 보셨나요? 아마 "토라"라는 명칭은 많이 들어보셨을껍니다.
이 타나크가 유대인들이 성서를 구분하는 방식입니다.
타나크는 토라(법,교훈,가르침) / 느비임(예언자들) / 케투빔(글들)의 첫 두음을 모아서 표기한 것이랍니다.

▷ 토라(법,교훈,가르침)
창세기/출애굽기/레위기/민수기/신명기
▷ 느비임(예언자들)
여호수아/사사기/**사무엘상하/열왕기상하**/이사야/예레미야/에스겔/호세아/요엘/아모스/오바댜/요나/미가/나훔/
하박국/스바냐/학개
▷ 케투빔(글들)
스가랴/말라기/시편/잠언/욥/아가/**룻기**/예레미야애가/전도서/에스더/다니엘/에스라/느헤미야/**역대상/역대하**

# 사무엘상하

사무엘상에서는 사울왕, 사무엘하에서는 다윗왕이라고 간단하게는 정리를 할 수 있지요?

사무엘상하를 끝으로 개별 성경으로 이해할 수 있는 부분이 끝나고 많이들 어려워하시는 열왕기/선지서들로 들어갑니다. 이쪽은 지금과 달리 가능한 상세히 언급할 생각이구요.

일단 여기서는 사무엘상하/열왕기상하/역대상하를 어떤 관점에서 보시면 좋은지 이야기 드려 볼께요.

사무엘서를 하지도 않고 왜 갑자기 열왕기 역대기를 언급하는지 궁금하시죠?

아래 표를 한번 보시기 바랍니다. 이 표때문에 룻기에서 제가 유대인의 성경순서를 언급했어요.

유대인의 관점이 맞다라는 관점으로 들으시면 안되시구요. 그냥 '그들은 이런 생각으로 구분했구나' 정도입니다.

| 구분 | 포로기 이전 ~ 초기 | 포로기 이후 작성 |
|---|---|---|
| 사무엘상 | 사무엘의 등장<br>사울왕 즉위<br>다윗의 등장<br>사울왕의 죽음 | |
| 사무엘하 | 다윗왕의 이야기 | |
| 열왕기상 | 다윗왕의 죽음 ~ 아합의 죽음 | |
| 열왕기하 | 엘리야 승천 ~ 남유다의 멸망 | |
| 역대상 | | 다윗왕의 이야기 |
| 역대하 | | 솔로몬왕 ~ 남유다의 멸망 |

위 표는 대부분 이해하고 계신 부분일꺼라 생각합니다.

제가 이 표를 가져오기 위해 앞에서 타나크를 설명하고.. 유대인의 성경분류를 설명한 이유를 이제 말씀드릴께요.

혹시 앞 페이지 유대인의 성경구분에서 특이한 점을 확인하셨나요?

사무엘상하와 열왕기상하는 느비임(예언서)에 속합니다. 반면에 역대상하는 케투빔(글들)입니다.

**우리가 많이 들은 것으로는 열왕기는 북이스라엘과 남유다 모두 언급, 역대기는 남유다만 언급한 역사서이지요?**

그런데 유대인들은 사무엘상하와 열왕기상하를 예언서로 구분합니다.

그런데 유대인들의 분류는 전혀 다르다는 점이 아주 재밌지 않나요?

엘리제사장과 한나의 이야기가 나온 후 여호와께서 사무엘을 부르시는 장면에서 사사시대의 영적상태를 다시금 보여주시는 듯 한 구절이 나옵니다.

[삼상3:1] 아이 사무엘이 엘리 앞에서 여호와를 섬길 때에는 여호와의 말씀이 희귀하여 이상이 흔히 보이지 않았더라

이 구절은 말씀을 하지 않으셨다라는 이야기이기보다는 당시 이스라엘 백성들의 상태가 많이 좋지 않았다는 것을 보여주는 것 같습니다.

**법궤의 이동경로(블레셋과 아벡전투에서 빼앗긴 여호와의 궤는 7개월동안 블레셋에..)**

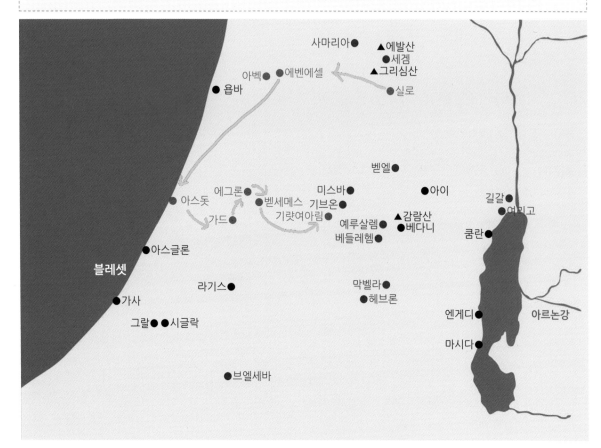

아벡전투에서 실로에 있는 법궤를 이스라엘이 진치고 있는 에벤에셀로 가져옴

**실로 -〉 에벤에셀 -〉 아스돗 -〉가드 -〉에그론 -〉 벧세메스 -〉기럇여아림(20년동안)**

**아스돗** : 다곤신전 넘어짐,종기재앙

**가드** : 더 독한 종기

**에그론** : 환난,종기(법궤가 일곱달째 블레셋에 있음) 속건제를 드릴 것을 담아 궤를 벧세메스로 보냄

사사기의 마지막에서 이상한 이야기가 두 개 있었습니다.
사무엘서를 볼 때 다시 언급하기로 한 부분을 살펴보겠습니다.

법궤의 이동을 보면 재밌는 부분이 있습니다.
사무엘이 부르심을 받은 곳은 에브라임지파의 땅인 실로였습니다. 법궤도 실로(에브라임지파 땅)에 있었습니다.
법궤의 이동경로를 보시면 법궤는 기럇여아림으로 돌아와 아비나답의 집에 20년간 보관됩니다.
그런데 이 기럇여아림은 베냐민지파의 땅입니다.
베냐민지파는 분열왕국시 남유다이고 에브라임지파는 북이스라엘입니다.
에브라임지파에 있던 법궤가 베냐민 땅으로 이동하게 되는 점과 지파가 나눠지는 부분도 매우 특이합니다.
또한 이스라엘의 첫 왕인 사울도 사사기에서 600명만 남은 베냐민지파입니다.

사무엘상
1장~3장 : 사무엘, 한나, 엘리제사장
4장~6장 : 블레셋에 뺏긴 언약궤가 돌아옴
7장~8장 : 사무엘의 다스림과 백성들의 왕 요구
9장~15장 : 사울왕즉위와 범죄
16장~31장 : 다윗에게 기름부음  사울 죽음
사무엘하 : 다윗왕의 이야기
**앞으로 더 진행하기 위해 일단 참고할 지도들을 몇 가지 올려드리고 열왕기/역대기로 가겠습니다.**

77

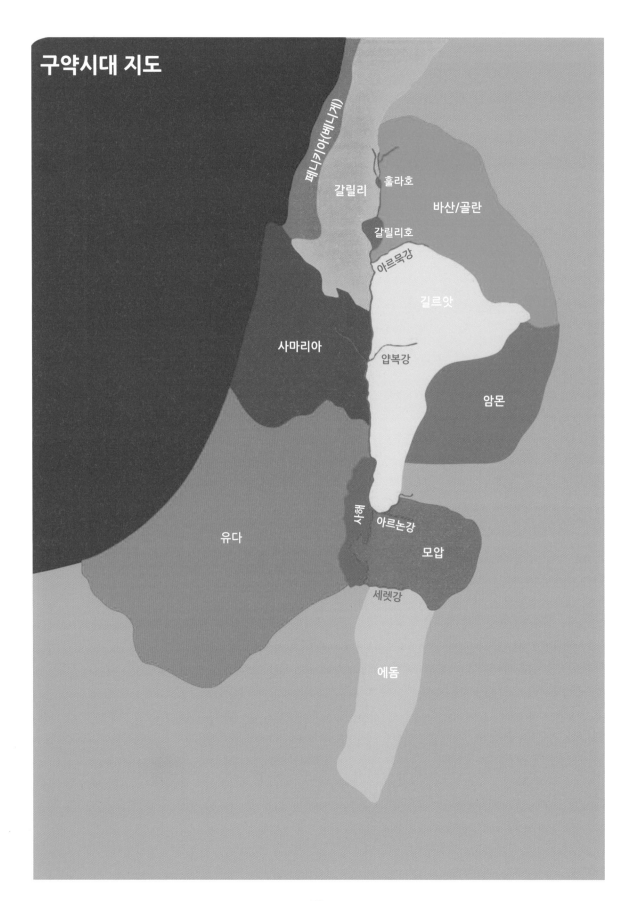

# 구약시대 지도

페니키아(베니게)

갈릴리

훌라호

바산/골란

갈릴리호

아르묵강

길르앗

사마리아

얍복강

암몬

사해

아르논강

유다

모압

세렛강

에돔

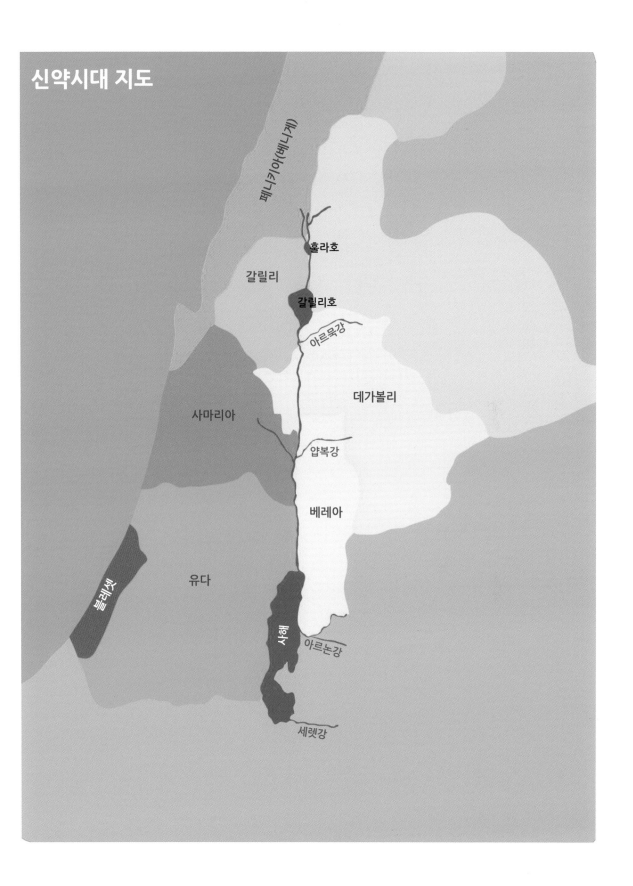

# 신약시대 지도

페니키아(베니게)

훌라호

갈릴리

갈릴리호

아르묵강

데가볼리

사마리아

얍복강

베레아

지중해

유다

사해

아르논강

세렛강

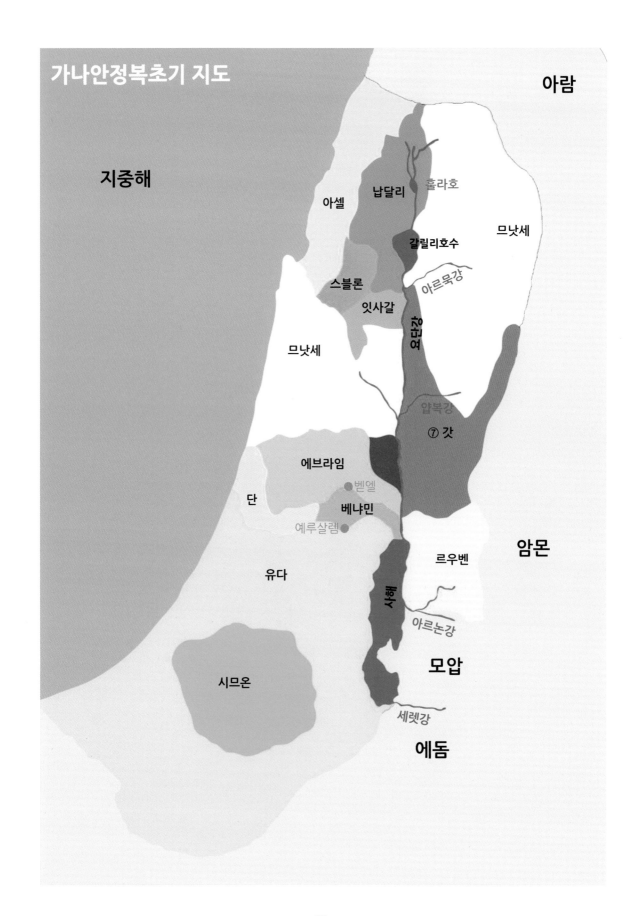

가나안정복초기 지도

지중해

아람

아셀

납달리

훌라호

므낫세

갈릴리호수

아르묵강

스블론

잇사갈

므낫세

얍복강

⑦ 갓

에브라임

벧엘

단

베냐민

예루살렘

르우벤

암몬

유다

아르논강

모압

시므온

세렛강

에돔

80

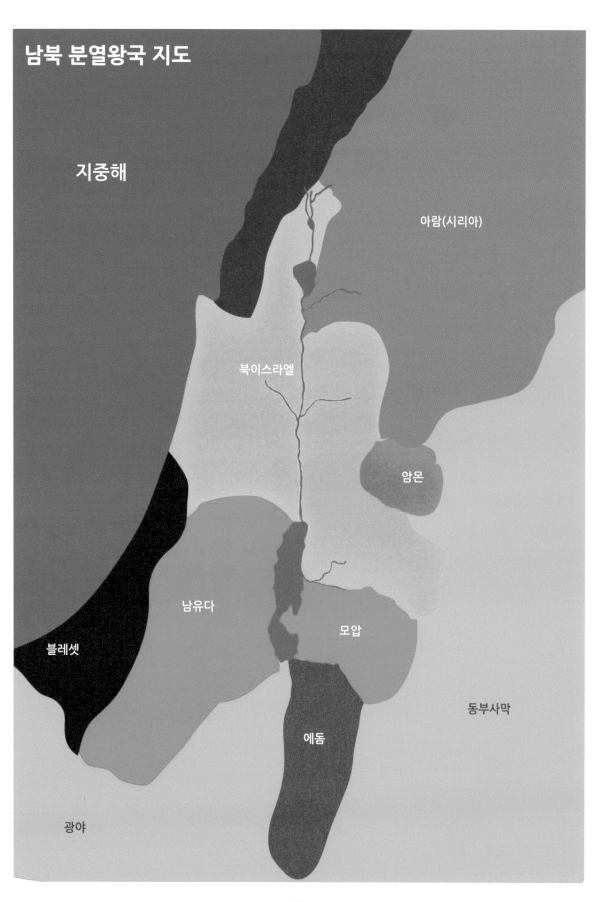

남북 분열왕국 지도

지중해

아람(시리아)

북이스라엘

암몬

남유다

모압

블레셋

에돔

동부사막

광야

이스라엘 주요지명

지중해

●다마스커스
(=다메섹)

아람

시돈

페니키아

두로

갈릴리

▲헬몬산
텔단● ●가이샤라빌립보

악십

하솔
고라신
가버나움
게네사렛
막달라
디베랴

훌라호

벳세다
갈릴리호수

바산/골란

●아스다롯

악고

악삽
▲갈멜산

가나●

기손강
돌

나사렛

●

므깃도

나인
수넴

▲다볼산(변회산)

이스르엘평야

아르묵강

샤론평야

사마리아

수가

길르앗

길르앗야베스
가다라

길르앗라못

가이샤라

사마리아●

▲에발산
세겜
▲그리심산

●거라사

브누엘(브니엘) ●마나하임

욥바

에벤에셀

숙곳

얍복강

실로

●랍바(암몬)

벧엘
미스바
기브온

아이

엠마오
벧세메스
예루살렘
베들레헴

▲감람산
베다니

길갈
여리고

베다니
싯딤
헤스본
▲느보산
벧여시못

암몬

아스돗
가드

쿰란

사해

야다롯
디본

블레셋
아스글론

블레셋평야
라기스

막벨라
헤브론

엔게디

아르논강

가사
그랄● ●시글락

유다

마시다

●소돔
●고모라

모압

●브엘세바

●이예아바림

소알 ●세렛강

●브엘라헤로이

바란광야

아라바

에돔

아말렉

가데스바네아

미디안

82

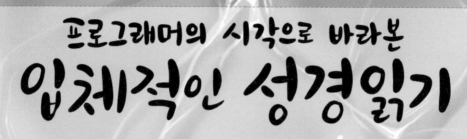

프로그래머의 시각으로 바라본
# 입체적인 성경읽기
2부 Part 3. 열왕기상하 / 역대상하

# 열왕기상하/역대상하 비교

열왕기와 역대기하면 어떤 생각이 드시나요?

제일 먼저 드는 생각이 "왕들이 계속 나열된다"라는 것일겁니다.

그런데 실제 열왕기와 역대기를 뜯어보면 그렇지 않은 것이 정말 신기합니다. 느낌하고 살짝 달라요.

실제 사무엘상하와 크게 다르지 않은 부분이 꽤 많고 왕들의 나열은 큰 분량은 아니라는 점입니다.

한번 표로 나눠볼께요..

| 성경 | 장 | 내용 |
|------|-----|------|
| 열왕기상 | 1장~11장 | 다윗과 솔로몬 |
| | 12~16장(5장/22장) | 왕조 |
| | 17~22장 | 엘리야/아합 |
| 열왕기하 | 1장 | 엘리야죽음과 아하시야 |
| | 2장~9장 | 엘리사중심 |
| | 10장~25장(16장/25장) | 왕조 |

| 성경 | 장 | 내용 |
|------|-----|------|
| 역대상 | 1장~9장 | 아담부터의 족보 |
| | 10장~29장 | 사울의 죽음과 다윗왕 |
| 역대하 | 1~9장 | 솔로몬왕 |
| | 10장~36장(27/36장) | 왕조 |

생각보다는 비중이 적은 편입니다. 열왕이 나열되어 어렵기만 한 것이 아랍니다.

다윗과 솔로몬왕의 이야기는 어렵거나 한 부분이 아니고 엘리야 선지자부분도 아합왕시대로 한정이니까요.

다음으로 "열왕기와 역대기가 어떻게 다른가요?"라는 질문은 어떤가요?

많이 나올 것으로 예상되는 답변은 "열왕기는 북이스라엘과 남유다왕이 모두 열거가 되고, 역대기는 남유다왕만 나온다"가 아닐까요?

그런데 조금만 더 나가볼께요..

열왕기의 저자는 예레미야로 많이들 보고 있고, 역대기의 저자는 에스라로 보는 편입니다.

저자에 대한 부분은 공통된 의견은 아니기에 다르게 생각하시는 분들은 그대로 생각하셔도 됩니다. ㅎ

보다 중요한 것은 동일한 왕조의 이야기가 진행되고 있지만 대상이 전혀 다른 책이라는 점입니다.

이 부분을 이해한 상태에서 열왕기상하와 역대상하를 묵상하셔야 조금 더 나아갈 수 있는 것 같습니다.

어떤 부분이 다른지 한번 생각해 보도록 하겠습니다.

열왕기상하의 경우는 북이스라엘과 남유다가 멸망한 후, "왜 하나님의 택하신 백성임에도 이런 일이
발생했는가?"라는 백성들의 질문에 답을 해주는 책입니다.
좀 더 강하게 말씀드리면..
"너희들 이렇게 했기에 망했어 그러니 돌이켜야 해"라는 책인겁니다.
예레미야 선지자는 남유다 멸망후 유다총독 그달랴를 죽인 사람들이 애굽으로 끌고 가고 그 곳에서 죽기에 이
시기 정도에 쓰여진 책이라는 생각을 가지시고 읽어가셔야 합니다.
물론 저자를 달리 보시는 경우도 남북왕국 모두 멸망후임은 동일하겠지요.

반면에 역대상하는 좀 다릅니다.
역대상하의 저자는 에스라로 보고 있는데, 에스라 하면 2차포로귀환의 지도자로 귀환한 백성들의 영적개혁이라는
사명을 감당하지요..

에스라가 돌아온 시기에는 사실상 앗수르의 혼혈정책으로 인해 북이스라엘 백성들은 사마리안으로 변해 있는
상태입니다. 같은 유대인으로 생각하지 않는 상태입니다.
그렇기에 일단 북이스라엘의 왕조는 나열되지 않습니다.
북이스라엘이 악하고 남유다는 선하기에 등이 아니라, 혼혈민족은 유대인이 아니기에 남유다 백성만 남았다고
모두들 생각한 것이랍니다..

그리고 열왕기상하가 멸망한 백성들을 대상으로 쓰여진 책인데 반해서 역대상하는 포로기를 지나면서 자신들의
언어인 히브리어도 잊어버리고 자신들이 하나님이 선택하신 나라의 백성이라는 개념조차 많이 희미해진
백성들에게 하나님이 행하신 일들을 이야기하며, 그간의 일들과 유대민족에 대한 자부심등을 고취시키는
책입니다.
이 부분에서 신명기(모세의 고별설교)와 매우 유사합니다.
이런 관점이기에 남유다 역사에서도 안좋은 부분은 살짝 걸러서 좋은 면을 주로 강조하는 특징이 있습니다.

# 열왕기상하 / 역대상하 & 선지서들 정리방식

열왕기상하와 역대상하의 경우는 나누지 않고 한번에 묶어서 정리하려 합니다.
보통 많은 책들이 왕조를 나열하고 선지자들을 끼워넣는 방식으로 설명을 합니다.
그런데 저는 이 방식이 많이 어려워서 다른 방식으로 진행하려 합니다.
물론 왕조표에 선지자를 끼우는 기존 방식의 표도 같이 정리합니다. ㅎ

저는 개인적으로 암기하는 것을 너무 싫어하고 못해요.
그러다보니 전체적인 흐름으로 왕조만 먼저 정리후 선지서를 읽어야, 흐름의 끊김없이 머리속에 들어오더라구요..

북이스라엘과 남유다의 왕조표를 먼저 본 후, 북이스라엘과 남유다를 나눠서 각 왕조의 왕들을 분열왕국
초대왕부터 마지막 왕까지 모두 정리합니다.
이후 선지서들을 시대에 맞추어 배열을 해 두고 묶어서 정리합니다.
예를들면 북이스라엘 멸망기, 남유다 멸망기, 바사시대등으로 나누어서 시대적 배경으로 구분해두고 몰아서
정리하는 방식입니다.

즉, 열왕기와 역대기를 읽으며 선지서를 해당시기에 맞춰 중간중간 읽는 방식이 아니라..
열왕기와 역대기로 시대흐름을 먼저 차분히 정리해 두고(열왕기와 역대기를 모두 읽은 후), 각 왕국 멸망기와
바사시대등에 활동한 선지자들을 별도의 표로 한번에 정리하게 됩니다.
뒷부분 선지서 역시 이 흐름으로 순서를 변경해서 읽어나가게 되기에 선지서들은 정리순서가 성경의 순서와는
다릅니다.

열왕기 읽다가 해당왕의 역대기 읽고 선지서 끼워읽고  다시 열왕기 읽고..
이 방식이 성경을 많이 접하지 않은 분들께는 큰 흐름을 읽는데 오히려 좀 어려울듯 해서 개인적으로는 이 방식을
택했음을 먼저 말씀드립니다.
예를 들면 이사야서 시작을 보겠습니다.

[사1:1] 유다 왕 웃시야와 요담과 아하스와 히스기야 시대에 아모스의 아들 이사야가 유다와 예루살렘에 관하여
본 계시라

이사야 선지자의 주된 활동시기가 남유다의 4명의 왕으로 언급되어 있습니다.
열왕기/역대기에서 모든 왕의 주요사건을 정리해 두었기에, 이 네명의 왕을 짧게 다시 확인하고 이사야서를
묵상하는 방식이 됩니다.
열왕기 역대기를 찾아가며 하는 것이 좋지만 사실 열정이 좀 식으면 찾지 않고 가게 되잖아요? ㅎ
선지서 앞에 이걸 또 한번 요약을 해 두기는 하지만 헷갈리시면 열왕기와 역대기에 정리된 해당 왕들 찾아보면
주요사건과 배경을 쉽게 이해하실 수 있습니다.
몇 장 뒤에 나오는 왕들을 정리한 부분을 한번 보시면 어떤 이야기인지 쉽게 이해가 되실꺼예요.

개인적으로는 이 방식이 제게는 너무 편하고 이해하기 쉽더라구요.
기존 방식이 편하신 분들께는 .. 죄송합니다. 저자의 특권이잖아요.  ㅎ

# 분열왕국 왕조표

| 북이스라엘 | 활동 선지자외 | 남유다 | 활동 선지자외 |
|---|---|---|---|
| | | 르호보암 | 17년 통치 |
| 여로보암 | 22년 통치 | 아비얌 (아비야) | 북이스라엘 여로보암왕 십팔년/ 3년통치 |
| 나답 | 남유다 아사왕 이년/ 2년통치 | 아사 | 북이스라엘 여로보암왕 이십년/ 41년통치 |
| 바아사 | (반역) 남유다 아사왕 삼년/ 24년통치 | | |
| 엘라 | 남유다 아사왕 이십육년/ 2년통치 | | |
| 시므리(7일) | (반역) 남유다 아사왕 이십칠년/ 7일통치 | | |
| 오므리 (디브니) | (반역) 남유다 아사왕 삼십일년/ 12년통치 | | |
| 아합 | 남유다 아사왕 삼십팔년/ 22년통치 | | |
| 아하시아 | 남유다 여호사밧왕 십칠년/ 2년통치 | 여호사밧 | 북이스라엘 아합왕 사년/ 25년통치 |
| 여호람 (요람) | 남유다 여호사밧왕 십팔년 &여호람왕 이년/ 12년통치 (아하시아는 아들 없음, 아하시아 동생) | 여호람 | 북이스라엘 요람왕 오년/ 8년통치 |
| | | 아하시아 | 북이스라엘 요람왕 십이년/ 1년통치 |
| 예후 | (반역) 28년통치 | 아달랴여왕 | 아하시아 어머니이자 여호람의 아내(아합/이세벨의 딸) - 남유다 다윗계열이 아님에 주의 |
| 여호아하스 | 남유다 요아스왕 이십삼년/ 17년통치 | 요아스 | 북이스라엘 예후왕 칠년/ 40년통치 |
| 요아스 | 남유다 요아스왕 삼십칠년/ 16년통치 | | |

예후의 반역으로 북이스라엘의 요람왕과 남유다의 아하시아왕은 모두 죽게 됩니다.

이 시점을 하나로 구분하시면 편합니다.

| 북이스라엘 | 활동 선지자외 | 남유다 | 활동 선지자외 |
|---|---|---|---|
| 요아스 | 앞 페이지 연결 | 요아스 | 앞 페이지 연결 |
| | | 아마샤 | 북이스라엘 요아스왕 이년/ 29년통치 |
| 여로보암2세 | 남유다 아마샤왕 십오년/ 41년통치 (북이스라엘 여로보암1세 아들 아님,) 호세아, 아모스, 요나(니느웨 멸망예언) | 아사랴 (=웃시야) | 북이스라엘 여로보암2세왕 이십칠년/ 52년통치 |
| 스가랴 | 남유다 아사랴왕 삼십팔년/ 6개월통치 (예후 4대손 ) | | |
| 살룸 | (반역) 남유다 웃시야왕 삼십구년/ 1개월통치 | | |
| 므나헴 | (반역) 남유다 아사랴왕 삼십구년/ 10년통치 | | |
| 브가히야 | 남유다 아사랴왕 오십년/ 2년통치 | | |
| 베가 | (반역) 남유다 아사랴왕 오십이년/ 20년통치 | 요담 | 북이스라엘 베가왕 이년/ 16년통치 이사야, 나훔(앗수르 멸망예언, 요세푸스 기준), 미가(북이스라엘과 앗수르 멸망, 유다 바벨론 멸망 예언) , |
| | | 아하스 | 북이스라엘 베가왕 십칠년/ 16년통치 이사야, 미가 |
| 호세아 | (반역) 남유다 아하스왕 십이년/ 9년통치 북이스라엘은 멸망(BC 721) | 히스기야 | 북이스라엘 호세아왕 삼년/ 29년통치 이사야, 미가 |
| | | 므낫세 | 55년통치 최악의 왕중 하나 이사야 |
| | | 아몬 | 2년 통치 |
| | | 요시야 | 31년 통치 예레미야, 스바냐, 나훔(앗수르 멸망예언) |
| | | 여호아하스 (=살룸) | 3개월 통치 예레미야 |
| | | 여호야김 | 11년 통치, 여호아하스 형 예레미야, 하박국(바벨론 멸망예언), 다니엘(바벨론1차포로로 끌려 감) |
| | | 여호야긴 | 3개월 통치 예레미야, 에스겔(여호야긴왕과 함께 바벨론 2 차포로로 끌려 감) |
| | | 시드기야 | 11년 통치,  남유다 멸망(BC 587) 예레미야, 에스겔 |

# 북이스라엘 왕조 간단 정리

## 1. 여로보암 - 22년 통치(여로보암왕조)

에브라임족속으로 북이스라엘의 초대왕입니다. **반역한 왕으로만 바라보기에 좀 생각할 부분이 있습니다.**
북이스라엘을 언급할 때 에브라임이라고 하는 부분의 출발점입니다.
<u>큰용사에 부지런하였다고 왕상11:28에 기록되어 있지요.</u>
그런데 실로사람 아히야가 자신의 옷을 찢어 열두 조각으로 나눠 열 조각을 여로보암에게 주며 예언을 합니다.
이로 인해 여로보암을 죽이려하는 솔로몬을 피해 그가 죽을 때까지 애굽으로 갑니다.
아히야의 예언 중 한 부분입니다.

[왕상11:38-39]
38 네가 만일 내가 명령한 모든 일에 순종하고 내 길로 행하며 내 눈에 합당한 일을 하며 내 종 다윗이 행함 같이 내 율례와 명령을 지키면 내가 너와 함께 있어 내가 다윗을 위하여 세운 것 같이 너를 위하여 견고한 집을 세우고 이스라엘을 네게 주리라
39 내가 이로 말미암아 다윗의 자손을 괴롭게 할 것이나 영원히 하지는 아니하리라 하셨느니라 한지라

이후 북이스라엘로 돌아와 왕이된 후 단과 벧엘에 금송아지 신상을 만드는 악행을 저지릅니다.
여로보암은 "영원히 하지는 아니하리라"라는 부분에 집중을 한 듯 합니다.
절기마다 예루살렘으로 가는 백성들이 자신에게서 돌아서는 것을 두려워하며, 자신의 왕국을 빼앗길 것을 걱정한 여로보암은 북이스라엘의 최북단과 최남단에 신상을 세우게 되지요.
여로보암은 38절에 집중을 했어야 합니다.
또한 "영원히 하지는 아니하리라"가 자신의 왕국이 무너지리라가 아닌 "다윗의 자손을 괴롭게 하는 것"으로도 볼 수 있기에 더욱 그런 생각을 합니다. 하나님의 마음에 더욱 집중했다면 결과는 전혀 달랐으리라 생각합니다.
여로보암은 레위인이 아닌 일반인을 제사장으로 세우고 유대절기와 비슷하게 절기를 만드는 악행도 저지릅니다.
훗날 악행을 의미하는 문장이 되어버린 '여로보암의 길로 행하며'처럼 악함의 대명사가 된 왕입니다.

## 2. 나답 - 남유다 아사왕 2년/ 2년 통치

여로보암의 아들입니다. 2년만에 반역에 의해 죽게 됩니다.
인간적인 생각으로 행한 여로보암의 길의 결말입니다. 이로써 여로보암왕조는 막을 내리는데요.
한가지 재밌는 것은 북이스라엘의 왕조중 두 명으로 끝나는 왕조의 두번째 왕의 재위년수는 모두 2년입니다.

## 3. 바아사 - 남유다 아사왕 3년/ 24년 통치(반역 : 바아사왕조)

반역으로 세워진 바아사왕조입니다.
여로보암의 온 집을 멸족시키고 왕위에 오르지만 역시 아들대에 왕조가 끝납니다.
여기서 한가지.. 나답이 남유다 아사왕 2년에 즉위해서 2년 통치이면 바아사는 아사왕 4년이 될 것 같은데 아니죠?
이런 년수는 연차와 햇수의 차이로 인한 것이랍니다. 또한 공동통치기간등도 있어서 차이가 있는 부분이 있어요.

## 4. 엘라 - 남유다 아사왕 26년/ 2년 통치

바아사왕조로 2대에 끝납니다. 2대에 끝나는 왕조는? 2년 재위입니다. 쉬워요. ㅎㅎ

바아사집을 멸족시킵니다. 하나니의 아들 예후를 통해 여로보암의 집같이 되게 하리라는 왕상16:1~3의 내용이
이루어지는 장면입니다.
하지만 반역 소식을 들은 오므리에 의해 성이 함락되자 왕궁에 불을 지르고 그 가운데서 죽습니다.

## 6. 오므리(디브니 - 남유다 아사왕 31년/ 12년 통치 )(반역 : 오므리왕조)

여기서도 이상한 년수가 나오지요? 7일만에 바뀐 왕조인데 남유다 아사왕 27년과 31년으로 차이가 있습니다.
이 부분이 공동통치기간이라는 부분때문입니다.
오므리왕은 사마리아 산을 사서 그 위에 성읍을 건축한 그 이전보다 더 악한 왕으로 기억하시면 됩니다.
이후 북이스라엘을 사마리아로 부르게 되는 기반?을 닦은 왕입니다.
오므리가 사마리아 성읍을 건축하기 시작하지만 완성은 못하고, 아들 아합이 완성한 후 북이스라엘 수도로
삼습니다.

## 7. 아합 - 남유다 아사왕 38년/ 22년 통치

북이스라엘은 그냥 나쁜 왕들로 보면 되기에 많은 언급이 필요하지 않습니다.
하지만 꼭 기억할 인물을 꼽으라면, 초대왕인 여로보암, 아합, 예후, 여로보암2세입니다.
물론 북이스라엘의 마지막왕은 호세아이니 이렇게 4명 또는 5명만 이해하셔도 사실 큰 무리가 없습니다.
앞에서도 말씀드렸지만 호세아서에서 언급된 구절을 보면 하나님이 보시기에 예후왕조 이후는 왕조로 생각하지
않으신 듯한 느낌도 있지요

[호1:4] 여호와께서 호세아에게 이르시되 그의 이름을 이스르엘이라 하라 조금 후에 내가 이스르엘의 피를 예후의
집에 갚으며 이스라엘 족속의 나라를 폐할 것임이니라

아합을 중요히 보는 이유는 남유다와 많은 연결이 되기에 꼭 이해해 두셔야 하기 때문입니다.
훗날 아합가문인 오므리왕조가 문을 닫는 시점에 남유다의 아하시아왕도 동시에 죽음을 당합니다.
앞쪽의 분열왕국 왕조표에서 북이스라엘에서 남유다까지 붉은 색으로 라인을 그린 부분이 이걸 의미합니다.
아합은 시돈왕 엣바알의 딸 이세벨을 아내로 맞이하고 바알신전을 건축하며 우상숭배의 최고봉을 찍는
인물입니다.
아합왕시대에 활동하던 선지자가 엘리야이지요.
아내 이세벨과의 사이에 딸을 낳는데 이 딸 이름이 아달랴입니다.
당시 아합왕과 남유다의 여호사밧왕은 친분을 유지하고 있었습니다.
아합왕과의 동맹을 위해 여호사밧왕은 자신의 아들인 여호람을 아달랴와 결혼을 시킵니다.
이로 인해 남유다에도 아달랴가 들여온 우상이 만연하면서 광풍이 몰아치게 되는 원인이 됩니다.
이 아달랴는 훗날 반역을 통해서 남유다 여왕의 자리에 잠시 오르게 됩니다.
더 자세한 부분은 남유다의 왕조를 설명하면서 여호사밧왕부터 요아스까지를 볼 때 추가하도록 하겠습니다.
아합왕의 시대에 발생한 또 하나의 중요한 사건이 있습니다.
당시 활동하던 선지자는 엘리야가 있었지요? 하나님께서 엘리야에게 명하신 중요한 일을 알아보겠습니다.

[왕상19:15-18]

**[왕상19:15-18]**

15 여호와께서 그에게 이르시되 너는 네 길을 돌이켜 광야를 통하여 다메섹에 가서 이르거든 하사엘에게 기름을 부어 아람의 왕이 되게 하고

16 너는 또 님시의 아들 예후에게 기름을 부어 이스라엘의 왕이 되게 하고 또 아벨므홀라 사밧의 아들 엘리사에게 기름을 부어 너를 대신하여 선지자가 되게 하라

17 하사엘의 칼을 피하는 자를 예후가 죽일 것이요 예후의 칼을 피하는 자를 엘리사가 죽이리라

18 그러나 내가 이스라엘 가운데에 칠천 명을 남기리니 다 바알에게 무릎을 꿇지 아니하고 다 바알에게 입맞추지 아니한 자니라

위 구절은 엘리야가 바알선지자들을 기손시내에서 죽이자, 아합의 아내인 이세벨이 엘리야를 죽이려고 혈안이 됩니다. 이에 엘리야는 브엘세바를 거쳐 호렙산에 이르게 됩니다.

이 호렙산에서 엘리야에게 하나님이 하신 말씀입니다. 세 명에게 기름을 부으라고 하십니다.

이 말씀이 매우 중요한 사건입니다.

엘리야는 엘리사에게 기름을 붓고 엘리사는 엘리야의 제자가 되지요.

하사엘에게 기름 부음은 왕하8장에 나오는데 엘리야가 아닌 엘리사입니다.

예후에게 기름 붓는 장면도 왕하9장에 있는데 역시 엘리야가 아닌 엘리사입니다.

즉, 세 가지중 엘리사에게 기름 붓는 것만 엘리야가 감당하고 두 가지는 엘리사가 감당합니다.

이 부분은 세 명에게 기름부으라는 명령을 하심이 어떤 의미가 있는지 아합이 속한 오므리왕조가 문을 닫고 예후 왕조가 시작되는 부분에 명확하게 나타나게 되기에 꼭 기억을 해두시고 넘어가시길 부탁드립니다.

아합은 왕상22장에서 남유다왕 여호사밧이 이스라엘로 오자 아람이 지배하고 있던 길르앗 라못을 같이 치러 가자고 합니다. 그리고 여호사밧에게 왕복을 입히고 전투에 나가지만 "무심코 당긴 화살"에 결국 목숨을 잃게 됩니다.

아합왕은 엘리야와 함께 할 이야기가 많지만 이를 모두 보면 왕조의 이해가 어려워지기에 일단 왕조를 간단히 보고 왕조가 끝난 후에 필요한 부분은 추가 언급하도록 하겠습니다.

## 8. 아하시야 - 남유다 여호사밧왕 17년/ 2년 통치

다락에서 떨어져서 병들고 바알세붑에게 물으러 가자 엘리야가 "이스라엘에 하나님이 없어서 너희가 에그론의 신 바알세붑에게 물으러 가느냐"라며 침상에서 내려오지 못하리라고 예언합니다.

오십부장을 세 번이나 엘리야에게 보내나 결국 엘리야의 예언대로 죽습니다.

이후 엘리야는 승천을 하지요

## 9. 요람(여호람) - 남유다 여호사밧왕 18년/ 12년 통치

선대왕인 아합의 아들 아하시아는 아들이 없었기에 아하시아의 동생인 여호람(요람)이 왕위에 오릅니다.
엘리사는 여호람~앞으로 나올 예후왕조의 세번째왕인 요아스까지 주로 활동을 합니다.
부모보다는 조금은 나은 왕이기는 합니다. 바알의 우상을 제거하는 부분도 있지만 결국은 여로보암의 길을 갑니다.

이제 아합가문인 오므리왕조도 여기서 끝이고 예후의 반란으로 예후왕조가 시작됩니다.
하지만 남은 부분이 있습니다. 앞에서 엘리야에게 세 명에게 기름부으라고 하신 말씀에 대해 말씀드리며
오므리왕조가 문을 닫는 일과 관련이 있다고 했는데 그 부분을 추가로 살펴보겠습니다.

**하사엘 기름부음 (엘리사)**
엘리사가 다메섹에 갔을 때 **아람왕 벤하닷**이 병이 들었고 **하사엘**을 통해 엘리사를 만나 병이 나을지를 알아보라고
합니다. 엘리사는 이런 하사엘에게 아람 왕이 될 것이라고 합니다.
돌아간 하사엘은 이불을 물에 적셔 왕의 얼굴에 덮어 죽이고 대신하여 왕이 됩니다.
**여기서 하사엘이라는 인물을 꼭 기억해 두셔야 합니다. 계속 언급되는 아람(시리아)왕입니다.**

**예후 기름부음 (엘리사가 제자중 하나를 시켜)**
예후에게 기름 붓는 장면도 매우 중요한 포인트입니다. 예후는 아합이 속한 오므리왕조를 반역을 통해서 멸망시킨
후 예후왕조를 여는 인물입니다.
왕하9장에 보면 선지자의 청년이 예후에게 기름붓기 위해 **길르앗 라못**으로 갑니다.
**길르앗 라못**에서 기름부음을 받은 예후는 무리가 이스라엘의 왕으로 추대하지요.

왜 예후는 길르앗 라못에 있던 것일까요?
북이스라엘의 여호람(요람)왕은 아람의 왕 **하사엘**과 길르앗 라못에서 전투를 하던 중 부상을 입습니다.
이를 치료하기 위해서 이스르엘로 돌아가게 되구요, **예후**는 군대와 함께 남은 상태였습니다.
당시 남유다의 왕인 아하시야도 이스르엘로 여호람의 병문안을 옵니다. 어머니 아달랴 생각하면 당연해 보이지요?
엘리사가 기름 부은 두 명이 동시 출현하는 장면입니다. **연결이 되셔야 합니다.**
왕으로 추대된 예후는 길르앗 라못에서 군대를 돌이켜 이스르엘로 향합니다. 그리고 나봇의 토지에 요람왕의
시체는 던져지며 왕상21장의 엘리야의 예언이 이루어집니다.(왕하9장)
왕상 19장에 호렙산에서 세 명에게 기름부으라는 하나님의 말씀이 어떻게 이루어지는지를 보여주고 있습니다.

이후 예후는 이세벨도 엘리야의 예언처럼 이스르엘 토지에서 죽이고, 사마리아에 있던 아합의 아들들 70명도 모두
죽입니다.
남유다의 왕 아하시야는 도망치지만 므깃도에서 죽임을 당합니다.
또한 사마리아에서 남유다의 왕 아하시야의 형제들 42명 역시 모두 죽이게 됩니다.
결국 예후를 통해 북이스라엘과 남유다의 한 페이지가 동시에 마감되게 되지요.
이 사건으로 남유다에 다윗계열이 아닌 유일한 여왕으로 아달랴가 등장을 하는데, 이부분은 남유다에서
다루겠습니다.

## 10. 예후 - 28년 통치 (반역 : 예후왕조) - 남유다왕도 동시에 죽었기에 남유다OO왕 몇 년이 없습니다.

예후는 초기에 바알의 신당을 헐고 바알의 제사장을 다 죽이는 일도 있었기에 하나님은 "[왕하10:30] 내 마음에 있는 대로 아합 집에 다 행하였은즉 네 자손이 이스라엘 왕위를 이어 사대를 지내리라"라는 말씀을 듣고 실제 자식 4대까지 예후왕조는 이어집니다.(예후 포함해서 총 5명의 왕이 이어집니다)

예후가 여로보암이 이스라엘에게 범하게 한 범죄에서 떠나지 않자, 위에 언급한 아람왕 하사엘이 또 등장을 합니다.

[왕하 10:32] 이 때에 여호와께서 이스라엘에서 땅을 잘라내기 시작하시매 하사엘이 이스라엘의 모든 영토에서 공격하되

지금까지 오므리왕조의 마감과 예후왕조의 시작까지의 이야기를 정리했습니다.

이제 예후왕조의 예후를 이은 다음 왕들을 살펴보도록 하겠습니다.

## 11. 여호아하스 - 남유다 요아스왕 23년/ 17년통치

예후왕조는 왕위도 5명으로 제일 많고 재위기간도 거의 절반이라고 할 정도로 깁니다.

모두 기억하시면 좋고 처음이신 분들은 예후와 앞으로 나오는 여로보암2세만 기억하셔도 큰 흐름은 파악이 됩니다.

이런 악행에 아람왕 하사엘과 그의 아들 벤하닷에게 고난 받습니다.

즉, 아람왕 하사엘 죽고 벤하닷이 왕에 오르는 변화가 일어나는 시기입니다.

## 12. 요아스 - 남유다 요아스왕 37년/ 16년 통치

요아스왕은 '악행'만 기억하시면 거의 끝입니다,

기억할 부분은 요아스왕 시기에 엘리사가 죽을 병에 걸리고, 요아스에게 화살을 쏘고 화살로 땅을 치라고 하자 요아스왕이 세 번만 칩니다. 이에 엘리사는 대여섯번을 쳤으면 아람이 진멸되었을것이라고 책망을 합니다.

엘리사는 요아스왕때 죽음을 맞이합니다.

요아스는 아람을 세 번 치며, 아람왕 하사엘에게 빼앗겼던 성읍들을 아들인 벤하닷에게서 빼앗게 됩니다.

## 13. 여로보암 2세 - 남유다 아마샤왕 15년/ 41년 통치

예후왕조 여로보암2세는 꼭 기억하실 왕입니다. 초대왕인 여로보암은 바아사에게 멸족되었기에 후손이 아닙니다.

엘리야와 엘리사의 사역이 앞에 있었다면, 여로보암 2세 시대에 북이스라엘에서 활동한 기록선지자가 대거 등장합니다.

여로보암2세의 시대는 과거 솔로몬왕 시절의 번영했던 영토를 거의 회복하는 수준으로 강대하고 번영을 누리는 시기입니다. 평안하고 번영된 시기이기도 했지만 빈부격차는 커졌고, 악행 또한 가히 최고조에 달합니다.

그렇기에 이 평안한 시기에 호세아/아모스/요나 선지자가 등장을 합니다.

## 14. 스가랴 - 남유다 아사랴(웃시야)왕 38년/ 6개월 통치

예후왕조의 시작에서 예후에게 "자식 4대까지" 기억하시나요?

예후에 이어 여호아하스/요아스/여로보암2세/스가랴로 4대가 완성되고 반역에 의해 예후왕조가 문을 닫습니다.

개인적으로는 아래 성경구절처럼 예후시대를 끝으로 실제적인 북이스라엘은 문을 닫았다고 생각합니다.

[호1:4] 여호와께서 호세아에게 이르시되 그의 이름을 이스르엘이라 하라 조금 후에 내가 이스르엘의 피를 예후의 집에 갚으며 이스라엘 족속의 나라를 폐할 것임이니라

## 15. 살룸 - 남유다 아사랴(웃시야)왕 39년/ 1개월 통치(반역 : 살룸왕조)

반역으로 세워진 왕조입니다. 크게 언급할 부분이 없습니다.

## 16. 므나헴 - 남유다 아사랴(웃시야)왕 39년/ 10년 통치(반역 : 므나헴왕조)

여기서 등장하는 것이 드디어 앗수르입니다. 므나헴 시절에 앗수르 불왕이 치려하고 므나헴왕은 은 천 달란트를 불왕에게 주고 벗어납니다. 여기서 불왕이 바로 앗수르의 디글랏빌레셀왕입니다.

## 17. 브가히야 - 남유다 아사랴(웃시야)왕 50년/ 2년통치

언급할 내용이 따로 없는데 한가지..

2명으로 끝나는 왕조는 두 번째 왕은 모두 2년 통치입니다.

## 18. 베가 - 남유다 아사랴(웃시야)왕 52년/ 20년통치 (반역 : 베가왕조)

므나헴왕 시절에 침략했던 앗수르의 디글랏빌레셀왕이 다시 침략하게 되고, 많은 땅을 빼앗기고 백성들도 포로로 많이 끌려갑니다. 보통은 남유다만 1~3차 포로로 기억을 하시는데 북이스라엘도 베가왕시절에 이미 포로로 잡혀갑니다. 멸망은 다음왕인 호세아왕시절이지만요.

## 19. 호세아 - 남유다 아하스왕 12년/ 9년통치 (반역 : 호세아왕조)

호세아왕 시절에 앗수르왕이 세 번 바뀌게 되는 것을 이해하셔야 합니다.
앗수르의 내전이나 반역은 아니기에 앗수르의 힘은 약화되지 않는다는 점도 중요합니다.

베가왕이 앗수르 디글랏빌레셀왕의 공격에 의해 사마리아성에 갇힌 상태에서 호세아가 반역을 합니다.
앗수르를 섬기기로 약속을 하고 디글랏빌레셀왕은 퇴각을 합니다.

그런데 강력했던 왕 디글랏빌레셀왕이 죽자 앗수르가 약화될 것이라고 예상한 호세아왕은 앗수르를 배반합니다.
하지만 큰 혼란없이 살만에셀5세가 앗수르의 권력을 잡게 됩니다.
이 살만에셀은 북이스라엘의 수도인 사마리아를 3년간 포위를 하게 됩니다.
열왕기하 17장에서는 살만에셀을 언급한 이후 '앗수르왕'이 사마리아를 점령하고 포로로 끌고 갔다고 기록되어
있기에 이 앗수르왕을 살만에셀로 오해할 소지가 살짝 있습니다.

살만에셀5세가 3년간 포위를 한 것은 맞습니다.
하지만 갑자기 급사를 하게 되고 이로 인해 살만에셀5세의 동생인 사르곤2세가 앗수르의 왕으로 즉위하고
북이스라엘은 사르곤 2세에 의해 멸망하게 됩니다.
어느 왕에게 멸망인지가 중요한 것은 아니지만 조금 더 분명히 해 두면 좋을 듯 해서 언급해 드립니다.

이제 북이스라엘의 모든 왕의 계보에 따라 성경을 이해하는데 필요한 간단한 정리를 해 보았습니다.
전제적으로 열왕기와 역대기를 통합하여 정리하기 전에 왕조에 대한 개념정리가 필요하기에 먼저 정리해드렸고,
이제 남유다의 왕조까지 정리한 후 열왕기와 역대기를 한번에 묶어 조금 더 정리하고 선지서로 넘어갈 생각입니다.

지금까지 북이스라엘 왕조는 사실 여로보암/아합/예후/여로보암2세 정도만 기억하시고 나머지는 나쁜 왕으로
생각하셔도 되지만 남유다는 아무래도 좋은 왕과 나쁜 왕들이 섞여 있기에 잘 구분을 하셔야 합니다.
역시 이야기로 엮어볼 생각이니 잘 따라 오시기 바랍니다.

# 남유다 왕조 간단 정리

## 1. 르호보암 - 41세 즉위, 17년 통치

왕상14장에 르호보암을 언급하면서 두 번이나 언급하는 부분이 있습니다.

"어머니의 이름은 나아마요, 암몬사람이더라"

아버지 솔로몬왕이 많은 아내를 두고 병거를 많이 두면서 신명기에서 모세가 언급한 부분을 어기는 일을 합니다. 이방여인임을 반복해서 기록하는 부분도 의미가 있어 보입니다.

"아버지는 채찍으로 너희를 징계하였으나 나는 전갈채찍으로 너희를 징계하리라"라는 말이 표면적으로는 이유가 되지만 왕상12:15에서 이 말 또한 실로사람 아히야를 통해 여로보암에게 하신 말씀(분열되고 열 지파를 여로보암에게 주신다)을 이루시는 부분이라고 기록되어 있습니다.

르호보암 5년에 애굽왕 시삭이 올라와 성전의 보물과 왕궁의 보물을 빼앗아갔다는 구절이 있는데, 이 구절이 영화에서 이집트로 법궤를 찾으러 가는 설정이 되지요.ㅎㅎ

## 2. 아비야(아비얌) - 북이스라엘 여로보암 18년/ 3년 통치

성경에는 "그의 조상 다위의 마음과 같지 아니하며 그의 하나님 여호와 앞에 온전하지 못하였으나 다윗을 위해 견고하게 하셨다"정도로 언급되어 있습니다. 북이스라엘로부터 벧엘을 탈환합니다.

## 3. 아사 - 북이스라엘 여로보암 20년/ 41년 통치

꽤나 좋은 왕입니다.

[왕상 14:9~14] 아사가 그의 조상 다윗 같이 여호와 보시기에 정직하게 행하여..다만 산당은 없애지 아니하니라..그러나 아사의 마음이 일평생 여호와 앞에 온전하였으며

[대하15:16~17] 아사 왕의 어머니 마아가가 아세라의 가증한 목상을 만들었으므로 아사가 그의 태후의 자리를 폐하고 그의 우상을 찍고 빻아 기드론 시냇가에서 불살랐으니 산당은 이스라엘 중에서 제하지 아니하였으나 아사의 마음이 일평생 온전하였더라.

하지만 [대하16장] 북이스라엘 바아사왕이 아람왕 벤하닷과 동맹을 맺고 침공시 아람왕 벤하닷에게 뇌물을 주어 동맹이 깨지게 하여 위기를 극복하지만 선견자 하나니의 질책을 받고 회개가 아닌 옥에 가두고 노하는 반응을 보이고 훗날 병들었을 때에도 여호와께 구하지 않고 의원에게 구하는 모습을 보입니다.

## 4. 여호사밧 - 북이스라엘 아합 4년/ 25년 통치, 35세 즉위

남유다의 좋은 왕중 손 꼽히는 왕중 한명이기는 합니다.

하지만 남유다에 광풍을 일으키는 단초가 되는 왕이기도 합니다.

당시 북이스라엘의 왕 아합과 이세벨의 딸인 아달랴를 자신의 아들인 여호람의 아내로 맞이합니다.

이 아달랴는 시돈의 많은 우상을 들여오게 됩니다.

아합왕을 도와 길르앗 라못으로 가지만 아합이 죽으며 돌아오게 되지요.

이후에 왕하3장에서 아합왕의 아들 요람이 모압을 치러가는데도 동행을 합니다.

지도를 보면서 정리하면 좋은데.. 이 부분은 여호사밧왕 다음인 여호람과 아하시아왕을 정리후 한번에 지도로 살펴보도록 하겠습니다.

아! 한가지 왕조표를 보시면 아합이후 왕이름이 아하시아, 여호람(요람)인데 둘 다 아합의 아들이지요?
여호사밧이후 왕이름이 여호람과 아하시아로 순서가 다르지 이름이 동일합니다. 기억하기 쉬워요~

## 5. 여호람 - 북이스라엘 요람(여호람)왕5년 /32세 즉위, 8년 통치

여호사밧의 아들입니다. 하지만 <u>아내가 아합왕과 이세벨의 딸 아달랴입니다.</u>

이 혼인으로 인하여 여로보암의 길로 행하게 되자 에돔과 립나가 배반을 합니다.

하나 언급할 부분이 있습니다. 선지자 엘리야는 북이스라엘에서 활동한 선지자이지요?

이 엘리야에게 편지를 받는 왕입니다. **"신당을 세우는 악행과 동생들을 죽이는 등의 행위로 인해 병이 중해 창자가 빠져나오리라(대하21장)"** 엘리야의 예언대로 이년만에 죽습니다.

또 한가지 기억할 부분이 있습니다.

여호람왕의 경우는 다윗성에 장사는 됩니다만.. 열왕의 묘실에는 들어가지 못합니다.

앞으로도 묘실에 들어가지 못하는 왕이 몇 명 더 나옵니다.

묘실에 들어가지 못함은 당시 남은 이들의 생각을 반영한다고 볼 수 있습니다.

## 6. 아하시아 - 북이스라엘 요람 12년/ 1년 통치

성경에 아하시아왕에 대해 언급된 부분중 일치하지 않게 기록된 것처럼 보이는 곳이 있습니다.

[왕하8:26] 아하시야가 왕이 될 때에 나이가 이십이 세라 예루살렘에서 일 년을 통치하니라 그의 어머니의 이름은 아달랴라 이스라엘 왕 오므리의 손녀이더라

[대하22:2] 아하시야가 왕이 될 때에 나이가 사십이 세라 예루살렘에서 일 년 동안 다스리니라 그의 어머니의 이름은 아달랴요 오므리의 손녀더라

<u>동일한 왕에 대해 즉위시 나이가 다르게 표시가 되어 있습니다. 성경의 오류일까요?ㅎㅎ</u>
아하시아왕의 즉위시 나이는 열왕기의 기록이 맞습니다. 즉, 22세에 즉위합니다.

그럼 역대기의 42세는 어떤 의미일까요? 이 부분을 한번 계산해 보도록 하겠습니다.

일단 선조왕의 통치기간을 먼저 볼께요.

아사왕 41년 통치 / 여호사밧왕 25년 통치 / 여호람왕 8년 통치입니다. 즉, 41 + 25 + 8 = 74년 통치입니다.

여기서 북이스라엘로 넘어가 아달랴의 가문의 시작인 오므리왕의 즉위를 한번 보겠습니다.

오므리왕은 아사왕 31년에 즉위합니다.

결국 74-31 = 43인데 햇수와 년수의 차이를 생각하면 이상하게도 42라는 계산이 나오게 됩니다.

아하시야는 아달랴의 아들입니다.

열왕기와 달리 역대기에서는 아하시야의 즉위나이를 42세라고 기록하였습니다.

결국 <u>역대기의 저자는 아하시아왕의 뿌리가 되는 오므리왕조의 시작부터의 햇수를 아하시아왕의 즉위나이로 기록함으로써 아하시아왕이 악한 길을 걷게 된 원인이 오므리왕조에서 출발한다는 부분을 보여주고 있습니다.</u>

일단 느낌적인 느낌으로 "아하시야왕은 좋은 왕은 아니겠구나!"라는 생각은 드셨지요?

이어서 북이스라엘 예후언급시 미뤄두었던 지도와 함께 보시며 다시 한번 정리해 보도록 하겠습니다.

이제 남유다 북이스라엘뿐 아니라 다른 나라도 나오고 좀 헷갈리실 부분이 시작됩니다.

좀 더 나오기 전에 한번 정리하고 가겠습니다.

기본적으로 바로는 아시는데 나머지 헷갈릴 부분들입니다. "느고"가 나오면 애굽이구나! 이런 느낌입니다.

**애굽** : 바로(파라오,애굽왕의 통칭), 느고(애굽왕의 이름,므깃도 전투 요시아왕,갈그미스전투)
**블레셋** : 아비멜렉(블레셋왕의 통칭)
**아말렉** : 아각(에스더서 아각사람 하만, 모르드개의 대립, 출애굽후 첫 전투인 르비딤전투 상대)
**아람** : 벤하닷,하사엘(엘리사 기름부음, 예후사건),르신(북이스라엘 베가왕과 연합해서 남유다 아하스왕 공격)
**앗수르** : 디글랏빌레셀 3세, 살만에셀 5세, 사르곤 2세, 산헤립
**바벨론** : 느부갓네살(바벨론역사의 반이상 통치), (나보니두스), 벨사살

바사와 헬라시대는 추후 표로 정리하며 볼 예정이지만 이정도에서 주변국을 한번 정리하면 좋을 것 같아서 한번 올려봅니다.

북이스라엘에서 예후왕조의 시작(오므리왕조의 종료)와 함께 하는 남유다왕이 아하시아왕입니다.

**예후왕조 시작부분**
엘리야에게 기름부으라고 명령하신 세명 엘리사,아람 하사엘, 북이스라엘 예후중 엘리야는 엘리사에게만
기름붓고 나머지 두 명은 엘리사가 감당하지요.
이는 오므리왕조의 멸망과 관련된 부분으로 예후왕조의 시작점에 하사엘과 예후가 등장합니다.
길르앗라못에서 북이스라엘 요람왕과 아람의 하사엘이 전투중에 부상을 입은 요람왕은 치료하기 위해 이스르엘로
떠나고 예후만 길르앗라못에 남지요.

아람 하사엘은 왕이 될 것을 듣고 이미 왕이 되어 있습니다. 예후차례입니다.
길르앗라못에 남아있는 예후에게 엘리사의 제자가 기름을 부은 후 예후 역시 왕으로 추대되고 이스르엘로 가서
요람왕과 이세벨등을 몰살합니다.
당시 요람왕을 문병온 남유다의 아하시아왕도 므깃도에서 죽임을 당합니다.
이후 사마리아에서 아하시아왕의 형제들도 모두 살해됩니다.
남유다와 북이스라엘의 왕조가 동시에 문을 닫은 것이죠.

예후는 북이스라엘의 왕이되는데, 남유다는요? 아하시아의 어머니는 아달랴였지요?
자신의 아들이 죽은 것을 알게되자 왕의 자식들을 죽이고 자신이 왕위에 오르게 됩니다.
다윗계열이 아닌 유일한 왕이자 여왕입니다.

하지만 남유다는 다윗왕의 계보를 유지하는 것을 모두 아시지요?
여기서 제사장 여호야다의 아내 여호사브앗과 유모를 통해 살아남은 사람이 요아스입니다.
여호사브앗은 요아스왕의 누이이기도 하지요.

남유다왕조에서 르호보암 / 아비야(아비얌) / 아사까지가 한 흐름이고 여호사밧 / 여호람 / 아하시아 / 아달랴여왕
/ 요아스가 한 흐름입니다. 깃발 두 개 꽂으면 8명의 왕이 이어집니다. 진짜 지도 볼께요.

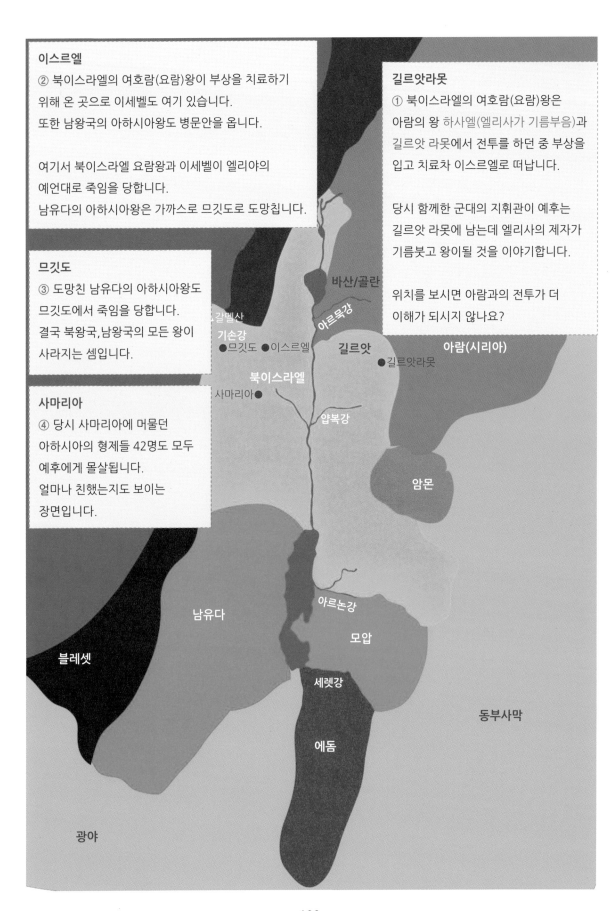

**이스르엘**

② 북이스라엘의 여호람(요람)왕이 부상을 치료하기 위해 온 곳으로 이세벨도 여기 있습니다.
또한 남왕국의 아하시야왕도 병문안을 옵니다.

여기서 북이스라엘 요람왕과 이세벨이 엘리야의 예언대로 죽임을 당합니다.
남유다의 아하시야왕은 가까스로 므깃도로 도망칩니다.

**므깃도**

③ 도망친 남유다의 아하시야왕도 므깃도에서 죽임을 당합니다.
결국 북왕국,남왕국의 모든 왕이 사라지는 셈입니다.

**사마리아**

④ 당시 사마리아에 머물던 아하시야의 형제들 42명도 모두 예후에게 몰살됩니다.
얼마나 친했는지도 보이는 장면입니다.

**길르앗라못**

① 북이스라엘의 여호람(요람)왕은 아람의 왕 하사엘(엘리사가 기름부음)과 길르앗 라못에서 전투를 하던 중 부상을 입고 치료차 이스르엘로 떠납니다.

당시 함께한 군대의 지휘관이 예후는 길르앗 라못에 남는데 엘리사의 제자가 기름붓고 왕이될 것을 이야기합니다.

위치를 보시면 아람과의 전투가 더 이해가 되시지 않나요?

바산/골란

아르묵강

갈멜산

기손강

●므깃도 ●이스르엘

길르앗

아람(시리아)

●길르앗라못

북이스라엘

사마리아●

압복강

암몬

남유다

아르논강

모압

블레셋

세렛강

동부사막

에돔

광야

앞에서 아하시야의 형제 42명이 모두 몰살되는 부분까지 언급했습니다.

여기서 생각할 부분은 아하시야 형제들이 모두 사마리아에서 죽었으면 다음 왕은 아하시야왕의 아들이 되는 것이 순서일 것 같으나 이상한 일이 발생합니다.

여기서 이상한 일이 바로 아달랴여왕입니다.

## 7. 아달랴여왕 - 남유다 다윗계열이 아님/ 6년 통치

아하시야의 어머니 아달랴는 자기의 아들이 죽자 유다집의 왕국의 씨를 진멸하려 합니다.(대하22:10)

이 때 여호사브앗이 왕자인 동생 요아스를 빼내어 유모와 함께 여호와의 성전에 숨깁니다.

여기서 여호사브앗은 선대왕인 여호람왕의 딸이자 아하시야의 누이이고 또한 제사장 여호야다의 아내입니다.

제사장 여호야다는 중요한 인물이니 기억하셔야 합니다.

결국 북이스라엘 아합왕을 언급하면서 남유다와 연결이 된다는 부분이 여기까지 영향을 미칩니다.

## 8. 요아스 - 북이스라엘 예후 7년/ 40년 통치, 8세 즉위

1살에 성전에 숨겨지고 아달랴여왕의 통치가 6년이고 7년째에 제사장 여호야다가 아달랴여왕을 죽이는 사건이 발생하므로 8세에 즉위합니다.

이때 여호야다가 요아스를 왕으로 세우는 소리를 들은 아달랴의 반응이 재밌습니다.

> [대하23:13] 보매 왕이 성전 문 기둥 곁에 섰고 지휘관들과 나팔수들이 왕의 곁에 모셔 서 있으며 그 땅의 모든 백성들이 즐거워하여 나팔을 불며 노래하는 자들은 주악하며 찬송을 인도하는지라 이에 아달랴가 그의 옷을 찢으며 외치되 반역이로다 반역이로다 하매

누가 반역인건지 좀 황당합니다. 여튼 아달랴는 여호와의 전에서 죽이지 않고 왕궁 말문어귀에 이를 때에 죽임을 당하고 요아스가 왕위에 오릅니다.

왕위에 오른 요아스는 어린 나이이기에 초기에 제사장 여호야다가 섭정을 합니다.

이때 여호야다의 개혁을 통해 바알의 신당을 부수고 우상을 제거하는등 선한 일을 합니다.

**모든 백성이 즐거워하고 성중이 평온합니다(대하23:21)**

요아스왕은 제사장 여호야다가 사는 날 동안에는 여호와 보시기에 정직히 행하였다고 기록되어 있는데 이런 구절은 좀 불안한 구절이지요?

요아스는 여호와의 전을 보수하는 등의 개혁을 하지만.. 여호야다가 죽자 여호와의 전을 버리고 아세라목상과 우상을 섬깁니다. 이를 책망하는 제사장 여호야다의 아들 스가랴를 돌로 쳐죽이기까지 합니다.

이런 상황이 되자 다시 아람군대가 쳐들어오고 적은 군대가 요아스를 징벌합니다. 성경에서는 대하24:24에서 "이는 유다 사람들이 그들의 하나님 여호와를 버렸음이라"라고 기록하고 있습니다.

┌─────────────────────────────────────────────────────────────────┐
│ 다윗성에 장사되더라도 묘실에 들어가지 못하는 인물이 있다고 말씀드렸습니다.                        │
│ **앞에서 여호사밧의 아들 여호람은 묘실에 들어가지 못합니다.**                               │
│ **요아스왕도 다윗성에는 장사되지만 묘실에는 들어가지 못합니다.**                              │
│ 하지만.. **제사장 여호야다**는 다윗성에 장사되며 왕의 묘실에 들어갑니다. 왕이 아님에도요..          │
│ **백성들은 누구를 진짜 왕으로 인정한 걸까요?**                                       │
└─────────────────────────────────────────────────────────────────┘

## 9. 아마샤 - 북이스라엘 요아스 2년/ 29년 통치, 25세 즉위

[왕하14:3] 아마샤가 여호와 보시기에 정직히 행하였으나 그의 조상 다윗과는 같지 아니하였으며..

에돔을 치고 교만해져서 이스라엘왕 요아스과 전쟁을 합니다.

이 전투에서 패하여 예루살렘 성벽이 사백규빗이 허물어 지고 , 여호와의 성전과 왕궁 곳간의 금,은과 모든 기명을 탈취당하고 사람도 볼모로 잡혀 가는 일이 일어나구요.

에돔을 치고 돌아오며 세일자손의 신들을 가져와 자기의 신으로 세우고 경배하고 분향했다고 기록되어 있습니다.

결국 반역한 무리를 피해 라기스로 도망하여 거기서 죽게 됩니다.

## 10. 아샤라(웃시야) - 북이스라엘 여로보암2세 27년/ 52년 통치, 16세 즉위

웃시야의 시기와 연결을 할 부분이 여로보암2세입니다. 북이스라엘 여로보암 2세를 언급하며 솔로몬시절의 영토를 거의 회복한 번영의 시기라고 했습니다.

당시 남왕국의 웃시야왕도 형통한 시절이었습니다.

[대하26:4-5]
4 웃시야가 그의 아버지 아마샤의 모든 행위대로 여호와 보시기에 정직하게 행하며
5 하나님의 묵시를 밝히 아는 스가랴가 사는 날에 하나님을 찾았고 그가 여호와를 찾을 동안에는 하나님이 형통하게 하셨더라

하지만 또 불안한 구절이 숨어 있지요? "스가랴가 사는 날에"..

또 한가지 하나님의 도우심을 보여주는 구절이 있습니다.

[대하26:15] 또 예루살렘에서 재주 있는 사람들에게 무기를 고안하게 하여 망대와 성곽 위에 두어 화살과 큰 돌을 쏘고 던지게 하였으니 그의 이름이 멀리 퍼짐은 기이한 도우심을 얻어 강성하여짐이었더라

그러나 이런 강성해짐에 따라 웃시야왕도 교만해져서 악을 행하기 시작합니다.

제사장만이 들어갈 수 있는 여호와의 성전에 들어가 향단에 분향하려 합니다.

분향하려 하자 나병이 생기게 되고 제사장들이 성전에서 급히 쫓아내지요.

이후 죽을 때까지 나병이 있었기에 별궁에 거하게 되고 아들인 요담이 백성을 다스립니다.

여기서도 공식적으로는 웃시야왕의 통치기간이지만 요담이 공동통치를 하는 기간이 되게 되는 거지요.

웃시야 역시 나병환자이기에 왕들의 묘실에 접한 땅에 장사됩니다. 즉, 묘실에 들어가지 못합니다.

## 11. 요담 - 북이스라엘 베가 2년/ 16년 통치, 25세 즉위

여기서 먼저 살필 것은 두가지입니다.

먼저 즉위시기가 북이스라엘의 베가왕 즉, 북이스라엘이 멸망할 때의 왕인 호세아왕 바로 전 왕입니다.

북이스라엘의 멸망이 가까워 옵니다. 이때쯤되면 나타날 사람들이 있지요? 선지자들입니다.

이사야,미가 선지자가 활동을 합니다.

요세푸스의 기록에 따르면 이 때 앗수르멸망을 예언한 나훔선지자도 활동을 했다고 나와 있는데 나훔선지자의 경우는 이후 요시아왕때의 선지자로 보기도 합니다.

이사야선지자는 부왕인 웃시야왕이 사망하는 해부터 부르심을 받아 활동을 시작했다고 되어 있으니 요담왕과 같이 시작하네요. 또 한가지 이사야선지자는 왕족/귀족중심이고 미가선지자는 일반 평민을 대상으로 사역합니다.

요담왕에 대해 이어서 언급해 보도록 하겠습니다.

요담왕의 아버지가 웃시야인데 웃시야왕이 나병에 들게 된 원인이 기억나시나요?

제사장만 들어갈 수 있는 여호와의 성전에 들어가 분향을 하려 하다가 나병에 걸립니다.

이때문에 공동통치가 일어나지요. 이를 경험했기 때문인지 요담왕에 대한 말씀 볼께요.

[대하27:2] 요담이 그의 아버지 웃시야의 모든 행위대로 여호와 보시기에 정직하게 행하였으나 여호와의 성전에는 들어가지 아니하였고 백성은 여전히 부패하였더라

요담왕의 설명에서는 좀 독특한 부분이 있습니다.

보통 이런 형식인데요..”여호와 보시기에 정직히 행하였으나 / 산당은 제거하지 않고”

요담왕의 경우는 ..”여호와 보시기에 정직히 행하였으나 / 여호와의 성전에는 들어가지 아니하였고 백성은 여전히 부패하였더라”

뭔가 좀 형식이 이상합니다. 그렇지 않나요?

“~으나”의 뒤에는 반대의 이야기가 나오게 되야 하는데 “백성은 여전히 부패하였더라”도 사실 요담왕의 이야기가 아닌듯하고.. “여호와의 성전에는 들어가지 아니하였고”도 바른 행동으로 보이는 부분이니까요.

이런 생각을 해 봅니다.

백성들이 여전히 부패하였다 함은 다른 좋은 왕들의 개혁처럼 적극적이지 않았기 때문이 아닐까 하는 생각이듭니다.

하지만 요담왕은 기본적으로 선한 왕에 속합니다. 암몬자손의 왕과 싸워서 조공도 받는 왕이구요.

여호와의 전 윗문도 건축하고 성벽도 많이 증축합니다.

[대하27:6] 요담이 그의 하나님 여호와 앞에서 바른 길을 걸었으므로 점점 강하여졌더라

## 12. 아하스 - 북이스라엘 베가 17년/ 16년 통치, 20세 즉위

역시 북이스라엘 베가왕 시절 즉위합니다. 남유다 최악의 왕입니다.

베가왕시절에 북이스라엘도 훗날 남유다처럼 포로로 끌려가는 사건이 발생한다고 말씀드렸습니다.

이 과정을 연결해서 조금 더 살펴보도록 하겠습니다. 아하스왕과 히스기야왕은 이사야서를 이해하기 위해 중요한 왕입니다.

당시 앗수르가 강성해지자 **북이스라엘 베가왕**과 **아람왕 르신**은 이를 견제하기 위해 동맹을 하여 앗수르와 대항하고자 합니다. 이때 남유다의 **아하스왕**에게도 같이 할 것을 요청합니다.

하지만 아하스왕은 이를 거부합니다.

아하스왕이 거부를 하자 북이스라엘과 아람이 남유다를 공격하게 되고 남유다는 크게 살륙되는 상황에 이르게 됩니다.

이 지점에서 이사야선지자가 아하스왕에게 하나님의 말씀을 전합니다.

이사야 선지자는 웃시야왕이 죽던해에 부르심을 받기에 아버지인 요담왕 즉위년도와 같다고 말씀드렸습니다.

이사야서 말씀 보시고 이어나가도록 하겠습니다.

[사7:1-9]

1 웃시야의 손자요 요담의 아들인 유다의 아하스 왕 때에 아람의 르신 왕과 르말리야의 아들 이스라엘의 베가 왕이 올라와서 예루살렘을 쳤으나 능히 이기지 못하니라

2 어떤 사람이 다윗의 집에 알려 이르되 아람이 에브라임과 동맹하였다 하였으므로 왕의 마음과 그의 백성의 마음이 숲이 바람에 흔들림 같이 흔들렸더라

3 그 때에 여호와께서 이사야에게 이르시되 너와 네 아들 스알야숩은 윗못 수도 끝 세탁자의 밭 큰 길에 나가서 아하스를 만나

4 그에게 이르기를 너는 삼가며 조용하라 르신과 아람과 르말리야의 아들이 심히 노할지라도 이들은 연기 나는 두 부지깽이 그루터기에 불과하니 두려워하지 말며 낙심하지 말라

5 아람과 에브라임과 르말리야의 아들이 악한 꾀로 너를 대적하여 이르기를

6 우리가 올라가 유다를 쳐서 그것을 쓰러뜨리고 우리를 위하여 그것을 무너뜨리고 다브엘의 아들을 그 중에 세워 왕으로 삼자 하였으나

7 주 여호와의 말씀이 그 일은 서지 못하며 이루어지지 못하리라

8 대저 아람의 머리는 다메섹이요 다메섹의 머리는 르신이며 육십오년 내에 에브라임이 패망하여 다시는 나라를 이루지 못할 것이며

9 에브라임의 머리는 사마리아요 사마리아의 머리는 르말리야의 아들이니라 만일 너희가 굳게 믿지 아니하면 너희는 굳게 서지 못하리라 하시니라

이사야 선지자는 '하나님의 말씀'을 아하스왕에게 전하지만 아하스왕은 이를 거부하고 **앗수르의 디글랏빌레셀왕**에게 도움을 요청합니다.

안그래도 영토확장에 혈안이 되어 있는 앗수르에게는 좋은 명분이 생긴겁니다.

앗수르는 아람과 북이스라엘을 치고 오히려 남유다도 공격을 하는데, 아하스는 거액의 뇌물을 주고 벗어납니다.
순종하지 않고 '자신의 생각'으로 움직인 결과입니다.

또 한가지 기억하실 점은 디글랏빌레셀이 다메섹에 있을 때 아하스가 앗수르왕을 만나러 간 길에 보았던 우상들을
복제해서 가져와 하나님의 전의 기구들을 부수고 하나님의 전 문을 닫고 이방산당을 세웁니다.
제사장 우리야 역시 동참하게 되지요.
고대 전쟁은 신들의 전쟁이라고 생각했다고 합니다. 강성한 앗수르의 신이 진짜 신이라고 믿었기 때문일까요..

한가지만 더 말씀드리고 아하스왕을 마치려 합니다.
위에서는 아하스가 고난에 들어가게 된 역사적 배경을 살펴보았습니다. 그런데 더 중요한 부분이 있습니다.
아하스는 즉위하자 바알의 우상을 만들고 힌놈골짜기에서 분향하고 자녀들을 불사르는등의 가증한 일을 행합니다.
이 일 이후 말씀을 볼께요.

[대하28:5] 그러므로 그의 하나님 여호와께서 그를 아람 왕의 손에 넘기시매 그들이 쳐서 심히 많은 무리를
사로잡아 다메섹으로 갔으며 또 이스라엘 왕의 손에 넘기시매 그가 쳐서 크게 살륙하였으니

역사적인 이해를 하면 성경이 쉬워지기는 합니다만.. 결국 이 모든 일은 가증한 일을 행한 아하스왕을 하나님이 사
용하시는 나라에 넘기신 부분임을 꼭 기억하는 것이 더 중요합니다.
아하스는 최악의 왕이라고 말씀드렸듯이 예루살렘성에 장사되지만 묘실에는 들어가지 못합니다.

## 13. 히스기야 - 북이스라엘 호세아 3년/ 29년 통치, 25세즉위

히스기야왕하면 히스기야의 개혁이 떠오르시죠? 남유다의 가장 선한왕중 한 명입니다.
호세아 3년에 즉위하여 29년을 통치하는데, 호세아 9년에 북이스라엘이 멸망하니 히스기야왕은 북이스라엘 멸망
을 제일 가까이서 지켜본 왕입니다.
그런데 북이스라엘의 호세아왕과 연결되는 지점이 또 한가지 있습니다.

호세아왕 시절 앗수르의 왕이 세 번 바뀐다고 말씀드렸습니다.
베가왕 당시 앗수르 디글랏빌레셀왕이 사마리아성을 포위하고, 이 시점에 호세아가 베가왕을 반역하여 정권을 잡
으며 앗수르를 섬기기로 하면서 포위를 풀지요.
디글랏 빌레셀왕이 죽자 앗수르가 약해질 것이라고 생각한 호세아왕은 앗수르를 배반하고 앗수르의 살만에셀5세
가 사마리아성을 3년간 포위하구요.
이 상태에서 살만에셀5세가 갑자기 급사를 하자 동생 사르곤 2세가 즉위하고 그에 의해 북이스라엘은 멸망합니다.

위 이야기가 기억나셔야 합니다. ㅎㅎ 이제 히스기야왕을 이야기해 볼께요.
아버지인 아하스왕은 친앗수르였죠? 히스기야왕은 앗수르에서 벗어나고 싶어했습니다.
마침 사르곤2세가 죽고 산헤립왕이 즉위하는 사건이 발생합니다. 이에 히스기야왕은 이집트의 도움을 받아
앗수르에서 벗어나려고 시도합니다.
아하스왕을 만나 이사야 선지자가 하나님말씀을 전했던 것 처럼 이번에도 이사야 선지자의 예언이 있습니다.

[사31:1-3]
1 도움을 구하러 애굽으로 내려가는 자들은 화 있을진저 그들은 말을 의지하며 병거의 많음과 마병의 심히 강함을 의지하고 이스라엘의 거룩하신 이를 앙모하지 아니하며 여호와를 구하지 아니하나니
2 여호와께서도 지혜로우신즉 재앙을 내리실 것이라 그의 말씀들을 변하게 하지 아니하시고 일어나사 악행하는 자들의 집을 치시며 행악을 돕는 자들을 치시리니
3 애굽은 사람이요 신이 아니며 그들의 말들은 육체요 영이 아니라 여호와께서 그의 손을 펴시면 돕는 자도 넘어지며 도움을 받는 자도 엎드러져서 다 함께 멸망하리라

하지만 히스기야왕은 끝내 앗수르를 배반합니다.

[왕하18:7] 여호와께서 그와 함께 하시매 그가 어디로 가든지 형통하였더라 저가 앗수르 왕을 배반하고 섬기지 아니하였고

역대하 29장부터  31장까지 성전정화/유월절등 히스기야의 개혁이 기록되어 있습니다.
이후 32장의 시작을 볼게요.

[대하32:1] 이 모든 충성된 일을 한 후에 앗수르 왕 산헤립이 유다에 들어와서 견고한 성읍들을 향하여 진을 치고 쳐서 점령하고자 한지라

역시 좀 이상하지 않으셨나요? 보통 악행이 있자 침략발생등으로 이어지는데 이 구절은 좀 이상합니다.
이 사이에 들어간 사건이 이사야 선지자의 만류에도 불구하고 애굽에 의지하여 앗수르를 배반하는 사건이 있는 겁니다.
이런 과정을 모르고 보시면 "선한일을 마치고나니 침략을 받았다"라는 이상한 전개로만 보이게 됩니다.

이렇게 산헤립왕이 예루살렘을 치러 온 것을 보고 히스기야왕은 성밖의 물근원을 막고 내부로 물이 흐르게 하여 방어를 할 수 있도록 기혼샘에서 실로암까지그 유명한 히스기야터널을 구축합니다.
예루살렘은 포위당해 고난을 겪지만 하나님의 도우심으로 앗수르는 물러갑니다.

[왕하19:35] 이 밤에 여호와의 사자가 나와서 앗수르 진영에서 군사 십팔만 오천 명을 친지라 아침에 일찍이 일어나 보니 다 송장이 되었더라

이후 히스기야왕이 병이 들게 되고(이 부분은 앗수르에 포위당했을때 라고도 하는데 정확하다고 생각되는 자료를 보지 못했습니다) 죽게 되었을 때 또 다시 이사야 선지자를 통하시며 15년이 연장되게 됩니다.

이 시점에 바벨론이 언급되기 시작합니다.
바벨론왕 브로닥발라단이 히스기야가 병이 들었을 때 편지와 예물을 보내는데 히스기야는 왕궁과 나라의 모든 것을 보여주게 됩니다.(왕하20장)
이에 대해 이사야 선지자의 말씀을 보겠습니다.

[왕하20:17-18]
17 여호와의 말씀이 날이 이르리니 왕궁의 모든 것과 왕의 조상들이 오늘까지 쌓아 두었던 것이 바벨론으로 옮긴 바 되고 하나도 남지 아니할 것이요
18 또 왕의 몸에서 날 아들 중에서 사로잡혀 바벨론 왕궁의 환관이 되리라 하셨나이다 하니

히스기야왕도 공과가 있습니다. 하지만 가장 선한 왕중 한 명이며 성경에서도 다윗성 묘실중 높은 곳에 장사하여 그의 죽음에 그에게 경의를 표하였더라(대하32:22)라고 기록하고 있습니다.

## 14. 므낫세 - 55년 통치, 12세즉위

므낫세왕은 통치연도가 바로 나오지요? 지금까지 북이스라엘 oo왕 몇 년이었는데 다릅니다.
북이스라엘이 이미 멸망하였기 때문이지요. 므낫세왕은 최고로 악한 왕중 한 명입니다.
여호와의 성전에 우상을 세우고 힌놈의 골짜기에서 그의 아들들을 불가운데로 지나가게 (인신제사)하는등 극한의 악을 보여주는 왕입니다.
역대하 기록에 따르면 앗수르 군사들에 의해 바벨론으로 끌려가 환난을 당한 후 달라진 모습을 보인다고 기록되어 있습니다.

[대하33:10-13]
10 여호와께서 므낫세와 그의 백성에게 이르셨으나 그들이 듣지 아니하므로
11 여호와께서 앗수르 왕의 군대 지휘관들이 와서 치게 하시매 그들이 므낫세를 사로잡고 쇠사슬로 결박하여 바벨론으로 끌고 간지라
12 그가 환난을 당하여 그의 하나님 여호와께 간구하고 그의 조상들의 하나님 앞에 크게 겸손하여
13 기도하였으므로 하나님이 그의 기도를 받으시며 그의 간구를 들으시사 그가 예루살렘에 돌아와서 다시 왕위에 앉게 하시매 므낫세가 그제서야 여호와께서 하나님이신 줄을 알았더라

므낫세왕은 그의 궁에 장사된다고 기록되어 있습니다. 웃사의 동산이라고 하는데 정확하게 검증된 위치는 아직 없어 보입니다. 다음왕인 아몬도 웃사의 동산에 장사됩니다.

## 15. 아몬 - 2년 통치, 22세즉위

아몬은 성경기록상으로는 아버지를 능가하는 악한 왕입니다. 역시 웃사의 동산에 장사됩니다.

[대하33:22-23]
22 그의 아버지 므낫세의 행함 같이 여호와 보시기에 악을 행하여 아몬이 그의 아버지 므낫세가 만든 아로새긴 모든 우상에게 제사하여 섬겼으며
23 이 아몬이 그의 아버지 므낫세가 스스로 겸손함 같이 여호와 앞에서 스스로 겸손하지 아니하고 더욱 범죄하더니

## 16. 요시아 - 31년 통치, 8세즉위

아버지 아몬이 악행을 행함으로 백성들에게 즉위 2년만에 죽임을 당하고 어린 나이에 즉위합니다.

가장 선한 왕중 한명입니다.

여호와의 전을 수리하고 성전정화를 합니다. 또한 유월절을 지키고 하나님을 찾습니다.

힐기야 제사장이 모세의 율법책을 여호와의 전에서 발견하고 서기관 사반이 읽게합니다.

요시아왕의 죽음으로 사실상 남유다의 시대도 저물게 되는데요. 요시아왕의 죽음을 살펴보겠습니다.

히스기야왕 당시에 등장한 바벨론은 약한 상태였습니다. 하지만 지금은 그렇지 않습니다.

강대해지는 신흥강국인 바벨론을 막고자 앗수르와 애굽은 동맹을 맺어 바벨론과의 전투를 준비합니다.

이때 **애굽왕 느고**가 길을 열어달라고 하지만 요시아왕은 거부하고 **므깃도**에서 전투를 치릅니다.

이 전투에서 요시아왕은 전사를 하게 되고 위로 올라간 애굽은 **갈그미스**를 차지하고 승리하고 돌아옵니다.

승리한 애굽이 내려오면서 보니 요시아왕의 아들 여호아하스가 왕위에 올라있습니다.

요시아왕이 애굽을 막았기에 못마땅한 상태입니다. 이 때 여호아하스의 형인 엘리야김이 애굽왕 느고에게 달려가 충성맹세를 하고 왕위를 요청합니다. 이에 느고는 여호아하스를 즉위 3개월만에 애굽으로 끌고가 죽이고 엘리야김을 여호야김으로 개명후 왕위에 올립니다.

당연히 여호야김은 친애굽정책을 펴게 됩니다.

## 17. 여호아하스(=살룸) - 3개월 통치

## 18. 여호야김 - 11년 통치

위에서 본 것처럼 여호야김은 친애굽입니다.

여호야김왕 시절에 2차 갈그미스전투가 벌어지는데 이번에는 바벨론이 승리하게 됩니다.

이에 바벨론느부갓네살왕은 예루살렘까지 들어와서 여호야김왕을 쇠사슬로 결박해서 바벨론으로 끌고갑니다.

이때 다니엘과 세 친구도 끌려가게 되지요.

여호야김왕은 바벨론을 섬기기로 하고 돌아옵니다. 하지만 친애굽파라는 뿌리가 있기에 삼년만에 바벨론을 배반하고 애굽편으로 다시 돌아서게 되고 바벨론의 재침공과 포위속에서 죽음을 맞이합니다.

## 19. 여호야긴 - 3개월 통치, 18세 즉위

바벨론이 보니 여호야김의 아들 여호야긴이 왕이 되어 있습니다.

친애굽파 아버지였으니 이게 마땅치 않게 느끼는 것이 당연할 듯 합니다.

이에 바벨론은 여호야긴왕을 바벨론으로 끌고가고 숙부 맛다냐를 바벨론식 이름인 시드기야로 고쳐 왕위에 올립니다.

이때 여호야긴왕과 함께 에스겔도 2차포로로 끌려갑니다.

## 20. 시드기야 - 11년 통치 (남유다 멸망 주전 587)

시드기야왕은 바벨론이 세운 왕이기에 백성들은 왕으로 인정하지 않았고 오히려 포로로 끌려간 여호야긴왕을 지지하는 상황이었습니다.

이런 상황에서 시드기야왕은 바벨론에 반기를 듭니다.

결국 시드기야 9년부터 11년까지 3년간 예루살렘성은 포위되게 되고 바벨론의 느부갓네살왕에 의해 예루살렘성과 성벽, 솔로몬 성전이 파괴되고 처참히 약탈당하며 멸망합니다.

전에 영화에서 이집트로 언약궤 찾으러 가는 장면을 재미로 언급해 드린 적이 있는데요..

이 때를 언약궤가 사라진 시점으로 보기도 합니다.

시드기야왕은 밤에 아라바쪽으로 탈출을 시도하지만 에돔의 방해등으로 인해 잡히게 되고 아들들이 죽임당하는 것을 목격한 이후 두 눈이 뽑힌 채로 바벨론으로 끌려갑니다.

이후 나머지 백성들도 3차포로로 끌려가고 예루살렘은 황폐해지게 됩니다.

솔로몬 성전이 파괴된 시점이 5월입니다.

이후 느부갓네살은 유다총독으로 그달랴를 임명하는데 유다인들이 그달랴를 죽이고 예레미야를 끌고 애굽으로 도망치는 사건이 7월에 발생하고, 이로 인해 또 한번 예루살렘은 황폐해집니다.

이 5월과 7월에 대한 말씀보겠습니다.

[슥7:3] 만군의 여호와의 전에 있는 제사장들과 선지자들에게 물어 이르되 내가 여러 해 동안 행한 대로 오월 중에 울며 근신하리이까 하매
[슥7:5-6]
5 온 땅의 백성과 제사장들에게 이르라 너희가 칠십 년 동안 다섯째 달과 일곱째 달에 금식하고 애통하였거니와 그 금식이 나를 위하여, 나를 위하여 한 것이냐
6 너희가 먹고 마실 때에 그것은 너희를 위하여 먹고 너희를 위하여 마시는 것이 아니냐

역대기의 마지막은 바사 고레스왕 원년에 고레스왕의 마음을 감동시키시고 고레스칙령을 내려 돌아가 성전을 건축하게 하는 장면입니다.

역대기의 저자가 에스라로 생각되고 있는데 이어지는 에스라서의 시작도 동일한 고레스칙령입니다.

역대기의 속편과 같은 느낌이랄까요?ㅎㅎ

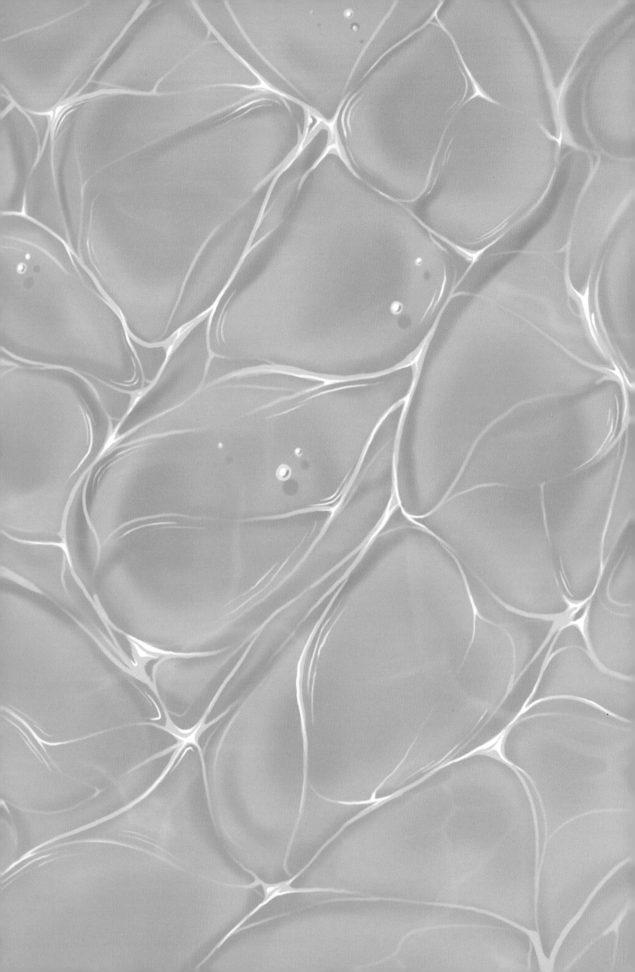

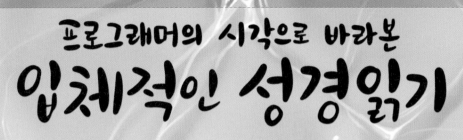

프로그래머의 시각으로 바라본
# 입체적인 성경읽기

2부 Part 4. 욥기

# 욥기

시가서는 책의 내용에서 제외하려고 생각했으나 욥기의 경우는 좀 다른 시각으로 보는 관점을 소개해 드리려고 진행합니다.
욥기는 사실 족장시대 이야기이기 때문에 창세기와 붙여서 동시대로 묵상하시는 것이 시대순에는 맞습니다.

여러분들은 욥기하면 무엇이 떠오르시나요? 두 배의 축복?
어릴 때 성경학교에서 들었던 기준으로 따지면 "욥은 아주 신실한 사람이고 두 배의 축복을 누린 사람이다"정도의 이야기였던 것 같습니다.

제가 성경을 읽어나가며 성경학교에서 들었던 것과 비교해 제일 충격적이었던 것이 솔로몬왕과 욥기이거든요.
욥기를 읽어가면서 욥의 말은 어쩌면 많이 교만해보이는 지점이 많이 보입니다.
또한 성경학교의 요약처럼 쉽지 않고 제가 만난 성경으로는 몇 년전까지 정말 재미없는.. 어쩌면 레위기보다 제게는 더 힘든 성경이었습니다.
이 과정을 거치며 묵상한 내용이라 역사적 배경과 무관하게 언급드리고 넘어가려 합니다.

대략적으로 족장시대 무렵 에돔땅으로 추정되는 우스땅에서 벌어진 이야기입니다.
시기에 대하여 정확한 언급이 없는데요..
오바댜와 요엘서에서도 언급할 부분으로, 시기적인 언급이 없다는 것은 시대적 배경을 아는 것이 욥기를 이해하는데 큰 의미를 지니지 않는다는 것이며 어쩌면 오늘 우리에게 말씀하시는 내용일 수도 있다는 부분입니다.

또한 에돔지역으로 추정되는 곳에서 일어난 일이기에 등장인물들이 유대인이 아니라고도 하지만 이것도 명확하지는 않습니다.

"흠 없고 정직하며 하나님을 경외하는 욥이 시험을 당하고 이를 극복하고 더 큰 축복을 얻는 이야기"라는 요약정도로 어릴때부터 들었는데 사실 욥기를 읽으면서 저는 어려운 부분이 많이 있었습니다.
욥의 반응들이 좀 교만해보이는 부분도 있기도하고 하나님을 향한 항변도 있으니 기존 요약(좋은 사람 욥의 성공스토리?)의 느낌과는 좀 다른 느낌이랄까요?
욥기의 맥락을 요약해 보겠습니다.

▷ 사탄은 그에게 복을 주셨기에 하나님을 경외한다고 한다
▷ 사탄의 시험을 하나님은 허락하시는데.. 욥은 흠없고 정직하며 하나님을 경외하는데 고난을 당한다.
▷ 세 친구(엘리바스,빌닷,소발)들은 공의의 하나님을 주장한다(선한 사람에게는 복을 주시고 악한 이에게는 벌을 주시는 분이다. 즉, 욥은 뭔지 몰라도 죄를 지은 것이다, 우리도 현실에 이러지 않나요?)
▷ 욥은 나는 죄가 없다고 주장하고 하나님께 항변도 한다(욥9:22~23 하나님은 온전한 자나 악한 자나 멸망시키신다 하나니 갑자기 재난이 닥쳐 죽을지라도 무죄한 자의 절망도 그가 비웃으시리라)
▷ 세친구외에 또 한명인 엘리후는 하나님은 공의로우시다고는 하지만, 또 한 가지 "하나님은 연단하고 훈련시키기 위해 고난을 사용하신다"라고 말합니다. 욥은 이에 대한 답변은 하지 않습니다.
▷ 하나님의 대답은 세 친구들을 꾸짖으시고 엘리후의 말에는 침묵하십니다.
**대충 이런 흐름입니다. 이 부분을 조금 더 살펴볼게요.**

앞의 내용을 조금 더 살펴보도록 하겠습니다.

▷ 욥기의 시작은 하늘세계의 이야기입니다. 1장~2장은 하나님과 사탄의 대화로 영적세계의 이야기이지요.

▷ 세 친구의 "하나님은 공의로우신 분이다"라는 주장 자체는 어쩌면 교만해보이는 욥보다 더 좋아 보이기도 합니다.

▷ 하지만 하나님은 세 친구들을 꾸짖으시고 엘리후의 말에는 침묵하십니다.

▷ 세친구외에 또 한명인 엘리후는 하나님은 공의로우시다고는 하지만, 또 한 가지 "하나님은 연단하고 훈련시키기 위해 고난을 사용하신다"라고 말합니다. 욥은 이에 대한 답변은 하지 않습니다.

욥기는 아주 집중해서 읽지 않으면 이게 여러 명과의 대화의 형식이라 누구의 말인지 많이 헷갈립니다.

여튼 제가 말씀드리려는 핵심은..

첫번째로..1~2장의 하늘세계(영적세계)의 일은 우리가 알 수 있는 영역이 아닙니다.

즉, 인간이 알 수 없는 세계인 1장과 2장을 읽었기에 우리는 욥이 신실하고 죄가 없음을 아는 겁니다.

이걸 알기에 **우리는 어쩌면 한정된 시각으로 욥기를 읽게 되는 것 같습니다.**

그럼 아예 1장과 2장을 빼고 욥기를 읽어보시면 어떤가요?

욥은 엄청나게 교만한 사람으로 보입니다. 세상적인 이유는 없지만 갑자기 저런 고난이 찾아왔으면 저도 세 친구와 같은 반응을 했을.. 아니 좀 더 솔직해지면.. "기도할께요"라고 답은 하지만 실제 마음 한켠에서는 세 친구와 같은 생각을 했을 것 같습니다. 솔직한 고백입니다.

두번째로 ..하나님은 공의로운 분이다.

세 친구의 말 "하나님은 공의로우시기에 선한 사람에게는 복을 주시고 악한 이에게는 벌을 주시는 분이다. 즉, 욥은 뭔지 몰라도 죄를 지은 것이다"라는 말에 대해 하나님은 세 친구를 꾸짖으십니다.

공의로우시지 않으신가요? 왜 꾸짖으셨을까요?

결국 영적인 세계에서 일어나는 일을 분명한 한계를 가진 인간이 판단하려 하는 부분에 대한 말씀입니다

욥기의 시작인 **"영적 세계의 일을 모른다고 보면 시각이 달라진다"**와 맥을 같이 합니다.

세번째로 ..엘리후의 이야기에 대한 침묵입니다.

엘리후의 이야기를 요약하면, "하나님은 공의로우시다고는 하지만, 또 한 가지 하나님은 연단하고 훈련시키기 위해 고난을 사용하신다"입니다.

인간적인 생각으로는 거의 정답으로 보이는.. 욥기의 시작을 알면서도 대충 받아들여지는 이야기입니다.

그런데 이상한 부분은 욥은 엘리후의 말에는 침묵합니다. 이건 왜일까요?

이는 하나님이 욥에게 하시는 말씀에서 답을 찾을 수 있습니다.

[욥38:33] 네가 하늘의 궤도를 아느냐 하늘로 하여금 그 법칙을 땅에 베풀게 하겠느냐

제가 몇 년 전 욥기를 너무 재미없어하며 읽다가 엄청나게 깨진 구절입니다.

엘리후의 말도 맞아보이지만 결국 이 모든 것은 인간의 생각으로 알 수 없는 하나님의 주권하의 일이라는 겁니다.

개인적으로 욥기의 주제는 "인간의 한계를 인정하고 하나님의 주권임을 깨달으라"라고 생각합니다.

진화가 어떻고, 성경을 고증하며 탄소연대측정등의 과학적 방식도 결국 인간의 한계내에서 일어나는 일일 뿐입니다. 니느웨성도 허구라고 하다가 발견되었지요? 지금 우리의 과학은 인간의 한계속의 일일 뿐입니다.

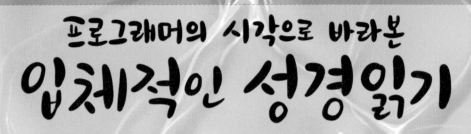

프로그래머의 시각으로 바라본
# 입체적인 성경읽기

2부 Part 5. 선지서 / 기타 역사서

# 선지서 읽기 개요 - 바사시대 이전

남유다에서 활동한 선지자중 오바댜와 요엘은 시기가 추정이 될 뿐 성경에 명확하지 않습니다. 명확하지 않음은 다르게 보면 이 선지서를 이해하는 과정에서 시대를 몰라도 된다는 의미이기도 하고 또한 어쩌면 현재 우리에게도 동일하게 말씀하시는 것일 수 있다고 생각합니다. 저작연대가 불명확하기에 먼저 오바대와 요엘을 읽어봅니다.
[오바댜 - 저작시기 불명확] 오바댜는 '하나님의종 또는 예배자'라는 의미입니다. 에돔 멸망에 대한 예언서이기도 합니다만, 에돔으로 대표되는 하나님의 백성이 아닌 자들에 대한 심판이기도 합니다.
[요엘 - 저작시기 불명확] 요엘은 '여호와께서는 하나님이시다' 여호와의 날과 성령강림에 대한 내용입니다.

다음으로 북이스라엘에서 선지서를 저술한 단 3명(호세아/아모스/요나)이고 시대도 여로보암2세로 앞선 시대이기에 먼저 정리하고 북이스라엘 선지서를 마무리합니다.
물론 선지서를 저술하지 않은 선지자도 있습니다. 엘리야/엘리사는 열왕기에서 이미 정리한 것을 기억하세요.
[아모스 - 여로보암2세 당시] 아모스는 '무거운 짐을 진 사람'이라는 의미입니다. 여로보암 2세는 악한 왕이지만 당시 대외적으로는 영토의 확장과 더불어 부를 축적하는 시기로 북이스라엘에서 활동했고 북이스라엘에 대한 심판과 회복이 주 내용이지만 아모스는 남유다 드고아 사람으로 자비량 선교사로 **(암5:24)정의를 물같이..**로 '공의의 선지자'로도 불립니다.
[호세아 - 여로보암2세 당시] 호세아는 '구원'이라는 의미입니다. 호세아서의 주제는 죄악에 빠져 있는 백성들을 향한 하나님의 사랑입니다. 북이스라엘의 멸망을 예언하지만 모든 멸망 예언서처럼 회복도 나타납니다.
호세아의 불행한 결혼(고멜과의 결혼)에도 회복하라는 명령을 하시며, 이것은 간음한 부인을 하나님에게서 등돌린 이스라엘 백성으로 상징하시며 하나님과 이스라엘백성의 관계를 표현합니다.
[요나 - 여로보암2세 당시] 요나는 '비둘기'라는 의미입니다. 앗수르의 수도가 되는 니느웨 멸망을 선포합니다.

다음으로는 남유다의 선지자중 오바댜와 요엘을 제외한 이사야/미가/나훔/스바냐/하박국/다니엘입니다.
요세푸스기준에서는 이사야/미가보다 나훔이 빠른데 보통은 뒤로 보기도 합니다
어느기준을 따른다는 것보다는 요나서가 니느웨 멸망에 관한 부분이고 연결되는 부분이 앗수르 멸망 예언서인 나훔서이기에 요나 뒤에 붙이면 성경예언과 역사를 보며 놀라움을 느낄수 있기에 나훔부터 봅니다.
하박국서가 바벨론 멸망이고 다니엘의 활동이 바벨론 포로부터 바사로 이어지므로 하박국서 뒤에 다니엘서를 붙이고 예레미야 예레미야애가 에스겔을 붙입니다.
[나훔 - 요담 OR 요시아왕 당시] 나훔은 '위로'라는 의미입니다.
[이사야 -아하스/히스기야/므낫세왕 당시] 이사야는 '여호와는 구원이시라'라는 의미입니다.
[미가 -아하스/히스기야왕 당시] 미가는 '누가 여호와와 같은가'라는 의미입니다.
[스바냐 - 요시아왕 당시] 스바냐는 '하나님이 숨기신다'라는 의미입니다.
[하박국- 여호야김왕 당시] 하박국은 '껴안는자, 매달리다'라는 의미입니다.

[예레미야- 요시아왕~시드기야왕 당시] 예레미야는 '여호와께서 지명하신 자'라는 의미입니다.
[예레미야 애가]
[에스겔- 여호야긴 /시드기야왕 당시] 에스겔은 '하나님께서 강하게 하신다'라는 의미입니다.

[다니엘- 여호야김왕 당시] 다니엘서는 바벨론과 바사시대가 주 사역기인데 바사로 묶어보겠습니다.

# 오바댜

구약성경중 가장 짧은 성경입니다.  저작연대는 불명확합니다.
성경에 '시온산'과 대비되는 '에서의 산'이 나올 정도로 악을 대표하기도 하는 국가가 에돔입니다.
에돔의 경우는 남유다 멸망시 시드기야왕의 도망을 막고 유대인을 포로로 잡아간 국가이기도 합니다.
시편 137편에서 이를 고발하고 있구요.
선지서는 에돔이라는 국가라는 역사가 아닌 왜 멸망하는지 이유가 중요합니다.
연대가 불명확함은 연대가 중요하지 않기 때문일 수 있습니다. 지금 우리에게 하시는 말씀입니다.
에돔의 멸망과 여호와의 날이 큰 주제입니다.

▷ **이름 뜻 : 여호와의 종, 여호와를 섬기는 자**

[창25:34] 야곱이 떡과 팥죽을 에서에게 주매 에서가 먹으며 마시고 일어나 갔으니 에서가 장자의 명분을 가볍게 여김이었더라
[옵1:2] 보라 내가 너를 나라들 가운데에 매우 작게 하였으므로 네가 크게 멸시를 받느니라

가볍게 여김 : 바자(멸시하다,싫어하다,업신여기다)
상기 '멸시를 받느니라'라는 단어도 동일하게 '바자'입니다. 장자의 명분을 가겹게 여긴 그대로 멸시 받는 삶입니다.

에돔은 나바테안에게 밀려나게 되는데 페트라에 거주하였습니다.
천혜의 요새인 페트라는 세명만 있어도 지킬 수 있다고 할 정도로 적군의 공격이 쉽지 않은 환경이었고 높은 바위로 이루어져 있습니다. 이것도 말씀 볼께요.

[옵1:3] 너의 마음의 교만이 너를 속였도다. <u>바위 틈에 거주하며 높은 곳에 사는 자여</u> 네가 마음에 이르기를 누가 능히 나를 땅에 끌어내리겠느냐 하니

시편에서도 에돔에 대한 구절이 나옵니다 이 구절이 남유다왕 시드기야왕 사건을 보여줍니다.

[시137:7] 여호와여 예루살렘이 멸망하던 날을 기억하시고 에돔 자손을 치소서 그들의 말이 헐어버리라 헐어버리라 그 기초까지 헐어버리라 하였나이다

에돔의 경우 신약에서는 이두매라고 나오며, 나바테안들에 밀려와서 유다의 남쪽에 주로 거주하였습니다.
훗날 헤롯이 이 이두매 출신이기에 출신에 대한 열등감으로 인하여 마카비가문과 혼인하는등으로 인해 사건들이 연결됩니다.
이 부분은 신약전 중간사파트에서 헤롯가문에서 다시 살펴보게 될 예정입니다.

# 요엘

앞의 오바댜서가 에돔의 멸망과 여호와의 날이 주제였다면, 요엘서는 '여호와의 날'이 주제입니다.
에돔 멸망이란 부분이 없는 거지요. 대표적으로 메뚜기재앙으로 마지막 때를 나타내고 있습니다.
계시록등에서도 기근과 경제공황들을 다루고 있는데 요엘서는 메뚜기재앙으로 나타나고 있습니다.

그런데 '여호와의 날'이라는 주제뿐이 아니라 신약에 연결이 되는 부분은 '성령강림'에 대한 예언으로 오순절
성령강림에 대한 예언부분입니다.

▷ **이름 뜻 : 여호와는 하나님이시다**

[욜1:4] 팥중이가 남긴 것을 메뚜기가 먹고 메뚜기가 남긴 것을 느치가 먹고 느치가 남긴 것을 황충이 먹었도다

출10:14~15에서는 애굽 종살이에서 구원하시고자 구원의 도구로 사용되었던 메뚜기입니다.
요엘서에서는 마지막 때에 심판의 도구로 달리 사용된 모습처럼 보입니다.
하지만 좀 더 생각해 보면 마지막 날에 우리가 사는 세상은 애굽 바로와 같이 완악한 모습으로, 하나님의 백성들을
구원하는 도구로 메뚜기가 동일하게 사용되었다고볼 수 있습니다.

요엘서에서는 해와 달이 캄캄해지는 구절이 여러 번 언급됩니다.
이 역시 마지막 때 나타나는 눈에 보이는 현상일 수도 있지만 믿는 자들이 믿음을 잃고 빛을 잃었다고 보시는 것이
무리가 없는 해석이라고 생각합니다.

[욜1:15] 슬프다 그 날이여 여호와의 날이 가까웠나니 곧 멸망같이 전능자에게로부터 이르리로다

유대인들은 선택받은 백성이라는 생각에 유대인에게는 구원의 날, 축복의 날이고 이방인에게는 심판의 날이라는
생각을 가지고만 살았는데 요엘선지자는 심판의 날임을 적고 있습니다.

[욜2:28] 그 후에 내가 내 영을 만민에게 부어 주리니 너희 자녀들이 장래 일을 말할 것이며 너희 늙은이는 꿈을
꾸며 너희 젊은이는 이상을 볼 것이며

사도행전 오순절 성령강림에 대한 예언구절로 많이 사용되는 구절이 요엘서에 나옵니다.

[욜2:32] 누구든지 여호와의 이름을 부르는 자는 구원을 얻으리니

로마서에도 언급되고 보통 연말 말씀카드에도 많이 있는 구절이지요?
저 개인적으로는 이 구절때문에 넘어질 뻔한 기억이 있어서 아픔이 있는 구절입니다. ㅎㅎ

이 구절은 좀 생각해 보셔야 합니다.

이 두 구절중 미가서는 하나님의 통치아래의 평화를 의미하는 것이 맞습니다.

그런데 요엘서를 적국과 영적전쟁을 위한 대비하라는 구절로 이해하시면 안됩니다. 전혀 다른 내용입니다.

바로 위인 요엘서3:9절을 보면 이 말씀은 세상의 모든 민족에게 하시는 말씀입니다.(새번역등에도 명확합니다.)

즉, 선한 자들에게 악한자들과의 전쟁을 준비하라는 말씀이 아닌, "악한자들아 너희들이 할 수 있는 양껏 준비하고 모여서 보아라 다 심판하겠다!!! 불어버리겠다!!!"라는 말씀입니다.

# 아모스

오바댜서와 요엘서의 경우는 시기가 불명확하기에 아모스서를 첫번째의 선지서로 봅니다.
엘리야와 엘리사는 기록선지자가 아니지요?
아모스선지자는 원래 남방유다에 거주하던 목자였습니다. 드고아는 예루살렘 남쪽에 있는 지역입니다.
남방유다에 거주하던 아모스선지자는 소명을 받고 북이스라엘에서 사역합니다.

▷ **이름 뜻 : 무거운 짐진 자**

[암7:14-15]
14 아모스가 아마샤에게 대답하여 이르되 나는 선지자가 아니며 선지자의 아들도 아니라 나는 목자요 뽕나무를 재
배하는 자로서
15 양 떼를 따를 때에 여호와께서 나를 데려다가 여호와께서 내게 이르시기를 가서 내 백성 이스라엘에게 예언하
라 하셨나니

위 구절에서 보시듯 아모스는 요즘으로 보면 신학교를 나오거나 한 것이 아닌 평신도 사역자입니다.

[암1:1] 유다 왕 웃시야의 시대 곧 이스라엘 왕 요아스의 아들 여로보암의 시대 지진 전 이년에 드고아 목자 중 아
모스가 이스라엘에 대하여 이상으로 받은 말씀이라

성경을 묵상하시며 웃시야왕이 나오면 반사적으로 북이스라엘 여로보암2세로 연결하시면 됩니다.
아모스서의 배경도 동일합니다.

이 두 왕의 시절은 솔로몬왕국의 영토를 거의 회복할 정도의 번영기입니다.
이런 최대의 번성기에 북이스라엘에 대해 예언한 선지자가 아모스입니다
또한 호세아 , 요나도 동시대에 활동하지요..
북이스라엘에서 활동한 기록선지자는 모두 이 때입니다.
우리는 모든 것이 안정되고 평안하면 신앙적으로도 잘 하리라고 생각하지만 그렇지 않음을 보여줍니다.
북이스라엘의 최고의 번성기에 모든 기록선지자가 나타납니다.

최고의 번성기가 빛이라면 어둠도 존재합니다.
빈부격차입니다.
열왕기에도 많은 언급이 없는 북이스라엘의 시대상황이 아모스서에는 많이 비춰집니다.

[암2:6-7]
6 여호와께서 이와 같이 말씀하시되 이스라엘의 서너 가지 죄로 말미암아 내가 그 벌을 돌이키지 아니하리니 이는
그들이 은을 받고 의인을 팔며 신 한 켤레를 받고 가난한 자를 팔며
7 힘 없는 자의 머리를 티끌 먼지 속에 발로 밟고 연약한 자의 길을 굽게 하며 아버지와 아들이 한 젊은 여인에게
다녀서 내 거룩한 이름을 더럽히며

아모스 선지자를 공의의 선지자라고 부를 정도로 유명한 구절이 있습니다.

[암5:24] 오직 정의를 물 같이, 공의를 마르지 않는 강 같이 흐르게 할지어다

1장 : 소명, 이웃나라 심판
2장~6장 : 유다심판, 북이스라엘 심판
7장~9장 10절 : 5환상(메뚜기, 불, 다림줄, 여름 과일 한 광주리, 제단 기둥이 부서지는 환상)
9장11절~15절 : 이스라엘의 회복과 메시아 예언

▷ **2장~6장 : 유다심판, 북이스라엘 심판**

[암4:4-5]
4 너희는 벧엘에 가서 범죄하며 길갈에 가서 죄를 더하며 아침마다 너희 희생을, 삼일마다 너희 십일조를 드리며
5 누룩 넣은 것을 불살라 수은제로 드리며 낙헌제를 소리내어 선포하려무나 이스라엘 자손들아 이것이 너희가 기뻐하는 바니라 주 여호와의 말씀이니라

형식적으로 하고 싶은 대로 하는 것에 대한 말씀입니다. 사사기때와 다를 것이 없어 보입니다

[암4:6] 또 내가 너희 모든 성읍에서 너희 이를 깨끗하게 하며 너희의 각 처소에서 양식이 떨어지게 하였으나 너희가 내게로 돌아오지 아니하였느니라 여호와의 말씀이니라

이런 백성들의 악으로 "이를 깨끗하게"하셨으나 돌아오지 않습니다.
'이를 깨끗하게'란 음식을 먹지 못하였기에 깨끗하다는 의미로 기근입니다.

[암4:11] 내가 너희 중의 성읍 무너뜨리기를 하나님인 내가 소돔과 고모라를 무너뜨림 같이 하였으므로 너희가 <u>불붙는 가운데서 빼낸 나무 조각</u> 같이 되었으나 너희가 내게로 돌아오지 아니하였느니라 여호와의 말씀이니라

"불붙는 가운데서 빼낸 나무조각"을 보며 떠오르는 구절이 있습니다.

[슥3:2] 여호와께서 사탄에게 이르시되 사탄아 여호와께서 너를 책망하노라 예루살렘을 택한 여호와께서 너를 책망하노라 이는 불에서 꺼낸 그슬린 나무가 아니냐 하실 때에

스가랴서에서는 고난을 지나왔기에 사탄도 괴롭히지 못하게 책망합니다.
하지만 아모스선지자 시대에는 고난을 지나지만 돌아오지 않는 완악한 모습이 보여집니다.

[암5:18] 화 있을진저 여호와의 날을 사모하는 자여 너희가 어찌하여 여호와의 날을 사모하느냐 그 날은 어둠이요 빛이 아니라

기록선지서로는 아모스서가 처음으로 보기에 "여호와의 날" 역시 처음 사용한 선지자입니다.

[암6:14] 만군의 하나님 여호와의 말씀이니라 이스라엘 족속아 내가 한 나라를 일으켜 너희를 치리니 그들이 하맛 어귀에서부터 아라바 시내까지 너희를 학대하리라 하셨느니라

앗수르에 의해 멸망할 것에 대한 예언으로 여로보암2세가 다스리던 지역과 동일합니다.

▷ 7장~9장 10절 : 5환상(메뚜기, 불, 다림줄, 여름 과일 한 광주리, 제단 기둥이 부서지는 환상)

메뚜기와 불 환상에 대하여 아모스선지자도 돌이켜달라고 청하고 돌이키시는 모습이 보입니다.
그런데 셋째 다림줄환상에 대해서는 아모스 선지자가 청하지 않습니다.

다림줄환상 이후 네째 환상이 이어지지 않고 이상한 이야기가 하나 들어있습니다.
아모스와 벧엘의 제사장 아마샤의 대결입니다.
당시 벧엘의 제사장은 아모스에게 이스라엘을 떠나라고 합니다.
내 밥그릇에 손대지 말라는 말이지요..
아모스는 자신이 선지자도 아니지만 하나님이 시키셔서 와 있다고 대답합니다.
사역의 동기가 전혀 다릅니다.

그런데 이 이야기가 왜 여기 있는지 이상하지 않으신가요?
저는 사사기의 맨 뒤에 두 개의 이야기 같은 느낌이었습니다.

[암7:17] 여호와께서 이와 같이 말씀하시기를 네 아내는 성읍 가운데서 창녀가 될 것이요 네 자녀들은 칼에 엎드러지며 네 땅은 측량하여 나누어질 것이며 너는 더러운 땅에서 죽을 것이요 이스라엘은 반드시 사로잡혀 그의 땅에서 떠나리라 하셨느니라

다림줄이란 원래 건축에 사용되는 것이지만 성경에서는 백성을 심판하시고 판단하실 때 사용되는 것을 의미합니다.
그런데 위의 "측량하여"에 사용된 헤벨은 측량줄의 의미도 있다는 점이 재밌게 연결되는 것 같습니다.

네번째 환상은 여름 과일 한 광주리입니다.
**여름과일** 원어는 "카이츠"이고, **끝**이란 단어의 원어는 "케츠"로 발음이 유사합니다.
성경에 가끔 나오는 문학적 형식이지요?

마지막 다섯번째 환상은 제단 기둥이 부서지는 환상입니다.
범죄한 죄인에 대한 심판입니다.

[암9:11] 그 날에 내가 다윗의 무너진 장막을 일으키고 그것들의 틈을 막으며 그 허물어진 것을 일으켜서 옛적과 같이 세우고

아모스서는 이렇게 메시아에 대한 예언으로 마칩니다.

결국 모든 선지서들과 같지요..

"돌아오라 회복시키리라"라는 하나님의 말씀입니다.

# 호세아

호세아는 북이스라엘 여로보암2세때 활동한 선지자입니다.
북이스라엘 여로보암2세 / 남유다왕 웃시야때는 남북 모두 안정된 시기였습니다.
특히나 북이스라엘은 여로보암2세때가 최번성기라고 할 정였습니다.
그러나 이 번영의 시기에 선지자를 보내심은 세상적으로의 번영이 영적인 번영이 아님을 보여주는 듯 합니다.
동시대의 선지자로는 호세아/아모스/요나가 있습니다.


▷ 이름 뜻 : 구원

생각해 볼 만한 부분
호세아서는 호세아의 불행한 결혼은 북이스라엘의 영적간음을 시사합니다.
호1:2에서 디블라임의 딸 고멜을 아내로 맞이합니다.
두 단어 모두 그냥 이름이라고 생각하면 끝인데 디블라임이 누구인지 검색해보니 호세아서에서만 언급되었기에,
무언지 궁금해서 히브리어원어를 한번 찾아보았습니다.
디블라임 : 디블라임(무화과를 압축하여 만든 떡)
고멜 : 가마르(완성하다,마치다)
다른 구절을 한번 같이 살펴보겠습니다.
[호3:1] 여호와께서 내게 이르시되 이스라엘 자손이 다른 신을 섬기고 건포도 과자를 즐길지라도 여호와가 그들을
사랑하나니 너는 또 가서 타인의 사랑을 받아 음녀가 된 그 여자를 사랑하라 하시기로
구절을 같이 바라보면 우상신을 섬기는 음식이란 의미로 사용된 것 같이 보입니다.
"디블라임의 딸 고멜"은 호색과 쾌락의 완성이라는 의미로 보이기도 합니다.
음란한 여인을 넘어 바알신전의 여사제등으로도 생각할 수 있을 것 같습니다.

▷ 호세아 1장

(아들) 이스르엘 : 하나님께서 파종하셨다
(딸) 로루하마 : 긍휼히 여김을 받지 못함
(아들) 로암미 : 나의 백성이 아니다.

[호1:4] 여호와께서 호세아에게 이르시되 그의 이름을 이스르엘이라 하라 조금 후에 내가 이스르엘의 피를 예후의
집에 갚으며 이스라엘 족속의 나라를 폐할 것임이니라

이스르엘의 의미는 "하나님께서 파종하셨다"입니다. 즉, 북이스라엘의 최고 번성의 시대에 하나님의 말씀은
"폐하기 위해 파종하셨다"입니다. 우리 삶에서 편안한 시기가 어쩌면 위기의 순간일 수 있습니다.

그러나 1장의 마지막에서는 회복의 말씀을 주십니다.
범죄함으로 인하여 무너지고 낮아지며 긍휼히 여김을 받지 못하고 나의 백성이 아니라고 하실 정도였어도
회개하고 돌아올 때 회복시켜 주시기를 원하신다는 것처럼 보입니다. 어쩌면 호세아서의 주제가 드러난 장이
아닌가 합니다.번역본상으로는 2장 1절이지만 이 구절은 1장의 연장선입니다.
"[호2:1] 너희 형제에게는 암미(암 :백성)라 하고 너희 자매에게는 루하마(라함: 사랑하다)라 하라"

## ▷ 호세아 3장

[호3:2] 내가 은 열다섯 개와 보리 한 호멜 반으로 나를 위하여 그를 사고

도망간 자신의 아내를 돈을 주고 다시 사오라는 말씀을 주시고 호세아는 순종합니다.
제가 이 구절때문에 열심히 이스라엘의 단위를 찾았지만 정확한 근거는 보이지 않았습니다.
호멜 : 10에바로 220리터인데 이 단위는 나귀가 멜 수 있는 짐의 양으로 고르와 같은 단위라고 합니다.
제가 열심히 찾은 이유는 이 구절의 보리 한 호멜 반이 히브리에서는 전통적으로 15세겔이기에 이는 은 삼십개로
예수님의 피값이라는 이야기들이 많이 보여서입니다.
늬앙스는 맞아보이는데 개인적으로는 근거구절을 성경에서 답을 찾지는 못했습니다.

단지 "왜 호세아에게 이런 명령을 주셨을까"라는 생각을 해 보았습니다.

[호3:3] 그에게 이르기를 너는 많은 날 동안 나와 함께 지내고 음행하지 말며 다른 남자를 따르지 말라 나도 네게
그리하리라 하였노라

호세아가 도망갔던 아내를 사며 하는 말입니다. 당시 호세아의 마음이 하나님의 맘이 아니었을까요?
절절하게 느낀 호세아를 통해 다시 한번 백성들이 돌리키기를 바라는 마음이라고 느껴집니다.

3장까지와는 전혀 다른 내용이 4장부터 이어집니다.
**4~14장은 이스라엘의 범죄와 "돌아오라"는 말씀으로 전개됩니다.**
**3장까지 호세아는 음란한 아내를 통해 하나님의 말씀을 깨달았을껍니다.**
이제 하나님은 현재 이스라엘의 범죄들을 알려주시며 "돌아오라"시며 회복을 말씀하십니다.
이런 느낌을 가지고 4장부터 읽어가셔야 합니다.

## ▷ 호세아 4장~14장

[호4:8] 그들이 내 백성의 속죄제물을 먹고 그 마음을 그들의 죄악에 두는도다

속죄제물을 먹는 것은 제사장만 가능합니다. 그러면 위 구절은 무슨 의미일까요?
백성들이 죄를 지은후 속죄제물을 가져오는 것에서 일부를 제사장이 취하므로 당시에는 제사장들조차도 백성들이
죄를 짓는데 대해 오히려 기뻐했다는 내용이 됩니다. 당시 시대상황을 보여준다고 할 수 있겠네요.

[호4:15] 너희는 길갈로 가지 말며 벧아웬으로 올라가지 말며 여호와의 사심을 두고 맹세하지 말지어다

벧아웬은 "악한 자의 집"을 뜻하는데 거짓숭배가 일어난 벧엘을 멸시하는 의미로 호세아 선지자가 칭합니다.

[호6:6] 나는 인애를 원하고 제사를 원하지 아니하며 번제보다 하나님을 아는 것을 원하노라

126

[호7:8] 에브라임이 여러 민족 가운데에 혼합되니 그는 곧 뒤집지 않은 전병이로다

호세아 선지자는 디블라임,건포도,전병등의 식재료 이야기가 많아 직업을 요리사?로 추정하는 분도 봤어요..ㅎㅎ
재밌지만 이것도 호세아서를 떠올릴 때는 도움이 되더라구요.
여러민족과 혼합된다.. 앗수르의 혼혈정책 연결하시면 됩니다.

[호9:9] 그들은 기브아의 시대와 같이 심히 부패한지라 여호와께서 그 악을 기억하시고 그 죄를 벌하시리라

기브아의 시대 ? 사사기 마지막에 이상한 이야기가 두 건 나오면서 당시의 시대를 보여준다고 사사기에
말씀드렸습니다. 이중 레위인 첩사건이 기브아에서 발생한 사건입니다.
죽은 첩을 레위인이 열 두 조각으로 나눠 열 두 지파에게 보내고, 이를 통해 베냐민 지파가 600명만 남게되는
사건이었지요. 이로 인해 훗날 사울이 "가장 작은 지파의 사람"이라고 이야기 합니다.

[호11:8] 에브라임이여 내가 어찌 너를 놓겠느냐 이스라엘이여 내가 어찌 너를 버리겠느냐 내가 어찌 너를 아드마
같이 놓겠느냐 어찌 너를 스보임 같이 두겠느냐 내 마음이 내 속에서 돌이키어 나의 긍휼이 온전히 불붙듯 하도다

아드마와 스보임은 창세기에서 소돔과 고모라 멸망시 함께 멸망한 성읍입니다.

[호12:6] 그런즉 너의 하나님께로 돌아와서 인애와 정의를 지키며 항상 너의 하나님을 바랄지니라

[호13:9] 이스라엘아 네가 패망하였나니 이는 너를 도와 주는 나를 대적함이니라

에스겔서에서도, 예레미야 애가에서도 말씀드렸지만 이스라엘의 멸망은 앗수르 때문이 아니며, 남유다의 멸망도
바벨론 때문이 아닙니다.
하나님이 대적이 되시고 앗수르도, 바벨론도 사용하심입니다.
같은 말씀이 아래 또 나옵니다.

[호14:1] 이스라엘아 네 하나님 여호와께로 돌아오라 네가 불의함으로 말미암아 엎드러졌느니라

호세아서 14장 4절부터 9절까지 이스라엘의 회복을 말씀하십니다.
그런데 여기서도 눈여겨 볼 구절이 있습니다.

[호14:4] 내가 그들의 반역을 고치고 기쁘게 그들을 사랑하리니 나의 진노가 그에게서 떠났음이니라

회복이란 그림이 그려지는 내용의 시작입니다.
이스라엘은 멸망하지만 회복을 시키시겠다는 부분입니다.
전제조건이 있지요.. 반역을 고치고..

# 요나

요나서가 북이스라엘이 앗수르에 멸망하기 전에 훗날 앗수르의 수도가 되는 니느웨 멸망을 예언한 선지서입니다. 반면에 뒤에 나오는 나훔서는 북이스라엘이 앗수르에 멸망당한 후, 남유다 요시아왕 시절에 앗수르의 멸망을 예언한 선지서라는 차이가 있습니다.

요나서는 요나의 황당한 반응으로 알려져 있지만, 개인적으로 고린도전서 12~14장을 사랑장이라고 하는 것처럼, 하나님의 사랑을 잘 나타내는 사랑의 선지서가 아닐까라고 개인적으로는 생각을 합니다.

▷ **이름 뜻 : 비둘기**

앗수르(앗시리아)

앗수르는 정복민들을 잔혹하게 살해하는 방식으로 공포를 심음으로, 싸움 없이 항복도 받아낼 정도의 잔혹한 행동을 한 민족입니다.(이후 앗수르의 수도 니느웨 멸망시 반대로 **바벨론과 메대연합군**이 잔혹한 정책의 앗수르에 대항하기 위해 또 다른 잔혹한 민족인 스키타이인을 끌어들인 후 두려움을 유발하기 위해 붉은색으로 몸과 무기를 칠하고 쳐들어와 티그리스강 범람으로 열린 성문으로 들어와 니느웨를 치자 신샤리이슈쿤왕은 스스로 성에 불을 지르고 자결하며 멸망합니다.

나훔서를 서두에도 말씀드린 이유는 동일한 앗수르 멸망에 대한 예언서이기도 하지만 글의 전개방식이 매우 다르기 때문입니다. 요나서는 다들 아시지만 하나의 이야기같은 느낌이라면, 나훔서는 좀 더 상세한 묘사와 예언이 들어 있습니다.

하나 더 재밌는 부분이 있습니다.

다니엘서에서 벨사살왕이 벽에 쓰인 글을 보던 날 바벨론이 멸망하게 되지요.

성경은 "메대왕 바사가 나라를 얻었다"라고 기록되어 있고 그 부분은 **메대-바사 연합군**에게 바벨론의 관리들이 성벽을 열어주었기 때문라고 말씀드렸습니다.

앗수르의 멸망도 동일하게 티그리스강의 범람으로 열린 성문으로 들어와 멸망하게 됩니다.

북이스라엘을 멸망시킨 앗수르와 남유다를 멸망시킨 바벨론이 동일하게 열린 성문으로 멸망합니다.

이 구절들을 비교해보며 다시 한번 에스겔서에서 말씀드린 부분을 생각하게 됩니다.

북이스라엘과 남유다는 앗수르와 바벨론이라는 나라에 의해 멸망한 것이 아니라, 그들의 죄로 인하여 하나님이 대적이 되셨기 때문이라는 것을요..

관련 구절인 예레미아서 말씀볼게요.

[렘21:13-14]

13 여호와의 말씀이니라 골짜기와 평원 바위의 주민아 보라 너희가 말하기를 누가 내려와서 우리를 치리요 누가 우리의 거처에 들어오리요 하거니와 나는 네 대적이라

14 내가 너희 행위대로 너희를 벌할 것이요 내가 또 수풀에 불을 놓아 그 모든 주위를 사르리라 여호와의 말씀이니라

하나님의 성전이 있기에 예루살렘은 함락되지 않는다고 굳게 믿는 백성들에게 하신 말씀입니다.

▷ 요나선지자가 다시스로 도망친 이유

요나 선지자가 볼 때는 앗수르는 악한 민족입니다. 그들이 하나님의 회개하라는 말씀을 듣고 회개하는 것이 요나선지자가 보기에는 너무 불합리하다고 생각했습니다. 멸망하기를 원했다는 점입니다.
이 부분에서 하박국 선지자도 생각이 나지 않나요? 제가 제일 좋아하는 선지서가 요나서와 하박국서입니다.ㅎ
하박국선지자도 "갈대아에서 나라를 일으키리니"라는 말씀에 "악한 것을 더 악한 것으로 치는 것"에 대해 불만?을 표하면서 성루에 올라가지요.

▷ 요나서의 특징

요나서는 4장으로 구성되어 있습니다. 그런데 4장의 끝이 참 신기합니다.
하박국서도 불만이 있었으나 하나님이 바벨론의 멸망과 남유다의 회복에 대한 말씀을 듣고 하박국의 찬양과 기도로 끝이 나지요? 다른 선지서들도 보통은 심판 -> 회복입니다.
그런데 요나서는 특이합니다.

요나가 박 넝쿨이 사라짐에 "죽는 것이 낫겠다"라고 항변을 하고, 이후 하나님이 "심지도 않은 것에도 화내는 것이 옳으냐"시며 "니느웨에는 좌우를 분변하지 못하는 자가 십이만명"이라고 하십니다.
그럼 예상되는 뒷이야기는 말씀을 들은 요나의 회개가 되어야 합니다.
그런데 요나서는 하나님의 말씀에서 그냥 끝납니다. 이것이 어떤 의미일까요?

개인적으로는 선지서가 역사서가 아니라고 계속 말씀드리며 지금까지 오고 있는데 요나서도 동일하다고 생각합니다.
하나님은 지금, 현재를 살아가는 우리에게 이 답을 하기를 원하고 계신 것이 아닐까요?
"사랑의 맘을 품고 복음을 전하는 삶"을 살아가기를..

▷ 다시스

요나가 도망치려 한 곳입니다. 현재 스페인(서바나)에 있지요.
당시 땅 끝으로 여겨진 곳입니다. 땅끝까지 복음을 전하기를 원하던 사도 바울의 목적지이기도 했구요.
롬15:23~24 이제는 이 지방에 일 할 곳이 없고 또 여러해 전부터 언제든지 서바나로 갈 때에 너희에게 가기를 바라고 있었으니
세상의 끝이라고 생각되던 다시스로 도망가는 요나선지자의 모습과, 그 땅 끝까지 가서 복음을 전하기를 원했던 사도바울의 모습이 재밌게 연결이 됩니다.

[욘1:3] 그러나 요나가 여호와의 얼굴을 피하려고 일어나 다시스로 도망하려 하여 욥바로 내려갔더니 마침 다시스로 가는 배를 만난지라 여호와의 얼굴을 피하여 그들과 함께 다시스로 가려고 **배삯을 주고 배에 올랐더라**

재밌는 구절입니다. 예수님이 배를 타실 때도 배삯등의 언급은 없는데 특이한 구절입니다.

요나서는 정말 재밌어요..ㅎㅎ

요나는 땅 끝으로 도망을 가려고 한 것 뿐이 아니라 "어떤 희생을 감수하더라도" 도망치길 원했던 겁니다.

이어지는 내용에서도 정말 괴짜인듯한 요나의 맘이 느껴지는 구절이 있습니다.

슬프게도 사실 저와 닮은 듯 해서 정말 정감있게 느껴지는 선지자가 요나입니다.

[욘1:5] 사공들이 두려워하여 각각 자기의 신을 부르고 또 배를 가볍게 하려고 그 가운데 물건들을 바다에 던지니라 그러나 요나는 배 밑층에 내려가서 누워 깊이 잠이 든지라

지금 배가 위험한 상태입니다. 보통 이러면 일반적으로 시끄럽고 흔들려서라도 깨는 것이 보통입니다.

그런데 요나는 "깊이 잠든 상태"입니다.

또 한가지는..

만약에 제가 요나와 생각이 같고 고집을 부리며 도망가는 상황이라면 저는 절대 깊이 잠들지는 못했을 것 같습니다.

마음이 부대껴서라도요.. 그런데 요나선지자는 다릅니다.

요나선지자는 자신의 생각에 대하여 정말 옳은 일을 하는 것이라고 믿고 있는 것 같습니다.

이어지는 이야기를 해 보겠습니다.

이유를 알고자 선원들이 누구때문인지 알고자 제비를 뽑고 요나가 "당첨"됩니다.ㅎ

요나의 이야기를 들은 선원들은 "어찌해야 바다가 잠잠할 것인지" 요나에게 묻고, 이에 요나는 "나 때문이니 나를 바다에 던지라"라고 합니다.

그러나 13절은 놀랍습니다.

[욘1:13] 그러나 그 사람들이 힘써 노를 저어 배를 육지로 돌리고자 하다가 바다가 그들을 향하여 점점 더 흉용하므로 능히 못한지라

이유를 알았음에도 선원들은 할 수 있는데까지는 하며 원인이 된 요나의 목숨을 아끼는 모습입니다.

제가 왜 고린도전서의 사랑장 같이 사랑의 선지서처럼 느껴지는지의 이유중 하나입니다.

하나님의 선지자 요나는 사랑의 마음이 부족해 도망치고 있는데 이방인들의 모습이 대비되고 있습니다.

그런데 또 결과가 놀랍습니다.

[욘1:15-16]
15 요나를 들어 바다에 던지매 바다가 뛰노는 것이 곧 그친지라
16 그 사람들이 여호와를 크게 두려워하여 여호와께 제물을 드리고 서원을 하였더라

어쩌면 불순종의 대명사와 같은 요나도 하나님이 사용하시는 모습을 봅니다.

물고기의 뱃속에 들어간 요나는 기도합니다. 그리고.. 감사를 드립니다. "구덩이에서 건지셨다고.."
그리고 물고기는 요나를 토해냅니다.

2장의 마지막은 회개한 요나를 물고기가 토해내는 장면입니다.
그리고 3장이 시작됩니다. 그런데 1장의 시작과 같이 보겠습니다.

동일한 시작이 되고 있습니다.
하나님의 얼굴을 피해 도망가려 한 요나지만 하나님의 계획은 동일합니다.
우리가 지금 넘어졌을지라도 우리를 사랑하시사 구원으로 이르게 하시길 원하시는 하나님의 계획 역시 동일합니다.

요나는 니느웨로 갑니다.
사흘동안 걸을 만큼 큰 성읍 니느웨로 가서 하루동안 외칩니다. 정말 끝까지 대박입니다.
그럼에도 불구하고 니느웨성의 백성들은 회개를 합니다. 복음서 말씀 추가로 볼게요.

"선지자 요나의 표적이 예수님이 사흘만에 부활하시는 것을 의미한다"라는 말씀으로 연결을 하지요.
다른 말씀을 드려볼게요.
당시 니느웨는 악한 성읍입니다. 위에 욘1:2에서 "그 악독이 내 앞에 상달되었음이니라"라는 말씀을 주셨지요.
이런 니느웨 사람들도 하루만에 회개를 했는데, "요나보다 더 큰 이"가 함께 하심에도 그들보다 더하다는 말씀을 예수님께서 하시고 계십니다. 지금의 내 모습은 그들보다 더 나을까요?

하나님은 그들이 돌이킴을 보시고 뜻을 돌이키시고 재앙을 내리지 아니하십니다.
이에 대한 요나의 반응이 4장에 시작되지요.

[욘4:1-2]
1 요나가 매우 싫어하고 성내며
2 여호와께 기도하여 이르되 여호와여 내가 고국에 있을 때에 이러하겠다고 말씀하지 아니하였나이까 그러므로 내가 빨리 다시스로 도망하였사오니 주께서는 은혜로우시며 자비로우시며 노하기를 더디하시며 인애가 크시사 뜻을 돌이켜 재앙을 내리지 아니하시는 하나님이신 줄을 내가 알았음이니이다

요나가 도망친 목적을 이야기하며 화내고 있습니다. 지금 우리의 모습은 어떤가요?
열방을 구원해달라고 기도하면서도 주변의 미워하는 사람들은 안되기를 바라지는 않으신가요?
자신의 잣대가 하나님의 기준보다 우선이 되는 삶이지는 않으신가요?


다음 이어지는 요나의 행동도 정말 대박입니다.

[욘4:3-5]
3 여호와여 원하건대 이제 내 생명을 거두어 가소서 사는 것보다 죽는 것이 내게 나음이니이다 하니
4 여호와께서 이르시되 네가 성내는 것이 옳으냐 하시니라
5 요나가 성읍에서 나가서 그 성읍 동쪽에 앉아 거기서 자기를 위하여 초막을 짓고 그 성읍에 무슨 일이 일어나는가를 보려고 그 그늘 아래에 앉았더라

요나의 행동은 성읍 동쪽으로 나가 "성읍에 무슨일이 일어나는지를 보려"합니다.
원래 하나님의 계획은 사십일이 지나면 성읍이 멸망하는 것이었지요?
이제 회개한 니느웨는 하나님이 뜻을 돌이키셨기에 멸망하지 않습니다. 즉, 벌어질 일이 없습니다.
그런데 요나는 성읍 밖으로 나가 "성읍에 무슨일이 일어나는지를 보려"합니다.
무엇을 보기를 원했을까요?
니느웨가 자신의 뜻대로 회개함에서 다시 돌이켜 범죄함으로 들어가 멸망하기를 바란 것은 아닐까요?

제가 요나서를 좋아하는 것은 고린도전서 사랑장의 다른 버전같기 때문이라고 말씀드렸습니다.
어쩌면 요나서의 요나는 현실의 우리이고, 하나님의 쉼없는 사랑이 계속 묻어나는 선지서 같습니다.

이후 박 넝쿨을 주시고 거두어가자 다시 요나는 또 죽기를 구합니다.
하지만 하나님은 좌우를 분변하지 못하는 자가 십이만여명이라고 말씀하시며, "내가 어찌 아끼지 아니하겠느냐"라는 말씀을 주시며 요나서가 끝이 납니다.
이제, 지금이 바로 우리가 하나님의 이 질문에 대답해야 하는 때입니다.

# 나훔

요나서가 북이스라엘이 앗수르에 멸망하기 전에 훗날 앗수르의 수도가 되는 니느웨 멸망을 예언한 선지서인 반면 나훔서는 북이스라엘이 앗수르에 멸망당한 후, 남유다 요시야왕 시절에 앗수르의 멸망을 예언한 선지서라는 차이가 있다고 말씀드렸지요?

나훔서는 요나선지자의 니느웨 회개촉구 이후 약 100여년이 흐른 뒤입니다.
요나서는 니느웨 멸망을 예언했지만 멸망당시에 대하여 현상등에 대한 서술이 없습니다. 돌이켰으니까요..
하지만 나훔서는 이제 다시 범죄로 들어간 앗수르를 향하여 미래에 발생할 앗수르 멸망의 현장을 생생하게
묘사하고 있다는 특징이 있습니다.

▷ 이름 뜻 : 위로

나훔서의 시대적인 배경을 한번 살펴볼게요.
남유다 아하스왕이 죽고난 후 히스기야 왕이 즉위하자 앗수르는 남유다까지 들어와 46개의 성을 함락시키고
예루살렘성도 18만 5천명의 군대에 포위를 당합니다. 하지만 ..
**(왕하19:35) 이 밤에 여호와의 사자가 나와서 앗수르 진영에서 군사 십팔만 오천 명을 친지라 아침에 일찍이**
**일어나 보니 다 송장이 되었더라.**
이 예루살렘성 함락 실패 과정에서 막대한 피해를 입게된 앗수르는 점차 세력이 약화되게 되고 이 틈을 타서
신흥국가이자 남유다를 멸망시키는 바벨론이 급성장을 하는 계기가 됩니다.

앗수르의 수도 니느웨 멸망할 당시에, 바벨론과 메대연합군이 잔혹한 민족인 스키타이인과 함께 두려움을
유발하기 위해 붉은색으로 몸과 무기를 칠하고 쳐들어와 티그리스강 범람으로 열린 성문으로 들어와 니느웨를
멸망시키고 앗수르의 왕은 스스로 성에 불을 지르고 자결하는 것이 역사적인 기록입니다.
이 역사적 사실을 기억하시면서 아래 나훔서의 내용을 보시면 현실감이 있습니다.

참고로 니느웨성의 경우 훗날 얼마나 처참히 사라졌는지, 고고학자들도 그 흔적을 발견하지 못했었습니다.
1842년 프랑스인 폴에밀보타가 토사에 덮인 흔적을 발견하기까지 니느웨성은 신화라고 생각했다는 점입니다.

[나1:8] 그가 범람하는 물로 그곳을 진멸하시고 자기 대적들을 흑암으로 쫓아내시리라
[나1:10] 가시덤불 같이 엉크러졌고 술을 마신 것 같이 취한 그들은 마른 지푸라기 같이 모두 탈 것이거늘
[나2:3] 그의 용사들의 방패는 붉고 그의 무사들의 옷도 붉으며 그 항오를 벌이는 날에 병거의 쇠가 번쩍이고
노송나무 창이 요동하는도다

어떠신가요? 앗수르가 멸망하기 전의 기록임에도 너무도 현실감있는 묘사가 들어있는 것이 보이시나요?
같은 앗수르에 대한 선지서이지만 이렇게 나훔서는 다른 흐름으로 읽으셔야 합니다.

[나2:13] 만군의 여호와의 말씀에 내가 네 대적이 되어 네 병거들을 불살라 연기가 되게 하고 네 젊은 사자들을 칼로 멸할 것이며 내가 또 네 노략한 것을 땅에서 끊으리니 네 파견자의 목소리가 다시는 들리지 아니하리라 하셨느니라

앗수르는 바벨론에 멸망합니다. 하지만 바벨론은 사용된 나라일 뿐이고 예레미야서에서 남유다에게 하신 말씀처럼 하나님이 대적이 되시기에 멸망하는 점을 기억하셔야 합니다. 앗수르의 멸망은 니느웨성에서 시작되는데 곳곳의 군대가 이후 도망하기 바쁘고 도우러 오지 않은 부분을 "파견자"로 말씀하신 부분입니다.

[나3:8] 네가 어찌 노아몬보다 낫겠느냐 그는 강들 사이에 있으므로 물이 둘렸으니 바다가 성루가 되었고 바다가 방어벽이 되었으며

노아몬은 '아몬의 성'이라는 뜻입니다. 여기서 아몬은 이집트의 태양을 의미하구요.
'테베'와 '룩소르'라는 명칭으로도 사용됩니다.
주전 663년경 앗수르의 앗수르바니팔에게 점령당한 당시 애굽의 수도입니다.
포악하고 잔인한 민족인 앗수르가 점령하고 약탈한 도시라면 당시 노아몬의 처참함은 상상이 갑니다.
하나님은 말씀하십니다. "네가 어찌 노아몬보다 낫겠느냐"라고요..

[나3:19] 네 상처는 고칠 수 없고 네 부상은 중하도다 네 소식을 듣는 자가 다 너를 보고 손뼉을 치나니 이는 그들이 항상 네게 행패를 당하였음이 아니더냐 하시니라

위 노아몬에서도 말씀드린 것 처럼 잔인한 민족이었기에 앗수르의 멸망에 대하여 주변국들이 손뼉을 친다고 말씀하시고 계십니다.

전체적으로 나훔서를 살펴보았습니다.
"요나서와 나훔서는 니느웨(앗수르) 멸망에 대한 이야기다"라고 암기하듯이 기억하시면 안되신다는 점은 꼭 기억하시면 좋겠습니다.

# 이사야

성경이 구약 39권 신약 27권 총 66권인데
이사야서가 총 66장인데다가 1장~39장은 심판이 주된 내용이고, 40장~66장은 회복에 대한 내용으로 분위기가 달라지기에 이사야서는 "성경의 축소판"으로 불리기도 합니다.

그런데 "형식이 그렇다더라"를 떠나서 실제 말씀을 읽으시면서 이런 부분이 진짜 그렇게 느껴지셨나요?
형식 말고 실제 어떤 의미에서 성경의 축소판이라고 불리는 것인지, 남이 해준 이야기가 아닌 내가 직접 읽는 말씀속에서 찾으실 수 있으셔야 합니다.

이사야서는 정말 어렵고 깁니다.
작은 위안이라면.. 문자수로는 예레미야서가 제일 많다는 점 정도일까요?ㅎ

▷ **이름 뜻 : 여호와는 구원이시다**

이사야서는 이름의 의미와 같이 "구원"에 대한 메세지입니다.
그런데 39장까지는 거의 심판에 대한 내용입니다.
구원에 대한 메세지라고 했는데 66장중에 심판이 더 많지요? 하지만 이사야서는 "전체가 구원의 메세지"입니다.

이게 어떤 의미일까요?
구원과 심판은 다른 것일까요? 그렇지 않습니다.
조금 다르게 말씀드려볼께요.

1장~39장은 "악인에 대한 심판" 메세지입니다.
40장~66장은 "의인에 대한 신원(갚아주심)" 메세지 입니다.
<u>즉, 악인에 대한 심판과, 의인에 대한 신원이 일어나는 날이 바로 마지막 날, 종말의 날이고 이게 "구원의 날"입니다.</u>

우리가 기다리는 예수님이 다시 오시는 날이..
믿는 이들에게는 구원의 날이며, 신원의 날이고..
믿지 않는 자들에게는 심판의 날인 것과 동일합니다.

이사야 선지자는 당대에 대한 메세지만 적은 것이 아닙니다. 예수님에 대한 부분, 그리고 마지막 날까지 보고 기록한겁니다.
이런 관점으로 보면 신구약을 아우르는 성경의 축소판이라는 이야기가 좀 더 가깝게 다가오실 것이라 생각합니다.

[사1:1] 유다 왕 <u>웃시야</u>와 <u>요담</u>과 <u>아하스</u>와 <u>히스기야</u> 시대에 아모스의 아들 이사야가 유다와 예루살렘에 관하여 본 계시라

이사야 선지자는 웃시야왕이 죽던 해 부르심을 받아 요담,아하스,히스기야왕때 사역을 합니다.
전승에 따르면 므낫세왕이 톱으로 잘라 죽였다고 합니다.

해당 왕에 대한 기억이 나지 않으실 경우에는 열왕기와 역대기파트에서 각 왕들에 대하여 정리를 해 두었던 부분을 참고해주시고, 여기서는 간단히만 요약해서 살펴보도록 하겠습니다.

열왕기와 역대기에 왕 별로 정리한 이유가 이렇게 선지서등을 묵상할 때 빠르게 시대상황을 파악할 수 있게 하기 위함입니다. 귀찮으시더라도 기억이 안나시면 꼭 확인해시고 넘어가시면, 선지서가 끝날 무렵에는 거의 모든 흐름이 기억나실 꺼예요. 자연스럽게 왕들과 선지자들을 연결하실 수도 있으실꺼라고 생각합니다.

## 웃시야왕
당시는 북이스라엘은 여로보암2세 통치기로 남북왕국 모두 번영을 누리던 시기입니다.
전반적으로는 괜찮은 왕입니다만, 기이한 도우심을 통해 강성해지자 제사장만 들어갈 수 있는 여호와의 성전에 들어가 분향하려다가 나병을 얻고 아들인 요담이 대리통치를 하게 되는 정도 기억하시면 될 듯 합니다.

## 요담왕
요담왕의 시대는 이사야서에 나오지는 않습니다. 하지만 정리하는 김에 적어볼께요.
요담왕도 기본적으로 선한 왕에 속합니다. 암몬자손의 왕과 싸워서 조공도 받는 왕이구요.
여호와의 전 윗문도 건축하고 성벽도 많이 증축합니다.
아버지 웃시야왕과 연결하기 위해 꼭 기억할 부분이 있지요? 여호와의 성전에는 들어가지 않았더라.

## 아하스왕
남유다 최악의 왕중 한명입니다. 다음에 이어지는 히스기야왕은 최고의 왕중 한명이고 다음왕인 므낫세왕도 최악의 왕이지요.
악행의 나열이 아닌 이사야서를 이해하기 위해서는 배경을 이해해야 합니다.
앗수르가 강성해지자 **북이스라엘 베가왕**과 **아람왕 르신**은 이를 견제하기 위해 동맹을 하여 앗수르와 대항하고자 합니다. 이때 남유다의 **아하스왕**에게도 같이 할 것을 요청하나 아하스왕은 이를 거부하고 북이스라엘과 아람의 공격을 받게 됩니다.
이에 앗수르의 디글랏빌레셀왕이 있는 다메섹으로 뇌물을 잔뜩 지고 가서 도움을 요청합니다.
결국에는 이 사건이 발목을 잡습니다.
오히려 앗수르의 디글랏빌레셀이 남유다까지 침략을 하게 되지요.
그보다 더 중요한 부분은 아하스왕이 앗수르왕을 만나러 다메섹에 가서 본 많은 우상과 제단을 본떠 당시 제사장 우리야를 시켜 복제를 했다는 점입니다.
바알의 우상을 만들고 힌놈골짜기에서 분향하고 자녀들을 불사르는등의 가증한 일을 행합니다.
이 포인트가 이사야서와 연결을 할 때 꼭 기억하시고 넘어가실 부분입니다.

## 히스기야왕
남유다 최고로 선한 왕중 한명입니다. 물론 공과 과는 있지만요.
히스기야왕의 경우 히스기야의 개혁을 기억하셔야 하는데 사실 성경의 흐름상으로는 호세아왕과의 연결이 더 중요한 부분일 수도 있습니다.
북이스라엘의 호세아왕의 시대에 북이스라엘은 멸망을 하게 되지요.
호세아왕과 연결포인트 정리했던것 다시 한번 정리해 보겠습니다.

호세아왕 시절 앗수르왕이 세 번 바뀌는데 디글랏빌레셀왕이 많은 약탈을 행하구요.
디글랏 빌레셀이 죽자 호세아왕은 앗수르를 배반하고 이에 살만에셀 5세가 침략해서 사마리아성을 3년간
포위합니다.
이 살만에셀왕이 급사를 하고, 왕위를 이은 사르곤 2세가 북이스라엘을 무너뜨립니다.

이런 상황에서 남유다 역시 앗수르의 지배하에 들어가 있습니다. 히스기야왕은 벗어나고 싶어하구요.
이런 상황에서 사르곤 2세가 죽고 산헤립왕이 즉위하는 사건이 앗수르에 발생합니다.
이때를 틈타서 히스기야왕은 애굽의 도움을 통해서 앗수르의 지배를 벗어나고자 시도를 합니다.
이에 이사야 선지자는 말리게 되지만.. 결국 배신합니다.

제가 호세아왕과 히스기야왕을 연결하는 부분이 보이시나요?
호세아왕 : 디글랏빌레셀 죽음 -> (세력 약화를 예상) 배반 -> 살만에셀 5세의 침략 -> 사르곤 2세에 멸망
히스기야왕 : 사르곤2세 죽음 -> (세력 약화를 예상) 배반 -> 산헤립왕의 침략

이사야서는 아하스왕과 히스기야왕에 대하여는 꽤나 상세히 언급이 된 부분이 있습니다.
특히 히스기야의 발병과 회복을 길게 언급하면서 그 시점에 드디어 바벨론이 등장합니다.
이사야 선지자는 이 땅의 모든 것이 바벨론으로 옮겨진다고 말씀을 주시지요.

보통 다음왕인 최악의 왕 므낫세왕으로 인해 남유다 멸망이 결정되었다고 합니다. 하지만 히스기야 왕 시절에도
이런 부분이 있는 것은 참고로 기억해 두시면 좋을 듯 합니다.
그리고 앞에 정리한 부분인데 중요한 구절 부분 다시 언급합니다.

[대하32:1] 이 모든 충성된 일을 한 후에 앗수르 왕 산헤립이 유다에 들어와서 견고한 성읍들을 향하여 진을 치고
쳐서 점령하고자 한지라

히스기야왕이 "충성된 일을 한 후에" 침략이 일어난 것으로 오해하시면 안되는 것이 이해가 되셔야 합니다. ㅎ

[사31:1-3]
1 도움을 구하러 애굽으로 내려가는 자들은 화 있을진저 그들은 말을 의지하며 병거의 많음과 마병의 심히 강함을
의지하고 이스라엘의 거룩하신 이를 앙모하지 아니하며 여호와를 구하지 아니하나니
2 여호와께서도 지혜로우신즉 재앙을 내리실 것이라 그의 말씀들을 변하게 하지 아니하시고 일어나사 악행하는
자들의 집을 치시며 행악을 돕는 자들을 치시리니
3 애굽은 사람이요 신이 아니며 그들의 말들은 육체요 영이 아니라 여호와께서 그의 손을 펴시면 돕는 자도
넘어지며 도움을 받는 자도 엎드러져서 다 함께 멸망하리라

기본적으로 이사야서를 읽어나가기 위한 배경들을 살펴보았습니다.
이제 성경말씀으로 들어가 보도록 하겠습니다.

일단 왕 기준으로 한번 구분해 봅니다.

**웃시야왕** : 1장~6장

**요담왕** : 없음

**아하스왕** : 7장~19장

**히스기야왕** : 20~39장

[사3:8] 예루살렘이 <u>멸망하였고</u> 유다가 엎드러졌음은 그들의 언어와 행위가 여호와를 거역하여 그의 영광의 눈을 범하였음이라

위에서 보면 웃시야왕 당시니 아직 남유다 멸망전입니다. 그런데 "멸망하였고"라는 부분으로 시대를 잘못 생각 하실까봐  추가합니다.

<u>멸망하였고의 히브리어 원어는 카샬(흔들리다,비틀거리다)입니다.</u>

즉, 바람 앞의 등불과 같이 흔들리는 유다의 상황을 표현한 단어입니다.

이번에는 주제별로 한번 구분해 보겠습니다.

1장~6장 : 유다와 이스라엘의 범죄한 모습과 이사야를 부르심

7장~12장 : 아하스왕시절의 앗수르의 침략 & 심판 & 이사야의 감사찬송

13장~19장 : 아하스왕시절 열방의 심판

20장~23장 : 히스기야왕시절 열방의 심판

24장~35장 : 여호와의 날에 임할 심판과 회복, 구원의 날 (계시록느낌 많아요~)

36장~39장 : 히스기야왕


40장~66장 : 회복과 구원(므낫세왕~마지막날)

40장~48장 : 고레스를 통한 포로귀환등

49장~57장 : 메시아를 통한 이스라엘의 회복

58장~66장 : 유대와 열방을 통한 하나님 나라의 완성과 여호와의 날

위에 두가지의 기준으로 전체를 나눠봤는데요~

이사야서를 묵상하시면서 어느 부분인지를 아는 것은 중요합니다.

## 사 6장

이사야서는 한가지 좀 색다른 부분이 있습니다.

보통 처음에 부르심, 사명을 받는 부분이 나오고 말씀이 이어지는데 이사야서는 소명을 받는 부분이 6장에 가서야 나옵니다.

그런데 뒤에 나온다라고 보기보다는 정말 한없이 답답하신 하나님의 마음이 느껴지는 것 같습니다.

1장부터 나오는 하나님이 선택하신 백성들의 죄악들을 언급하시며 이럴 수 밖에 없다는..

어찌보면 하나님의 하소연 같은 내용이 앞에 가득 나옵니다.  그 와중에도 회복을 말씀하십니다.

6장에가서야 부르심이 나오는 것은 하나님의 안타까움같이 느껴집니다.

6장에 보좌환상을 보며 이사야 선지자는 부르심을 받습니다. **그런데 재밌는 구절이 또 있습니다.**

[사6:5-8]
5 그 때에 내가 말하되 <u>화로다 나여 망하게 되었도다</u> 나는 입술이 부정한 사람이요 나는 입술이 부정한 백성 중에 거주하면서 만군의 여호와이신 왕을 뵈었음이로다 하였더라
6 그 때에 그 스랍 중의 하나가 부젓가락으로 제단에서 집은 바 핀 숯을 손에 가지고 내게로 날아와서
7 그것을 내 입술에 대며 이르되 보라 이것이 네 입에 닿았으니 <u>네 악이 제하여졌고 네 죄가 사하여졌느니라</u> 하더라
8 내가 또 주의 목소리를 들으니 주께서 이르시되 <u>내가 누구를 보내며 누가 우리를 위하여 갈꼬</u> 하시니 그 때에 내가 이르되 <u>내가 여기 있나이다 나를 보내소서</u> 하였더니

이사야는 보좌 앞으로 나아갑니다. 그런데 이사야의 반응은 "화로다 나여 망하게 되었도다"입니다.

이유가 뒤에 나옵니다. "아직 부정한 상태에서 여호와 앞에 섰기 때문입니다."

그 때 숯을 입에 대고 "네 악이 제하여졌고 네 죄가 사하여졌느니라"라는 말씀을 듣습니다. 얼마나 기뻤을까요?

이 때 주님의 말씀이 들리고 "내가 여기 있나이다 나를 보내소서"로 반응합니다.

기쁨으로 부르심으로 나가는 모습입니다. 그런데 이후 구절을 볼까요?

[사6:12] 여호와께서 사람들을 멀리 옮기셔서 이 땅 가운데에 황폐한 곳이 많을 때까지니라

죄로 인하여 황폐하게 될 것을 알리라는 말씀을 주십니다. 아마도 엄청 당황하지 않았을까요?

이렇게 부르심이후 7장은 아하스왕이야기입니다.

## 사 7장

[사7:12] 아하스가 이르되 나는 구하지 아니하겠나이다 나는 여호와를 시험하지 아니하겠나이다 한지라

북이스라엘과 아람의 침략에 직면한 위기상황입니다. 하나님은 징조를 구하라고 말씀(사7:10)하시고 대답입니다.

아하스는 최악의 왕중 한명이라고 말씀드렸는데 위 구절은 언뜻 겸손한 모습처럼 보입니다.

그러나 겸손해서가 아닙니다. '내가 해결할 수 있다'라고 생각한 모습입니다. 어떻게요? 앗수르에 의지해서요. ㅠㅠ

결국 그의 선택은 앗수르 디글랏빌레셀에게 도움을 요청하고, 그 결과는 오히려 침략을 당합니다.

이 부분은 아하스왕의 반응에 대해 이사야 선지자의 말에서도 나타납니다.

겸손해 보일 수 있는 말에 대한 반응은 "하나님을 괴롭히지 말라"는 대답입니다. 속마음도 아십니다.
이어지는 내용도 뭔가 이상하지 않나요?
히스기야 왕 때 징조는 해그림자가 십도 뒤로 가는 것이었습니다. 이런 징조가 아닌 "임마누엘"입니다.

그냥 쉽게 '하나님이 함께 하시는 것이 징조이다'라고 보셔도 되시는데..
임마누엘은 "하나님이 우리와 함께 하신다"라는 의미로 신약 마태복음의 메시아로 오신 예수 그리스도이기에 이런
생각을 해 봅니다.
"이 땅에서의 왕들에게서 소망을 찾을 수 없기에 진정하고 영원한 평강의 왕이신 예수님을 보내실 것이다" 라고요..

[사9:6] 이는 한 아기가 우리에게 났고 한 아들을 우리에게 주신 바 되었는데 그의 어깨에는 정사를 메었고 그의
이름은 기묘자라, 모사라, 전능하신 하나님이라, 영존하시는 아버지라, 평강의 왕이라 할 것임이라

[사11:1] 이새의 줄기에서 한 싹이 나며 그 뿌리에서 한 가지가 나서 결실할 것이요
[사11:10] 그 날에 이새의 뿌리에서 한 싹이 나서 만민의 기치로 설 것이요 열방이 그에게로 돌아오리니 그가 거한
곳이 영화로우리라

"뿌리에서"라는 부분도 보셔야 합니다. 이새의 줄기이기도 하지만 근원적으로 "뿌리에서" 오시는 분입니다.

## 사 12장

7장에서 아하스왕의 징조로 임마누엘을 말씀하신 후, 7~11장은 앗수르를 도구로 사용하시는 부분(심판),
이스라엘의 심판등의 중간중간 메시아에 관련된 회복도 언급되고 있습니다.
결국 예수 그리스도를 통한 회복을 계획하셨음을 이사야 선지자는 당시 보았고 깨달았기에 12장에 이르러 어려운
상황가운데도 기쁨으로 찬양을 올려드리는 모습입니다.

## 사 13장~19장 : 아하스왕시절 열방의 심판

［사19:24-25]
24 그 날에 이스라엘이 애굽 및 앗수르와 더불어 셋이 세계 중에 복이 되리니
25 이는 만군의 여호와께서 복 주시며 이르시되 내 백성 애굽이여, 내 손으로 지은 앗수르여, 나의 기업
이스라엘이여, 복이 있을지어다 하실 것임이라

열방의 심판 마지막 부분입니다. 결국 당대에 대한 부분이기도 하지만 이사야 선지자가 바라본 것은 마지막날,
여호와의 날이기도 합니다.
열방이 돌아오는 날이요.. 이사야서의 66장도 마지막 날을 기록하고 있습니다.

## 사 20장~23장 : 히스기야왕시절 열방의 심판

히스기야 왕때라고 명시가 되어 있지는 않습니다. 하지만 20장 시작부분을 보겠습니다.

**[사20:1]** 앗수르의 사르곤 왕이 다르단을 아스돗으로 보내매 그가 와서 아스돗을 쳐서 취하던 해니라

사르곤왕이 나오는데요. 기억나시나요?
살만에셀5세가 3년간 포위를 하지만 갑자기 급사를 하게 되고 이로 인해 살만에셀5세의 동생인 사르곤2세가
앗수르의 왕으로 즉위하고 북이스라엘은 사르곤 2세에 의해 멸망한다고 말씀드렸지요?
북이스라엘의 멸망시 남유다의 왕은 히스기야 입니다. 결국 히스기야왕으로 전환되는 부분입니다.
또한 아스돗은 블레셋의 거주지입니다.
북이스라엘을 멸망시킨후 사르곤 2세는 블레셋을 정복하기에 이 부분으로도 시기를 알 수 있습니다.
앗수르왕조표를 참고하시라고 말씀드려도 귀찮아서 안보시는 분들 꼭 계시죠? ㅎㅎ
그런 분들을 위해 다음 페이지에 다시 한번 올려드리니 한번 보시고 넘어가세요.
앗수르의 왕조도 결국 기억할 부분은 네명이 끝입니다.
앗수르 이후의 바벨론은 더 쉽지요? 기억할 왕은 단 두명이 끝이니까요.
이렇게 한 두번만 정리해 두시면 성경의 흐름이 잡힙니다.
살만에셀 하면 그냥 "뭐 왕인가보다~"라고 넘어가시던 것이 이 몇 명만 기억해두시면 성경의 흐름이 머리속에
살아서 생동감있게 움직이기 시작합니다.

**[사22:1]** 환상의 골짜기에 관한 경고라 네가 지붕에 올라감은 어찌함인고

여기서 "환상의 골짜기"는 "이상의 골짜기"라고도 하며 예루살렘의 별칭입니다.

## 사 24장~35장 : 여호와의 날에 임할 심판과 회복, 구원의 날(계시록 느낌많아요~)

계시록의 느낌이 많기에, 역사적인 관점보다는 마지막 때를 바라보며 묵상해 보시면 좀 더 편안하게 묵상해보실수
있으실 꺼라고 생각합니다.
이렇게 이사야서는 당대부터 예수님, 그리고 마지막 때에 일어날 어린양의 혼인잔치까지 바라보았습니다.

## 사 36장~39장 : 히스기야왕

이사야서가 웃시야왕때 소명을 받는 부분이 6장까지 나오고, 7장에서 아하스왕이 나왔습니다.
그런데 이사야서의 전반부가 끝나는 36장에서 39장은 히스기야왕의 이야기로 마쳐지고 있습니다.
그리고 이 부분은 선지서인데 열왕기나 역대기를 읽고 있는 듯한 생각이 들 정도입니다.
이런 배치는 북이스라엘 베가왕과 아람왕 르신이 쳐들어오자 앗수르의 디글랏빌레셀왕에게 금을 지고 가서
도움을 요청한 아하스왕, 반면에 앗수르의 산헤립이 쳐들어오자 이사야 선지자에게 기도를 요청하는
히스기야왕을 대비시켜 줍니다.
또 한가지는 아하스왕은 가장 악한 왕중 한명이고, 히스기야왕은 가장 선한 왕중 한명입니다.
하지만 히스기야왕의 한계도 39장 바벨론 사신의 이야기에서 보여주고 있습니다.
결국 진정한 왕이 되시는 예수 그리스도를 기다리는 이사야 선지자의 모습처럼도 보여집니다.

| 북이스라엘 | 남유다 | 앗시리아(앗수르) 왕조표 | |
|---|---|---|---|
| | | 앗수르 단2세 | ※ 앗수르 초기왕조 |
| | 아달랴여왕 | 살만에셀 3세 | 북이스라엘 여로보암2세와 남유다 웃시야왕때는 거의 솔로몬제국의 영토에 육박할 만큼 번영기였죠? |
| 예후 | | | 신흥국가로 성장중인 앗수르이지만 아직 세력이 미미하기에 굳이 암기할 필요는 없습니다. |
| 여호아하스 | 요아스 | | |
| 요아스 | 아마샤 | | |
| 여로보암2세 | | 앗수르 단3세 | 앗시리아 왕조는 네 명정도면 충분해요. 앞으로 바벨론은 두 명입니다. 쉬워요~ |
| 스가랴 | 아사랴(=웃시야) | | ※ 디글랏빌레셀 3세<br>북이스라엘 베가왕과 아람왕 르신이 앗수르를 견제하자고 하고 아하스가 거부하는 사건으로 두 나라의 침공을 받자 디글랏빌레셀에게 뇌물을 줍니다. |
| 살룸 | | | |
| 므나헴 | | | |
| 브가히야 | | | |
| 베가 | 요담 | | ※ 살만에셀 5세<br>디글랏빌레셀 3세가 죽자 호세아왕이 앗수르를 배반을 하고 이에 사마리아를 3년간 포위합니다. |
| | 아하스 | 디글랏빌레셀 3세 | |
| 호세아(BC 721) 북이스라엘 멸망 | | 살만에셀 5세 | ※ 사르곤 2세<br>살만에셀 5세가 사마리아 포위중 급사하고, 이어받은 사르곤2세가 북이스라엘을 멸망시킵니다. |
| | 히스기야 | 사르곤 2세 | |
| ※ 앗수르 후기왕조<br>엣살핫돈 : 애굽침공 | | 산헤립 | ※ 산헤립<br>히스기야왕때 남유다를 공격하고 예루살렘을 포위하는데 밤에 여호와의 사자가 앗수르 군사 185,000명을 치고 구원받지요.<br>산헤립은 돌아가 니느웨에서 죽임 당합니다. |
| 앗수르바니팔 : 애굽 노아몬 멸망시킴 | 므낫세 | 엣살핫돈<br>앗수르바니팔<br>신샤리이슈쿤<br>앗수르우발니트3세 | |
| | 아몬 | | |
| 신샤리이슈쿤 : 니느웨성에 불지르고 죽으며 함락됩니다. | 요시야 | | |
| | 여호아하스(=살룸) | | |
| 앗수르우발니트3세 : 신샤리이슈쿤의 형제로 하란지역에서 저항하지만 멸망합니다. | 여호야김 | | |
| | 여호야긴 | | |
| | 시드기야(BC 587) 남유다 멸망 | ※ 남유다 요시야왕이 앗수르와 애굽이 바벨론을 막으려고 가는데 애굽을 막아서다가 므깃도에서 전사하지요. 1차 갈그미스전투는 반바벨론이 승리하지만 2차갈그미스전투는 바벨론이 승리를 하며 남유다를 침략합니다. (즉,그 시점에 앗수르는 멸망한 상태입니다) | |

## 사 40장~66장 : 회복과 구원

39장부터 66장은 회복에 대한 메시지가 주된 내용입니다. 므낫세왕부터 마지막 날까지에 대한 부분입니다.
39장까지와 달리 40장부터는 "위로하라"로 시작되며 분위기가 반전됩니다.

[사40:1] 너희의 하나님이 이르시되 너희는 위로하라 내 백성을 위로하라

그런데 생각보다는 좀 난해합니다.
이 부분이 포로생활에서 회복이기도 하고,
궁극적인 개념으로 보면 하나님의 자녀들이 환난에서 벗어나는 개념이기도 합니다.
중간중간 신약에서 인용되는 예수님에 대한 예언도 있기에 한가지 관점만으로 보면 내용이 너무 복잡하고
어렵다고 느껴집니다.
이런 여러가지 관점을 모두 가지고 읽어가셔야 합니다.


또 한가지.. 40장부터 이어지는 부분은 아래 구절에 대한 하나님의 말씀이라고 보시면 될 듯 합니다.

[사40:27] 야곱아 어찌하여 네가 말하며 이스라엘아 네가 이르기를 내 길은 여호와께 숨겨졌으며 내 송사는 내
하나님에게서 벗어난다 하느냐

이사야서는 찬양에서 많이 접하는 구절이 참 많이 나옵니다.
그만큼 회복과 구원에 대한 메세지가 강하다는 뜻이겠지요?

[사40:31] 오직 여호와를 앙망하는 자는 새 힘을 얻으리니 독수리가 날개치며 올라감 같을 것이요
달음박질하여도 곤비하지 아니하겠고 걸어가도 피곤하지 아니하리로다
[사41:10] 두려워하지 말라 내가 너와 함께 함이라 놀라지 말라 나는 네 하나님이 됨이라 내가 너를 굳세게
하리라 참으로 너를 도와 주리라 참으로 나의 의로운 오른손으로 너를 붙들리라
[사42:3] 상한 갈대를 꺾지 아니하며 꺼져가는 등불을 끄지 아니하고 진실로 정의를 시행할 것이며


조금 이상하게 느끼실 수 있는 구절이 있어서 말씀드립니다.

[사41:14] 버러지 같은 너 야곱아, 너희 이스라엘 사람들아 두려워하지 말라 나 여호와가 말하노니 내가 너를
도울 것이라 네 구속자는 이스라엘의 거룩한 이이니라

"버러지 같은 너 야곱아"에서 버러지 같은의 원어는 '톨라'입니다.
'벌레'라는 뜻도 있지만 '약하고 멸시 당하는 사람'이란 의미로 은유적으로 사용되기도 합니다.
이 구절에서는 은유적 표현으로 보는 것이 더 낫지 않았을까라고 개인적으로 생각합니다.

먼 훗날 포로귀환과 성전재건을 하도록 고레스 칙령을 내리는 바사왕 고레스에 대한 부분도 나옵니다.

[사44:28] 고레스에 대하여는 이르기를 내 목자라 그가 나의 모든 기쁨을 성취하리라 하며 예루살렘에 대하여는 이르기를 중건되리라 하며 성전에 대하여는 네 기초가 놓여지리라 하는 자니라
[사45:1] 여호와께서 그의 기름 부음을 받은 고레스에게 이같이 말씀하시되 내가 그의 오른손을 붙들고 그 앞에 열국을 항복하게 하며 내가 왕들의 허리를 풀어 그 앞에 문들을 열고 성문들이 닫히지 못하게 하리라

이 고레스라는 인물은 고레스칙령으로 포로귀환과 성전재건을 하게 하는 바사의 왕입니다.
그런데 단순한 예언적 내용을 넘어 "내 목자", "기름 부음 받은" 이라는 표현은 살짝 갸웃하게 하지 않나요?
하나님의 뜻을 이루는 도구로 사용된다는 의미로 보시면 될 듯 합니다.
또 한가지 재밌는 부분이 있습니다.

[사45:1] 여호와께서 그의 기름 부음을 받은 고레스에게 이같이 말씀하시되 내가 그의 오른손을 붙들고 그 앞에 열국을 항복하게 하며 내가 왕들의 허리를 풀어 그 앞에 문들을 열고 성문들이 닫히지 못하게 하리라
[사45:2] 내가 너보다 앞서 가서 험한 곳을 평탄하게 하며 놋문을 쳐서 부수며 쇠빗장을 꺾고

앗수르 이후 바벨론의 멸망이야기를 다니엘서에 언급해 두었는데, 간단히 요약하면 이렇습니다.

바벨론 벨사살왕이 연회를 베풀던 중 벽에 글씨가 써지고, 그 밤에 바벨론은 멸망합니다.
그런데 바벨론은 20년치의 식량이 보관되어 있고 성벽은 마차 4대가 동시에 달릴 정도로 두꺼웠습니다.
성 밖은 물로 둘러싸여 있었구요. 이런 환경이기에 메대-바사 연합군이 눈 앞에 있는데도 이렇게 연회를 즐기고 있었던 것이지요.
난공불락 요새이지만 바벨론 대신들이 성문을 열어주기에 "그 밤에" 바벨론은 무너집니다.

위에 사45:1~2의 구절과 함께 연결지어 보면 참 재밌게 읽어지는 부분입니다.

[사51:9] 여호와의 팔이여 깨소서 깨소서 능력을 베푸소서 옛날 옛시대에 깨신 것 같이 하소서 라합을 저미시고 용을 찌르신 이가 어찌 주가 아니시며

여기 "라합을 저미시고는"에서 기생 라합을 연결하시면 안됩니다. ㅎ
라합은 애굽을 시적으로 표현할 때 사용한 별명입니다. 시편에도 사용됩니다.
'저미시고'는 히브리어로 하쩨브(자르다, 베다)입니다.

[시87:4] 나는 라합과 바벨론이 나를 아는 자 중에 있다 말하리라 보라 블레셋과 두로와 구스여 이것들도 거기서 났다 하리로다

144

사53장 이야기를 하려고 하기전에 한가지 떠올려보려 합니다.

<u>후반부중 49장~57장까지는 메시아를 통한 이스라엘의 회복이 주된 메시지입니다.</u>

복음서에서 예수님이 돌아가신 후에 빌라도에게 가서 시체를 달라고 요청하는 사람 기억하시나요?

아리마대사람 요셉이지요. 부자이고 예수님의 제자입니다.

또한 공회원으로 언급되는데 이 공회는 산헤드린공의회를 의미합니다.

바리새인과 사두개인들이 장악하고 있었지요.

**(요19:38)"요셉은 예수의 제자이나 유대인이 두려워 그것을 숨기더니"**

이 요셉은 예수님의 제자이지만 유대인을 두려워해 숨기고 있었지만 십자가사건을 계기로 신앙이 깨어나는 모습을 보여줍니다.


공회원이기에 상당한 지위도 가지고 있었기에 빌라도 역시 가져가도록 허락을 합니다.

이 이야기를 먼저 떠올리신 후 다음 53장을 읽어보세요.

[사53:5-12]

5 그가 찔림은 우리의 허물 때문이요 그가 상함은 우리의 죄악 때문이라 그가 징계를 받으므로 우리는 평화를 누리고 그가 채찍에 맞으므로 우리는 나음을 받았도다

6 우리는 다 양 같아서 그릇 행하여 각기 제 길로 갔거늘 여호와께서는 우리 모두의 죄악을 그에게 담당시키셨도다

7 그가 곤욕을 당하여 괴로울 때에도 그의 입을 열지 아니하였음이여 마치 도수장으로 끌려 가는 어린 양과 털 깎는 자 앞에서 잠잠한 양 같이 그의 입을 열지 아니하였도다

8 그는 곤욕과 심문을 당하고 끌려 갔으나 그 세대 중에 누가 생각하기를 그가 살아 있는 자들의 땅에서 끊어짐은 마땅히 형벌 받을 내 백성의 허물 때문이라 하였으리요

9 그는 강포를 행하지 아니하였고 그의 입에 거짓이 없었으나 그의 무덤이 악인들과 함께 있었으며 그가 죽은 후에 부자와 함께 있었도다

10 여호와께서 그에게 상함을 받게 하시기를 원하사 질고를 당하게 하셨은즉 그의 영혼을 속건제물로 드리기에 이르면 그가 씨를 보게 되며 그의 날은 길 것이요 또 그의 손으로 여호와께서 기뻐하시는 뜻을 성취하리로다

11 그가 자기 영혼의 수고한 것을 보고 만족하게 여길 것이라 나의 의로운 종이 자기 지식으로 많은 사람을 의롭게 하며 또 그들의 죄악을 친히 담당하리로다

12 그러므로 내가 그에게 존귀한 자와 함께 몫을 받게 하며 강한 자와 함께 탈취한 것을 나누게 하리니 이는 그가 자기 영혼을 버려 사망에 이르게 하며 범죄자 중 하나로 헤아림을 받았음이니라 그러나 그가 많은 사람의 죄를 담당하며 범죄자를 위하여 기도하였느니라

유명한 구절이지요? 예수님입니다. 여기서 이야기 할 부분이 9절입니다.

십자가 사건때 좌우에 강도 두 명 기억하시지요? "그의 무덤이 악인들과 함께 있었으며"

아리마대 요셉은 부자였다고 말씀드렸습니다. "그가 죽은 후에 부자와 함께 있었도다"


계속 말씀드리지만 이사야는 단순히 당시 남유다와 바벨론, 이웃나라등에 대해서만이 아닌 먼 미래에 오실 예수님과 이후 마지막 날까지 바라보며 쓰여진 성경입니다..

49~57장은 메시아를 통한 이스라엘의 회복을 이야기 합니다.
그런데 메시아를 통한 회복은 온 열방을 향한 부분임을 이사야 선지자는 분명히 하고 있는 것을 볼 수 있습니다.

평강의 왕으로 언급된 부분이 이사야서 9장에 있습니다.
메시아를 통한 회복의 마지막에도 "평강이 있을지어다 내가 그를 고치리라"입니다.
예수님이 오심은 죄 가운데 우리를 구원하시고 평강으로 이끄시기 위함입니다.


이제 마지막 부분입니다.
58장에서 66장은 유대와 열방을 통한 하나님 나라의 완성과 여호와의 날입니다.

금식에 대한 말씀으로 많이 언급되는 구절입니다.
저는 금식에 대한 말씀은 많이 들으셨을 것이기에 다른 부분을 이야기 해 보려 합니다.
9절에 "네가 부를 때에는 나 여호와가 응답하겠고 네가 부르짖을 때에는 내가 여기 있다 하리라"입니다.
하나님이 원하시는 금식을 하면 응답하신다고 하십니다.
육체적인 금식이 아니더라도 6~7절의 삶을 살아간다면 응답받는 삶을 살아갈 수 있습니다.

이사야서 9장에 평강의 왕이 있다고 말씀드렸습니다. 평강을 알지 못함.. 예수님을 믿지 못함..
이사야서에 몇 번 언급되는 맹인.. 이 모든 것이 영적인 무지를 의미하며 연결되고 있습니다.

[사62:4] 다시는 너를 버림 받은 자라 부르지 아니하며 다시는 네 땅을 황무지라 부르지 아니하고 오직 너를 헵시바라 하며 네 땅을 쁄라라 하리니 이는 여호와께서 너를 기뻐하실 것이며 네 땅이 결혼한 것처럼 될 것임이라

헵시바 : 단어적으로는 '나의 기쁨이 그녀에게 있다'는 의미로 시온을 상징하는 말입니다.
쁄라 : 이 단어가 재밌습니다. **원래 히브리어 원어로 "바알"입니다.**
바알은 아시지만 성경의 곳곳에 풍요의 우상으로 사용됩니다. 그래서 '쁄라'라는 다른 음가를 사용한 걸까요?
여튼 원어적으로는 지배하다,통제하다,소유하다,결혼하다,아내를 취하다,혐오하다의 의미가 있으며
주인,남편,소유자라는 뜻을 가집니다.
여기서 쁄라가 우리가 많이 본 바알신의 의미는 아니겠지요?
이어지는 5장에서도 '결혼함'으로 연결되고 있습니다.

이사야서의 주제는 구원으로 구원은 심판과 신원이 모두 있는 날이라고 말씀드렸습니다.
말씀볼께요.

[사62:11] 여호와께서 땅 끝까지 선포하시되 너희는 딸 시온에게 이르라 보라 네 구원이 이르렀느니라 보라 상급이 그에게 있고 보응이 그 앞에 있느니라 하셨느니라

다시 말씀드리지만 마지막 날, 구원의 날, 여호와의 날은 악인에게는 심판의 날, 보응의 날이고..
의인에게는 구원의 날, 상급의 날,신원의 날입니다.

[사65:11] 오직 나 여호와를 버리며 나의 성산을 잊고 갓에게 상을 베풀며 므니에게 섞은 술을 가득히 붓는 너희여

갓 : 바벨론 사람들이 섬기던 행운의 신으로 그 밖의 지역에서는 '바알'로 불립니다. 바알입니다.
므니 : 분배의 신,운명의 신

[사65:17] 보라 내가 새 하늘과 새 땅을 창조하나니 이전 것은 기억되거나 마음에 생각나지 아니할 것이라
[사66:18] 내가 그들의 행위와 사상을 아노라 때가 이르면 뭇 나라와 언어가 다른 민족들을 모으리니 그들이 와서 나의 영광을 볼 것이며

이사야서의 마지막 부분은 계시록의 느낌이 흠씬 풍기지 않으시나요?
이사야서를 마치며 마지막으로 한번 정리해 보겠습니다.

**이사야서는 핵심 주제가 구원입니다. 여기서 구원은 심판과 신원 모두를 의미합니다.**
이사야서는 당대만을 바라보고 쓰여진 책이 아닙니다. 당대와 메시아 종말에 이르기까지 많은 것을 담고있습니다.
이사야서는 또한 열방에 대한 심판도 있지만 그 열방들에서도 돌아오는 자들은 구원에 이르게 하시겠다는 것을 분명히 이야기하고 있습니다.

# 미가

미가선지자는 북이스라엘과 남유다에 모두 예언을 한 선지자입니다.
동시대에 활동한 선지자로 이사야 선지자가 있지요..
이사야는 왕궁을 중심으로 사역을 한 반면에 미가선지자는 평민사역을 합니다.

이사야선지자와 동시대에 활동한 것을 넘어 미가서는 "이사야서의 축소판"이라고도 불립니다.
분량은 적지만 이사야서의 요약판 같은 느낌도 주는 선지서입니다.

이게 어떤 의미인지 미가서의 틀을 나눠보도록 하겠습니다.
1장~3장 : 북이스라엘과 남유다 심판
4장~5장 : 메시아왕국
6장~7장 : 심판과 구원
어떠신가요? 비슷한 느낌이 드시나요?

▷ **이름 뜻 : 누가 여호와와 같은가**

[미1:1] 유다의 왕들 요담과 아하스와 히스기야 시대에 모레셋 사람 미가에게 임한 여호와의 말씀 곧 사마리아와 예루살렘에 관한 묵시라

▷ **1장~3장 : 북이스라엘과 남유다 심판**

[미1:5] 이는 다 <u>야곱의 허물</u>로 말미암음이요 <u>이스라엘 족속의 죄</u>로 말미암음이라 야곱의 허물이 무엇이냐 사마리아가 아니냐 유다의 산당이 무엇이냐 예루살렘이 아니냐
[미1:9] 이는 그 상처는 고칠 수 없고 그것이 <u>유다까지도 이르고</u> 내 백성의 성문 곧 예루살렘에도 미쳤음이니라

위에서 야곱의 허물과 이스라엘 족속의 죄는 동일한 말 입니다. 북이스라엘이 망하는 이유입니다.
그런데 9절에서 이 상처가 유다에도 이른다고 합니다. 역시 망합니다.

▷ **4장~5장 : 메시아왕국**

[미5:2] 베들레헴 에브라다야 너는 유다 족속 중에 작을지라도 이스라엘을 다스릴 자가 네게서 내게로 나올 것이라 그의 근본은 상고에, 영원에 있느니라

동방박사들이 베들레헴으로 가는 이유입니다.
메시아 예언입니다.
5절에서 평강이 될 것이라도 메시아(=평강의 왕)과 흐름이 동일합니다

[미6:5] 내 백성아 너는 <u>모압 왕 발락이 꾀한 것과 브올의 아들 발람이 그에게 대답한 것을 기억하며 싯딤에서부터</u> <u>길갈까지의 일을 기억하라</u> 그리하면 나 여호와가 공의롭게 행한 일을 알리라 하실 것이니라

민수기에서 모압왕 발락이 발람에게 이스라엘을 저주하라고 하는 장면이후에, 이스라엘은 발람의 유혹에 빠져 모압여인들과 음행을 하는 장면이 나옵니다. 이 장소가 싯딤입니다.
일단 몇 구절 더 말씀을 보겠습니다.

[수3:1] 또 여호수아가 아침에 일찍이 일어나서 그와 모든 이스라엘 자손들과 더불어 싯딤에서 떠나 요단에 이르러 건너가기 전에 거기서 유숙하니라
[수4:19] 첫째 달 십일에 백성이 요단에서 올라와 여리고 동쪽 경계 길갈에 진 치매
[수5:1-2]
1 요단 서쪽의 아모리 사람의 모든 왕들과 해변의 가나안 사람의 모든 왕들이 여호와께서 요단 물을 이스라엘 자손들 앞에서 말리시고 우리를 건너게 하셨음을 듣고 마음이 녹았고 이스라엘 자손들 때문에 정신을 잃었더라
2 그 때에 여호와께서 여호수아에게 이르시되 너는 부싯돌로 칼을 만들어 이스라엘 자손들에게 다시 할례를 행하라 하시매

요단에 이르러 유숙하기 전에 출발한 곳이 싯딤입니다.
그리고 요단을 건너 처음으로 유숙한 곳이 길갈입니다.

백성들이 <u>싯딤</u>에서 <u>모압여자</u>들과 <u>음행</u>을 <u>하기</u> 시작하고 미디안여인을 데리고 왔다가 남자와 여자 모두 창에 배를 뚫려 죽는 사건입니다. 이 사건후 여호와께서 <u>미디안인을 대적하여 치라고</u> 명령하시고요.
여호수아서 5장에서는 요단을 건넌 후 <u>길갈</u>에서 <u>할례</u>를 받습니다. <u>의미가 느껴지시나요?</u>

광야 40년을 돌아 다시 한번 하나님의 백성으로 부르신 상태에서 요단동편을 점령하자 벌써부터 그 곳 여인들과 음행을 하는 일이 벌어집니다. 이 때 하나님은 어떠셨을까요? 정말 다 돌이키고 싶으셨을 수도 있습니다.
<u>하지만 하나님은 포기하지 않으시고 새롭게 하십니다.</u>
요단을 건너 길갈에 도착하고 여리고성을 목전에 둔 상태에서 할례를 통해 다시금 하나님의 백성으로 부르십니다.

다른 면에서 보면 창세기 34장의 야곱의 딸 디나 강간사건의 경우 히위족속을 할례하라고 하고 몰살시킨 사건을 기억하시면 여리고성을 목전에 두고 참 어려운 결정이기도 합니다. 여호수아는 이에 순종을 합니다.
세상 눈으로는 쉽지 않은 선택입니다. 하지만 선하신 하나님은 이미 준비하신 모습을 보여주는 구절이 있습니다.

[수5:1] 요단 서쪽의 아모리 사람의 모든 왕들과 해변의 가나안 사람의 모든 왕들이 여호와께서 요단 물을 이스라엘 자손들 앞에서 말리시고 우리를 건너게 하셨음을 듣고 <u>마음이 녹았고 이스라엘 자손들 때문에 정신을 잃었더라</u>

1세대 정탐꾼의 말에 백성들의 마음이 녹았었지요. <u>믿고 순종하면 이미 준비하신 축복으로 들어갑니다.</u>

# 스바냐

스바냐서는 <u>여호와의 날</u>에 대하여 기록하고 있습니다.
스바냐선지자의 활동시기는 북이스라엘 멸망후인 요시아왕 시절입니다.
스바냐서 1:1의 히스기야가 히스기야왕이라면 왕족출신입니다.
특이한 점은 "어떤 왕시절 누구구구에게 임한 여호와의 말씀이라"의 형식이 아닌 족보를 거슬러 올라가면서
언급되는 점입니다.
동시대 선지자로는 예레미아와 나훔이 있습니다.

▷ **이름 뜻 : 하나님이 숨기신다**

[습1:1] 아몬의 아들 유다 왕 요시야의 시대에 스바냐에게 임한 여호와의 말씀이라 스바냐는 히스기야의 현손이요
아마랴의 증손이요 그다랴의 손자요 구시의 아들이었더라

위 족보의 언급된 시대에 대해서 한번 살펴보도록 하겠습니다.

히스기야왕 시대에 북이스라엘이 앗수르 산헤립왕에게 멸망을 합니다.
앗수르는 혼혈정책을 폈기에 범죄로 인해 멸망했던 북이스라엘 지역은 더 많은 문제가 있던 시기였을 겁니다.
게다가 당시 애굽의 수도 노아몬도 앗수르에 의해 무너진 이후쯤 됩니다.
히스기야왕의 개혁이 있었지만, 이후 므낫세와 아몬 특히 므낫세는 남유다 최악의 왕으로 평가됩니다.
이 시기를 거쳐 요시아왕의 시대로 넘어오고 스바냐 선지자가 활동하게 됩니다.

그런데 요시아왕하면 떠오르는 부분중의 하나가 므깃도전투에서 사망하는 부분이지요
당시 신흥국가인 바벨론을 견제하고자 애굽왕이 올라가려는 것을 길을 내주지 않고 맞선 전투가 므깃도전투이고,
요시아왕의 사망이후 급변하는 멸망의 소용돌이로 들어갑니다.

요시아왕 시대에 또하나 기억되는 부분은 요시아왕의 우상타바등의 개혁입니다.
스바냐는 왕족출신으로 궁 출입도 가능했다고 보기에 요시아왕의 개혁에도 일정부분 조언을 하지 않았을까
생각해 볼 수 있습니다.

여호와의 날을 멸망한 남유다의 회복으로도 볼 수도 있고, 최후의 심판의 날, 마지막 날로 보는 의견도 있습니다.
이 부분은 개인적인 묵상으로 바라보실 부분이겠지요.
개인적으로는 스바냐서 3장을 보며 심판의 날로 바라보는 편입니다.

[습1:3] 내가 사람과 짐승을 진멸하고 공중의 새와 바다의 고기와 <u>거치게 하는 것</u>과 악인들을 아울러 진멸할
것이라 내가 사람을 땅 위에서 멸절하리라 나 여호와의 말이니라

한번에 이해가 잘 안되는 부분이 '거치게 하는 것'입니다.
원어 마크셀라는 1. 파멸,멸망 2. 죄에 대한 유혹,죄,범죄등의 의미를 가집니다.
문맥상 진멸의 대상의 나열로 보면 두번째인 죄에 대한 유혹,죄등으로 보시면 더 쉽지 않을까 생각합니다.

말감은 말곰,밀곰,몰렉등과 같은 단어입니다. 솔로몬시대에도 언급되어 있는 인신공양 번제를 드리는 우상입니다.
우상의 팔에 아이를 올리고 불을 지피는 인신공양으로 아이의 울음을 안들리게 북을 쳐서 소리를 숨깁니다.
불가운데를 지나가게 하는 경우도 같은 우상입니다.

스바냐의 이름 뜻이 "하나님이 숨기신다"라고 했는데 이 구절과 연결이 됩니다.

# 하박국

하박국서는 남유다의 멸망과 남유다를 멸망시킨 바벨론의 멸망과 이스라엘의 회복에 대한 예언서입니다.

하박국서는 하박국과 하나님과의 대화형식이라는 특징을 가집니다.

다니엘이 1차 포로로 끌려가던 여호야김 시절 활동을 한 선지자입니다.

요나서와 함께 하박국서도 개인적으로 아주 아주 좋아하는 선지서입니다.

▷ **이름 뜻 : 껴안는자, 매달리다**

하박국서는 크게 배경지식이 필요한 부분은 없는 것 같습니다.

단지 1차포로기에 활동하였기에 앗수르라는 나라가 쇠퇴하고 바벨론이 강성해지던 시기정도만 파악하시고

읽어가시면 될 것 같습니다.

하박국서는 하나님과의 대화형식이라고 말씀드렸습니다.

단단하게 흐름을 요약해 보도록 하겠습니다.

남유다의 범죄함에 대하여 하박국선지자가 호소합니다.

**[합1:2] 어느 때까지이리이까**

하박국의 호소에 답을 주십니다.

**[합1:6] 갈대아 사람을 일으켰나니(바벨론)**

하박국이 다시 호소합니다.

**[합1:13] 악인(바벨론)이 자기보다 의로운 사람(남유다)를 삼키는데도 잠잠하시나이까**

하박국이 다시 호소후 성루에 갑니다(질문에 답을 구하며.. 땡깡처럼 보입니다)

**[합2:1] 내가 파수하는 곳에 서며 성루에 서리라**

하나님은 바벨론의 심판을 말씀하십니다(2장)

이어지는 3장은 하박국의 기도와 찬양입니다.

**[합3:2] 여호와여 내가 주께 대한 소문을 듣고 놀랐나이다 여호와여 주는 주의 일을 이 수년 내에 부흥하게 하옵소서 이 수년 내에 나타내시옵소서 진노 중에라도 긍휼을 잊지 마옵소서**

# 예레미야

므낫세왕때 태어난 예레미야 선지자는 요시아왕때 소명을 받고 남유다 마지막왕인 시드기야왕까지가
사역기간으로 나오지만 이후로도 애굽으로 끌려가서 생애를 마치게 됩니다.
예레미야의 이름 뜻이 "여호와께서 세우셨다"인데 사실 예레미야는 많이들 아시는 것처럼 "눈물의 선지자"입니다.
어쩌면 제일 힘든 시기에 사명을 감당합니다. 16장에서는 아내도 맞이하지 말며 자식도 두지 말라십니다.

예레미야서는 멸망의 이야기가 많이 나옵니다. 선지자의 이름이 선지자의 사역과 관련이 많은데 좀 특이하지요.
"세우다"라는 말은 그 전에 무너짐이 있다는 말이기도 합니다.
또한 무너뜨림의 목적은 멸망과 심판만이 아닌 궁극적으로 하나님나라의 백성으로 다시 세우시기 위합입니다.

므낫세왕 때 태어났다는 부분을 생각해보시면..
므낫세왕은 이사야 선지자를 톱으로 죽였다고 전해집니다. 그럼 시간대가 연결이 되시나요?
이사야 선지자 이후 이어받아 사명을 감당한 선지자입니다.
이렇게 선지서는 꼭 시기를 생각하면서 묵상하셔야 좀 더 가깝게 다가옵니다.

▷ **이름 뜻 : 여호와께서 세우셨다**

일단 열왕기와 역대기의 므낫세왕에 대한 어감차이를 한번 살펴볼께요.
다른 왕들에 비해 열왕기와 역대기의 기록이 현저하게 차이가 있는 왕이기에 비교해드립니다.
성경을 읽으시거나 다른 글등을 보실 때 어감차이가 있을 수 있습니다.

[왕하21:16] 므낫세가 유다에게 범죄하게 하여 여호와께서 보시기에 악을 행한 것 외에도 또 무죄한 자의 피를
심히 많이 흘려 예루살렘 이 끝에서 저 끝까지 가득하게 하였더라

[대하33:10-13]
10 여호와께서 므낫세와 그의 백성에게 이르셨으나 그들이 듣지 아니하므로
11 여호와께서 앗수르 왕의 군대 지휘관들이 와서 치게 하시매 그들이 므낫세를 사로잡고 쇠사슬로 결박하여
바벨론으로 끌고 간지라
12 그가 환난을 당하여 그의 하나님 여호와께 간구하고 그의 조상들의 하나님 앞에 크게 겸손하여
13 기도하였으므로 하나님이 그의 기도를 받으시며 그의 간구를 들으시사 그가 예루살렘에 돌아와서 다시 왕위에
앉게 하시매 므낫세가 그제서야 여호와께서 하나님이신 줄을 알았더라

일단 몇가지 언급하고 전체의 구조를 살펴보겠습니다.

[렘1:1-3]
1 베냐민 땅 아나돗의 제사장들 중 힐기야의 아들 예레미야의 말이라
2 아몬의 아들 유다 왕 요시야가 다스린 지 십삼 년에 여호와의 말씀이 예레미야에게 임하였고
3 요시야의 아들 유다의 왕 여호야김 시대부터 요시야의 아들 유다의 왕 시드기야의 십일년 말까지 곧 오월에
예루살렘이 사로잡혀 가기까지 임하니라

위에 오월이 나옵니다. 이 오월은 스가랴서에서도 언급되는 부분인데 미리 살펴볼께요.

[슥7:3] 만군의 여호와의 전에 있는 제사장들과 선지자들에게 물어 이르되 내가 여러 해 동안 행한 대로 오월 중에
울며 근신하리이까 하매
[슥7:5-6]
5 온 땅의 백성과 제사장들에게 이르라 너희가 칠십 년 동안 다섯째 달과 일곱째 달에 금식하고 애통하였거니와 그
금식이 나를 위하여, 나를 위하여 한 것이냐
6 너희가 먹고 마실 때에 그것은 너희를 위하여 먹고 너희를 위하여 마시는 것이 아니냐

▷ **다섯째달** : 예루살렘성전이 파괴된 때는 히브리 월력으로 5월입니다.예루살렘이 무너진 이후 70년간 예루살렘
멸망을 기억하기 위해 유대인들은 금식했습니다.
▷ **일곱째 달** : 그달랴가 살해당하자 바벨론 군대가 다시 침공해 또 한번 황폐화 된 사건을 의미합니다.

스가랴서에서 성전이 재건되고 있는 중간쯤에 백성의 질문을 합니다.
이제 성전이 재건되고 있으니 금식을 해야 하느냐는 질문입니다.
성전이 무너지고 황폐화 된 것을 슬퍼하는 금식이라면 성전의 재건과 관계없이 그 사건이 발생하게 된 원인을 다시
기억하고 돌아서는 것이 금식의 진정한 이유일 것이라 생각합니다. 성전 재건과 관계없이..


위에서 베냐민 땅 아나돗이라는 부분은 보시고 넘어가실 부분입니다.
이 아나돗이라는 땅은 다윗시대의 제사장 아비아달과 연결이 됩니다.
다윗의 아들 아도니야가 반역을 모의할 때 함께한 인물로 실패후 고향 아나돗으로 추방됩니다.
사무엘서의 엘리제사장도 이곳 출신입니다.

[렘1:10] 보라 내가 오늘 너를 여러 나라와 여러 왕국 위에 세워 네가 그것들을 뽑고 파괴하며 파멸하고
넘어뜨리며 건설하고 심게 하였느니라 하시니라

이사야 선지자와 에스겔 선지자의 경우는 보좌의 환상과 함께 부르시는데 예레미야 선지자를 부르시는 장면이
특이합니다.
뽑고 파괴하며 파멸하고 넘어뜨리며..
출발부터 너무도 슬픈 말씀을 주십니다.
하지만 예레미야의 이름 뜻과 같이 건설하고 심기 위함이란 말씀도 주십니다.
이 소망을 바라보며 사명을 감당해 나가는 예레미야선지자의 마음으로 묵상해 보시기 바랍니다.

요시아왕 13년에 부르심을 받는데 요시아왕은 요시아의 개혁으로 기억되는 것처럼 선한 왕입니다.

이 개혁이후임에도 백성들은 여전히 그대로입니다.

렘29장에는 바벨론에 끌려간 포로들에게 전하는 편지도 나옵니다.

즉, 시드기야왕 이후도 사역을 감당합니다.

예레미야서는 친구이자 제자인 서기관 바룩에게 예레미야에게 주신 하나님의 말씀을 기록하게 한 책입니다.

예레미야서는 시간순이 아니라 주제순이기에 연대가 섞여 있어서 구조 파악이 조금 난해합니다.

1장 : 소명

2장~19장 : 유대의 범죄함과 심판예언

20장 : 예레미야의 탄식

21장~27장 : 유대의 범죄

28~29장 : 거짓선지자 하나냐의 예언, 포로에게 보내는 예레미야의 편지

30장~33장 : 위로와 회복예언, 메시아

34장~38장 : 예루살렘 파괴전 사건들

39장 : 예루살렘성 파괴

40장~45장 : 예루살렘 파괴후 사건들

46장~51장 : 이방에 대한 심판

52장 : 예루살렘의 함락과 성전의 파괴, 포로됨  그리고 여호야긴왕에게 베푼 호의

메시아 예표도 언급됩니다. 이런 부분에서는 이사야서와도 맥이 유사합니다.

[렘33:15-16]

15 그 날 그 때에 내가 다윗에게서 한 공의로운 가지가 나게 하리니 그가 이 땅에 정의와 공의를 실행할 것이라

16 그 날에 유다가 구원을 받겠고 예루살렘이 안전히 살 것이며 이 성은 여호와는 우리의 의라는 이름을 얻으리라

**렘1장 소명, 살구나무가지와 끓는 가마 환상**

[렘1:11-12]

11 여호와의 말씀이 또 내게 임하니라 이르시되 예레미야야 네가 무엇을 보느냐 하시매 내가 대답하되 내가 살구나무 가지를 보나이다

12 여호와께서 내게 이르시되 네가 잘 보았도다 이는 내가 내 말을 지켜 그대로 이루려 함이라 하시니라

부르시고 환상을 보여주십니다. 살구나무가지와 끓는 가마 환상입니다.

여기서 살구나무는 히브리어 샤케드(깨어있다,지키다,부지런하다)인데 아몬드나무입니다.

이 아몬드나무는 겨울잠에서 가장 일찍 깨어나 가장 먼저 꽃을 피우고 열매를 따지 않으면 다음해에 꽃이 필

때까지 열매가 달려있다고 합니다.12절에 나오는 "지켜"라는 히브리어 원어는 샤카드입니다.

시가서와같은 문학적 표현방식입니다. 그러면 결국 지키시고 이루겠다는 것인데 무엇을?

끓는 가마입니다. 멸망이지요. 참 가슴아픈 출발입니다.

2장~19장 : 유대의 범죄함과 심판예언
20장 : 예레미야의 탄식
21장~27장 : 유대의 범죄

이 부분은 20장만 살펴보겠습니다.

[렘20:9] 내가 다시는 여호와를 선포하지 아니하며 그의 이름으로 말하지 아니하리라 하면 나의 마음이 불붙는 것 같아서 골수에 사무치니 답답하여 견딜 수 없나이다

예레미야 선지자의 마음이 묻어나는 구절입니다.
좋은 소망의 말씀을 전하고 싶은 것이 사람의 생각일껍니다.
이렇게 계속 심판과 멸망을 선포해야 하는 것에 대한 탄식입니다. 하지만..  순종합니다.

**28~29장 : 거짓선지자 하나냐의 예언, 포로에게 보내는 예레미야의 편지**

거짓선지자 하나냐의 예언이 28장입니다.

[렘28:3-4]
3 내가 바벨론의 왕 느부갓네살이 이곳에서 빼앗아 바벨론으로 옮겨 간 여호와의 성전 모든 기구를 이 년 안에 다시 이곳으로 되돌려 오리라
4 내가 또 유다의 왕 여호야김의 아들 여고니야와 바벨론으로 간 유다 모든 포로를 다시 이곳으로 돌아오게 하리니 이는 내가 바벨론의 왕의 멍에를 꺾을 것임이라 여호와의 말씀이니라 하니라

하나냐는 이 년안에 회복을 이야기 합니다.
포로귀환과 바벨론의 멸망, 성전기물이 돌아옴도 모두 실제 일어나는 일입니다.
언제요? 70년이 차고 나서요.. 이 한 부분이 달라졌는데 전혀 다른 이야기가 됩니다.
하나냐는 예레미아의 '금년안에 죽으리라'는 예언대로 일곱째달에 죽습니다.
이어지는 29장은 포로들에게 보내는 예레미야 선지자의 편지입니다.

[렘29:5] 너희는 집을 짓고 거기에 살며 텃밭을 만들고 그 열매를 먹으라
[렘29:10] 여호와께서 이와 같이 말씀하시니라 바벨론에서 칠십 년이 차면 내가 너희를 돌보고 나의 선한 말을 너희에게 성취하여 너희를 이곳으로 돌아오게 하리라

거짓선지자 하나냐와 달리 칠십년이 차야 돌아올 수 있다는 내용입니다.

## 30장~33장 : 위로와 회복예언, 메시아

포로에서 돌아올 것에 대한 말씀과 함께 메시아에 대한 말씀이 같이 나옵니다.

[렘30:3] 여호와의 말씀이니라 보라 내가 내 백성 이스라엘과 유다의 포로를 돌아가게 할 날이 오리니 내가 그들을 그 조상들에게 준 땅으로 <u>돌아오게 할 것이니</u> 그들이 그 땅을 차지하리라 여호와께서 말씀하시니라

[렘30:9] 그들은 그들의 하나님 여호와를 섬기며 내가 그들을 위하여 세울 <u>그들의 왕 다윗을 섬기리라</u>

[렘31:31] 여호와의 말씀이니라 보라 날이 이르리니 내가 이스라엘 집과 유다 집에 <u>새 언약을 맺으리라</u>

[렘33:15] 그 날 그 때에 내가 <u>다윗에게서 한 공의로운 가지가 나게 하리니</u> 그가 이 땅에 정의와 공의를 실행할 <u>것이라</u>

## 34장~38장 : 예루살렘 파괴전 사건들

34장에서 시드기야 왕은 노예를 해방시키기로 한 언약을 폐기하는 모습을 보입니다.
언약을 폐기한 시드기야왕의 이야기 뒤에 35장에서 갑자기 레갑사람들의 이야기가 나옵니다.

[렘35:2] 너는 레갑 사람들의 집에 가서 그들에게 말하고 그들을 여호와의 집 한 방으로 데려다가 포도주를 마시게 하라 하시니라

갑자기 나온 레갑사람들은 누구일가요?그들에게는 선조부터 내려온 언약이 있습니다.
포도주를 마시지 말라, 집도 짓지 말고 장막에 거주하라 등등..
이 레갑사람들은 시드기야왕과 달리 언약을 지키는 모습으로 대조되고 있습니다.

[렘35:6-10]
6 그들이 이르되 우리는 포도주를 마시지 아니하겠노라 레갑의 아들 우리 선조 요나답이 우리에게 명령하여
이르기를 너희와 너희 자손은 영원히 포도주를 마시지 말며
7 너희가 집도 짓지 말며 파종도 하지 말며 포도원을 소유하지도 말고 너희는 평생 동안 장막에 살아라 그리하면
너희가 머물러 사는 땅에서 너희 생명이 길리라 하였으므로
8 우리가 레갑의 아들 우리 선조 요나답이 우리에게 명령한 모든 말을 순종하여 우리와 우리 아내와 자녀가 평생
동안 포도주를 마시지 아니하며
9 살 집도 짓지 아니하며 포도원이나 밭이나 종자도 가지지 아니하고
10 <u>장막에 살면서 우리 선조 요나답이 우리에게 명령한 대로 다 지켜 행하였노라</u>

## 39장 : 예루살렘성 파괴

[렘39:10] 사령관 느부사라단이 아무 소유가 없는 빈민을 유다 땅에 남겨 두고 그 날에 포도원과 밭을 그들에게 주었더라

바벨론은 괜찮은 사람들부터 끌고 갔습니다.
멸망후 남겨진 백성들을 '빈민'이라 적고 있습니다.
또한 포도원과 밭을 주었다고 적혀 있지요..
아무 소유가 없던 백성들은 이제 자신의 이익에 혈안이 됩니다. 그러면서 그들의 생각은..
"포로된 자들은 그들의 죄 때문이다"입니다.
멸망과 포로가 죄 때문은 맞지만, 그들이 남은 것이 죄가 없음은 아닙니다.

[렘39:11-12]
11 바벨론의 느부갓네살 왕이 예레미야에 대하여 사령관 느부사라단에게 명령하여 이르되
12 그를 데려다가 선대하고 해하지 말며 그가 네게 말하는 대로 행하라

예레미야는 유다인들에게는 잡혀 갑힙니다. 멸망의 날까지요..
아이러니 하게 바벨론 느부갓네살은 "선대하고 해하지 말라"고 합니다.
어떤 상황에서도 지키시는 하나님의 모습이기도 하고 ..
남유다 멸망을 위하여 사용된 느부갓네살이 또 한번 사용된 장면이기도 합니다.

## 40장~45장 : 예루살렘 파괴후 사건들

[렘39:10] 사령관 느부사라단이 아무 소유가 없는 빈민을 유다 땅에 남겨 두고 그 날에 포도원과 밭을 그들에게 주었더라

41장과 42장의 내용을 좀 살펴보겠습니다. 먼저 41장입니다.
느부사라단은 예레미야에게 선택권을 줍니다. "같이 가던지, 원하는 곳으로 가던지.."
이에 예레미야는 남아 유다총독 그다랴에게 갑니다. 그런데 ..

[렘41:2] 느다냐의 아들 이스마엘과 그와 함께 있던 열 사람이 일어나서 바벨론의 왕의 그 땅을 위임했던 사반의 손자 아히감의 아들 그다랴를 칼로 쳐죽였고

이스마엘은 어떤 사람일까요? 바벨론에 저항하려 한 걸까요?
아닙니다. 유다의 왕족가문이었던 이스마엘은 자신이 아닌 그다랴가 총독이 된 것이 불만이었던 겁니다.

[렘42:6] 우리가 당신을 우리 하나님 여호와께 보냄은 그의 목소리가 우리에게 좋든지 좋지 않든지를 막론하고 순종하려 함이라 우리가 우리 하나님 여호와의 목소리를 순종하면 우리에게 복이 있으리이다 하니라

예루살렘 파괴후 백성들의 말입니다
"좋든지 좋지 않든지 막론하고 순종하려 함이라"라고 합니다.
진작 이랬어야 합니다만.. 이것 역시 진심이 아닙니다.

[렘42:20] 너희가 나를 너희 하나님 여호와께 보내며 이르기를 우리를 위하여 우리 하나님 여호와께 기도하고 우리 하나님 여호와께서 말씀하신 대로 우리에게 전하라 우리가 그대로 행하리라 하여 너희 마음을 속였느니라

에레미야 선지자의 말씀입니다.
"너희 마음을 속였다"라고..

## 46장~51장 : 이방에 대한 심판

[렘48:47] 그러나 내가 마지막 날에 모압의 포로를 돌려보내리라 여호와의 말씀이니라 모압의 심판이 여기까지니라
[렘49:39] 그러나 말일에 이르러 내가 엘람의 포로를 돌아가게 하리라 여호와의 말씀이니라

이방에 대한 심판들이 있습니다만..
위 구절들처럼 이방을 향한 하나님의 마음도 보여지고 있습니다.

## 52장

모든 것이 끝난 것 같지만 새 순이 돋아나게 될 것을 보여주며 예레미야서는 끝이 납니다.

# 예레미야 애가

예레미야 애가에는 '바벨론'이라는 단어가 나오지 않습니다.
예레미야서에는 많이 나오는 것과 비교가 되는 부분입니다.
바벨론이라는 나라때문에 남유다가 멸망하는 것이 아닌 **"그들의 죄"**때문에 멸망하고 있음을 보여줍니다.
**특히 1,2,4장의 경우는 히브리어의 알파벳 숫자인 알렙부터 타우까지(처음부터 끝까지) 22개와 동일하게 22절로 구성되어 있습니다.**

[애1:5] 그의 대적들이 머리가 되고 그의 원수들이 형통함은 **그의 죄가 많으므로** 여호와께서 그를 곤고하게 하셨음이라 어린 자녀들이 대적에게 사로잡혔도다
[애1:9] 그의 더러운 것이 그의 옷깃에 묻어 있으나 그의 나중을 생각하지 아니함이여 그러므로 놀랍도록 낮아져도 그를 위로할 자가 없도다 **여호와여 원수가 스스로 큰 체하오니 나의 환난을 감찰하소서**

남유다의 멸망은 바벨론이라는 나라가 아닌 백성들의 죄 때문임을 곳곳에 언급하고 있습니다.
9절의 "원수가 스스로 큰 체하오니"라는 구절에서 저자는 이미 이것을 알고 있음을 보여줍니다.
실제 바벨론은 100년도 안되는 시간에 바사제국에 무너집니다.

제가 이 책을 쓰는 동안 계속 붙들고 기도한 부분이 있습니다.
이번에 두번 째 책을 쓰며 "영적인 열심"을 가지고 써나가기는 했지만 개인적으로 많은 어려움이 많이 있었습니다.
그렇기에 개인적으로는 부끄러운 고백이지만..
"다른 사람을 살리는 것도 좋지만 제가 살아나기를 원합니다"라고 기도했습니다.
바벨론도 하나님이 사용하신 국가입니다. 바벨론처럼 사용되고 끝나는 것이 아니라 저도 살아나게 해달라구요.
예레미야 애가를 묵상하며 또 한번 기도하게 됩니다.

[애1:12] **지나가는 모든 사람들이여 너희에게는 관계가 없는가** 나의 고통과 같은 고통이 있는가 볼지어다
여호와께서 그의 진노하신 날에 나를 괴롭게 하신 것이로다

남유다의 멸망을 통해 지금의 우리에게도 하시는 말씀입니다.

[애1:18] 여호와는 의로우시도다 그러나 <u>내가 그의 명령을 거역하였도다</u> ..
[애1:20] 여호와여 보시옵소서 내가 환난을 당하여 나의 애를 다 태우고 나의 마음이 상하오니 <u>나의 반역이 심히 큼이니이다</u> 밖에서는 칼이 내 아들을 빼앗아 가고 집 안에서는 죽음 같은 것이 있나이다
[애2:6] <u>주께서</u> 그의 초막을 동산처럼 헐어 버리시며 그의 절기를 ..

남유다의 멸망의 원인과 주체를 보여주는 몇 몇 구절입니다.

[애3:40] 우리가 스스로 우리의 행위들을 조사하고 여호와께로 돌아가자

제 개인적으로는 이 구절이 예레미야 애가의 주제가 아닐까 생각합니다.
회복을 위하여 가장 중요한 것은 우리의 행위를 살피고 하나님께로 돌아가는 일입니다.

프로그래머의 시각으로 바라본
# 입체적인 성경읽기

2부 Part 5. 에스겔서

# 예언서를 읽으시며 주의하실 부분

에스겔서하면 보통 처음 하는 생각이 "어렵다"입니다. 실제로도 처음 접하면 어렵구요.
다니엘서,에스겔서,요한계시록이 대표적인 예언서에 속하고, 환상등이 있어 어렵게 느껴지는 편입니다.

그런데 좀 이상합니다. 보통 "다니엘서가 어떤 내용이지요?"라고 물으면 '다니엘과 세친구', '풀무풀','사자굴'등
이야기들을 하는데 에스겔서와 요한계시록은 ".."입니다.
왜냐하면 보통 다니엘서 앞부분 즉, 환상이 아닌 부분은 설교에서 많이 접합니다.
하지만 다니엘서 후반부 환상과 에스겔서,요한계시록등의 경우는 거의 접하기 어렵기 때문입니다.

어쩌면 예언서의 해석을 다르게 하며 나타나는 이단적 사상들에 학을 뗀 정통 교회들의 가르침 속에 "예언서는
함부로 읽으면 위험해!!!"라는 거부감이 스며들어 있기 때문일 수도 있습니다.

물론 예언서를 자신의 생각대로 함부로 해석하는 것은 정말 위험한 일입니다.
하지만 예언서를 환상해석이란 관점이 아닌, 그 속에서 펼쳐지는 주된 메시지를 찾는데 중점을 두고 읽어보시면
재밌기도 하고 그 속에 감추인 메세지를 발견하실 수 있습니다.

즉, 요한계시록의 경우도 '666'이 뭔지 '24장로'가 무엇을 의미하는지등에 초점을 맞추어 해석하려 하시면 위험할
수 있지만, 요한계시록 속에서 예수님이 어떤 분이신지를 찾다보면 다른 시각으로 재밌게 읽어가실 수 있습니다.
즉, 4복음서가 예수님이 어떤 분인지를 설명하는데 요한계시록도 같은 내용입니다.
알파와 오메가, 처음과 나중, 아멘이신..

에스겔서의 경우도 처음부터 환상이 열리기에 '어려운 성경'이란 이미지가 강하지만, 실제 내용을 잘 구분해보면
그렇지 않습니다.
하나님의 보좌 환상과 비유들이 중간중간 있지만, 실제 두 구절을 제외하면 시간순으로 적혀있는 성경이고
에스겔성전 환상등은 40~48장에 몰려 있습니다.

에스겔 성전의 경우도 하나하나 읽어가면 많은 은혜가 됩니다.
그런데 실제 온라인상 자료에 에스겔 성전의 모형과 내용을 보면, 성경의 내용과 일치하지 않는 부분도 많이
있습니다. 그만큼 많이들 피해가는 부분이지요..ㅎ
처음 성경을 접하시는 경우는 에스겔 후반부인 38~48장은 패스하셔도 됩니다.

하지만 최대한 성경에 근거해서 모형을 그리면서 쉽게 풀어보도록 하겠습니다.
이제 본격적으로 에스겔서를 읽으러 출발합니다~.

# 에스겔

## 1. 에스겔 이름 뜻

에스겔은 히브리어 '예헤즈켈'입니다.
히브리어 하자크(강하게 하다)의 미완료와 엘(하나님)이 더해진 것으로 "하나님이 강하게 하신다"라는 의미입니다.
앞의 예레미아라는 이름뜻은 "하나님이 일으키시다,세우시다"라는 의미였지요?
선지자들의 이름의 의미를 보면 그들의 활동이 그대로 묻어나기에 꼭 기억해두면 좋습니다.

그런데 좀 특이하지요?
에스겔과 예레미아는 둘 다 남유다의 멸망을 예언한 선지자입니다. 많은 부분들이 백성들의 죄악을 언급하고 있구요..
특히 예레미아 애가의 경우는 예레미아서와 달리 바벨론이라는 단어를 한번도 언급하지 않음으로 남유다의 멸망은 바벨론이라는 나라때문이 아닌, 백성들의 범죄함으로 인한 하나님의 심판임을 그리고 있습니다.

그런데 에스겔과 예레미아의 이름 뜻은 "하나님이 강하게 하신다","하나님이 일으키신다"입니다.
결국 대표적인 멸망 예언서이기도 하지만 이를 통한 하나님의 계획은 "일으키시고,세우시고,강하게 하심 즉 회복"입니다.
에스겔서를 읽어나가시며 이 회복에 대한 하나님의 계획을 찾아가시는 귀한 시간 되시길 바랍니다.

## 2. 에스겔서 배경

에스겔은 25세때에 바벨론에 포로로 끌려와서 30세때 환상을 보며 선지자로 부르심을 받습니다.
정식 제사장으로 임명되기 위하여 다윗왕 이전엔 5년, 이후로는 10년의 훈련기간(인턴?)이 있었기에, 아마도 에스겔 역시 20세 때부터 제사장이 될 훈련을 받고 있었을 껍니다. 그러는 중 포로로 머나먼 바벨론 땅의 유프라테스강 지류인 그발 강가에서 물멍하는 장면으로 시작합니다.
30세가 된 시기에 그발강가에서 에스겔은 무슨 생각을 하고 있었을까요?
본국이었다면 제사장직을 수행하고 있었을 시기에 포로로 끌려온 자신에 대해 한탄을 하고 있지는 않았을까요?
하지만 놀라운 것은 정식 제사장직을 수행했어야 하는 30세에 하늘이 열리고 부르심을 받습니다.

에스겔은 행위예언?을 다양하게 하기에 4차원 또는 정신적인 문제가 있는지에 대해서도 많은 이야기가 있습니다만, 에스겔서를 하나 하나 바라보면 그렇지 않고 하나님 말씀에 순종한 선지자였다는 것을 알 수 있습니다.

그발강가의 물멍도 포로생활이 편했다가 아닌, 근처의 노역에 동원되어 일하는 중간 물멍입니다.

## 1. 단위

에스겔이 그발강가에서 노역중이라고 말씀드렸으니 에스겔서의 독특한 단위인 '척'을 같이 언급할께요.
당시 에스겔은 그발강가는 유프라테스강 지류로 범람때문에 제방공사등에 동원되어 노역하는 중입니다.
약 10년전 1차포로로 끌려간 다니엘은 궁에서 환관장 아래 교육을 받았구요.

다른 구약성경에서 나오는 단위는 '규빗'입니다. 팔꿈치에서 손가락 끝까지 길이로 약 45cm입니다.
한국어본으로 번역이 규빗인데 고대 근동에서 사용하던 '큐빗(cubit)'으로 보시면 됩니다.

에스겔서는 규빗 길이에 손바닥 넓이를 더한 길이를 '척'으로 한국어 번역본이 되어 있습니다.
우리의 도량형으로 '척'이라는 단위는 1자 즉, 1척이 30.3cm입니다.
그런데 에스겔서의 단위로 보면 53cm(약 50cm)입니다.
아마도 규빗과 다르기에 헷갈릴 소지가 있어서 이렇게 번역을 한 것 같은데 이건 좀 이상하긴 합니다.

**여튼 규빗과 척은 모두 히브리어 '암마'로 동일한 단어입니다.**
여기서 노역장의 모습을 다시 떠올리셔야 이해가 됩니다.
히브리인들은 규빗(=암마) 하나로 사용했지만, 이집트와 바벨론의 경우는 규빗을 긴 규빗과 짧은 규빗으로
구분해서 사용했습니다.
즉, 에스겔은 현재 바벨론의 노역장에 있습니다. 당연히 바벨론의 길이가 익숙합니다.
**에스겔서의 척은 결국 긴 규빗의 사이즈**이고, 이를 히브리인들에게 설명하기 위해 '규빗에 손바닥 넓이를 더한
길이'라고 표현을 한 것이지요.
히브리어로 동일하게 '암마'이기에 동일하게 '규빗'으로 번역하면 사람들이 헷갈릴까봐 '척'이라고 번역했는데
이것때문에 더 헷갈립니다. 그냥 '긴규빗' 정도로 번역을 하는 것이 좋지 않았을까 싶기 합니다.

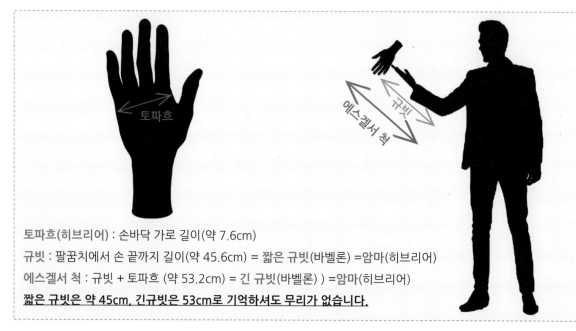

토파흐(히브리어) : 손바닥 가로 길이(약 7.6cm)
규빗 : 팔꿈치에서 손 끝까지 길이(약 45.6cm) = 짧은 규빗(바벨론) =암마(히브리어)
에스겔서 척 : 규빗 + 토파흐 (약 53.2cm) = 긴 규빗(바벨론) ) =암마(히브리어)
**짧은 규빗은 약 45cm, 긴규빗은 53cm로 기억하셔도 무리가 없습니다.**

## 1. 포인트

'선지서들은 재미없다.. 무서워서 잘 안 읽혀진다'등등 이야기를 합니다. 하지만 선지서들은 아니 성경은
요한계시록까지 모두 심판이 최종 목적이 아닌 회복과 구원이 제일 중요한 메시지입니다.
북이스라엘과 남유다가 멸망하기전 선지자를 통해 하신 말씀들이 선지서입니다.
죄악이 만연하고 종말론이 판치는 지금, 어쩌면 이런 선지서들이 우리에게 중요한 말씀이지 않을까요?
회개하고 돌이켜 구원에 이르기를 원하신다는..

## 2. 지도

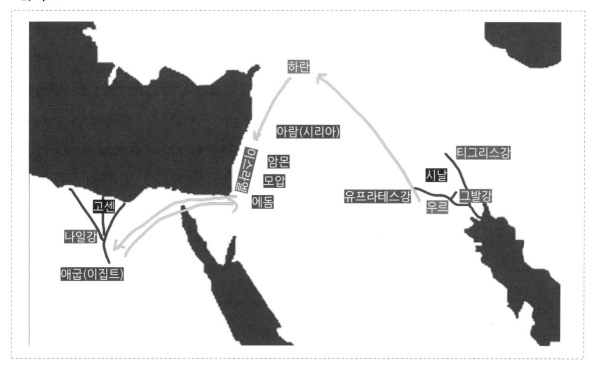

위 포로로 끌려가고 귀환하는 경로를 보면 어디선가 본 듯 하지 않으신가요?
아브람을 갈대아 우르에서 부르시고 이동하는 경로이기도 하지요..
포로들의 경로는 하나님 나라의 백성이 되기 위해 떠나온 곳으로 다시 돌아가 있는 모습입니다.
다시 리셋된 모습이지요.

에스겔서의 시작을 잘 보셔야 에스겔서를 이해하기 쉽습니다.

▷ 1:1 서른째해 : 이건 에스겔의 당시 나이를 의미합니다.
▷ 1:2 여호야긴왕이 사로잡힌지 오 년 : 서른째해와 다른 기준이지요? 앞으로 에스겔서에서 계속 언급되는 "몇째해"는 이 기준입니다. 이 기준으로 시간을 가늠할 수 있는 거구요..
에스겔은 여호야긴왕과 함께 2차포로(B.C. 597년)로 끌려왔기에 **에스겔이 포로된 시기**와도 동일하지요..또 달리보면 남유다 멸망전까지는 마지막 왕인 **시드기아왕의 재위년수**이기도 합니다.
이렇게 보시면 왕하25장에 시드기아 구년, 십일년등도 에스겔서의 시기와 연결할 수 있지요?
이렇게 선지자의 활동시기와 열왕기/역대기만 엮어서 이해해도 시대상황이 보여요..

1차포로는 B.C. 606년 여호야김왕 때 다니엘과 세 친구가 끌려온 거 기억하시지요?
약 10년의 간격을 두고 있지만 동시대에 바벨론에 같이 있었습니다.
하지만 다니엘은 궁에서 환관장 아래서 교육을 받았고 에스겔은 궁밖 노역장입니다.

동시대 선지자로 남유다에서는 에스겔보다 먼저 활동을 시작했지만 예레미아를 대표적으로 들 수 있어요.
특히 예레미아를 언급한 이유는 동시대에 동일하게 남유다의 멸망과 회복을 전하였기에 같이 묶어서 읽으면 이해도 잘 되고 정말 재밌답니다.

▷ 1:3 그발강가, 제사장 :
포로생활에 대해 언급된 시편137편은 '내 혀가 내 입천장에 붙을지어다' 등 에스겔서 요약판 같은 느낌도 줍니다.
그발강가에서 슬퍼하는 유다인들의 모습이 그려져 있지요..

시편 137편은 짧으니 한번 읽어 보세요~

166

"아..대충 흐름이 그렇구나"정도에서 조금만 더 가 볼께요..
바벨론에 포로로 끌려가는 것은 총3회입니다.
그중 3차포로는 남유다 멸망시이구요..

1차포로(B.C. 606년)는 왕족,귀족중심(다니엘)
2차포로 (B.C. 597년)는 전문가,기술자등(여호야긴, 에스겔)
3차포로 (B.C. 586년)는 나머지 중 쓸만한? 사람들이 끌려갑니다.

바벨론은 앗수르의 혼혈정책과 달리 괜찮은 사람들을 끌고가 동화정책을 펼칩니다.
달리 말하면 가치있는 사람들부터 끌고간 것이고, 남은 사람들은 "바벨론의 입장에서는 점점 더 가치 없는"
사람들인 겁니다.

당시 포로로 끌려갔던 아니면 본국에 남아있던 아직 예루살렘성이 함락되지 않고 남아 있는 상태에서 백성들은
한가지 공통된 생각을 하고 있었습니다.

(포로/본국 남은자 모두 공통) 하나님의 성전이 있는 예루살렘은 절대 무너지지 않는다!!!

즉, 포로로 간 사람들은 조만간 다시 돌아갈 것이라고 생각을 했겠지요?(거짓선지자들의 예언도 동일)
이에 에스겔 선지자 및 예레미아선지자를 통해서 그렇지 않음을 말씀하신 것이구요.

[렘21:13-14]
13 여호와의 말씀이니라 골짜기와 평원 바위의 주민아 보라 너희가 말하기를 누가 내려와서 우리를 치리요 누가
우리의 거처에 들어오리요 하거니와 나는 네 대적이라
14 내가 너희 행위대로 너희를 벌할 것이요 내가 또 수풀에 불을 놓아 그 모든 주위를 사르리라 여호와의
말씀이니라

하나님의 성전이 있기에 예루살렘은 함락되지 않는다고 굳게 믿는 백성들과 달리 예레미아서에서 분명히
말씀하고 계십니다. 나는 네 대적이라고..

그들은 하나님의 성전이 있기에 함락되지 않는다고 생각했지만, 하나님이 직접 그들의 대적이 되신다는 생각은
하지 못했습니다.
앞에서 예레미아 애가의 경우도 바벨론에 멸망이 아닌 불순종한 백성들 때문에 멸망함을 그리고 있다고
말씀드렸지요?
자신들에 대한 회개없이 하나님의 도우심만을 기대하고 있는 어리석은 모습입니다.

다음페이지에서는 포로로 끌려가지 않고 본국에 남아있던 사람들도 한번 살펴볼게요.

한가지 재밌는 생각을 해 보겠습니다.

'소작농에 가난한 사람이었는데 돈 많고 땅 많이 가진 사람들이 모두 끌려갔다면?'

그들은 어떻게 행동했을까요?

앞 다투어 이 기회에 한 몫 잡으려 혈안이 되었을 겁니다. 엉망진창인 사회입니다. 말씀 볼께요.

[렘24:1-10] 좋은 무화과 나쁜 무화과

1 바벨론의 느부갓네살 왕이 유다 왕 여호야김의 아들 여고냐와 유다 고관들과 목공들과 철공들을 예루살렘에서 바벨론으로 옮긴 후에 여호와께서 여호와의 성전 앞에 놓인 무화과 두 광주리를 내게 보이셨는데

2 한 광주리에는 처음 익은 듯한 극히 좋은 무화과가 있고 한 광주리에는 나빠서 먹을 수 없는 극히 나쁜 무화과가 있더라

3 여호와께서 내게 이르시되 예레미야야 네가 무엇을 보느냐 하시매 내가 대답하되 무화과이온데 그 좋은 무화과는 극히 좋고 그 나쁜 것은 아주 나빠서 먹을 수 없게 나쁘니이다 하니

4 여호와의 말씀이 또 내게 임하니라 이르시되

5 이스라엘의 하나님 여호와께서 이와 같이 말씀하시니라 내가 이곳에서 옮겨 갈대아인의 땅에 이르게 한 유다 포로를 이 좋은 무화과 같이 잘 돌볼 것이라

6 내가 그들을 돌아보아 좋게 하여 다시 이 땅으로 인도하여 세우고 헐지 아니하며 심고 뽑지 아니하겠고

7 내가 여호와인 줄 아는 마음을 그들에게 주어서 그들이 전심으로 내게 돌아오게 하리니 그들은 내 백성이 되겠고 나는 그들의 하나님이 되리라

8 여호와께서 이와 같이 말씀하시니라 내가 유다의 왕 시드기야와 그 고관들과 예루살렘의 남은 자로서 이 땅에 남아 있는 자와 애굽 땅에 사는 자들을 나빠서 먹을 수 없는 이 나쁜 무화과 같이 버리되

9 세상 모든 나라 가운데 흩어서 그들에게 환난을 당하게 할 것이며 또 그들에게 내가 쫓아 보낼 모든 곳에서 부끄러움을 당하게 하며 말거리가 되게 하며 조롱과 저주를 받게 할 것이며

10 내가 칼과 기근과 전염병을 그들 가운데 보내 그들이 내가 그들과 그들의 조상들에게 준 땅에서 멸절하기까지 이르게 하리라 하시니라

예레미아 1절의 여고냐는 여호야긴왕입니다.

바벨론으로 옮긴 후라면 "2차포로이후에" 즉, 에스겔서의 배경과 동일한 시대입니다. 남은 자들의 생각과 하나님의 생각은 다른 것을 보실 수 있습니다.

또한, 6절을 보면.. 다시 이땅으로 인도하심을 말씀하십니다.

하지만 더 중요한 내용이 보이네요.

"그들이 전심으로 내게 돌아오게 하리니.." 즉, 포로로 보내신 이유가 나타납니다.

또한, "그들이 내 백성이 되고 나는 그들의 하나님이 되리라" 이 구절을 보면 하나님의 백성이 되기 위한 전제조건이 보입니다. 전심으로 돌아와야 한다는..

앞에서 남은 자들은 "바벨론 입장에서 점점 더 가치없는"이라고 말씀드렸는데 하나님이 보시기에도 "나쁜 무화과" 즉, 남은 자들의 생각과는 달랐다는 점입니다.

| 장 | 주제 | 내용 |
|---|---|---|
| 1장 | | <u>여호야긴 왕이 사로잡힌지 오년</u> |
| 2장~ 3장초반 | 에스겔을 선지자로 부르시며 두루마리를 먹게하심 (애가와 애곡과 재앙의 말) | 애가와 애곡과 재앙의 말이란 남유다의 멸망이 이미 결정되었다는 것을 의미합니다.<br>그런데 "달기가 꿀 같더라"는 어떤 의미일까요?<br>하나님의 말씀이기에 달게 받았다고도 볼 수 있겠구요.<br>또한 하나님이 이를 통한 회복을 계획하심 때문이기도 한 것 같습니다. |
| 3장 후반 | 파수꾼으로 부르심 & 말못하는 자 | 재밌는 부분이 있습니다. 3장에서 파수꾼으로 부르시는 장면이 나오는데 나중에 33장에서도 다시 한번 파수꾼으로 삼으시는 장면이 동일하게 나옵니다.<br><br>3장에서는 파수꾼으로 부르신 에스겔이 말을 못하게 됩니다.<br>33장은 글의 분위기가 변하는 장으로, 연이어 예루살렘의 함락소식을 들은 파수꾼 에스겔이 드디어 말을 하기 시작하게 되구요.<br>3장과 33장에 왜 동일한 내용이 반복되고 있을까요?<br><br>파수꾼은 적이 나타나면 나팔을 불어 경고하는 자로 이를 태만히 한 경우 파수꾼에게 책임을 물었습니다. 즉, 경고하는 역할로 세우신 것이지요.. 3장과 33장 이 두 장에서 파수꾼의 차이는 무엇일까요? |
| 4장 | 토판위 예루살렘 포위 | 시드기야 9년부터 멸망하는 11년 까지 실제 예루살렘은 바벨론에 포위됩니다.(왕하25장 시드기야 구년, 십일년)<br>왕하 읽으며 앞으로 시드기야 몇 년 하면 에스겔서 연결되지요?<br>여기에 약 10년을 더하면 다니엘의 포로기간이 되는 것도 다시 기억하세요~ |

| 장 | 주제 | 내용 |
|---|---|---|
| 5장 | 머리털과 수염을 깎는 상징 | [겔5:10] 그리한즉 네 가운데에서 아버지가 아들을 잡아먹고 아들이 그 아버지를 잡아먹으리라 내가 벌을 네게 내리고 너희 중에 남은 자를 다 사방에 흩으리라 <br><br> 예루살렘 성은 시드기야 왕 9년부터 11년까지 약 30개월 동안 바벨론 느부갓네살 왕에 의해 포위되는 일이 발생합니다. 이때 자녀를 잡아먹는 일이 실제로 발생했습니다. <br> 신명기 28장에서 불순종하여 받는 저주에서 이미 언급된 내용입니다. <br><br> [신28:36-57] <br> 36 여호와께서 너와 네가 세울 네 임금을 너와 네 조상들이 알지 못하던 나라로 끌어 가시리니 네가 거기서 목석으로 만든 다른 신들을 섬길 것이며 <br> 57 자기 다리 사이에서 나온 태와 자기가 낳은 어린 자식을 남몰래 먹으리니 이는 네 적군이 네 생명을 에워싸고 맹렬히 쳐서 곤란하게 하므로 아무것도 얻지 못함이리라 <br><br> 같은 신명기 54절과 56절에 "미운 눈으로 바라보며"라고 나옵니다 <br><br> [신28:54,56] <br> 54 너희 중에 온유하고 연약한 남자까지도 그의 형제와 그의 품의 아내와 그의 남은 자녀를 미운 눈으로 바라보며 <br> 56 또 너희 중에 온유하고 연약한 부녀 곧 온유하고 연약하여 자기 발바닥으로 땅을 밟아 보지도 아니하던 자라도 자기 품의 남편과 자기 자녀를 미운 눈으로 바라보며 <br><br> 어떻게 생각하셨나요? 개인적으로는 보통의 '미워한다'라는 의미와 살짝 다르게 보는 게 맞을 것 같습니다. <br> 여기서 '미운'이란 단어는 히브리어 원어로 "야라(떨다,악하다,걱정하다,두려워하다,시기하다)"입니다. <br> 앞의 '까지도, 자라도'란 의미는 앞부분과 반대 내용이 이어짐을 의미하지요. <br> 결국 앞이 '온유하다'는 긍정이니 '걱정하다'라는 긍정적 의미는 아닐껍니다. <br> 즉, '악한눈, 시기하는 눈'이라고 개인적으로 생각합니다. <br> 결국 먹을 것으로 보는 눈, 더 많이 차지하기 위해 질투하는 눈.. ㅠㅠ <br> 앞의 '척'과 같이 번역이 살짝 아쉽다는 생각이 듭니다. <br> [렘19:9], [애2:20 , 4:10] <br> 상기 구절등에서도 동일한 부분이 언급되고 있으며, 요세푸스 기록에는 훗날 주후70년경 로마제국에 의해 예루살렘성이 다시 함락될 시기에도 '어머가 아들을 죽여 구워서 반은 먹고 반은 숨겨놓았다'는 기록이 있어요. |

| 장 | 주제 | 내용 |
|---|---|---|
| 7장 | 이스라엘의 끝이 다가오다 | [겔7:2] 너 인자야 주 여호와께서 이스라엘 땅에 관하여 이같이 말씀하셨느니라 끝났도다 이 땅 사방의 일이 끝났도다<br><br>여기서 이스라엘은 북이스라엘이 아닌 것 당연하지요?<br>한가지.. 여기서 땅으로 쓰인 히브리어는 '아다마'입니다.<br>보통 "에레쯔"라는 단어를 사용하는데 여기서는 아다마라는 단어가 사용되었습니다.<br>참고로 아다마(경작하는 땅), 싸데(자연스레 풀이 자라는 땅,가시덤불)는 에레쯔에 포함 된 개념으로 아담 창조시 아다마의 아팔(먼지)로 창조하시죠.<br>'아다마'를 사용한 부분도 한번쯤 묵상해 볼 만한 듯 합니다. |
| 8장~ 9장 | 예루살렘의 우상숭배 | 여섯째 해 여섯째 달 초닷새에<br>엇? 처음으로 시간의 변화가 있네요.. 다음해로 넘어갔습니다.<br>이 장에서 확인할 부분은 배경이 예루살렘입니다.(8장~11장)<br>머리털 한 모숨을 잡고 환상가운데 예루살렘으로 가서 본 모습입니다(3절)<br>본국에 남아있는 자들의 지독한 우상숭배를 다루고 있습니다.<br><br>14절에 담무스라는 우상은 바벨론과 애굽에서 공통적으로 섬기던 우상입니다. 바벨론을 섬기는 것일 수도, 아니면 애굽에 의지하여 애굽의 힘으로 다시 회복하려는 시도일 수도 있겠지요.<br><br>11절의 사반의 아들 야아사냐가 나오는데요. 어디서 들은 이름 같지요?<br><br>[왕하22:8] 대제사장 힐기야가 서기관 사반에게 이르되 내가 여호와의 성전에서 율법책을 발견하였노라 하고 힐기야가 그 책을 사반에게 주니 사반이 읽으니라<br><br>사반은 요시아왕 개혁 당시 서기관으로 이 사반을 야아사냐의 아버지로 봅니다(이설 있음). 당시 남유다의 철저하게 망가진 모습을 보여줍니다. |
| 10장~ 11장 | 여호와의 영광이 성전을 떠나시다 (11:24~25 : 8장에서 시작된 예루살렘에서 에스겔이 다시 갈대아로 돌아오므로 8~11장이 예루살렘입니다.) | [겔11:3] 그들의 말이 집 건축할 때가 가깝지 아니한즉 이 성읍은 가마가 되고 우리는 고기가 된다 하나니<br><br>**집 건축할 때가 가깝지 아니한즉** : 예루살렘성은 절대 무너지지 않는다.<br>**이 성읍은 가마가 되고 우리는 고기가 된다** : 좋은 고기는 가마에서 삶아지고 불필요한 것은 버려지고, 안좋은 것들은 불판에 굽고..이런 당시의 생활을 기준으로 생각해야 이해가 됩니다. 자신들의 현재 모습을 보지 않고 하나님이 택하신 백성이기에 안전하다는 의미를 담고 있습니다. |

| 장 | 주제 | 내용 |
|---|---|---|
| 12장 | 포로가 될 것을 상징 | [겔12:6] 캄캄할 때에 그들의 목전에서 어깨에 메고 나가며 얼굴을 가리고 땅을 보지 말지어다 이는 내가 너를 세워 이스라엘 족속에게 징조가 되게 함이라 하시기로<br><br>[겔12:12-13]<br>12 무리가 성벽을 뚫고 행장을 그리로 가지고 나가고 그 중에 왕은 어두울 때에 어깨에 행장을 메고 나가며 눈으로 땅을 보지 아니하려고 자기 얼굴을 가리리라 하라<br>13 내가 또 내 그물을 그의 위에 치고 내 올무에 걸리게 하여 그를 끌고 갈대아 땅 바벨론에 이르리니 그가 거기에서 죽으려니와 그 땅을 보지 못하리라<br><br>시드기야 왕이 밤에 도망치는 모습에 대한 예언입니다.<br>도망치다 잡혀서 리블라에서 아들들의 죽음을 본 후, 두 눈이 뽑힌채로 바벨론에 끌려가 죽게되지요.<br>13절에 바벨론에 이르지만 그 땅을 보지 못하리라까지의 의미입니다.<br>[왕하25:1~12] , [렘39:1~10] , [렘52:4~16] |
| 13장 | 거짓선지자 | **회칠한 담** : 근본적인 고침이 없이 보이는 부분을 예쁘게 포장하는 것을 의미합니다. 결국 거짓선지자들이 '곧 회복되어 돌아가리라'는 거짓 예언을 깨뜨리고 본 모습을 보이시겠다는 구절입니다. |
| 16장 | 가증한 예루살렘 | [겔16:6] 내가 네 곁으로 지나갈 때에 네가 피투성이가 되어 발짓하는 것을 보고 네게 이르기를 너는 피투성이라도 살아 있으라 다시 이르기를 너는 피투성이라도 살아 있으라 하고 |
| 20장<br>~23장 | 이스라엘의 반역과 하나님의 뜻 | 일곱째 해 다섯째 달 열째 날에..<br>다시 한번 시간이 변화합니다. |
| 24장 | 녹슨 가마 예루살렘 & 에스겔의 아내가 죽다<br>(다음 Page로 연결) | 아홉째 해 열째 달 열째 날에..<br>또 한번 시간이 변화는데 연수를 확인해야 합니다.<br>시드기야 9년부터 11년까지 예루살렘이 포위되었다가 함락되지요?<br>아홉째 해이니 예루살렘성이 바벨론 느부갓네살에게 포위된 연도입니다.<br>후반부에 에스겔의 아내가 죽는데 슬퍼하지 말라고 명하십니다.<br><br>[겔24:16] 인자야 내가 네 눈에 기뻐하는 것을 한 번 쳐서 빼앗으리니 너는 슬퍼하거나 울거나 눈물을 흘리거나 하지 말며<br><br>에스겔 아내 죽음이 예루살렘과 연결이 되시나요? |

| 장 | 주제 | 내용 |
|---|---|---|
| 24장 | 말 할 수 있게 되는 때를 알려주심(예루살렘 함락소식을 들을 때) | 지금쯤 놓치셨을 수도 있는 부분이 있지요.<br>처음 환상이 열리고(다섯째 해에) 부르시면서 에스겔은 말 못하는 자입니다.<br>좀 더 정확하게는 하나님이 전하라는 것 외에는 못하는 것이죠.<br>지금이 아홉째 해이니 4년이 지났습니다.<br>열 둘째 해까지 약 7년간 에스겔은 말 못하는 자가 됩니다.<br>3장에서 33장에도 파수꾼이 동일하게 나온다고 말씀드렸습니다.<br>그런데 파수꾼으로 부르시며 3장에서는 말 못하는 자가 되게 하시지요.<br>33장에서는 다시 예루살렘성의 함락과 함께 말을 하게 될 것이라 하십니다.<br>3장에서 어떤 묵상을 하셨나요? |
| 25장 | 암몬,모압/세일, 에돔과 블레셋 심판 (25장부터 33장 예루살렘 함락소식을 접하기 전인 32장까지는 주변국가들에 대한 심판이 이어집니다.) | 암몬 : 앞의 21장에 나온 구절을 한번 볼께요<br><br>[겔21:20-21]<br>20 칼이 암몬 족속의 랍바에 이르는 길과 유다의 견고한 성 예루살렘에 이르는 길을 그리라<br>21 바벨론 왕이 갈랫길 곧 두 길 어귀에 서서 점을 치되 화살들을 흔들어 우상에게 묻고 희생제물의 간을 살펴서<br><br>이렇게 암몬과 남유다중 남유다를 먼저 공격하게 됩니다. 이에 암몬은..<br><br>[겔25:3] ~~내 성소가 더럽힘을 받을 때에 네가 그것에 관하여, 이스라엘 땅이 황폐할 때에 네가 그것에 관하여, 유다 족속이 사로잡힐 때에 네가 그들에 대하여 이르기를 아하 좋다 하였도다<br><br>**모압과 세일 : 일단 의문이 한가지 들지 않으시나요?**<br>보통의 경우 세일은 에돔의 지역입니다. 당연히 모압, 에돔과 세일이 맞는 듯 한데 다르게 묶여있습니다.<br>원래 에돔땅이지만 여호사밧왕 당시 암몬과 모압 연합군이 침입하여 세일 지역이 모압에 병합된 상태이기에 에스겔서에서는 모압과 세일로 묶여 언급된 것이랍니다. 여호사밧은 분열왕국 남유다 4대왕이니 꽤 긴 시간이지요? 상기 내용은 [역대하 20:22~23]을 살펴보시면 됩니다.<br>**에돔과 블레셋 :**<br>여기서 에돔은 전에 언급드린 시편137:7을 다시 보시면 좋습니다.<br>시드기야왕, 그리고 유다백성이 도망칠 때 에돔은 도망하는 자들 막고 포로로 넘기기까지 합니다. 이에 대해 포로로 간 이들의 호소가 나옵니다.<br>대표적인 에돔멸망예언인 오바댜1:14절도 한번 볼께요.<br><br>[옵1:14] 네거리에 서서 그 도망하는 자를 막지 않을 것이며 고난의 날에 그 남은 자를 원수에게 넘기지 않을 것이니라 |

| 장 | 주제 | 내용 |
|---|---|---|
| 8장 ~33장 | 중간점검 | 25장에 주변국가 심판이 언급되기 시작했으니.. <br> 더 나가기 전에 한번 현재 위치를 한번 알아두는 것이 좋아보입니다. <br> 주변국가 심판은 연도만 한번 점검하시며 읽어가시면 됩니다. <br><br> **1장** : 환상이 열리고 여호와의 영광을 봄 <br> **2장~3장** : 선지자와 파수꾼으로 부르시고 말 못하는 자가 됨 <br> **4장~7장** : 다양한 상징행위등.. <br> **8장~11장** : 예루살렘에 옮겨져서 본 환상(지독한 우상숭배, 여호와의 영광이 성전을 떠나심) <br> **12장~24장** : 각종 비유와 상징행위를 통한 예언 <br> **25장~32장** : 주변국가들에 대한 심판 <br> **33장** : 예루살렘성의 함락소식을 듣고 다시 말을 하게 됨 <br><br> 어떠신가요? 에스겔서는 환상이 주가 되어 너무 어려운 성경이란 이미지와 다르지 않으신가요? 실제 따지고 보면 총48장 중에 33장까지 약 70%는 위 내용처럼 어렵지 않습니다. 정확히는 37장까지 약 77%는 어렵지 않아요. <br> 진짜 환상들로 이루어지고 어려운 38~48장 부분은 처음엔 통과하고 안읽으셔도 되지만 그 부분도 어렵게 느껴지는 부분이 단지 환상이 머리에 딱 떠오르지 않기 때문이라 이후에서 그림으로 표현을 할 예정입니다. |
| 26장 ~28장 | 두로/시돈이 받을 심판 | 열한째 해 어느달 초하루 |
| 29장 ~32장 | 애굽이 받을 심판 | 29장 1절 : 열째 해 열째 달 열두째날 (시간순이 아닌 부분) <br> 29장 17절 : 스물일곱째 해 첫째 달 초하루에 (시간순이 아닌 부분) <br> 30장 20절 : 열한째 해 첫째 달 일곱째 날 <br> 31장 1절 : 열한째 해 셋째 달 초하루 <br> 32장 1절 : 열두째 해 열두째 달 초하루 <br> 32장 17절 : 열두째 해 어느 달 열다섯째 날에 <br><br> <u>에스겔서에서 위에 애굽심판에 대해 위 두 구절만 시간순이 아닙니다.</u> <br> 스물일곱째 해라면 에스겔이 25세에 포로가 되었으니 52세일껍니다. <br> 쓰여진 것은 52세 이후로 봐야겠지요? <br> 다니엘서가 소년 다니엘과 세친구로 끝이 아닌 백발이 성성한 노선지자 모습을 그려야 하는 것처럼, 에스겔서도 어느덧 노선지자가 되어서 쓰여진 성경이란 느낌을 가지실 수 있어야 합니다. |

| 장 | 주제 | 내용 |
|---|---|---|
| 33장 | 예루살렘 함락소식을 듣고 에스겔이 말을 하기 시작하다. | 33장 21절 : 열두째 해 열째 달 다섯째 날에<br><br>33장에서 예루살렘 소식을 듣게 되면서 앞 부분 심판과 다른 회복의 메시지로 연결되는 특징이 있다고 계속 말씀드렸습니다.<br>이후로 펼쳐지는 회복의 메시지가 에스겔서의 주제라고 저는 생각합니다.<br>열두째 해로 나오는데 열한째 해에 예루살렘이 함락되었고, 도망하여 온 자에게 들은 시점이 열두째 해로 보시면 될 것 같습니다. |
| 34장<br>~35장 | 양떼를 구원하심,<br><br>세일산과<br>에돔의 황폐 | 에돔에 대한 구절인데 한번쯤 생각해 볼 구절이 있어요.<br><br>[겔35:5] 네가 옛날부터 한을 품고 이스라엘 족속의 환난 때 곧 죄악의 마지막 때에 칼의 위력에 그들을 넘겼도다<br><br>'한을 품고'는 어떤 한을 의미하는 걸까요?<br>창세기에 이삭이 야곱에게 축복한 후, 에서가 돌아와서 자신에게 축복해달라고 하는 장면입니다.<br><br>[창27:40] 너는 칼을 믿고 생활하겠고 네 아우를 섬길 것이며 네가 매임을 벗을 때에는 그 멍에를 네 목에서 떨쳐버리리라 하였더라<br><br>축복인지 아닌지 헷갈리는 부분이지요.<br>여기서 '매임'은 또 무엇이고 '멍에'는 무엇일까요?<br>이 구절 위에 에서의 말이 나옵니다.<br><br>[창27:36] 에서가 이르되 그의 이름을 야곱이라 함이 합당하지 아니하니 이까 그가 나를 속임이 이것이 두 번째니이다 전에는 나의 장자의 명분을 빼앗고 이제는 내 복을 빼앗았나이다 또 이르되 아버지께서 나를 위하여 빌 복을 남기지 아니하셨나이까<br><br>즉, 멍에(야곱에 대한시기,질투,미움)을 떨쳐버릴 때에 매임에서 벗어난다는 이야기가 됩니다. 결국 이 한을 떨쳐버리지 못하고 멍에에 매인 상태의 지속을 의미하는 듯 합니다. 우리의 삶은 멍에에서 벗어나 있나요?<br>에서이야기에서 또 한가지 히브리어 원어로 보면 재밌는 구절이 있답니다.<br><br>[창25:34] 야곱이 떡과 팥죽을 에서에게 주매 에서가 먹으며 마시고 일어나 갔으니 에서가 장자의 명분을 가볍게 여김이었더라<br><br>가볍게 여김 : 바자(멸시하다,싫어하다,업신여기다)<br>보통 번역본으로 보면 '업신여기다'정도로 보면 맞아보이는 내용입니다.<br>한 구절 말씀 더 볼께요. 에돔멸망 예언서인 오바댜입니다.<br><br>[옵1:2] 보라 내가 너를 나라들 가운데에 매우 작게 하였으므로 네가 크게 멸시를 받느니라<br><br>상기 '멸시를 받느니라'라는 단어도 동일하게 '바자'입니다. 묵상해보세요~ |

| 장 | 주제 | 내용 |
|---|---|---|
| 36장 | 이스라엘이<br>받을 복 | [겔36:34] 전에는 지나가는 자의 눈에 황폐하게 보이던 그 황폐한 땅이 장차 경작이 될지라<br><br>앞에 7장에서 말씀드린 것 기억하시나요?<br><br>[겔7:2] 너 인자야 주 여호와께서 이스라엘 땅에 관하여 이같이 말씀하셨느 니라 끝났도다 이 땅 사방의 일이 끝났도다<br><br>7장에서의 땅은 아다마(경작가능한 땅)라고 말씀드렸습니다.<br>36장의 땅은 에레쯔(아다마 + 싸데(풀이 자라는 땅,가시덤불))입니다.<br><br>히브리어를 학습하시라고 적는 것이 아니구요.<br>7장에서 멸망시키시는 땅은 아담을 창조하실 때 쓰인 아다마입니다.<br>36장에서 회복을 시킬 황폐한 땅은 에레쯔입니다.<br><br>[창2:15] 여호와 하나님이 그 사람을 이끌어 에덴 동산에 두어 그것을 경작하며 지키게 하시고<br>창세기에서 아담에게 '경작하고 지키게' 하셨지요?<br>에스겔 36장에서도 '그 황폐한 땅이 장차 경작이 될지라'라고 말씀하시고 계십니다. 완전한 회복을 의미하는 것처럼 보이기도 합니다.<br><br>성경은 이렇게 구절들을 연결시키면서 바라보면 정말 재밌게 볼 수도 있고 다양한 묵상이 가능한 것 같습니다. |
| 37장 | 마른 뼈가 살아남<br>& 통일국가<br>& 메시아 | 에스겔 하면 가장 대표적으로 떠오르는 장이 마른뼈환상 아니실까요?<br>이 구절은 좀 의견이 나누어지는 편이기에 좀 언급하기 어렵네요.<br>마른뼈환상을 영적 이스라엘의 회복(하나님의 군대)로 보는 의견도 있구요.<br>이 장은 이스라엘 민족에 한정된 부분으로 이스라엘의 회복을 의미한다고 보는 의견도 있습니다.<br><br>살짝 논란이 되는 부분이 있기에 제 의견은 분명하지만 언급하지 않고 넘어가는 것으로 할께요. 각자 묵상해보시기 바랍니다. 내용은 어렵지 않아요~ |
| 38장<br>~39장 | 곡의 심판과 멸망 | 38~48장은 성경이 아직 어렵다고 느끼시는 분들은 과감히 통과하시면 좋겠어요.특히 38장~39장은요.. |
| 40장<br>~48장 | 에스겔성전<br>& 땅의 분배등 | 역시 어려운 내용이기에 통과하셔도 됩니다.단지 에스겔성전의 경우는 기존의 성막,솔로몬성전,스룹바벨(헤롯성전)등과 함께 묵상하면 재밌는 부분도 있습니다. 실제 내용정리는 끝입니다. 다음은 성전모형 위주로 볼께요. |

# 에스겔 성전 3D모형

에스겔 성전모형을 제가 여러가지 자료를 찾아보았습니다.
그런데 실제 성경의 기록과 차이가 나는 부분이 너무 많기도 하고 성경기록과 확연히 다른 이미지도 많이 보였습니다.

물론 제가 그린 것이 정답인 것도 아니고 어려운 부분도 많습니다.
하지만 성경에 기록된 부분은 가능하면 모두 반영을 하려고 최대한 노력하여 만든 이미지입니다.
에스겔서에 나온 성전을 분석하는데 이 책을 쓰는 전체 시간의 거의 절반을 사용하며 정말 포기할까도 많이 생각했는데, 지금와서 그린 그림을 가지고 에스겔성전부분을 읽으면 그렇게 어렵지 않게 다가오는 것 같아서 그 점은 나름 만족합니다. 그간의 노력이 좀 보상받는 느낌이랄까요?ㅎㅎ

제가 프로그래머이지 3D디자인을 전문으로 하는 사람이 아니다보니 3D모형을 그리는 것이 어려워 이것도 꽤 시간이 걸린 듯 합니다.ㅎㅎ

가능하면 전체 구조를 보고 해당부분의 부분부분을 클로즈업해서, 제가 그린 에스겔성전의 사이즈등에 대하여 근거구절을 적으면서 진행해 볼까 합니다.

저도 사람인지라 잘못 생각하거나 틀릴 수 있기에, 제가 그렇게 생각한 구절들을 같이 적어 드릴 생각이니 한번 확인하시면서 제가 생각못하거나 다르게 생각하시는 부분을 찾아가시면서 보셔도 좋습니다.

에스겔성전을 그린후 느낀 점은 정말 많은 이야기가 담겨있다는 점이었습니다.
실제 인터넷 자료에 정말이지 이상한 해석이 담긴 곳이 너무 많기도 하기에.. 제가 최대한 쉽게 설명을 하고 구조를 제시해 드리면 개인적으로 묵상하시기에 좋으시리라 생각합니다.

제가 과학,수학등 계산으로 성경을 보는 것에 거부감을 계속 표현했는데요.
이 부분은 수학? 산수?가 좀 들어갑니다.
전체가 1미터인데 부분부분을 합하며 1.5미터가 되거나 한다면 이 해석은 틀린 것이겠지요?
제가 이런 무식한? 작업을 하게 된 부분이 인터넷상의 자료가 이런 형태로 사이즈를 기록한 것이 너무 많아서입니다.
성경의 부분부분으로는 맞아보이는데 전체적으로 틀린 자료들이요..

여튼 이 에스겔성전을 다 보신 후에 제가 어떤 이야기를 하고 싶었는지 아시게 되실꺼라 생각하며 출발합니다.
프로그래머가 그린 3D이기에 좀 예쁘지 않은 부분은 양해 해주시구요~ㅎㅎ

동영상으로 제작한 링크 올립니다.
우측 QR코드를 찍으시면 보실 수 있어요.
혹시 안되시면 **"성경읽는 프로그래머"** 블로그에 올려져 있습니다.

## 에스겔 성전 - 전체구조

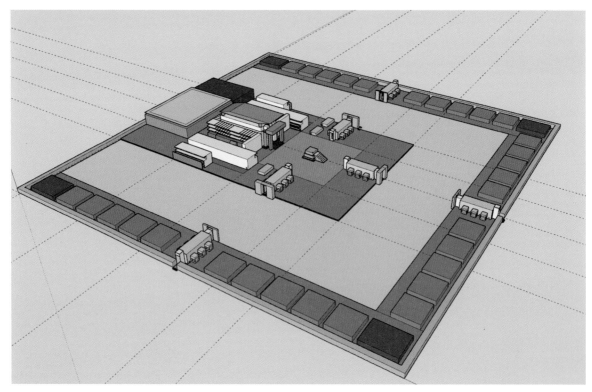

일단 전체의 구조를 한번 보셔야 합니다.
이 이미지는 제가 전체를 그린 완성본입니다.

성벽으로 둘러싸여 있고 안쪽에 다시 한번 성전으로 들어가기 위한 문이 있습니다.
즉, 바깥문을 통과하여 바깥뜰로 들어가고 바깥뜰에서 다시 안쪽문을 통과해야 안뜰로 들어갑니다.
안뜰에 들어간 후 다시 성전현관을 지나야 성전으로 들어갈 수 있습니다.

자세한 내용은 천천히 볼 것이기에 구조를 이해하시면서 이미지를 보셔야 합니다.
아, 그리고 동쪽문은 일반 백성이 출입하는 문이 아닙니다.
일반백성은 남쪽과 북쪽으로만 출입이 가능한데 들어온 문으로 나갈수 없고 반대편 문으로 나가야 합니다.

이제 에스겔서 40장부터 나오는 구절들을 가지고 하나하나 찾아가 보겠습니다.
제일 어려운 것중 한 곳이 문간입니다.
바깥문과 안문이 있다고 말씀드렸는데 이렇게 문 하나가 아닌 형태를 문간이라고 합니다.

다음페이지 가서 사이즈를 보시기 전에 앞에서 정리한 척에 대해 다시 기억하셔야 합니다.
에스겔서에서 1장대로 나오는 부분은 6척입니다.
6척은 53cm정도인데 50cm로 대충 생각하시면 됩니다.
1장대=6척은 꼭 기억하세요, 제가 사이즈를 적으며 장대를 척으로 변경해서 표시합니다.
이걸 기억하지 못하시면 모두 헷갈려 집니다.

# 에스겔 성전 - 바깥 문간

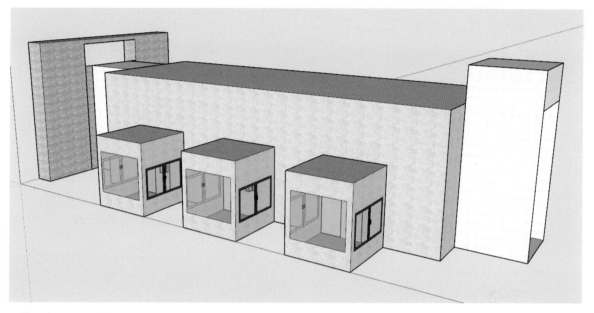

황토색으로 표시된 부분은 현관으로 문간의 사이즈에 들어가지 않는 것으로 계산이 됩니다.

이 근거는 사이즈를 말씀드릴때 같이 설명드릴 예정입니다.

바깥문은 현관이 안쪽으로 있고 안문은 현관이 바깥쪽으로 있습니다. 전체구조도에서 확인하세요~

다음페이지에서는 이 구조를 기준으로 뚜껑을 열고 사이즈를 기록해 보겠습니다.

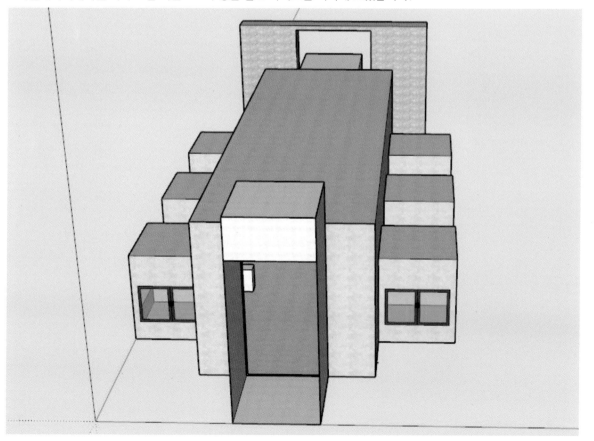

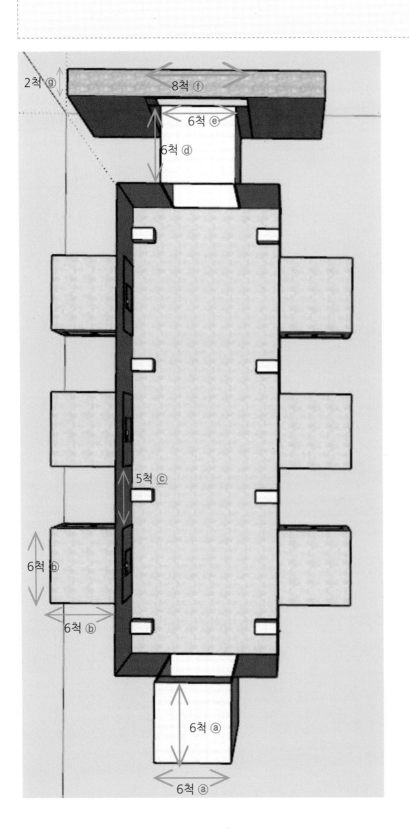

8척 ⓕ

2척 ⓖ

6척 ⓔ

6척 ⓓ

6척 ⓑ

6척 ⓑ

5척 ⓒ

6척 ⓐ

6척 ⓐ

[겔40:5] 일단 통과

[겔40:6-10]

6 그가 동쪽을 향한 문에 이르러 층계에 올라 그 문의 통로를 측량하니 ⓐ길이가 한 장대요 그 문 안쪽 통로의 길이도 한 장대며

7 그 문간에 문지기 방들이 있는데 ⓑ각기 길이가 한 장대요 너비가 한 장대요 ⓒ각방 사이 벽이 다섯 척이며 ⓓ안쪽 문 통로의 길이가 한 장대요 그 앞에 현관이 있고 그 앞에 안 문이 있으며(해석 필요구간)

8 그가 또 ⓔ안 문의 현관을 측량하니 한 장대며

9 ⓕ안 문의 현관을 또 측량하니 여덟 척이요 ⓖ그 문 벽은 두 척이라 그 문의 현관이 안으로 향하였으며

10 ⓗ그 동문간의 문지기 방은 왼쪽에 셋이 있고 오른쪽에 셋이 있으니 그 셋이 각각 같은 크기요 그 좌우편 벽도 다 같은 크기며

ⓗ 기준
문지기방 좌우 세개

방사이 벽 모두 5척

좌우편 벽도 모두 동일하므로 좌우문지기방 옆의 벽도 5척

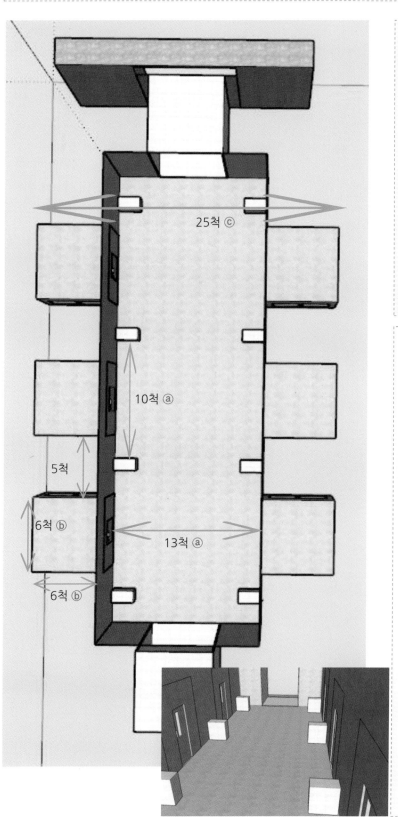

25척 ⓒ

10척 ⓐ

5척

6척 ⓑ

6척 ⓑ

13척 ⓐ

[겔40:11-13]
11 또 그 문 통로를 측량하니
너비가 열 척이요 길이가 열세
척이며
12 방 앞에 칸막이 벽이 있는데
이쪽 칸막이 벽도 한 척이요 저쪽
칸막이 벽도 한 척이며(해석필요
ⓐ) ⓑ그 방은 이쪽도 여섯 척이요
저쪽도 여섯 척이며
13 ⓒ그가 그 문간을 측량하니 이
방 지붕 가에서 저 방 지붕 가까지
너비가 스물다섯 척인데 방문은
서로 반대되었으며

ⓐ 설명
아마 이 부분이 제일 이해가
안가는 부분이라 그런지
자료들에서 사이즈가 이상한
부분입니다. 아마 방 앞에 칸막이
벽 때문인 듯 합니다.
아래는 제 해석입니다.

방사이 벽은 5척인데
칸막이가1척이니 좌우로 2척씩이
남습니다.
방사이즈가 6척이니 총10척이
됩니다.

전체 가로사이즈가 25척인데
방의 가로사이즈가 6척으로
양쪽이니 12척을 제외하면
13척이 남습니다.
이런 해석은 처음 같습니다만
3D 실치수로 그리면 이
형태외에는 산출되지 않기에 저는
이렇게 해석합니다.

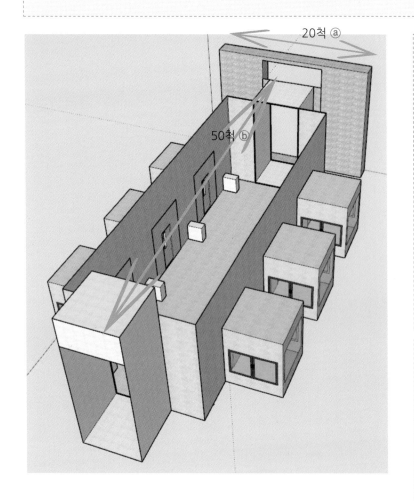

20척 ⓐ

50척 ⓑ

[겔40:14-16]

14 그가 또 ⓐ현관을 측량하니 너비가 스무 척이요 현관 사방에 뜰이 있으며

15 ⓑ바깥 문 통로에서부터 안 문 현관 앞까지 쉰 척이며

16 문지기 방에는 각각 닫힌 창이 있고 문 안 좌우편에 있는 벽 사이에도 창이 있고 그 현관도 그러하고 그 창은 안 좌우편으로 벌여 있으며 각 문 벽 위에는 종려나무를 새겼더라

16절은 사이즈에 관련한 부분이 아니라 통과하도록 하겠습니다.

지금 40:5절 한 구절은 통과한 상태입니다.

현관을 제외한 사이즈를 더하면 현관두께 2척은 문간의 크기에서 제외되어야 하는 것으로 계산되기에 현관을 제외한 길이가 50척입니다.
그래서 전체구조도에서 박석깔린땅과 안뜰의 밖으로 현관이 나오게 그려져 있습니다.

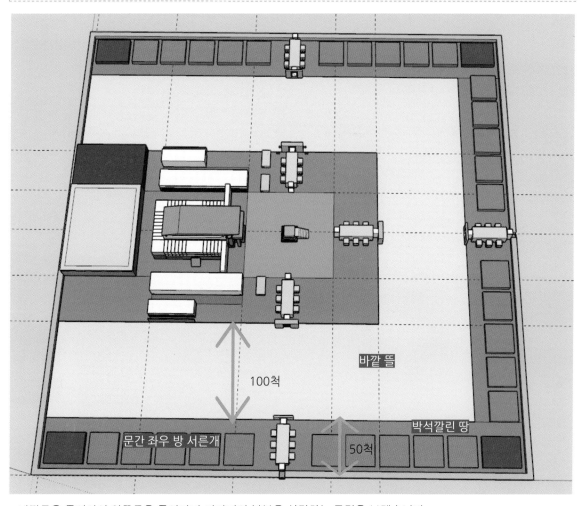

100척

바깥 뜰

박석깔린 땅

문간 좌우 방 서른개

50척

바깥문을 들어와서 안쪽문을 들어가기 전까지의 부분을 설명하는 구절을 보겠습니다.

[겔40:17-19]
17 그가 나를 데리고 바깥뜰에 들어가니 뜰 삼면에 박석 깔린 땅이 있고 그 박석 깔린 땅 위에 여러 방이 있는데 모두 서른이며
18 그 박석 깔린 땅의 위치는 각 문간의 좌우편인데 그 너비가 문간 길이와 같으니 이는 아래 박석 땅이며
19 그가 아래 문간 앞에서부터 안뜰 바깥 문간 앞까지 측량하니 그 너비가 백 척이며 동쪽과 북쪽이 같더라

제가 문간 사이즈를 할 때 현관을 제외한 부분이 50척으로 나온다고 말씀드렸습니다.
이 부분에 대한 설명을 다음페이지에서 해보겠습니다.

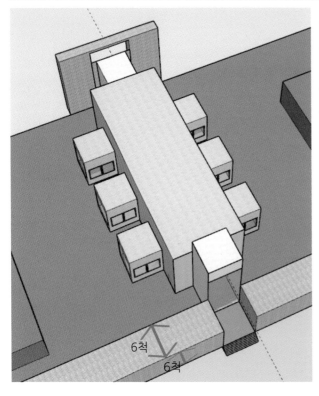

6척
6척

앞의 이미지중 바깥문간을 확대했습니다.
계산을 해 보겠습니다.

문지기방 가로6척 3개 = 18척
문지기방 좌우 벽 5척 4개 = 20척
문통로길이 6척 2개 = 12척

위 사이즈를 모두 합하면 50척으로 문간의
총길이로 성경에 나온 사이즈와 같습니다.

결국 현관부분은 부수적으로 설치되는 부분으로
총50척 문간길이에서 제외되는 것이 맞습니다.

이렇게 계산하고 문간의 길이와 박석깔린땅이
동일한 사이즈이니 박석깔린 땅은 50척이 되는
것이니 현관은 박석깔린 땅에서 삐져나오게 됩니다.
단, 현관의 두께가 2척이니 외벽의 안쪽으로 문간이
2척이 들어가는 형태라고도 볼 수는 있습니다.

하지만 전체 500척중 안뜰100척과 바깥뜰 2곳 각 100척(총200척), 문간4개 각50척(총200척)이기에
안쪽문현관은 바깥으로 튀어나올 수 밖에 없습니다.
개인적으로는 형태적으로 동일하다고 보고, 바깥담의 안쪽에서 시작하고 현관이 나오는 형태를 선택했습니다.

**여기서 미루어 두었던 구절 하나도 같이 보겠습니다.**

[겔40:5] 내가 본즉 집 바깥 사방으로 담이 있더라 그 사람의 손에 측량하는 장대를 잡았는데 그 길이가
팔꿈치에서 손가락에 이르고 한 손바닥 너비가 더한 자로 여섯 척이라 그 담을 측량하니 두께가 한 장대요 높이도
한 장대며
-> 담장의 경우 높이와 두께가 모두 6척(한 장대)입니다.

지금까지는 동쪽을 향한 바깥문이었구요
40:20~23절의 경우는 북쪽을 향한 바깥문에 대한 설명이고, 40:24~27장의 경우는 남쪽을 향한 바깥문에 대한
설명입니다.
그런데 모두 동일하다고 성경에 기록이 되어 있기에 통과합니다.
단, 추가 설명이 있는 것이 있습니다.
바깥문을 통과하기 위해서는 일곱층계를 올라가야 한다고 되어 있습니다.
동쪽문에는 언급이 없지만 이건 모두 동일하다고 보아야 할 것 같습니다.

40:28~37절의 경우 안쪽문간에 대한 설명입니다.그런데 바깥문간과 동일합니다. 차이가 두 가지 입니다.
현관이 바깥으로 향한 부분과 층계가 여덟층계라는 부분만 차이납니다. 넘어가도록 하겠습니다.

# 에스겔 성전 - 북쪽문의 부속 건물들

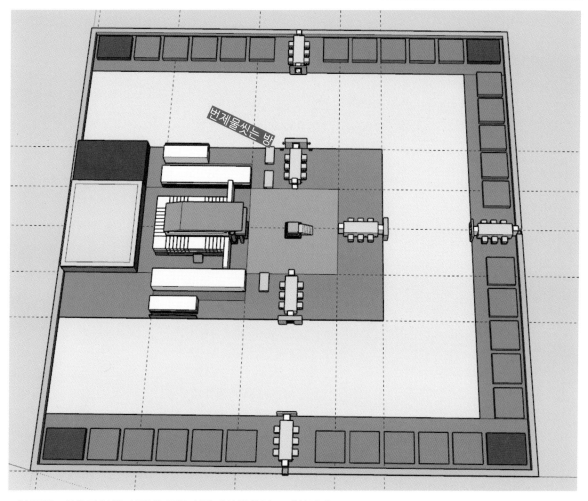

번제물씻는 방

앞에서는 동쪽과 남쪽, 북쪽을 모두 성경에서 말씀하고 계십니다.

그런데 북쪽으로 한정해서 나오는 부분이 있습니다. 위에 번제물 씻는 방이 대표적입니다.

또한 바로 아래에 파란 건물도 동쪽에는 없지요?

부속건물과 집기가 언급되는데 이 부분은 헷갈리시면 안된답니다.

그리고 .. 왜 북쪽 건물에만 번제물 씻는 방이 있는것인지등도 묵상해 보시면 좋을 것 같습니다.

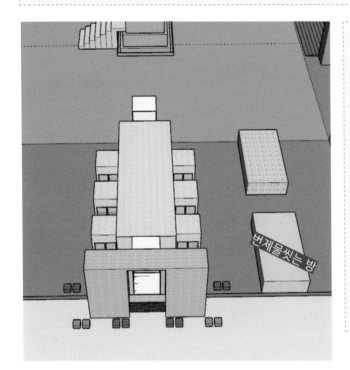

번제물씻는 방

[겔40:38-41]

38 그 문 벽 곁에 문이 있는 방이 있는데 그것은 번제물을 씻는 방이며

39 그 문의 ⓐ현관 이쪽에 상 둘이 있고 저쪽에 상 둘이 있으니 그 위에서 번제와 속죄제와 속건제의 희생제물을 잡게 한 것이며

40 ⓑ그 북문 바깥 곧 입구로 올라가는 곳 이쪽에 상 둘이 있고 문의 현관 저쪽에 상 둘이 있으니

41 문 곁 이쪽에 상이 넷이 있고 저쪽에 상이 넷이 있어 상이 모두 여덟 개라 그 위에서 희생제물을 잡았더라

위에서 나무색으로 상 8개가 ⓐ 와 ⓑ입니다. 단, ⓐ기준이 현관안쪽인지 그림처럼 바깥인지는 좀 애매합니다. 이 위쪽 좌우의 4개는 문 안쪽으로 보셔도 됩니다. 단지 동선상 번제물 씻는 방을 계산했을 때는 밖이 좋지 않을까 하는 그냥 개인적인 생각인데 이것도 분명하지는 않습니다. 만약 그러면 번제물 씻는 방 옆에 4개가 나아보이니까요. ㅎㅎ 이건 개인적인 생각에 맡겨드립니다.

[겔40:42-43]

42 또 다듬은 ⓒ돌로 만들어 번제에 쓰는 상 넷이 있는데 그 길이는 한 척 반이요 너비는 한 척 반이요 높이는 한 척이라 번제의 희생제물을 잡을 때에 쓰는 기구가 그 위에 놓였으며

43 현관 안에는 길이가 손바닥 넓이만한 갈고리가 사방에 박혔으며 상들에는 희생제물의 고기가 있더라

위 이미지에서 그레이 색으로 4개 입니다. 이 돌상의 위치도 정확하게 기록되어 있지는 않습니다.

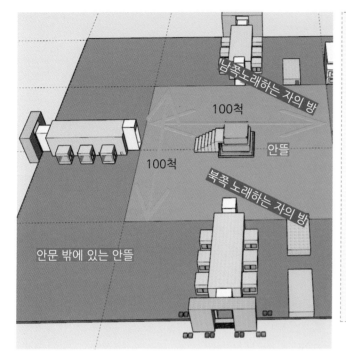

**[겔40:44-47]**

44 ⓐ 안문 밖에 있는 안뜰에는(?) 노래하는 자의 방 둘이 있는데 북문 곁에 있는 방은 남쪽으로 향하였고 남문 곁에 있는 방은 북쪽으로 향하였더라
45 그가 내게 이르되 남쪽을 향한 이 방은 성전을 지키는 제사장들이 쓸 것이요
46 북쪽을 향한 방은 제단을 지키는 제사장들이 쓸 것이라 이들은 레위의 후손 중 사독의 자손으로서 여호와께 가까이 나아가 수종드는 자니라 하고
47 그가 또 그 뜰을 측량하니 길이는 ⓑ 백 척이요 너비는 백 척이라 네모 반듯하며 ⓒ제단은 성전 앞에 있더라

일단 44절의 "안문 밖에 있는 안뜰에는"이 이해가 되시나요?
보통은 녹색으로 표시한 부분을 안뜰이라고 합니다. ⑧에서 사이즈가 각100척으로 되어 있습니다.
그런데 제가 별도로 또 안뜰을 표시해 놓았지요? 이 부분을 설명드릴께요.

지금 안문을 통과하지 못하면 들어오지 못합니다. 높이가 다르지요? 저는 높이로 표현했지만 어떤 방식으로든 입구로만 들어올 수 있습니다.
그러면 안문으로 들어와서 중앙에 보이는 부분이 안뜰이구요. 남아있는 여백의 공간이 있습니다.
그냥 안뜰을 하나로 녹색부분으로만 생각하면 성경에서 말씀하는 것이 전혀 이해가 되지 않습니다.
"안문 밖에 있는 안뜰에는"의 "밖에 있는"이 히브리어로 "페니미(내부의,안의)"라는 뜻입니다.

남쪽에 노래하는 자의 방은 문이 북쪽이지요?(북쪽으로 향함) : 이 방은 제단을 지키는 제사장들이 사용합니다.
북쪽에 노래하는 자의 방은 문이 남쪽이지요?(남쪽으로 향함) : 이 방은 성전을 지키는 제사장들이 사용합니다.

한 가지 더 언급합니다. ⓒ 부분입니다.
에스겔성전모형을 설명하면서 많은 분들이 500척의 네모를 그리고 대각선을 그려서 중앙에 번제단이 있고 이게 하나님이 가장 중요하게 여기신 부분이라고 말씀들을 하시더라구요. 저는 동의하지 않습니다.
일단 성경기록 자체가 "성전앞에 있더라"이지 위치 지정이 없습니다.
출애굽기의 성막에서 번제단이 혹시 중앙으로 기록되었는지도 찾아보았습니다. 하지만..
**[출40:6] 또 번제단을 회막의 성막 문 앞에 놓고**
무엇보다 개인적으로 "번제단이 중앙에 있기에 하나님이 보시기에 가장 중요한 것이다"라는 의견이 받아들여지지 않습니다. 여튼 기록은 "성전 앞에"일 뿐입니다. 단지 저는 하도 중앙말씀들을 하셔서 중앙에 그리긴 했습니다.

# 에스겔 성전 - 성전문 현관

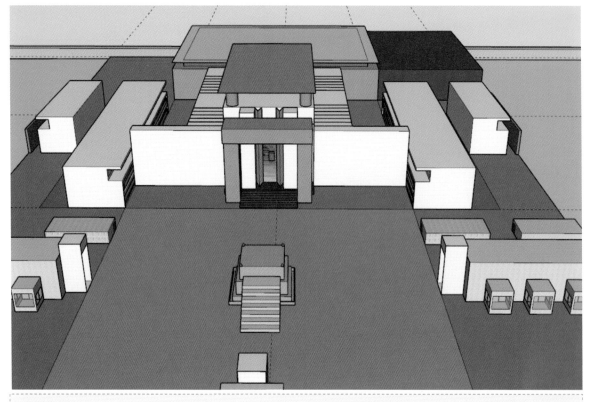

[겔40:48-49]

48 그가 나를 데리고 성전 문 현관에 이르러 그 문의 ⓐ좌우 벽을 측량하니 너비는 이쪽도 다섯 척이요 저쪽도 다섯 척이며 ⓑ두께는 문 이쪽도 세 척이요 문 저쪽도 세 척이며

49 그 ⓒ현관의 너비는 스무 척이요 ⓓ길이는 열한 척이며 문간으로 올라가는 ⓔ층계가 있고 문 벽 곁에는 기둥이 있는데 하나는 이쪽에 있고 다른 하나는 저쪽에 있더라

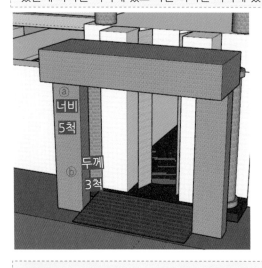

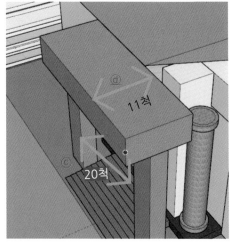

앞에서 바깥문은 계단이 7개, 안문은 8개였지요? 성전에 대해서는 ⓔ에서 층계 갯수가 기록이 없습니다.

이것도 7개, 8개, 10개로 말씀들을 하시는데 근거구절이 없어보입니다.

# 에스겔 성전 - 성소와 지성소

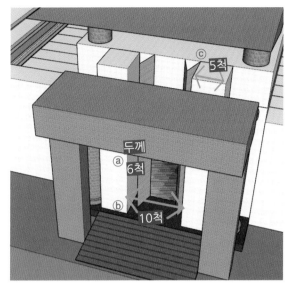

[겔41:1-2]
1 그가 나를 데리고 성전에 이르러 그 문 벽을 측량하니 이쪽 ⓐ 두께도 여섯 척이요 저쪽 두께도 여섯 척이라 두께가 그와 같으며
2 ⓑ 그 문 통로의 너비는 열 척이요 ⓒ 문 통로 이쪽 벽의 너비는 다섯 척이요 저쪽 벽의 너비는 다섯 척이며 그가 성소를 측량하니 그 길이는 마흔 척이요 그 너비는 스무 척이며(다음페이지)

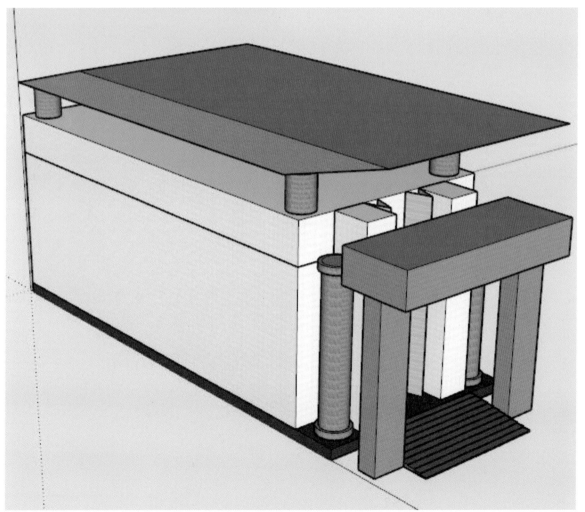

일단 성전의 형태를 먼저 보고 다음페이지에서 윗면을 제거하고 사이즈를 보겠습니다.

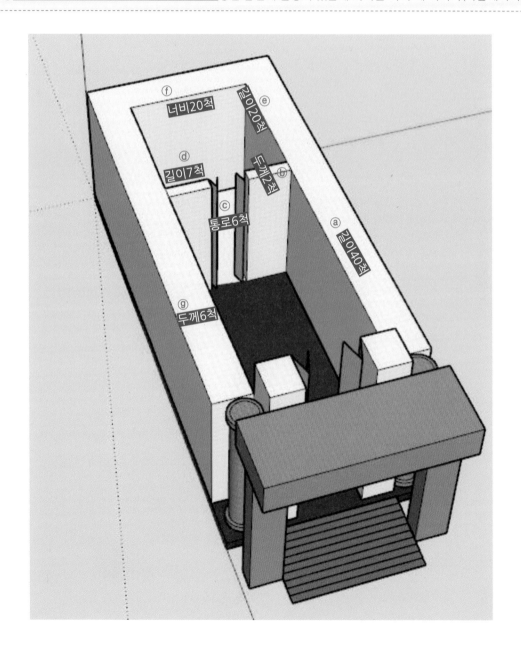

190

# 에스겔 성전 - 골방들

인터넷 자료들에서 많이 차이가 있는 부분이 앞에서 본 바깥 문간과 이 골방입니다. 말씀과 골방의 이미지를 보겠습니다. 중앙의 성전부분을 빼고 보아야 구조가 보입니다. 이해를 위해 성전 앞 벽도 한쪽은 지웠습니다.

[겔41:5-11]

5 ..성전 삼면에 골방이 있는데 ⓐ 너비는 각기 네 척이며

6 골방은 삼 층인데 골방 위에 골방이 있어 모두 서른이라 그 삼면 골방이 성전 벽 밖으로 그 벽에 붙어 있는데 성전 벽 속을 뚫지는 아니하였으며

7 이 두루 있는 골방은 그 층이 높아질수록 넓으므로 성전에 둘린 이 골방이 높아질수록 성전에 가까워졌으나 성전의 넓이는 아래 위가 같으며 골방은 아래층에서 중층으로 위층에 올라가게 되었더라

8 내가 보니 성전 삼면의 지대 곧 ⓑ모든 골방 밑 지대의 높이는 한 장대 곧 큰 자로 여섯 척인데

9 성전에 붙어 있는 ⓒ그 골방 바깥 벽 두께는 다섯 척이요 그 외에 빈 터가 남았으며

10 성전 골방 ⓓ삼면에 너비가 스무 척 되는 뜰이 둘려 있으며

11 그 골방 문은 다 빈 터로 향하였는데 한 문은 북쪽으로 향하였고 한 문은 남쪽으로 향하였으며 ⓔ그 둘려 있는 빈 터의 너비는 다섯 척이더라

골방의 용도는 명확하지 않습니다.
저는 기도실이 아닐까 생각했는데 어쩌면 아닐 수도 있을듯 합니다.

[대상9:33-34]
33 또 찬송하는 자가 있으니 곧 레위 우두머리라 그들은 골방에 거주하면서 주야로 자기 직분에 전념하므로 다른 일은 하지 아니하였더라
34 그들은 다 레위 가문의 우두머리이며 그들의 족보의 우두머리로서 예루살렘에 거주하였더라

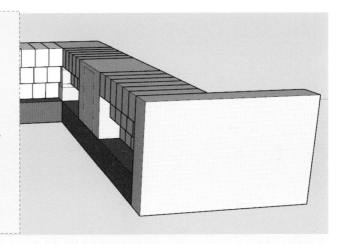

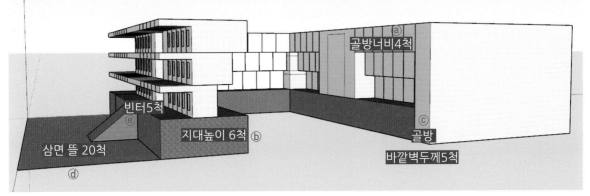

골방 바깥벽이 다른 추가설명이 없는데 왜 저렇게 보고 그렸는지 앞으로 이해가 되실꺼예요.
지금은 이 사람은 이렇게 생각하는구나 정도로 넘어가 주세요.
한가지, 골방이 높아질수록 바깥으로 나오게 나온 이미지들 많은데 아닙니다. 성전쪽에 가까이 가는 형태입니다.

# 에스겔 성전 - 서쪽건물

[겔41:12] 서쪽 뜰 뒤에 건물이 있는데 ⓐ너비는 일흔 척이요 ⓑ길이는 아흔 척이며 ⓒ그 사방 벽의 두께는 다섯 척이더라

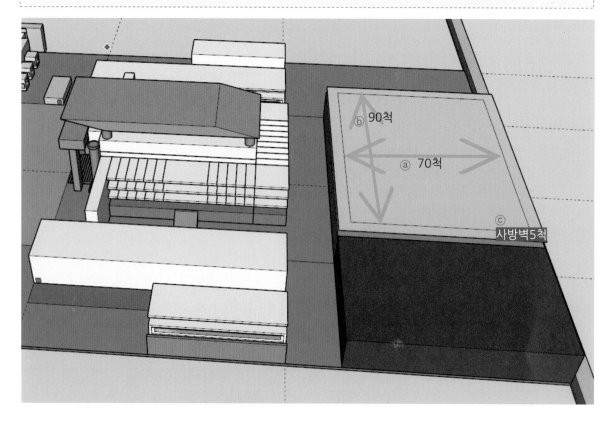

서쪽 건물의 경우 길이와 너비가 반대같이 보입니다.
제가 전체 사이즈를 넣고 성경대로 그렸더니 기존의 길이 너비로 하면 맞지 않게 됩니다.
"혹시 바라보는 방향에 따라 달라진 것이 아닐까"하며 돌려서 사이즈를 처리했더니 정확하게 맞아들어 가더라구요.
아마 에스겔선지자가 바라본 방향의 차이인 것 같습니다.

# 에스겔 성전 - 성전크기

[겔41:13-15]

13 그가 성전을 측량하니 ⓐ 길이는 백 척이요 ⓑ 또 서쪽 뜰과 그 건물과 그 벽을 합하여 길이는 백 척이요

14 ⓒ 성전 앞면의 너비는 백 척이요 그 ⓓ앞 동쪽을 향한 뜰의 너비도 그러하며

15 ⓔ그가 뒤뜰 너머 있는 건물을 측량하니 그 좌우편 회랑까지 백 척이더라..

겔41:16~41:20은 디자인에 대한 부분이라 넘어갑니다.

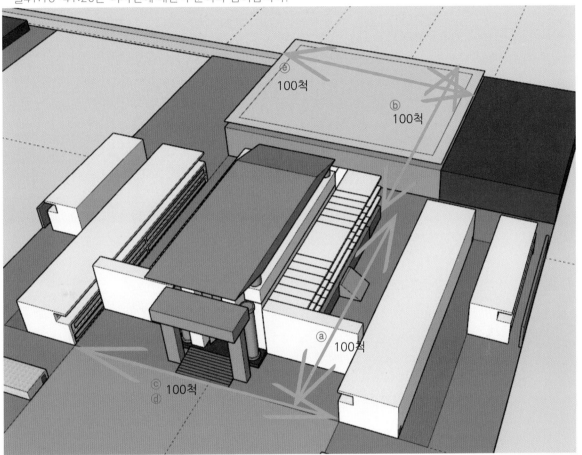

서쪽 건물의 경우 길이와 너비가 반대같이 보입니다.

제가 전체 사이즈를 넣고 성경대로 그렸더니 기존의 길이 너비로 하면 맞지 않게 됩니다.

"혹시 바라보는 방향에 따라 달라진 것이 아닐까"하며 돌려서 사이즈를 처리했더니 정확하게 맞아들어 가더라구요.

아마 에스겔선지자가 바라본 방향의 차이인 것 같습니다.

앞에서 골방 바깥벽을 제가 그린 이유를 여기서 설명합니다.

성전의 앞면의 너비가 100척으로 나와 있습니다. 그런데 실제 성전과 골방의 사이즈를 더하면 위에 이미지에서

보시듯 100척이 아닙니다.

앞면의 너비가 100척이 되려면 벽이 서야만 가능합니다.

뭔가 동선이 이상하지 않나요?

성전옆에 골방이 있지요? 그런데 사이즈를 치수대로 측정하면 골방으로 들어가는 길이 없습니다. 꽉 차지요?

이 부분은 앞으로 성전 옆의 건물들을 설명하며 말씀드릴께요.

# 에스겔 성전 - 나무제단

[겔41:21-22]

21 외전 문설주는 네모졌고 내전 전면에 있는 양식은 이러하니

22 곧 나무 제단의 높이는 세 척이요 길이는 두 척이며 그 모퉁이와 옆과 면을 다 나무로 만들었더라 그가 내게 이르되 이는 여호와의 앞의 상이라 하더라

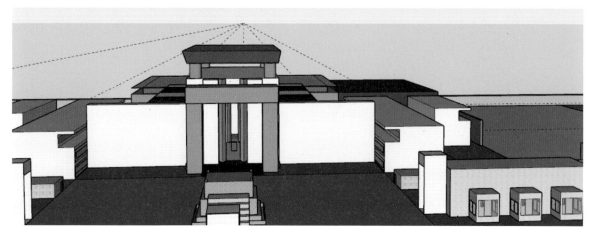

성전안에 나무제단이 있는데 보이시지요? 성소안에는 나무제단만 있고 지성소에는 아무것도 없습니다.

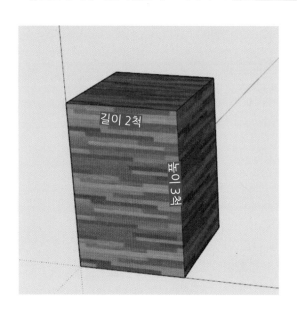

# 에스겔 성전 - 성소/지성소엔 휘장이 없다???

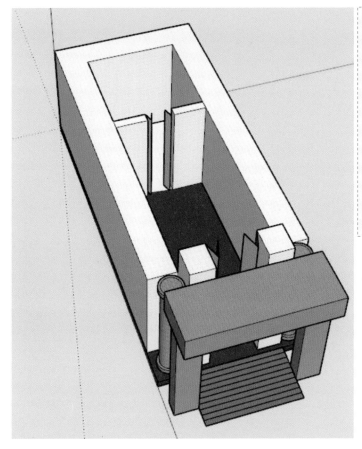

[겔41:23-26]

23 내전과 외전에 각기 문이 있는데

24 <u>문마다 각기 두 문짝 곧 접는 두 문짝이 있어</u> 이 문에 두 짝이요 저 문에 두 짝이며

25 이 성전 문에 그룹과 종려나무를 새겼는데 벽에 있는 것과 같고 현관 앞에는 <u>나무 디딤판이 있으며</u>

26 현관 좌우편에는 닫힌 창도 있고 종려나무도 새겨져 있고 성전의 골방과 디딤판도 그러하더라

성전 현관 앞의 나무디딤판이 있습니다
그리지는 않았어요~ 휘장대신 문이있어요

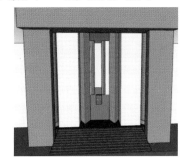

<u>이번에는 좀 중요한 이야기를 하려고 합니다. 에스겔성전엔 예수님이 돌아가실때 찢어져서 휘장이 없다???</u>

에스겔성전을 말씀하면서 제일 많이 하시는 이상한 이야기가 휘장이 없다입니다.

예수님이 십자가에서 돌아가실때 휘장이 찢어지지요? 그래서 휘장이 없다는 이야기를 합니다.

<u>근데 왜 많은 분들이 그냥 그대로 전하시는지 잘 모르겠습니다. 이게 맞나요?</u>

검색해보면 정말 많은 블로그등의 인터넷자료에도 복사 붙여넣기처럼 이렇게 설명하고 있습니다.

성막에는 성소와 지성소를 나누고 들어가는 기준이 휘장이었습니다.

<u>에스겔성전에는 휘장은 없습니다. 하지만 문이 있어요.</u>

즉, 휘장대신 문이 있는데 문은 사실 재질로 따져도 더 단단하겠지요?

<u>휘장대신 문이 있는데 휘장이 없다??? 개인적으로 너무 이상합니다.</u>

<u>그냥 다른 누군가의 의견을 그대로 옮기거나 읽고 묵상하는 것이 아닌 "내가 읽고 만난 성경, 나의 묵상이 되어야 합니다"</u>

제 생각은 위에 문의 형태를 보시면 좌우 두 짝씩으로 접히는 문입니다.

즉, 문이 있는데 휘장이 세로로 갈라진 모양과 같은 형태를 취하고 있다는 점입니다.

그냥 에스겔 성전은 휘장이 없다라고 생각하시기 보다는 이렇게 바라보시는 것이 더 맞지 않을까 생각합니다.

# 에스겔 성전 - 제사장방

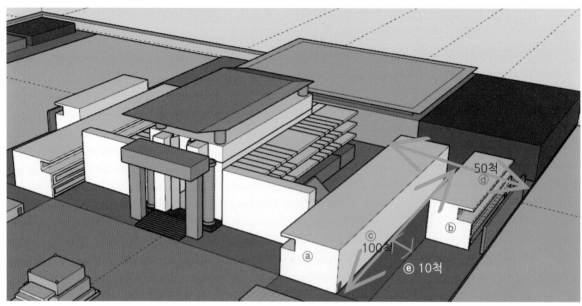

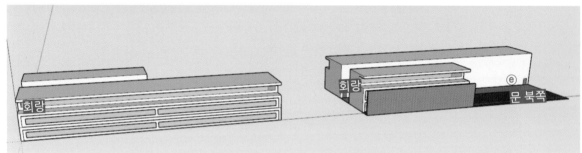

앞에서 골방바깥벽을 그리며 동선이 이상하다고 했지요? 여기서 알게 됩니다.

저는 성전을 모두 그리고도 이해가 가지 않았습니다. 어떻게 골방에 들어가게 되는지..

제사장방을 그리고 길을 그려보니 골방으로 접근하는 길이 이해가 되더라구요.

골방이 끝나고 성전이 서쪽건물과 떨어진 공간이 남게 되니 이 동선으로 접근이 가능합니다.

다음 페이지에 동선을 그려보겠습니다.

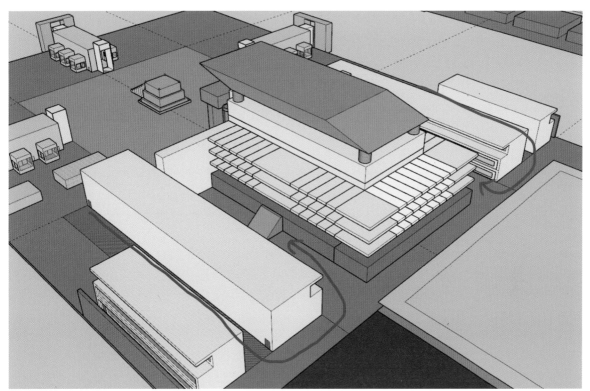

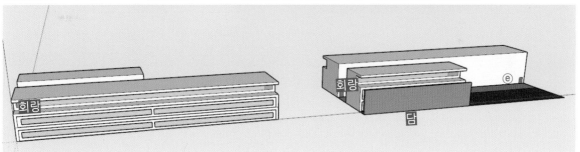

동쪽에서 들어갑니다..

남쪽과 북쪽 모두 접근을 위해서는 동쪽에서 제사장방들의 사이에 난 길을 통해서만 접근이 가능합니다.

아마 바깥뜰로 향한 제사장방의 경우는 바깥뜰에서 보이는 것을 차단하기 위해 담을 만든 것 같습니다.

정말 그릴 수록 어쩜 이렇게 세심한 것인지 정말 놀라웠습니다.

겔42:10~12절의 경우는 지금까지 북쪽과 마찬가지로 남쪽을 설명하는 것이기에 넘어갑니다.

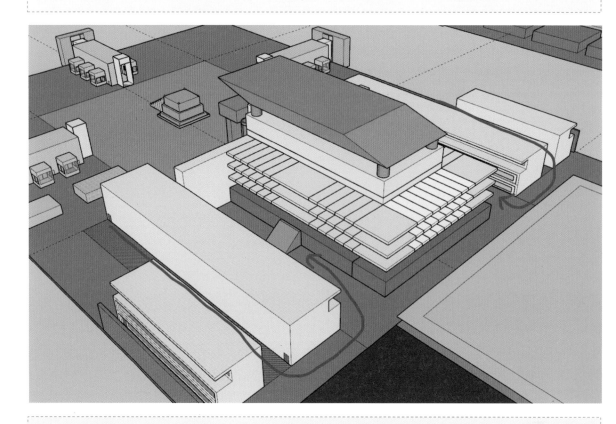

제사장방들의 용도입니다.

지성물을 먹고, 제물을 두고, 의복을 갈아입는 용도입니다. 식당,탈의실,제물보관실입니다.

성소에 들어갔다가 나온 경우 바로 바깥뜰로 나가지 못한다는 점도 기억해 주세요.

# 에스겔 성전 - 성전 사면의 담

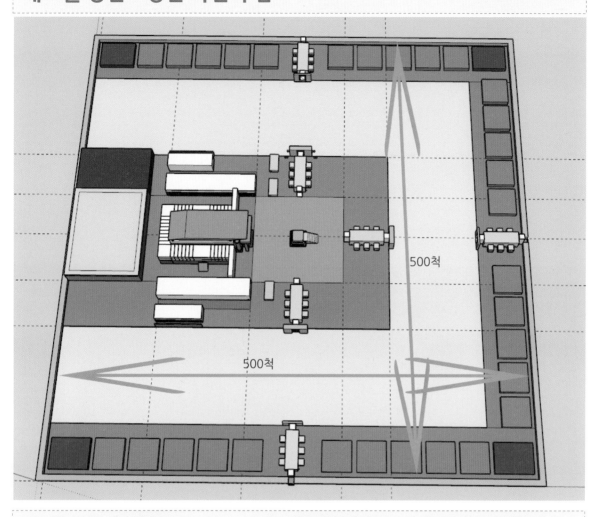

담 안마당의 길이가 500척이니 담의 두께가 앞에서 6척이었지요?
외형의 사이즈는 총512척입니다.

겔43:1~12절은 "여호와께서 성전에 들어가시다"라는 내용이고 사이즈가 없어 통과합니다.
지금까지 사이즈에 관련된 부분은 모든 절을 확인하면서 넘어왔습니다.
이제 에스겔성전도 막바지에 왔습니다. 하지만 끝나면 거룩한 구역이라고 좀 더 내용이 있습니다.

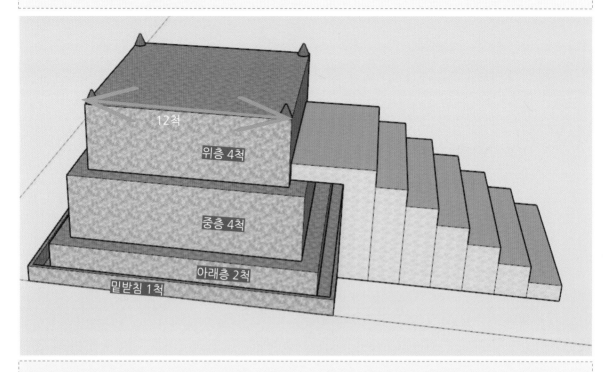

[겔43:13-17]

13 제단의 크기는 이러하니라 한 자는 팔꿈치에서부터 손가락에 이르고 한 손바닥 넓이가 더한 것이라 제단 밑받침의 높이는 한 척이요 그 사방 가장자리의 너비는 한 척이며 그 가로 둘린 턱의 너비는 한 뼘이니 이는 제단 밑받침이요

14 이 땅에 닿은 밑받침 면에서 아래층의 높이는 두 척이요 그 가장자리의 너비는 한 척이며 이 아래층 면에서 이 층의 높이는 네 척이요 그 가장자리의 너비는 한 척이며

15 그 번제단 위층의 높이는 네 척이며 그 번제하는 바닥에서 솟은 뿔이 넷이며

16 그 번제하는 바닥의 길이는 열두 척이요 너비도 열두 척이니 네모 반듯하고

17 그 아래층의 길이는 열네 척이요 너비는 열네 척이니 네모 반듯하고 그 밑받침에 둘린 턱의 너비는 반 척이며 그 가장자리의 너비는 한 척이니라 그 층계는 동쪽을 향하게 할지니라

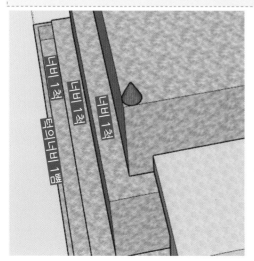

겔43:18:27은 번제단의 봉헌에 대한 내용으로 통과합니다.
이제 거룩한 구역만 남은 상태인데 에스겔성전에 대한 한부분이 중간에 있습니다.
이 부분만 살펴보고 거룩한 구역을 하고 마치겠습니다.

# 에스겔 성전 - 성전부엌

[겔46:19-24]

19 그 후에 그가 나를 데리고 문 곁 통행구를 통하여 북쪽을 향한 제사장의 거룩한 방에 들어가시니 그 방 뒤 서쪽에 한 처소가 있더라

20 그가 내게 이르시되 이는 제사장이 속건제와 속죄제 희생제물을 삶으며 소제 제물을 구울 처소니 그들이 이 성물을 가지고 바깥뜰에 나가면 백성을 거룩하게 할까 함이니라 하시고

21 나를 데리고 바깥뜰로 나가서 나를 뜰 네 구석을 지나가게 하시는데 본즉 그 뜰 매 구석에 또 뜰이 있는데

22 뜰의 네 구석 안에는 집이 있으니 길이는 마흔 척이요 너비는 서른 척이라 구석의 네 뜰이 같은 크기며

23 그 작은 네 뜰 사방으로 돌아가며 부엌이 있고 그 사방 부엌에 삶는 기구가 설비되었는데

24 그가 내게 이르시되 이는 삶는 부엌이니 성전에서 수종드는 자가 백성의 제물을 여기서 삶을 것이니라 하시더라

위 내용을 잘 보시면 두 가지 부엌이 있습니다.

제사장이 희생제물을 삶는 곳과, 수종드는 자가 백성의 제물을 삶는 곳입니다.

이 두 곳을 보도록 하겠습니다. 단, 네 귀퉁이 백성의 제물을 삶는 부엌은 보는 방향에 따라 가로 세로가 다르기에 어느쪽이 가로인지 불명확하지만 중요한 부분같지는 않아 보입니다. 제사장부엌을 남쪽에도 둔 분도 계신데 이건 성경에 없기에 동형이 아닐지라도 성경그대로가 목표라 저는 그리지 않았습니다.

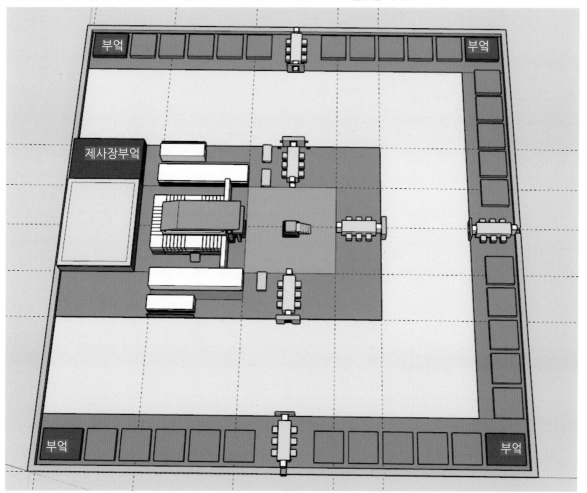

# 에스겔 성전의 특징

앞에서 에스겔성전의 특징으로 중요하게 말씀드린 것이 있습니다.

<u>에스겔성전에는 휘장은 없지만 문이 있는데 문이 휘장이 갈라진 모양이라구요.</u>

이번에는 나머지를 생각해 보겠습니다.

인터넷 자료들에 휘장이 없다라는 것도 좀 황당하다고 말씀드렸는데 또 황당한 것들이 있습니다.

"<u>여인의 뜰이 없다, 이방인의 뜰이 없다</u>"라면서 "여인의 뜰이 없으니 남여평등이고 이방인의 뜰이 없어 이방인도 모두 가능하니 열방을 향한다???" 라고 말씀들을 하신 걸 많이 봤습니다.

**그런데 이것도 정말 말이 안되는 부분인 것 같습니다.**

성막에 여인의 뜰, 이방인의 뜰이 있었나요? 솔로몬성전에는요?

지금 에스겔은 어느시대인가요? 바벨론 포로시대입니다. 아직 스룹바벨성전조차 지어지기 전입니다.

에스겔선지자가 실제 경험한 성전은 유일하게 솔로몬 성전입니다.

여기까지 한번 다시 기억하시고 아래 내용을 한번 보시기 바랍니다.

## 여인의 뜰(=기도의 뜰)

여인의 뜰은 솔로몬성전이 처음 지어졌을때 까지도 없던 공간입니다.

성경에서 가장 먼저 언급된 부분이 남유다 여호사밧왕 때입니다.

모압과 암몬이 유다를 치러 오자 유다 사람이 모든 성읍에서 모여 여호와께 간구를 합니다.

이 때 처음 언급되는 데 말씀을 보겠습니다.

**[대하20:5] 여호사밧이 여호와의 전 <u>새 뜰</u> 앞에서 유다와 예루살렘의 회중 가운데 서서**

위에 언급된 새 뜰이 여인의 뜰입니다. 즉, 솔로몬 성전의 초기에도 없었다가 후에 생긴 곳입니다.

많은 이들이 모였기에 함께 모여 기도하기 위해 생긴 공간으로, 남녀 구분없이 이스라엘 백성이면 누구나 기도하는 공간이었기에 '기도의 뜰'이라고도 불립니다. 즉, 열린 공간이었던 겁니다.

이런 공간을 <u>헤롯</u>이 증축하면서 <u>벽을 세우게 되면서 구분된 장소</u>의 뜰이 된 것이지요.

여인의 뜰은 그럼 남여평등을 의미하는 공간이었던 걸까요?

위에서 언급해 드린 것 처럼 "<u>이스라엘 백성이면 누구나</u>" 나아가 기도하는 공간입니다.

"에스겔성전에 여인의 뜰이 없다"를 굳이 해석하기를 원하신다면 이스라엘 백성만 나갈수 있는 공간이 없어진 것이기에 남여평등이 아닌 "열방"이 맞겠지요.

## 이방인의 뜰

이방인의 뜰은 그럼 언제 어떤 이유로 생긴 것일까요?

이방인의 뜰 역시 스룹바벨성전을 헤롯이 확장공사를 하면서 만든 부분입니다.

스룹바벨성전을 유대인에게 잘 보이기 위해 확장하는 과정에서 자신을 과시하시기 위한 목적으로 만든 공간입니다.

위 여인의 뜰이란 공간이 헤롯이 담을 치면서 구분된 장소가 되었다고 말씀드렸지요?

그런데 이 여인의 뜰은 이스라엘 백성이면 남여모두가 들어가 기도하는 장소였습니다.

즉, 이방인들은 출입할 수 있는 공간이 아닌 것이지요.

**헤롯이 성전을 확장하면서 만든 이 이방인의 뜰은 여인의 뜰과 같이 기도하는 장소가 아닌 관광스팟인 겁니다.**
여인의 뜰 안쪽부터는 이스라엘 백성만 들어갈 수 있기에 자신의 권세를 자랑하기 위해 추가로 만든 공간인 겁니다.

그런데 왜 에스겔성전의 의미를 헤롯이 임의로 만든 것과 비교를 하면서 남녀평등과 열방을 이야기할까요?
물론 남녀평등과 열방에 대한 부분이 잘못되었다가 아니라 기준점이 잘못된 것 같다는 점입니다.

또 한가지는..
성막은 하나님이 명령하신 부분입니다. 성막의 특징은 어디든 이동하는 특징이 있습니다.
반면에 성전은 사람의 요청(다윗왕)에 대해서 하나님이 허락하신 부분입니다. 좀 다르지요.
신약에 성령님이 임하시면 우리가 성전이 되기에 우리가 어디에 있든 함께 하시는 이 개념이 하나님이 말씀하신
부분입니다. 어떤 특정된 장소를 주신 것이 아니라는 점입니다.

비교를 하려면 하나님이 말씀하신 성막과의 비교가 맞겠지요.
백번 양보해도 솔로몬성전과의 비교까지일껍니다.
헤롯이 자신의 생각으로 먼 훗날 만든 구분을 하나님의 생각과 비교한다는 것은 맞지 않다는 생각입니다.

**에스겔성전에는 성소에 나무제단만 하나 있고 지성소에는 아무것도 없습니다.**
성막과 솔로몬성전에는 성소에 등잔대와 진설병상, 금향로(분향단)이 있었는데 에스겔성전에는 나무제단이
유일합니다.
이 부분은 조금씩 생각이 다른 듯 한데 제가 정설을 구분할 능력이 안되서 넘어가겠습니다.
하지만 지성소는 생각해볼 부분이 있습니다. 에스겔성전 지성소에는 아무것도 없습니다.
원래 언약궤가 있던 자리입니다.

거의 공통인 의견이 지성소의 언약궤가 없다는 것은 "예수님이 대속사역을 이루셨기 때문에 에스겔성전에는
언약궤가 없는 것이다"라고 합니다.그런데 언약궤만 없는 것이 아닌데 언약궤가 없다에서 그치더라구요.
언약궤만 없는 것이 아니지요? 언약궤 안에는 원래 무엇이 있었나요?
두 돌판(율법), 아론의 싹 난 지팡이, 만나가 들어있었습니다. 이 모두가 없는 것입니다.
두 돌판은 모두 아실터이니..
아론의 싹 난 지팡이는 열두 지파에서 리더를 지정할 때 아론의 지팡이에서 싹이 난 것이잖아요?
앞에서 자료들이 이방인의 뜰,여인의 뜰등으로 언급하는 부분이 오히려 이게 맞다고 생각합니다.
만나는 광야에서 갈할때 주신 음식입니다.
성소의 진설병상(떡상)이 없는 부분이 예수님이 생명의 떡이 되신다는 부분과 연결되는 부분 같습니다.

이제 에스겔성전은 마치고 마지막 거룩한 구역으로 넘어가보겠습니다.

# 에스겔 성전 - 헤롯성전

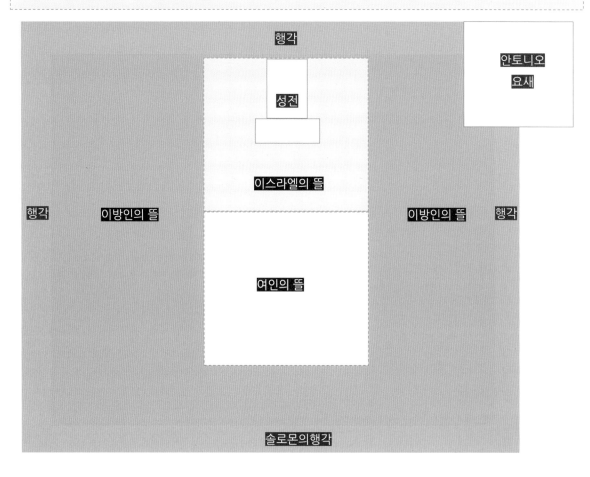

담에 붙은 행각이 있는데 그 중 동쪽의 행각을 특별히 솔로몬의 행각이라고 부릅니다.

신약에서 성결청결사건의 경우 이방인의 뜰 행각 아래에서 그늘에서 영업하는 사람들의 상을 엎은 것이랍니다.

# 에스겔 성전 - 거룩한 구역

거룩한 구역에 대한 언급도 길지는 않습니다.
에스겔성전도 사실 40~43장이 거의 모두입니다. 성전부엌만 46장에 일부 추가되지요. 그런데 어려웠지요?
거룩한 구역은 간단한 부분인데 다른 의미에서 어렵습니다. 저도 엄청 헤맸습니다.
에스겔 선지자에게 좀 섭섭하기도??ㅎㅎ

이게 무슨 말씀이냐면.. 우리가 보통 너비와 길이를 이야기 하면 같은 기준에서 이야기를 해야 하는 것이잖아요?
그런데 거룩한 구역에 대한 언급이 나온 부분을 모아서 보면 너비와 길이가 혼란스럽습니다.
예를들어 하나의 구역을 가로세로 300*500이라고 했다가 다른 부분에서는 동일한데 500*300으로 부른다는
점입니다.
이렇게 되니 머리속에서 기준이 많이 헷갈리게 되고 감이 안잡히게 됩니다.
아래 정리한 내용은 제가 제일 명확한 부분으로 기준점을 잡고 진행한 부분으로 말씀드린 것처럼 많은 생각의
차이가 발생할 수 있는 부분이기에 제 의견은 참고만 하시고 개인적으로 한번 정리해 보시기 바랍니다.

[겔45:1-4]
1 너희는 제비 뽑아 땅을 나누어 기업으로 삼을 때에 한 구역을 거룩한 땅으로 삼아 여호와께 예물로 드릴지니 그
길이는 이만 오천 척이요 너비는 만 척이라 그 구역 안 전부가 거룩하리라
2 그 중에서 성소에 속할 땅은 길이가 오백 척이요 너비가 오백 척이니 네모가 반듯하며 그 외에 사방 쉰 척으로
전원이 되게 하되
3 이 측량한 가운데에서 길이는 이만 오천 척을 너비는 만 척을 측량하고 그 안에 성소를 둘지니 지극히 거룩한
곳이요
4 그곳은 성소에서 수종드는 제사장들 곧 하나님께 가까이 나아가서 수종드는 자들에게 주는 거룩한 땅이니
그들이 집을 지을 땅이며 성소를 위한 거룩한 곳이라

위 구절은 거룩한 땅에 대한 부분입니다. 길이 : 25,000척, 너비 : 10,000척입니다.
성소에 속할 땅은 길이와 너비가 오백척이지요? 이부분이 에스겔성전의 크기였다는 것 기억나시지요?

[겔45:5] 또 길이는 이만 오천 척을 너비는 만 척을 측량하여 성전에서 수종드는 레위 사람에게 돌려 그들의
거주지를 삼아 마을 스물을 세우게 하고

위 구절은 레위인 땅에 대한 부분입니다. 길이 : 25,000척, 너비 : 10,000척입니다.

[겔45:6] 구별한 거룩한 구역 옆에 너비는 오천 척을 길이는 이만 오천 척을 측량하여 성읍의 기지로 삼아
이스라엘 온 족속에게 돌리고

위 구절은 속된 땅(성읍의 기지)에 대한 부분입니다. 길이 : 25,000척, 너비 : 5,000척입니다.

위 세 가지의 땅이 있다라는 점과 사이즈를 한번 기억하시고 다음으로 가겠습니다.

아래 구절로 앞의 거룩한 구역이 끝나는데 왕의 땅까지 포함해서 같이 정리했습니다.

거룩한 땅 : 길이 : 25,000척, 너비 : 10,000척

레위인 땅 : 길이 : 25,000척, 너비 : 10,000척

속된 땅(성읍의 기지) : 길이 : 25,000척, 너비 : 5,000척 - 구별한 거룩한 구역 옆에

왕의 땅 : 길이 : 25,000척(길이가 구역 하나와 같다), 너비 : 국경까지

[겔45:7-8]

7 드린 거룩한 구역과 성읍의 기지 된 땅의 좌우편 곧 드린 거룩한 구역의 옆과 성읍의 기지 옆의 땅을 왕에게 돌리되 서쪽으로 향하여 서쪽 국경까지와 동쪽으로 향하여 동쪽 국경까지니 그 길이가 구역 하나와 서로 같을지니라

8 이 땅을 왕에게 돌려 이스라엘 가운데에 기업으로 삼게 하면 나의 왕들이 다시는 내 백성을 압제하지 아니하리라 그 나머지 땅은 이스라엘 족속에게 그 지파대로 줄지니라

**거룩한구역의 후반부는 48장에 이어집니다. 이 부분을 보겠습니다.**

겔48:1~7절까지는 북쪽부터 각 지파별 몫과 순서가 기록되어 있습니다.

겔48:8~22 이 부분이 거룩한 구역등에 대한 부분입니다.

겔48:23~29도 아래쪽 지파에 대한 기록입니다.

| 북쪽부터 아래로 : 단 -> 아셀 -> 납달리 -> 므낫세 -> 에브라임 -> 르우벤 ->유다 |
|---|
| 거룩한 구역 |
| 베냐민 -> 시므온 -> 잇사갈 -> 스불론 -> 갓 |

거룩한 구역 부분에서 전체의 구조를 설명하는 부분이 있기에 먼저 보겠습니다. 48:20절입니다.

[겔48:20] 그런즉 예물로 드리는 땅의 합계는 길이도 이만 오천 척이요 너비도 이만 오천 척이라 너희가 거룩히 구별하여 드릴 땅은 성읍의 기지와 합하여 네모 반듯할 것이니라

가로 세로
모두 25,000척

여기서 위 구절중 주의할 부분이 있습니다.

거룩한 구역에서 많이 헷갈리는 부분입니다.

위에서 왕의 땅을 제외하고 거룩한 땅, 레위인 땅, 성읍의 기지 세가지입니다.

그런데 48:20절을 보시면 거룩한 땅과 레위인 땅을 합하여 "거룩히 구별하여 드릴 땅"으로 명시하고 있습니다.

[겔48:15-19]

15 이 이만 오천 척 다음으로 너비 오천 척은 속된 땅으로 구분하여 성읍을 세우며 거주하는 곳과 전원을 삼되 성읍이 그 중앙에 있게 할지니

16 그 크기는 북쪽도 사천오백 척이요 남쪽도 사천오백 척이요 동쪽도 사천오백 척이요 서쪽도 사천오백 척이며

17 그 성읍의 들은 북쪽으로 이백오십 척이요 남쪽으로 이백오십 척이요 동쪽으로 이백오십 척이요 서쪽으로 이백오십 척이며

18 예물을 삼아 거룩히 구별할 땅과 연접하여 남아 있는 땅의 길이는 동쪽으로 만 척이요 서쪽으로 만 척이라 곧 예물을 삼아 거룩하게 구별할 땅과 연접하였으며 그 땅의 소산을 성읍에서 일하는 자의 양식을 삼을지라

19 이스라엘 모든 지파 가운데에 그 성읍에서 일하는 자는 그 땅을 경작할지니라

일단 제일 명확한 부분이 성읍의 기지입니다. 그림으로 보겠습니다.

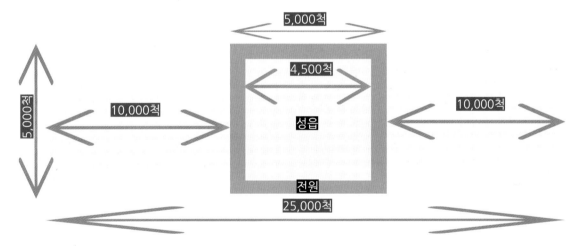

위에서 "이 이만 오천 척 다음으로"가 보이시지요?

에스겔 48장은 북쪽부터 남쪽으로 설명하고 있는데 무언가의 아래에 성읍의 기지가 위치한다는 점입니다.

그런데 **거룩한 구역은 네모 반듯하게 25,000척이므로 결국 거룩한 땅과 레위인땅이 위에 위치한다는 이야기가 되기에 세로의 길이가 5,000척일 수 밖에 없습니다.** 이 부분이 이해가 되시나요?

지금 48:20절부터 거꾸로 15절까지 올라간 상태입니다.

이제 나머지 구절을 보도록 하겠습니다.. 성읍의 기지 위쪽에 위치할 "거룩히 구별하여 드릴 땅"입니다.

**이 말은 거룩한 땅과 레위인의 땅을 합하여 이르는 명칭이었죠?**

## 거룩히 구별하여 드릴 땅(거룩한 땅 + 레위인 땅)

앞에서 성읍의 기지에서 가로 세로가 정해졌으니 이제 길이,너비에 대한 부분은 지나가도 됩니다.
세부만 살피면 되는 것이지요. 어려울 부분이 없습니다.

> **[겔48:8-14]**
> 8 유다 경계선 다음으로 동쪽에서 서쪽까지는 너희가 예물로 드릴 땅이라 너비는 이만 오천 척이요 길이는
> 다른 몫의 동쪽에서 서쪽까지와 같고 성소는 그 중앙에 있을지니
> 9 곧 너희가 여호와께 드려 예물로 삼을 땅의 길이는 이만 오천 척이요 너비는 만 척이라
> 10 이 드리는 거룩한 땅은 제사장에게 돌릴지니 북쪽으로 길이가 이만 오천 척이요 서쪽으로 너비는 만 척이요
> 동쪽으로 너비가 만 척이요 남쪽으로 길이가 이만 오천 척이라 그 중앙에 여호와의 성소가 있게 하고
> 11 이 땅을 사독의 자손 중에서 거룩하게 구별한 제사장에게 돌릴지어다 그들은 직분을 지키고 이스라엘
> 족속이 그릇될 때에 레위 사람이 그릇된 것처럼 그릇되지 아니하였느니라
> 12 땅의 예물 중에서 그들이 예물을 받을지니 레위인의 접경지에 관한 가장 거룩한 예물이니라
> 13 제사장의 경계선을 따라 레위 사람의 몫을 주되 길이는 이만 오천 척이요 너비는 만 척으로 할지니 이
> 구역의 길이가 이만 오천 척이요 너비가 각기 만 척이라
> 14 그들이 그 땅을 팔지도 못하며 바꾸지도 못하며 그 땅의 처음 익은 열매를 남에게 주지도 못하리니 이는
> 여호와께 거룩히 구별한 것임이라

결국 북쪽부터 유다지파 다음이 거룩한 땅이 위치하고, 그 아래가 레위인의 땅이 위치합니다.
그 아래가 속된 땅(성읍의 기지)입니다.
마지막으로 왕의 땅에 대한 부분이 있습니다.

> **[겔48:21-22]**
> 21 거룩하게 구별할 땅과 성읍의 기지 좌우편에 남은 땅은 군주에게 돌릴지니 곧 거룩하게 구별할 땅의 동쪽을
> 향한 그 경계선 앞 이만 오천 척과 서쪽을 향한 그 경계선 앞 이만 오천 척이라 다른 몫들과 연접한 땅이니
> 이것을 군주에게 돌릴 것이며 거룩하게 구별할 땅과 성전의 성소가 그 중앙에 있으리라
> 22 그런즉 군주에게 돌려 그에게 속할 땅은 레위 사람의 기업 좌우편과 성읍의 기지 좌우편이며 유다 지경과
> 베냐민 지경 사이에 있을지니라

거룩한 땅(예물로 삼을 땅)과 거룩하게 구별할 땅을 헷갈리시면 안됩니다.
거룩하게 구별할 땅은 두 땅을 포함하는 것입니다.
결국 성읍의 기지까지 포함한 네모 반듯한 25,000척의 좌우편이 국경까지 왕의 땅이 됩니다.

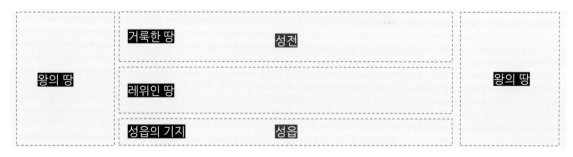

# 에스겔 성전 - 예루살렘 성읍의 문들

[겔48:30-35]

30 그 성읍의 출입구는 이러하니라 북쪽의 너비가 사천오백 척이라

31 그 성읍의 문들은 이스라엘 지파들의 이름을 따를 것인데 북쪽으로 문이 셋이라 하나는 르우벤 문이요 하나는 유다 문이요 하나는 레위 문이며

32 동쪽의 너비는 사천오백 척이니 또한 문이 셋이라 하나는 요셉 문이요 하나는 베냐민 문이요 하나는 단 문이며

33 남쪽의 너비는 사천오백 척이니 또한 문이 셋이라 하나는 시므온 문이요 하나는 잇사갈 문이요 하나는 스불론 문이며

34 서쪽도 사천오백 척이니 또한 문이 셋이라 하나는 갓 문이요 하나는 아셀 문이요 하나는 납달리 문이며

35 그 사방의 합계는 만 팔천 척이라 그 날 후로는 그 성읍의 이름을 **여호와삼마**라 하리라

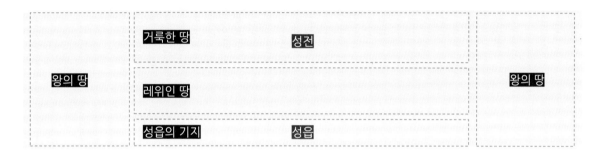

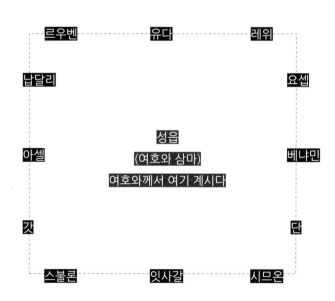

209

# 바사시대 역사서/선지서 읽기 개요

바사시대의 역사서는 성경순서로는 에스라/느헤미야/에스더이구요. <u>시대순으로는 에스더/에스라/느헤미야입니다.</u>
바사시대 선지서도 <u>학개/스가랴/말라기</u>가 있지요.
물론 다니엘은 바사시대 고레스왕 원년까지 활동합니다.
[단1:21] 다니엘은 고레스 왕 원년까지 있으니라
하지만 다니엘서는 바사보다는 바벨론 멸망기쪽으로 구분하는 편이 더 맞을 듯 합니다.

시대의 흐름으로 바라보면 고레스칙령으로 귀환하는 1차포로귀환의 리더가 총독 스룹바벨과 대제사장
예수아입니다.
성전재건을 위해 귀환하지만 방해로 인해서 재건이 중단되고 16년이란 시간이 흐릅니다.
이때 돌아오는 선지자가 학개/스가랴입니다. 성전재건을 독려하고 이를 통해 성전이 4년만에 다리우스왕 시절에
재건됩니다.
이후 2차포로귀환의 리더인 에스라가 귀환한 백성들의 영적개혁을 주도하게 되고, 3차포로귀환 리더인
느헤미야는 돌아와서 무너진 성벽을 52일만에 재건을 합니다. 말라기는 그 이후이고요..
<u>즉, 시대 순서적으로는 학개/스가랴 -> 에스더 -> 에스라 -> 느헤미야 -> 말라기입니다.</u>

하지만 저는 에스라/느헤미야를 먼저 읽으시는 편이 더 좋다고 생각합니다. 시대순과 다르지요?
이유는 학개서는 백성들을 독려하는 설교 4편이고 스가랴서는 영적 회복과 환상이 주된 내용입니다.
즉, 역사적인 흐름을 상세히 기술하고 있는 책은 오히려 에스라서입니다.
에스라서는 고레스칙령부터의 역사를 상세히 기술하고 있기에 흐름을 먼저 이해하시기 위해 에스라서를 먼저
권해드립니다.
에스라는 서기관이었으며 역대기의 저자로 추정되는데 이렇게 역사적인 내용은 잘 정리하는 스타일인 것
같습니다.

그럼 느헤미야는요?
원래 히브리성경에서는 에스라와 느헤미야서가 구분되어 있지 않습니다. 1권의 책이지요.
에스라의 저자는 에스라, 느헤미야서의 저자는 느헤미야라고 보기도 하지만 개인적으로는 한권이었다는 점에서
에스라가 저자라고 봅니다.
문제는 느헤미야서에서도 1인칭이 나온다는 점인데 이 부분은 에스라가 느헤미야의 말 또는 기록을 부분부분
인용해서 기록했다고 봅니다. 물론 작자미상으로 보는 의견도 많이 있어서 그렇게 보셔도 됩니다.
단지 에스라서와 느헤미야서는 묶음배송?하는 것이 편합니다. ㅎ

이 책은 이 기준에 따라 바사시대의 정리순서를 다음과 같이 진행합니다.
<u>에스더 -> 에스라 -> 느헤미야 -> 학개 -> 스가랴 ->말라기</u>

# 바사시대 왕조와 역사서/선지서 연결

바벨론포로기와 바사시대는 이스라엘에 시기를 특정할 왕이 없기 때문에 불가피하게 다른 이방국가의 왕조를 기준으로 시기를 가늠해야 합니다.

바벨론은 느부갓네살과 벨사살만 기억해도 거의 가능합니다.

하지만 바사의 경우는 조금 더 구분이 되기에 기억할 수 있으면 좋구요.. 아니면 그때 그때 한번씩 찾아보시며 참고하시라고 바사왕조와 역사서/선지서를 연결하는 표를 만들어 보았습니다.

| 메대-바사왕 | 주요 사건 | 주요인물 & 선지자 |
|---|---|---|
| 다리오 | 메데-바사의 초대 왕으로 고레스의 외삼촌입니다.<br>메대-바사는 그리스처럼 도시국가형태로 초기에 메대와 바사로 분리되어 있다가 바사로 통합됩니다.<br>**단6장, 단9장**에 나오는 다리오왕이 이 인물입니다. | 다니엘 |
| 고레스 | 이란인들이 실질적인 바사제국의 아버지로 부르는 인물입니다.<br>이 때 고레스칙령(세계최초 인권선언문)이 발표되고 포로귀환이 이루어집니다.**(대하36:22~23)**<br>1차포로귀환(스룹바벨과 예수아를 중심으로 성전재건을 목표) | 다니엘 |
| 캄비세스 | | |
| 스메르디스 | | |
| 다리오1세 | 학개, 스가랴 선지자가 중단된 성전재건을 독려 | **학개, 스가랴** |
| 아하수에로<br>(크세르크세스) | 아하수에로왕의 두 번째 왕비 에스더(에스더서가 에스라,느헤미야 보다 앞선 이야기이기에 시기를 파악하며 먼저 읽어 보세요)의 남편입니다.<br>에스라와 느헤미야가 포로귀환을 통한 귀환한 유대인들에 대한 이야기라면 에스더서는 귀환하지 않은 바사에 정착한 디아스포라에 대한 이야기입니다.<br><br>모세오경에 기록되지 않은 유일한 절기인 부림절(이스라엘 민족이 바사 총리 하만이 꾀한 유대인 멸절에서벗어난 것을 기념하는 축제)의 기원이 기록되어 있습니다. | 에스더<br>(죽으면 죽으리라) |
| 아닥사스다1세 | 2차포로귀환(에스라 - 영적 생활지도) ,<br>3차포로귀환(느헤미야 - 무너진 예루살렘 성벽 재건) | **에스라,**<br>느헤미야 |
| 다리오2세 | | 말라기<br>(마지막 선지자) |

# 다니엘

다니엘은 **여호야가김왕**때인 **주전 605**년 약15세의 나이로 **바벨론**에 끌려가 **바사시대** 약 85세까지 70여년간 사역을 하였습니다. **소년 다니엘**로 시작해 **백발의 노선지자**로 변한 모습을 이해하셔야 합니다.

다니엘서의 경우도 후반부부터는 계시록과 연결되며 많은 환상들로 인해서 정말 어렵다고 이야기하는 성경입니다. 하지만 다니엘서는 두 가지 특징을 잘 기억하시면 많이 편해집니다.

<u>1. 다니엘서는 두 가지의 언어로 기록된 성경입니다.</u>

<u>2. 다니엘서는 시간순이 아닙니다.</u>

아마 위 특징이 "다니엘서의 특징"으로 많이 언급되니 암기하듯이 알고 계시지만, 실제 어떻게 구성되었는지 이번에 다니엘서의 초반부에 먼저 정리하고 넘어가도록 하겠습니다.

이 부분을 한번 보시고 이후의 내용을 보시면 어떤 의미를 가지는지가 좀 더 명확하게 보이는 것 같아집니다.

▷ **이름 뜻 : 하나님은 심판자이시다**

## 1. 다니엘서는 두 가지 언어로 기록된 성경입니다.

다니엘서는 두 가지 언어 즉, 아람어와 히브리어로 쓰여진 성경책입니다.

혹시 어디가 **아람어**이고 어디가 **히브리어**인지 알고 계신가요?

제가 이 부분을 다니엘서를 이해하기 위해 필요하다고 생각하는 이유를 한번 말씀드리려 합니다.

일단 아람어와 히브리어로 되어진 부분을 구분해 보도록 하겠습니다.

**단1:1~2:3** 히브리어 : 다니엘이 끌려가고 느부갓네살이 꿈으로 번민한다는 부분까지

**단2:4~7장** 아람어 : 갈대아 술사들이 느부갓네살이 꿈을 해석하러 온 부분부터 시작합니다.

앞에서는 느부갓네살이 꿈을 꾸고 번민한다까지의 배경설명이고 여기부터 실제 이야기입니다.

벨사살왕 때 바벨론 멸망(5장), 다니엘 사자굴에서 건지신 하나님(6장,바사)

첫번째 환상(바벨론)까지입니다.

7장과 8장이 두 개의 환상인데 두 환상이 다른 언어로 쓰인 점도 특이하지요?

**단8장~12장** 히브리어 : 환상과 다니엘의 기도, 예레미야의 70년 깨달음, 환상등

재밌지 않나요? 7~8장의 연속된 환상을 다른 언어로 기록한 부분도 어떤 의미를 가진 부분일지 생각하게 해 주는 것 같구요. 왜 두 개의 언어를 섞었을까도 궁금해지지 않나요?

보통 두 개의 언어라면 다니엘이 어린시절은 히브리어를 쓰다가, 나이가 들고 바사시대는 아람어이거나 하면 이해가 될텐데 구성이 뭔가 특이합니다.

게다가 7~8장은 바벨론에서 본 환상으로 장소도 동일합니다. 9~12장은 바사(페르시아)입니다. 불규칙해요. ㅎ

당시 아람어는 중동지역 공용어입니다. 이렇게도 볼 수 있겠지요..

이방인을 대상으로 하신 말씀과 히브리인들을 대상으로 하신 말씀으로요..

특히나 7장과 8장의 환상을 두 언어로 구분하여 작성한 의미는 한번쯤 묵상해 볼만한 것 같습니다.

마지막 때(심판)의 이야기도 역사적으로 국가의 멸망등으로 풀어 볼 부분(물론 역사이면서 미래이지만요)과 이 세상의 마지막 때로 바라볼 부분으로 나뉘어집니다.

이 부분은 이후 내용을 언급하며 바라보는 시각을 추가로 정리하겠습니다.

## 2. 다니엘서는 시간순으로 기록된 성경이 아닙니다.

성경에 시기를 알 수 있는 부분이 나오면, 이후 이야기의 의미를 파악하는데 아주 중요한 열쇠가 될 수 있습니다. 다니엘서는 특히 시간이 막 섞여서 기록이 되어 있기에 놓치고 읽으면 전혀 다른 내용이 될 수 있습니다.
다니엘서의 시간대를 우선 보도록 하겠습니다.

단1장~5장 바벨론
단6장　　　바사(페르시아)
단7장~8장 바벨론
단9장~12장 바사(페르시아)

**바벨론왕국**
바벨론은 급속도로 성장한 강대국이었지만 역사가 길지는 않습니다.
주전 627~ 주전 539년까지 총 89년정도입니다. 이중 다니엘서의 느부갓네살왕이 43년을 통치합니다.
우리는 바벨론의 역사연구가가 아니기에 바벨론의 초기상황은 중요하지 않지요.
"주전 605년 느부갓네살에게 1차포로로 끌려갔다"에서 출발해도 충분합니다.
그럼 605년부터 539년까지가 약 67년인데 여기서 느부갓네살의 통치년수 43년을 제외한 나머지를 나머지 왕들이 짧게 통치합니다. 그 여러 왕중 **한 명(사실 두명)**만 알면 바벨론은 끝입니다. 바벨론왕조는 외울 필요가 없어요.
남유다의 죄악에 대해 호소하는 하박국선지자에게 "갈대아에서 나라를 일으키리니"라고 말씀하셨습니다.
바벨론은 남유다의 죄악을 심판하시기 위해 "하나님이 사용하신 나라"에 불과합니다.

아!!! 또 한가지..
그럼 바벨론에 끌려간 후 바벨론 멸망까지의 연수가 67년이니 70년 포로생활에 부족하지요?
결국 바벨론이 멸망하고 바벨론을 멸망시킨 메대-바사왕국의 고레스왕이 칙령을 내려 귀환이 시작됩니다.

위에서 느부갓네살 말고 알아야 하는 왕을 언급해 볼게요. **벨사살왕**입니다.
단5장에 나오는 왕이지요. 벨사살은 다니엘이 해석을 하면 "(단5:16)나라의 셋째 통치자로 삼으리라"라고 합니다.
그리고 그날 밤 바벨론은 멸망합니다.
역사적 기록으로는 바벨론의 마지막왕이 **나보니두스왕**입니다.
이는 나보니두스왕이 당시 어떤 이유(전쟁, 정치무관심등 다양한 의견)로 궁을 떠난 상태에서 아들인 벨사살이 섭정을 하는 상태였습니다. 그렇기에 둘째 통치자가 아닌 셋째 통치자로 삼는다는 말을 한 것이구요.
**결국 바벨론은 느부갓네살 ~(나보니두스)벨사살.. 이것만 기억하시면 됩니다.**

다음으로 바벨론을 점령한 메대-바사왕국에 대해 알아보도록 하겠습니다.

메대-바사왕국(페르시아 제국)

메대-바사왕국의 경우 다리오왕이 다니엘서에 기록되어 있는데 아하수에로의 아들이라고 하는 부분도 있고 해서 의견이 많이 나누어집니다. 역사적으로 에스더의 남편 아하수에로(크세르크세스)는 오랜 시간 뒤입니다.
다니엘시기에 언급되는 부분으로 인해서 좀 혼란이 옵니다.
분명한 건 이곳의 아하수에로는 에스더서의 아하수에로가 아니라는 점입니다.

일단 메대와 바사는 친인척관계의 나라입니다.
다리오는 침략자,정복자라는 의미로 이름이 아닌 통칭으로 보시는 것이 편합니다.
일단 메대의 다리오와의 딸이 바사 고레스왕의 아내가 됩니다. 당시 다리오는 나이가 많았고 고레스는 젊습니다.
당시 메대의 다리오는 바벨론을 얻었고 고레스는 다른 전투를 하고 있었습니다.

이후 두 나라가 통합하게 되는데 일단 장유유서?로 다리오왕이 왕이 됩니다.
몇 년이 흐른 후 70년이 차자 고레스가 왕위에 오르며 고레스칙령을 내리게 됩니다
다니엘서를 이해하기 위한 메대-바사제국의 배경은 이 정도면 될 것 같습니다.

이제 실제적인 다니엘서를 시작하겠습니다.

▷ 단1장~3장

[단1:8] 다니엘은 뜻을 정하여 왕의 음식과 그가 마시는 포도주로 자기를 더럽히지 아니하리라 하고 자기를 더럽히지 아니하도록 환관장에게 구하니

당시 우상에게 제사를 지낸 후 사람이 음식을 먹습니다. 이런 음식들을 먹지 않겠다는 이야기입니다.

[단1:21] 다니엘은 고레스 왕 원년까지 있으니라

왜 아하수에로의 아들 다리오에서 아하수에로가 에스더의 남편 아하수에로가 아니라고 했는지 근거구절입니다.

[단2:10-11]
10 갈대아인들이 왕 앞에 대답하여 이르되 세상에는 왕의 그 일을 보일 자가 한 사람도 없으므로 어떤 크고 권력 있는 왕이라도 이런 것으로 박수에게나 술객에게나 갈대아인들에게 물은 자가 없었나이다
11 왕께서 물으신 것은 어려운 일이라 육체와 함께 살지 아니하는 신들 외에는 왕 앞에 그것을 보일 자가 없나이다 한지라

느부갓네살의 꿈에 대한 이야기입니다. 자신들이 거짓선지자임을 고백하는 것처럼 보입니다.
진정한 신은 오직 하나님뿐임을 보이는 구절이기도 합니다.

다니엘은 이를 해석합니다. 그런데 이번에 다시 보인 부분이 있습니다.
다니엘도 죽음 앞입니다. 그런 상황에서 하나님이 해석을 주십니다.
그런데 이런 상황에서 바로 왕에게 달려간 것이 아닌 "하나님께 감사와 찬양을 드린후" 왕에게 가는 모습입니다.

느부갓네살의 꿈입니다.이는 나중에 7~8장의 환상과도 연결이 되는 부분이 있어서 자세히 보도록 하겠습니다.

그런데 놓치지 말 부분은 2장 4절부터는 아람어라는 점입니다. 즉, 이 꿈은 아람어로 기록되어 있습니다.

먼저 이 꿈을 느부갓네살왕에게 주시고 다니엘에게 해석하게 하신 이유를 보도록 하겠습니다.

---

[단2:29-30]

29 왕이여 왕이 침상에서 장래 일을 생각하실 때에 은밀한 것을 나타내시는 이가 <u>장래 일을 왕에게 알게</u>

<u>하셨사오며</u>

30 내게 이 은밀한 것을 나타내심은 내 지혜가 모든 사람보다 낫기 때문이 아니라 오직 <u>그 해석을 왕에게 알려서</u>

<u>왕이 마음으로 생각하던 것을 왕에게 알려 주려 하심</u>이니이다

---

**큰 신상을 봄(5부분)**

**머리는 순금**

**가슴과 두 팔은 은**

**배와 넓적다리는 놋**

**종아리는 쇠**

**발은 쇠와 진흙**

**손 대지 아니한 돌이 나와서 신상의 쇠와 진흙의 발을 쳐서 부러뜨림**

**다 부서져 겨 같이 되고**

**우상을 친 돌은 태산을 이루어 온 세계에 가득**

---

**꿈의 해석**

머리는 바벨론의 느부갓네살왕이고 은,놋,쇠와 같은 나라가 일어난다고 하고 있습니다.

보통 바사,알렉산더의 헬라, 로마로 해석합니다. 그런데 신상은 5부분입니다.

네 번째인 대제국이 나누이고 혹은 강하고 혹은 약하리라는 해석을 주시며 서로 합하지 않을 것이라고

말씀하십니다.

손 대지 아니한 돌이 치는 부분은 발입니다. 다섯번째 이지요.

전통적인 해석을 기준으로 하면 로마이후의 시기에 심판이 임한다는 것이 되는 것으로 볼 수 있지요?

이것이 유럽연합이 되든, 아니면 현재 시끄러운 시아파연합등이 되든 이것은 중요해 보이지 않습니다.

악의 연합으로 생각하면 편합니다. 어찌 되었든 때가 가까운 것은 맞을테니까요.

이상한 부분은 그것보다 왜 이 부분이 아람어인가 하는 점입니다.

이방인들에게 나라를 세움도 무너뜨림도 모두 하나님의 주권하에서 일어나는 일이라는 것을 보여주는 듯 합니다.

이 환상은 7절과 8장의 환상과도 나중에 연결해 보도록 하겠습니다.

---

[단2:47] 왕이 대답하여 다니엘에게 이르되 <u>너희</u> 하나님은 참으로 모든 신들의 신이시요 모든 왕의 주재시로다

네가 능히 이 은밀한 것을 나타내었으니 네 하나님은 또 은밀한 것을 나타내시는 이시로다

---

얼핏 바라보면 꿈 해석을 들은 느부갓네살왕이 온전히 하나님을 언급한 것처럼 보입니다만..

<u>"나의 하나님"이 아닌 "너희 하나님"입니다.</u>

온전하지 못함은 다음장인 3장에서 왕이 금으로 신상을 만들고 이 신상에 절하지 않은 하나냐,미사엘,아사랴를 풀

무불에 넣는 장면이 나오는 것으로도 알 수 있습니다.

215

참, 저도 사드락,메삭,아벳느고가 익숙하긴 합니다만.. 개인적으로는 하나냐,미사엘,아샤라로 기억하셨으면 합니다.

**다니엘** : 하나님은 나의 재판관이시다 - 개명 벨드사살(벨신이여 그의 생명을 보호하소서)

**하나냐** : 여호와께서 은혜를 베푸신다 - 개명 사드락(바벨론신 아쿠의 명령)

**미사엘** : 하나님과 같은자가 누구냐 - 개명 메삭(누가 바벨론신 아쿠와 같은가)

**아사랴** : 여호와께서 도우신다 - 개명 아벳느고(느고 신의 종)

---

▷ **단4장**

4장은 타이틀은 개역개정판에서 느부갓네살의 두 번째 꿈 입니다.
개인적으로는 조금 맘에 들지 않습니다. 4장의 경우는 내용이 "느부갓네살왕이 내린 조서"가 더 맞는듯 합니다.

4장을 잘 읽어보시면 꿈을 꾸고 해석을 받은 시점에서 작성된 내용이 아닙니다.
이 꿈을 꾼 시기는 과거 느부갓네살이 정상적으로 통치하던 시기였고 현재 이 조서는 한참 후입니다.
정확히는 느부갓네살왕이 다니엘을 통해 꿈과 해석을 받고 바르게 반응하지 않은 후, 정신병으로 인해서 일곱 때(7년)를 들짐승처럼 살다가 정신이 돌아와 다시 왕위에 앉게 됩니다.
즉, 정신병으로 쫓겨났다가 돌아온 후 과거의 일을 회상하며 백성들에게 내린 조서입니다.

일단, 꿈해석을 받은 후 열두 달이 지나 느부갓네살이 자신의 행동을 회상한 구절입니다.

[단4:29-31]
29 열두 달이 지난 후에 내가 바벨론 왕궁 지붕에서 거닐새
30 나 왕이 말하여 이르되 이 큰 바벨론은 내가 능력과 권세로 건설하여 나의 도성으로 삼고 이것으로 내 위엄의 영광을 나타낸 것이 아니냐 하였더니
31 이 말이 아직도 나 왕의 입에 있을 때에 하늘에서 소리가 내려 이르되 느부갓네살 왕아 네게 말하노니 나라의 왕위가 네게서 떠났느니라

꿈을 꾼 후 열 두달이 지난 시점의 자신의 행위를 회상하는 장면입니다.

[단4:34] 그 기한이 차매 나 느부갓네살이 하늘을 우러러 보았더니 내 총명이 다시 내게로 돌아온지라 이에 내가 지극히 높으신 이에게 감사하며 영생하시는 이를 찬양하고 경배하였나니 그 권세는 영원한 권세요 그 나라는 대대에 이르리로다

정신병에서 총명이 돌아오고 돌아왔다는 내용과 찬양입니다.
"너희 하나님"과는 조금 다른 느낌이 들지 않으시나요?

4장의 마지막 구절입니다.

[단4:37] 그러므로 지금 나 느부갓네살은 하늘의 왕을 찬양하며 칭송하며 경배하노니 그의 일이 다 진실하고 그의 행하심이 의로우시므로 교만하게 행하는 자를 그가 능히 낮추심이라

216

## ▷ 단5장

5장은 바벨론의 마지막 왕 벨사살왕의 이야기입니다. 이제 벨사살왕 하면 나보니두스와 섭정이 떠오르시나요? ㅎ
좀 더 정확히는 <u>바벨론의 마지막 밤 이야기</u>입니다. <u>주전 539년</u>이지요.
잠깐 배경이야기를 추가해 보도록 하겠습니다.

**바벨론성**
바벨론성은 거의 난공불락의 요새였습니다. 메대-바사연합군이 눈 앞에 있는데 벨사살왕이 귀족 천명과 잔치를
하는 모습에서도 언뜻 보이지요.
성벽이 20미터에 달했다고 하고 마차 4대가 동시에 다닐 정도였다고 합니다. 성밖은 물이 둘러져 있구요.
과거 전쟁은 성을 둘러싸고 물자를 차단하는 방식이 많이 사용되었습니다. 예루살렘성도 사마리아성도 그렇게
포위되었었구요. 하지만 바벨론성은 20년간 먹을 식량까지 비축하고 있었다고 합니다.
이런 상황이기에 벨사살왕은 전혀 근심을 하지 않은 모습입니다.

다니엘서 5장의 마지막 구절이 의미심장합니다.

**[단5:25]** 기록된 글자는 이것이니 곧 메네 메네 데겔 우바르신이라

메네 : (왕의 년수를) 세어보았다.
데겔(테칼) : (저울에) 달아보았다.
우바르신 (접속사 우 + 페라쓰): 나누었다.

**[단5:31]** 메대 사람 다리오가 나라를 **얻었는데** 그 때에 다리오는 육십이 세였더라

다리오가 나라를 얻었다는 표현이 있습니다.
이는 위에서 본 것처럼 바벨론성은 철옹성에 가까웠기에 함락이 어려운 상태였습니다.
하지만 바벨론의 대신들이 그날 밤에 성문을 열어주고 바벨론왕국은 끝을 맺습니다.
그렇기에 "얻었다"라는 표현이 좀 더 실감이 나구요.

다리오가 나이가 많기에 몇 년 후에 고레스왕이 왕위를 승계하고 바사제국이 시작된다고 말씀드렸지요?

217

6장은 시대가 바벨론이 아닌 바사입니다. "바벨론이 멸망했으니 이후는 바사겠구나"라고 생각하시면 안되지요?

다음 7장과 8장은 다시 다니엘이 바벨론에 있던 시절 본 환상들이니까요.

일단 6장은 바사입니다.

여기서 한가지..  다니엘의 세 친구가 풀무불에 던져진 사건 기억하시죠? 다니엘은 없었구요.

다니엘이 사자굴에 던져진 것은 바벨론이 아닌 바사시대입니다. 동일한 시대가 아니란 점입니다.

6장은 사자굴에 던져진 다니엘도 있지만, 다니엘의 기도생활도 함께 들어있는 장입니다.

배경은 어디요? 바사 다리오왕 시절입니다.

제가 이걸 언급하는 이유를 적어보겠습니다.

바벨론에서의 다니엘의 역할을 보았기 때문이든 어떤 이유든, 메대 다리오왕시절에도 다니엘은 총리 셋중 한명입니다.

다니엘서 4장이 느부갓네살의 두번째 꿈이라기보다는 즈부갓네살의 조서라고 말씀드렸지요?

사자굴에서 살아나온 다니엘을 보고 다리오왕은 조서를 내립니다.

사자굴에 들어가게 된 것도 조서때문이었습니다. 다니엘서 6장은 시작과 끝이 두 개의 조서입니다.

시작의 조서는 왕외에 어떤 신이나 사람에게 무엇을 구하지 못하게 하는 조서였다면, 마지막 조서는 다릅니다.

[단6:26-27]
26 내가 이제 조서를 내리노라 내 나라 관할 아래에 있는 사람들은 다 다니엘의 하나님 앞에서 떨며 두려워할지니 그는 살아 계시는 하나님이시요 영원히 변하지 않으실 이시며 그의 나라는 멸망하지 아니할 것이요 그의 권세는 무궁할 것이며
27 그는 구원도 하시며 건져내기도 하시며 하늘에서든지 땅에서든지 이적과 기사를 행하시는 이로서 다니엘을 구원하여 사자의 입에서 벗어나게 하셨음이라 하였더라

많은 변화가 있는 모습입니다.

그런데 제가 이 말씀을 드리는 것은 다리오왕의 변화만을 이야기하고자 하는 것은 아닙니다.

6장 마지막 구절을 보도록 할께요.

[단6:28] 이 다니엘이 <u>다리오 왕의 시대와 바사 사람 고레스 왕의 시대</u>에 형통하였더라

이 이야기를 마치며 다리오왕과 고레스왕의 시대에 형통하였다고 연결하고 있습니다.

**<u>이사야서를 보고 고레스왕이 칙령을 내렸다고도 합니다. 저는 개인적으로는 이런 생각도 해 봅니다.</u>**

고레스왕은 불과 몇 년후에 왕위에 오릅니다. 어쩌면 사실 실권은 많이 가지고 있었을 수도 있구요.

어찌되었던 이 사건이 고레스칙령과도 연결되는 부분이 아닐까 하는 생각이요.

다니엘은 9장에서 예레미아의 예언을 깨닫고 기도를 시작합니다.(다리오왕 원년)

가브리엘 천사가 와서 "네가 기도를 시작할 즈음에 명령이 내렸다"라고 전해줍니다.

그런데 포로귀환은 70년이 차고 고레스왕 원년입니다.

하나님이 햇수를 기다리신 것도 맞지만 다른 시각으로도 볼 수 있는 것 같습니다.

<u>명령이 내려졌기에 다리오왕 시절에 '다니엘 사자굴사건'을 이루셨고(물론 고난일 수는 있습니다.),</u>

<u>이를 본 고레스왕의 마음도 만지셨기에 고레스칙령이 내려진 것이 아닌가 하는 정도의 상상입니다.ㅎㅎ</u>

---

▷ 단7장

---

7장은 다시 **바벨론** 시대로 간다는 것 기억하고 보셔야 합니다. <u>바벨론 벨사살 원년입니다.</u>

또한 7장은 **아람어**로 기록된 말씀으로 7장과 8장의 연속된 환상중 7장은 아람어이고 8장은 히브리어입니다.

앞에 2장에서 느부갓네살의 첫번째 꿈이 5부분으로 이루어졌던 것 기억하시나요? 순금,은,놋,쇠,흙과쇠

이 꿈과 아주 비슷한 부분이 보입니다.

7장과 8장은 계시록 13장~19장과도 연결이 되는 부분입니다.

자세히 내용을 한번 보도록 하겠습니다.

일단 비교를 하시라고 2장의 느부갓네살의 꿈을 한번 가져왔습니다.

**느부갓네살의 꿈 : 큰 신상을 봄(5부분)**

**머리**는 순금

**가슴과 두 팔**은 은

**배와 넓적다리**는 놋

**종아리**는 쇠

**발**은 쇠와 진흙

손 대지 아니한 돌이 나와서 신상의 쇠와 진흙의 발을 쳐서 부러뜨림

다 부서져 겨 같이 되고

우상을 친 돌은 태산을 이루어 온 세계에 가득

이번에는 7장의 환상입니다.

**큰 짐승 넷 환상(4부분) : 세상에 일어날 네 왕(천사의 해석)**

**사자** : 사람의 마음을 받았더라 : 느부갓네살이 정신병에서 돌아오면서 회개 정도?

**곰** : 세 갈빗대가 물렸는데 : 바벨론/이집트/리디아 무너뜨림

**표범** : 머리가 넷 : 알렉산더이후 네 개의 왕국으로 나뉨

**무서운 짐승** : 열 뿔이 있고 작은 뿔이 사이에서 자라나 처음 셋이 뽑힘 : ???

5부분이냐 넷이냐를 제외하면 보통의 경우 바벨론/메대-바사/헬라/로마정도의 해석으로 공통적인 편이기는 합니다.

무서운 짐승의 경우 로마로 보기도 하고 로마제국을 포함한 이후라고 보기도 합니다.

이렇게 보면 꿈에서 네번째 다섯번째가 무서운 짐승으로 하나로 표현되었다고 보면 동일한 내용같이 보이기도 합니다.

공식적인 해석은 여기까지 입니다.  아래는 조금 더 생각할 부분을 적어보겠습니다.

## 생각해 볼 만한 부분

7장의 경우는 네 짐승의 환상이 1~8절까지 이어집니다. 9~14절을 옛적부터 항상 계신자로 타이틀이 되어 있습니다.

그런데 내용을 자세히 들여다보면 <u>13절과 14절은 별도로 나뉘어지는 환상</u>으로 나뉘어집니다.

(1~8절) 네 짐승 환상

(9~12절) 왕좌에 계신이(심판의 책들, 생명책 아님) : 짐승이 죽임당하고 남은 짐승들은 권세를 빼앗기나 생명은 보존되어 정한 시기가 이르기를 기다림

(13~14절) 밤 환상( 인자가 구름, 모든 백성/나라/다른 언어의 <u>모든자들이 섬기며</u> 소멸하지 않는 영원한 권세의 나라)

(19절) 다니엘이 네 번째 짐승에 관하여 확실히 알고자 함

(21~22절) 넷째 짐승의 뿔이 <u>성도들과 싸워 그들에게 이겼더니</u> 옛적부터 항상 계신이가 와서 성도들의 원한을 풀어주시고 때가 이르매 성도들이 나라를 얻음

(23~27절) 모신 자의 추가 설명(한 때와 두 때와 반 때, 심판, 영원한 나라)

계시록의 13장에서 19장 내용의 요약판 같은 느낌이 들지 않으시나요? 마지막 때까지의 일들로 보입니다. 재밌는 부분은 언뜻 느낌은 느부갓네살의 꿈과 같습니다. 그런데 다니엘은 마지막까지 번민하고 넷째 짐승에 대하여 알고자 합니다. 흐름은 동일하게 "악한나라들이 심판을 받고 영원한 하나님의 나라가 임한다"로 보면 같아 보이는데 말이지요.

개인적으로는 이 때 마지막 때에 관한 자세한 내용을 보게 된 것이 아닌가 싶습니다.
모든자 즉, 열방의 구원과 짐승이 성도들과 싸워 이기는 부분도 제가 다니엘이면 당황스러운 일이었을 듯도 합니다.

## ▷ 단8장

아직도 바벨론이고 7장의 환상후 이년이 지난 벨사살왕 제 삼년입니다. <u>8~12장은 히브리어입니다.</u>
<u>7장 환상이후 2년후에 받은 환상인데 내용이 비슷합니다. 이유가 무엇일까요?</u>
8장을 마치며 제 생각은 말씀드리겠습니다.

[단8:3] 내가 눈을 들어 본즉 강 가에 <u>두 뿔</u> 가진 숫양이 섰는데 그 두 뿔이 다 길었으며 그 <u>중 한 뿔은 다른 뿔보다</u> <u>길었고 그 긴 것은 나중에 난 것이더라</u>

숫양의 두 뿔은 메대-바사제국입니다. 나중 것이 더 길다 함은 바사제국으로 통합되는 것을 보여줍니다.

[단8:5] 내가 생각할 때에 한 <u>숫염소</u>가 <u>서쪽</u>에서부터 와서 온 지면에 두루 다니되 땅에 닿지 아니하며 그 염소의 두 눈 사이에는 <u>현저한 뿔</u>이 있더라

서쪽에서 오는 숫염소의 현저한 뿔은 헬라 알렉산더대왕이지요. 서쪽에 위치합니다.

[단8:7-9]

7 내가 본즉 그것이 숫양에게로 가까이 나아가서는 더욱 성내어 그 숫양을 쳐서 그 두 뿔을 꺾으나 숫양에게는 그것을 대적할 힘이 없으므로 그것이 숫양을 땅에 엎드러뜨리고 짓밟았으나 숫양을 그 손에서 벗어나게 할 자가 없었더라

8 숫염소가 스스로 심히 강대하여 가더니 강성할 때에 그 큰 뿔이 꺾이고 그 대신에 현저한 뿔 넷이 하늘 사방을 향하여 났더라

9 그 중 한 뿔에서 또 작은 뿔 하나가 나서 남쪽과 동쪽과 또 영화로운 땅을 향하여 심히 커지더니

숫염소가 숫양의 두 뿔을 꺾음은 메대-바사제국의 멸망입니다.

숫염소가 강성할 때에 그 큰 뿔이 꺾이고 현저한 뿔 넷이 난다는 것은, 강성하던 알렉산더 제국에서 알렉산더가 갑자기 죽고 네 개의 제국으로 분할되는 것을 의미합니다.

위 내용은 가브리엘 천사의 해석이 아래에 나옵니다. 그런데 9절에 대한 부분은 명확하지 않지요?

[단8:23-25]

23 이 네 나라 마지막 때에 반역자들이 가득할 즈음에 한 왕이 일어나리니 그 얼굴은 뻔뻔하며 속임수에 능하며

24 그 권세가 강할 것이나 자기의 힘으로 말미암은 것이 아니며 그가 장차 놀랍게 파괴 행위를 하고 자의로 행하여 형통하며 강한 자들과 거룩한 백성을 멸하리라

25 그가 꾀를 베풀어 제 손으로 속임수를 행하고 마음에 스스로 큰 체하며 또 평화로운 때에 많은 무리를 멸하며 또 스스로 서서 만왕의 왕을 대적할 것이나 그가 사람의 손으로 말미암지 아니하고 깨지리라

후반부 신구약중간사에 언급된 성전을 더럽힌 셀레우커스왕조의 안티오쿠스4세는 속임수로 왕위에 오릅니다.

"거룩한 백성을 멸한다"는 부분은 성전을 더럽히는 사건을 저지르고 이로 인해서 "유다 마카비혁명"이 발발합니다.

안티오쿠스 4세의 이름은 '에피파네스'인데 사람들은 당시 비슷한 발음인 '에피마네스'로 부릅니다. "미친놈"이란 뜻입니다.

단 하나.. 역사로는 좀 애매한 부분은 "그가 사람의 손으로 말미암지 아니하고 깨지리라"입니다.

외경인 마카베오서에 따르면 안티오쿠스 4세는 병으로 죽습니다.

하지만 유다 마카비혁명이 하시딤, 즉 거룩한 사람들과 함께 한 전쟁이기에 '하나님이 깨뜨리신다'로 보면 될 듯합니다.

[단8:27] 이에 나 다니엘이 지쳐서 여러 날 앓다가 일어나서 왕의 일을 보았느니라 내가 그 환상으로 말미암아 놀랐고 그 뜻을 깨닫는 사람도 없었느니라

8장의 환상을 보고 다니엘은 앓았다고 기록하고 있습니다.

성경에 갑자기 다니엘이 자신이 앓았던 것을 기록하는 부분도 신기하지 않으실까요?

왜 이런 구절이 들어가있는 것일지 생각해 보았습니다.

다음페이지에서 이어서 보도록 하겠습니다.

처음에 7장과 8장이 사실 중복적인 느낌이 있다고 말씀드렸습니다.

그런데 8장은 히브리어로 쓰여진 장이라구요.

비슷한 역사적인 이야기를 담고 있지만 아람어로 쓰여진 7장의 경우는 미래의 역사와 더불어 종말의 때까지의 예언입니다.

하지만 히브리어로 쓰여진 8장의 경우는 이스라엘에서 발생할 사건들에 대한 예언입니다.

다니엘은 민족의 미래와 성전이 더럽혀짐을 보고 놀라고, 또한 그 슬픔속에 마음이 무너져서 앓다가 일어나 왕의 일을 본 것이 아닐까 생각해 봅니다.

▷ 단9장

[단9:1-2]

1 메대 족속 아하수에로의 아들 다리오가 갈대아 나라 왕으로 세움을 받던 첫 해

2 곧 그 통치 원년에 나 다니엘이 책을 통해 여호와께서 말씀으로 선지자 예레미야에게 알려 주신 그 연수를 깨달았나니 곧 예루살렘의 황폐함이 칠십 년만에 그치리라 하신 것이니라

위에서 아하수에로의 아들 다리오로 나와있는데 이는 에스더의 남편 크세르크세스가 아닙니다.

아하수에로는 고대 페르시아의 왕위를 의미하며 그 뜻은 "영웅들의 지배자"라는 뜻이기에 그냥 고레스왕 이전의 다리오로 보시면 됩니다.

다리오 원년에 다니엘은 예레미야의 70년을 깨닫고 기도를 시작합니다.

그러자 가브리엘 천사가 와서 말씀을 전합니다.

[단9:23-24]

23 곧 네가 기도를 시작할 즈음에 명령이 내렸으므로 이제 네게 알리러 왔느니라 너는 크게 은총을 입은 자라 그런즉 너는 이 일을 생각하고 그 환상을 깨달을지니라

24 네 백성과 네 거룩한 성을 위하여 일흔 이레를 기한으로 정하였나니 허물이 그치며 죄가 끝나며 죄악이 용서되며 영원한 의가 드러나며 환상과 예언이 응하며 또 지극히 거룩한 이가 기름 부음을 받으리라

[단9:25] 그러므로 너는 깨달아 알지니라 예루살렘을 중건하라는 영이 날 때부터 기름 부음을 받은 자 곧 왕이 일어나기까지 일곱 이레와 예순두 이레가 지날 것이요 그 곤란한 동안에 성이 중건되어 광장과 거리가 세워질 것이며

"기도를 시작할 즈음에 명령이 내려졌으므로" : 사람의 생각으로는 곧 이루어질 듯 합니다.

하지만 포로귀환은 70년이 차고 고레스 원년, 하나님의 때에 이루어집니다.

"예루살렘을 중건하라는 영이 날 때부터 기름 부음을 받은 자 곧 왕이 일어나기까지 일곱 이레와 예순두 이레가 지날 것이요 " : 유대력으로 1년이 360일이고 69*7=483년으로 해석을 많이 하시든데 이렇게 해석하면 예수님 십자가사건으로 맞춰집니다.

그런데 좀 신기하지 않나요? 예레미야의 70년 예언을 붙잡고 기도하는 다니엘은 이스라엘의 회복을 기도한 듯 합니다. 그런데 가브리엘 천사가 명령이 내려졌다며 환상을 보여주시는데 그 환상은 예수님의 초림과 십자가 사건입니다.

다니엘서 8장에서 12장은 히브리어로 쓰여진 부분인 것 기억하시지요?

8장도 아람어로 쓰여진 7장과 달리 마지막 날 보다는 이스라엘에 대한 부분이었습니다.

10장의 내용도 한번 보겠습니다.

[단10:1-3]
1 바사 왕 고레스 제삼년에 한 일이 벨드사살이라 이름한 다니엘에게 나타났는데 그 일이 참되니 곧 큰 전쟁에 관한 것이라 다니엘이 그 일을 분명히 알았고 그 환상을 깨달으니라
2 그 때에 나 다니엘이 세 이레 동안을 슬퍼하며
3 세 이레가 차기까지 좋은 떡을 먹지 아니하며 고기와 포도주를 입에 대지 아니하며 또 기름을 바르지 아니하니라

바사와 고레스시대입니다. 그런데 고레스 삼년입니다.

고레스 원년에 고레스칙령이 내려졌지요? 다니엘은 바사에 있습니다.

또한 "바사시대"만으로 읽지 마시고 시대적 배경을 기억해야 합니다.

포로귀환이 시작된 상태이지요.

70년간의 포로생활을 거치고 백성들은 "이제 모든 것이 회복될 것이다"라고 생각했을껍니다.

어쩌면 다니엘도요..

하지만 큰 전쟁에 대한 말씀을 주십니다. 다니엘은 또 세 이레 동안을 슬퍼합니다.

앞에서도 앓았던 것 기억하시지요?

[단10:4] 첫째 달 이십사일에 내가 힛데겔이라 하는 큰 강 가에 있었는데

힛데겔은 티그리스강입니다.

[단10:13-14]
13 그런데 바사 왕국의 군주가 이십일 일 동안 나를 막았으므로 내가 거기 바사 왕국의 왕들과 함께 머물러 있더니 가장 높은 군주 중 하나인 미가엘이 와서 나를 도와 주므로
14 이제 내가 마지막 날에 네 백성이 당할 일을 네게 깨닫게 하러 왔노라 이는 이 환상이 오랜 후의 일임이라 하더라

▷ **바사왕국의 군주가 이십일 일 동안 나를 막았으므로** : 이 말을 하고 있는 것은 사람이 아닌 천사입니다.

그런데 바사왕국의 군주가 막았다는 것은 무슨 말인가요? 고레스왕인가요?

여기서 바사왕국의 군주는 고레스왕이 아닙니다. 당시 "바사왕국을 장악한 악한 영"이라고 보아야 합니다.

▷ **미가엘이 와서 나를 도와주므로** : 미가엘 천사는 하나님나라의 전쟁을 하는 천사장입니다.

얼마나 강하게 막았는지 미가엘천사장의 도움으로 이제 옵니다.

▷ **이 환상이 오랜 후의 일이이라** : 시대가 언제라구요? 지금은 이제 막 포로귀환이 일어나는 시점입니다.

앞으로 이스라엘에 일어날 일에 대한 환상입니다.

[단10:20] 그가 이르되 내가 어찌하여 네게 왔는지 네가 아느냐 **이제 내가 돌아가서 바사 군주와 싸우려니와 내가 나간 후에는 헬라의 군주가 이를 것이라**

바사군주는 바사제국을 장악한 악한 영이라고 했으니 헬라의 군주도 동일하게 해석해야 합니다.

알렉산더 1명으로 생각하시면 안됩니다.

하지만 분명한 것은 헬라제국이 일어나게 되고 그로 인해 또 이스라엘에 고통의 나날이 이어질 것이기에 다니엘은 슬퍼한 것입니다.

## ▷ 단11장

장으로는 11:1은 11장으로 분리되어 있지만 10장의 내용과 연결해야 합니다.

[단11:1] 내가 또 메대 사람 다리오 원년에 일어나 그를 도와서 그를 강하게 한 일이 있었느니라

현재가 고레스왕시대이기에 고레스 원년의 고레스 칙령을 생각하시면 안됩니다.

여기서는 메대 다리오 원년이라고 명시되어 있습니다.

다리오 원년은 다니엘이 예레미야의 70년 예언을 깨닫고 기도를 시작한 해입니다. 즉, 바벨론을 무너뜨린 해입니다.

개인적으로는 단11:1은 왜 장을 이렇게 구분했는지 모르겠습니다.

이렇게 페이지가 나누어지면 이 구절의 주체들을 깨닫기 좀 어려워지거든요.

10장의 마지막구절과 11:1절을 연결해 보겠습니다.

[단10:21] 오직 내가 먼저 진리의 글에 기록된 것으로 네게 보이리라 나를 도와서 그들을 대항할 자는 너희의 군주 미가엘뿐이니라
[단11:1] 내가 또 메대 사람 다리오 원년에 일어나 그를 도와서 그를 강하게 한 일이 있었느니라

보통 성경읽기를 장으로 끊어 읽는데 하필이면 10장으로 끊기면 참 난감한 해석이 될 수 있습니다.

다니엘서이니 "내가"가 다니엘인 것처럼 헷갈릴 수 있으니까요. ㅎㅎ

연결해보면 명확합니다.

지금 다니엘에게 말하는 천사가 "나"입니다. 그리고 "그"는 미가엘 천사장입니다.

그러면 미가엘을 도와서 강하게 한 일은 무엇인가요?

아마도 바벨론 제국의 멸망이겠지요?

바벨론의 니느웨성은 바사제국의 군대에 뚫린 것이 아니라 바벨론의 대신들이 문을 열어주었다고 했습니다.

그렇기에 다니엘서에서는 "메대왕 다리오가 나라를 얻었다"라고 기록하고 있지요.

<br>

[단11:2] 이제 내가 참된 것을 네게 보이리라 보라 바사에서 또 세 왕들이 일어날 것이요 그 후의 **넷째는 그들보다 심히 부요할 것이며 그가 그 부요함으로 강하여진 후에는 모든 사람을 충동하여** 헬라 왕국을 칠 것이며

아래 다리오 1세 위에 캄비세스2세와 수메르디스가 있습니다.

즉, 캄비세스,수메르디스,다리오 세명 이후가 에스더의 남편 아하수에로(크세르크세스)이고 헬라를 공격합니다.

| 메대-바사왕 | 주요 사건 | 주요인물 & 선지자 |
|---|---|---|
| 다리오 | 메데-바사의 초대 왕으로 고레스의 외삼촌입니다.<br>메대-바사는 그리스처럼 도시국가형태로 초기에 메대와 바사로 분리되어 있다가 바사로 통합됩니다.<br>**단6장, 단9장에 나오는 다리오왕이 이 인물입니다.** | 다니엘 |
| 고레스 | 이란인들이 실질적인 바사제국의 아버지로 부르는 인물입니다.<br>이 때 고레스칙령(세계최초 인권선언문)이 발표되고 포로귀환이 이루어집니다.(대하36:22~23)<br>1차포로귀환(스룹바벨과 예수아를 중심으로 성전재건을 목표) | 다니엘 |
| 캄비세스 | | |
| 스메르디스 | | |
| 다리오1세 | 학개, 스가랴 선지자가 중단된 성전재건을 독려 | **학개, 스가랴** |
| 아하수에로 (크세르크세스) | 아하수에로왕의 두 번째 왕비 에스더(에스더서가 에스라,느헤미야 보다 앞선 이야기이기에 시기를 파악하며 먼저 읽어 보세요)의 남편입니다.<br>에스라와 느헤미야가 포로귀환을 통한 귀환한 유대인들에 대한 이야기라면 에스더서는 귀환하지 않은 바사에 정착한 디아스포라에 대한 이야기입니다.<br><br>모세오경에 기록되지 않은 유일한 절기인 부림절(이스라엘 민족이 바사 총리 하만이 꾀한 유대인 멸절에서벗어난 것을 기념하는 축제)의 기원이 기록되어 있습니다. | 에스더 (죽으면 죽으리라) |
| 아닥사스다1세 | 2차포로귀환(에스라 - 영적 생활지도) ,<br>3차포로귀환(느헤미야 - 무너진 예루살렘 성벽 재건) | **에스라,** 느헤미야 |
| 다리오2세 | | 말라기 (마지막 선지자) |

아하수에로왕은 헬라제국을 공격하지만 마라톤전투와 살라미스해전에서 대패를 하게됩니다.
결국 이 일 이후 바사제국의 시대도 저물어갑니다.

[단11:3-4]
3 장차 **한 능력 있는 왕**이 일어나서 큰 권세로 다스리며 자기 마음대로 행하리라
4 그러나 그가 강성할 때에 그의 나라가 갈라져 천하 사방에 나누일 것이나 그의 자손에게로 돌아가지도 아니할 것이요 또 자기가 주장하던 권세대로도 되지 아니하리니 이는 그 나라가 뽑혀서 그 외의 다른 사람들에게로 돌아갈 것임이라

알렉산더 대왕의 이야기입니다. 알렉산더는 갑자기 죽게되고 나라는 자식들이 아닌 장군 4명이 나누어가지게 됩니다. 이후 로마제국의 시대로 가게 되지요.
하지만 5절부터 이어지는 내용은 로마가 아닌 헬라제국의 상세설명 예언입니다.


이후 내용을 묵상하시기 전에 미래에 일어날 어떤 이야기가 담겨있는 환상인지를 살펴보겠습니다.
다니엘서 11장의 경우 이 내용을 모르면 무슨 이야기인지 이해가 전혀 안됩니다.
일단 헬라제국의 프톨레미왕조와 셀레우커스왕조표를 보시고 말씀드릴께요.

| 애굽 프톨레미왕조 | | 시리아 셀레우커스왕조 | |
|---|---|---|---|
| 프톨레미 1세 (소테르) | 주전 322~285 | 셀레우커스 1세 (니카토르) | 주전 312~280 |
| 프톨레미 2세 (필라델푸스) | 주전 285~246 | 안티오쿠스 1세 (소테르) | 주전 280~261 |
| | | 안티오쿠스 2세 (테오스) | 주전 261~246 |
| 프톨레미 3세 (유에르게테스) | 주전 246~221 | 셀레우커스 2세 (칼리니쿠스) | 주전 246~226 |
| | | 셀레우커스 3세 (세라누스) | 주전 226~223 |
| 프톨레미 4세 (필로파토르) | 주전 221~203 | 안티오쿠스 3세 ( 마그누스,메가스) | 주전 223~187 |
| 프톨레미 5세 (에피파네스) | 주전 203~181 | 셀레우커스 4세 (필로파토르) | 주전 187~175 |
| 프톨레미 6세 (필로메토르) | 주전 181~146 | 안티오쿠스 4세 (에피파네스) | 주전 175~163 |
| | | 안티오쿠스 5세 (유파토르) | 주전 163~162 |
| | | 데메트리우스 1세 (소테르) | 주전 162~150 |

프톨레미 2세는 안티오쿠스 2세에게 자신의 딸 베레니케를 시집보냅니다.
당시 안티오쿠스 2세는 이미 결혼을 한 상태로 라오디케라는 왕비가 있었습니다.
이후 라오디케가 안티오쿠스2세와 그의 아들들 그리고 베레니케를 모두 죽이고 자신의 아들인 셀레우커스 2세를
왕위에 올리게 됩니다.

자신의 동생인 베레니케가 죽임을 당하자 오빠인 프톨레미 3세는 셀레우커스 원정길에 나서 대규모의 약탈을
합니다. 이후에도 계속적으로 프톨레미와 셀레우커스간의 전쟁이 일어납니다.
사이에 낀 유다는 계속 황폐화되고 있겠지요?
"안티오쿠스 3세 이전에 유대지역은 프톨레미 왕조의 지배하에 있었구나!" 정도면 사실 충분합니다.
이후 안티오쿠스 3세때부터 변화가 시작됩니다.

10절~19절은 프톨레미와 셀레우커스와 계속된 전쟁이야기입니다.
여기에서 북방왕은 안티오쿠스3세인데 이 사람이 안디옥을 수도로 정한 왕입니다.
이 안티오쿠스왕때부터 사실상 이스라엘은 셀레우커스의 지배하에 넘어가게 됩니다.
성경에도 "그는 영화로운 땅에 설 것이요"로 기록이 되어 있습니다.

안티오쿠스 3세를 이어서 셀레우커스 4세가 즉위하지만 "몇 날이 못되어 망한다"라고 기록되어 있습니다.
사실 성경의 흐름을 이해하는데 있어서는 이 사람을 넣으면 좀 헷갈리기에 신규약중간사에서도 간단히만 언급을
했습니다.
하지만 여기서는 조금만 더 설명을 해 보도록 하겠습니다.

안티오쿠스 3세는 즉위 초기에 프톨레미 원정에 나서나 실패를 합니다
이후 주전 198년 다시 침공을 하고 팔레스타인지역을 완전히 수중에 넣게 됩니다.
3년여가 흐른 주전 195년 셀레우커스와 프톨레미는 평화조약을 맺으며 안티오쿠스 3세는 자신의
딸(클레오파트라, 우리가 아는 인물과 다른 인물)을 프톨레미에 시집을 보냅니다.

유대 역사가 요세프스는 "이 때 사마리아와 유대, 페니키아(베니게)도 주었다"라고 기록을 하였는데, 이
기록만으로는 팔레스타인지역이 다시 프톨레미왕조의 지배하로 들어가는 듯 보입니다. 실제 셀레우커스의
지배하였기에 좀 애매해 보이는 기록입니다.
하지만 이어지는 구절인 "두 왕에게 세금을 납부해야 했다"라는 부분과 연결해 보면 지역의 통치권을 넘겼다기
보다는 프톨레미에도 세금을 내도록 했다고 보는 것이 맞는 것 같습니다. 실질 지배는 셀레우커스입니다.

여기서 안티오쿠스 3세가 생각지도 못한 변수가 생깁니다.
프톨레미로 시집보낸 자신의 딸이 오히려 프톨레미지역에서 권력을 얻은 후 아버지에 대항하는 일이 발생합니다.
이에 안티오쿠스 3세는 다시 원정길에 오르는데, 당시 셀레우커스의 세력을 견제하는 로마의 스키피오장군과의
전투에서 패배하며 막대한 배상금을 물어주어야 하는 처지에 이릅니다.
이 막대한 배상금을 물기 위해 지독한 약탈을 진행하려다 반란으로 암살을 당하게 됩니다.

여기서 안티오쿠스3세를 이어 왕위에 오른 인물이 셀레우커스 4세입니다.
그런데 안티오쿠스 3세가 로마에 막대한 배상금을 물어주어야 하는 상황을 만들고 죽었기에 셀레우커스 4세는
재무장관을 시켜 무자비한 약탈등을 진행하지요. 이 과정에서 재무장관이 셀레우커스 4세를 죽이게 됩니다.
일단 여기까지 말씀을 보겠습니다.

[단11:21] 또 그의 왕위를 이을 자는 한 비천한 사람이라 나라의 영광을 그에게 주지 아니할 것이나 그가 평안한
때를 타서 속임수로 그 나라를 얻을 것이며

다니엘서 11:21절에는 "속임수로 나라를 얻는다"라고 되어있습니다.
로마에 패전후 안티오쿠스3세는 안티오쿠스 4세를 로마에 볼모로 보내는데, 술수로 형의 아들을 대신 볼모로
보내고 돌아오게 됩니다. 돌아오는 길에 재무장관이 셀레우커스 4세를 죽인 소식을 듣고 돌아온 후 모두 죽이고
역시 술수로 형대신 왕에 즉위합니다. 이 안티오쿠스 4세는 기억해 둘 인물입니다, 성전을 더럽힌 왕이니까요
게다가 12장으로 이어지는데 마지막 날입니다. 결국 안티오쿠스 4세가 적그리스도의 상징이기도 합니다.

말씀 한 구절을 이해하기 위해 배경설명이 이만큼입니다.
다니엘서 11장이 이 배경을 모르면 전혀 이해가 안될 수 밖에 없는 이유입니다.
셀레우커스 4세는 임팩트가 크지도 않은 왕이라 중요하지는 않습니다만, 앞으로 이어지는 안티오쿠스 4세는 엄청
중요합니다.
원래 이름이 안티오쿠스 4세 '에피파네스'인데요. 사람들은 비슷한 음가를 사용해 '에피마네스'라고 불렀습니다.
이 '에피파네스'는 "신의 현신"이란 의미로 안티오쿠스 4세가 자기가 지은 이름입니다.
반면에 '에피마네스'의 의미는 "마친 놈"입니다. 이게 다른 사람의 평가입니다.

계속 안티오쿠스 4세 이야기입니다.

남방왕국을 다시 침략한 후 프톨레미6세와 7세를 나라를 분할해서 왕위에 올립니다.

두 왕은 남방왕과 북방왕을 의미합니다. "한 밥상에 앉았을 때에 거짓말을 한다"는 것은 공동통치에 대해서 OK를 하지만 진심이 아니라는 의미입니다.

일이 형통하지 못하다라고 나오는데, 나중에 이 프톨레미6,7세는 오히려 동맹해서 안티오쿠스 4세를 대항합니다.

이렇게 되자 안티오쿠스 4세는 다시 애굽 프톨레미 원정길에 오르고 승리를 하지만, 로마의 경고로 퇴각을 하게 됩니다. 퇴각하는 길에 예루살렘을 점령하는 일이 발생을 하구요.

점령이기는 하지만 실제 친셀레우커스파가 성문을 열어주었다고 합니다.(얻었지요.. 메대 다리오왕과 다른의미로..)

당시 예루살렘에 들어와 친프톨레미세력을 학살하고 많은 돈을 약탈하고 돌아가지만, 성전의 기물등의 보물을 맘에 담아두지요. 약 2년이 흐르고 이것이 탐난 안티오쿠스 4세는 다시 예루살렘을 침공합니다.

사실상은 막대한 보물에 대한 욕심으로 인한 침략이지만, 명분정도는 알아두시면 좋습니다.

당시 친프톨레미인 오니아스가 대제사장을 맡고, 친셀레우커스세력인 토비아스를 추방합니다.

이에 토비아스계열이 안티오쿠스 4세에게 도망가서 도움을 요청합니다. 안그래도 노렸는데 아주 제 격입니다.

박키데스를 시켜 예루살렘을 함락하고 성전약탈, 기명약탈, 제단 더럽힘, 돼지피로 제사, 제우스신상 세우고, 율법지키는 것 금지하고, 할례금지하고..이런 만행을 저지릅니다.

위의 이야기를 보시고 아래 구절을 보시면 어떤 내용인지 보이실 께예요.

'깃딤의 배'는 로마를 의미합니다.

이렇게 성소를 더럽히는 사건에 저항하여 일어난 사건이 유다 마카비전쟁입니다.

마카비전쟁을 통하여 훗날 셀레우커스의 지배를 벗어나게 됩니다.

아래 구절에서 확인해 보세요.

11장의 이야기는 아래 안티오쿠스 4세에 대한 추가적인 이야기를 하고 마칩니다.

이후 마지막 12장에서는 마지막 날에 대한 부분을 이야기하는데요.

이 부분도 연결해서 보셔야 합니다.

[단11:36-37]
36 그 왕은 자기 마음대로 행하며 <u>스스로 높여 모든 신보다 크다 하며</u> 비상한 말로 신들의 신을 대적하며
형통하기를 분노하심이 그칠 때까지 하리니 이는 그 작정된 일을 반드시 이루실 것임이라
37 그가 모든 것보다 스스로 크다 하고 그의 조상들의 신들과 여자들이 흠모하는 것을 돌아보지 아니하며 어떤
신도 돌아보지 아니하고

[단11:45] 그가 장막 궁전을 바다와 영화롭고 거룩한 산 사이에 세울 것이나 <u>그의 종말이 이르리니 도와 줄 자가
없으리라</u>

안티오쿠스 4세가 자신이 지은 이름이 "에피파네스(신의 현신)"이었지요?

그에 대한 이야기로 11장을 마칩니다. 이어서 12장 마지막 날입니다.


갑자기 마지막 날로 이어지는 부분이 이상할 수 있는데 이 부분은 이 안티오쿠스 4세를 마지막 날의 적그리스도의
상징처럼 보기 때문입니다.


▷ 단12장

[단12:1] 그 때에 네 민족을 호위하는 큰 군주 미가엘이 일어날 것이요 또 환난이 있으리니 이는 개국 이래로 그
때까지 없던 환난일 것이며 그 때에 네 백성 중 **책**에 기록된 모든 자가 구원을 받을 것이라

여기서 나타난 "그 때에"는 안티오쿠스 4세때가 문맥상으로는 맞습니다. 이어지니까요.

하지만 이어지는 말씀은 마지막 때이지요. 결국 안티오쿠스 4세로 상징되는 적그리스도가 나타날 때입니다.

다니엘 선지자는 이런 흐름으로 연결해서 쓴 것입니다.


또 한가지는 요한계시록에서 책이 두 종류입니다. "심판의 책들(복수)"과 "생명책(단수)".

다니엘서에서 책으로 단수로 표현되어 있습니다. 생명책입니다.

[단12:2] 땅의 티끌 가운데에서 <u>자는 자 중에서</u> 많은 사람이 깨어나 영생을 받는 자도 있겠고 수치를 당하여서
영원히 부끄러움을 당할 자도 있을 것이며

"자는 자 중에서"는 죽은 자들의 부활입니다. 의인은 생명의 부활로 악인은 심판의 부활로..

말씀 더 보겠습니다.

[요5:28-29]
28 이를 놀랍게 여기지 말라 <u>무덤 속에 있는 자</u>가 다 그의 음성을 들을 때가 오나니
29 <u>선한 일을 행한 자는 생명의 부활로, 악한 일을 행한 자는 심판의 부활로 나오리라</u>

이번에는 계시록과 다니엘서의 구절에서 좀 차이가 있는 부분을 보겠습니다.

아래 두 구절 모두 다니엘서와 계시록의 마지막 장입니다.

[단12:4] 다니엘아 마지막 때까지 이 말을 간수하고 이 글을 봉함하라 많은 사람이 빨리 왕래하며 지식이 더하리라

[계22:10] 또 내게 말하되 이 두루마리의 예언의 말씀을 인봉하지 말라 때가 가까우니라

다니엘서에서는 마지막 때까지 봉함하라고 하십니다.

반면에 계시록에서는 인봉하지 말라고 하십니다. 어떤 의미일까요?

좀 더 개인적인 생각을 넣고 싶지만 그러면 안될 듯 해서 이 말씀만 드립니다.

이제 "때가 가까웠다"라구요. 이 부분은 개인적으로 묵상해 보시기 바랍니다.


이어지는 마지막 부분에서는 "한 때 두 때 반 때"와 "천이백구십 일", "천삼백삼십오 일"이 나옵니다.

이 부분은 해석들이 많이 있지만 정확히 무엇이라고는 아무도 알 수 없는 일이 아닐까 싶습니다.

이렇게 다니엘서를 마칩니다.

다니엘서 역시 스가랴, 요한계시록과 마찬가지로 마지막 날에 대한 다양한 환상들이 많이 나옵니다.

이 내용들을 함께 묵상해 보시면 좋을 듯 합니다.

# 학개

학개와 스가랴는 스룹바벨(총독), 예수아(대제사장)을 중심으로 1차 귀환하며 시작한 성전건축이 적의 방해 (스4:4~24)로 인하여 약 16년간 중단된 상태에서 성전재건을 독려하는 역할을 감당했습니다.
그런데 사실 성전재건의 실제 과정은 학개/스가랴서가 아닌 에스라서에 담겨있다는 것도 기억하시구요.

그런데 그냥 "성전재건독려"라는 키워드로 학개서와 스가랴서를 묶어두면 스가랴서를 읽으며 당황하기 쉽습니다. 학개서와 달리 스가랴서는 좀 많이 다른 분위기이거든요.
일단 학개서를 한번 살펴보시고 바로 뒤에 이어지는 스가랴서에서 차이를 한번 살펴보시기 바랍니다.

▷ **이름 뜻 : 하가이 - 하나님의 축제**(태어난 시기라고도 하는데 저는 그냥 성전재건이 하나님이 보시기에 축제라고..)

학개서는 짧습니다. 2장으로 짧은 4번의 설교가 담겨있습니다.
중단되었던 스룹바벨성전의 경우 주전520년 학개선지자의 설교로 다시 시작되게 됩니다.
학개서와 스가랴서를 보시면 연도가 나오게 되는데 이 시기를 잡기 위해서는 성전재개와 완공시기를 알아두셔야 대충 감이 잡힙니다.
중단된 성전은 주전520년에 다시 시작되어 주전516년에 완공됩니다. 4년이 소요됩니다.
학개서의 시작을 볼까요?

[학1:1] 다리오 왕 제이년 여섯째 달 곧 그 달 초하루에 ..

학개서와 스가랴서의 날짜들을 보고 대충 가늠하는 방법입니다. 다리오왕 이년이 주전 520년이 되는 거지요?
각각의 말씀이 언제쯤 일어나는 것인지 감을 잡으셔야 합니다.

[학1:1] 다리오 왕 제이년 여섯째 달 곧 그 달 초하루에 ..
[학1:14-15]
14 여호와께서 스알디엘의 아들 유다 총독 스룹바벨의 마음과 여호사닥의 아들 대제사장 여호수아의 마음과 남은 모든 백성의 마음을 감동시키시매 그들이 와서 만군의 여호와 그들의 하나님의 전 공사를 하였으니
15 그 때는 다리오 왕 제이년 여섯째 달 이십사일이었더라

학개선지자가 초하루에 말씀을 받고, 이 설교를 들은 백성들이 감동해 16년간 중단되었던 성전재건을 시작합니다.
24일이란 시간이네요. 1장은 첫번째 설교 하나 입니다. 2장에 나머지 세 개의 설교가 담겨있구요.
일단 1장을 조금만 더 볼께요.

에스겔서에서 저 말씀은 예루살렘 바벨론에 함락전에 하나님의 성전이 있는 예루살렘은 절대 무너지지 않는다는
백성들의 생각이었습니다. 그런데 그 하나님이 자신들의 대적이 되실꺼란 생각은 하지 못했구요..(렘21:13~14)
의미는 전혀 다르지만 성전이 무너지고 포로기를 거쳐 돌아온 백성들의 반응이 묘하게 대비됩니다.
두 구절에서 보이는 백성들의 생각을 묵상해보시기 바랍니다.
참고로 에스겔서편에서 해당 구절을 확인해보시면 "이 성읍은 가마가 되고 우리는 고기가 된다 " 부분도 정리되어
있습니다.

학개 2장을 가기 전 배경을 잠시 볼께요. 디아스포라에게 이미 바사는 적응되고 살기 편한 나라로 민족적으로도
다니엘과 느헤미야에서 보듯 높은 관직도 나갈 수 있는 좋은 환경이었습니다. 이런 바사에서 젖과 꿀이 흐르는
땅이 아닌 황폐화된 땅이 되어버린 이스라엘로의 귀환은 사실 쉬운 선택은 아니었을 겁니다.
그렇기에 귀환을 선택한 사람들은 약 20%미만이고 나머지 80%는 디아스포라로 남게 되지요.
이렇게 포로귀환을 선택한 사람들은 귀한 사람들이었습니다. 그래서 귀환자 명단이 성경에 나열된 거구요.
하지만 이런 경건한 선택을 한 사람들임에도 당시 적의 방해도 있었지만, 황폐화된 땅을 보아 절망을 하였든, 어떤
이유에서든 초심을 잃고 성전재건이 아닌 자신들의 집을 화려하게 짓는 것에 주된 관심이 흐르고 성전재건은
방치된 모습이었고 학개선지자를 통해 다시 재건을 시작합니다. 약 1달이 지난 후의 설교로 2장이 시작됩니다.

두번째 설교가 시작되고 있습니다. 백성들이 감동해 성전재건이 시작되고 약 1달이 흐른 시점입니다.
눈에 보이는 성전은 과거 솔로몬의 성전에 비해 초라합니다. 또한 이미 언약궤는 사라진 상태입니다.
하지만 하나님은 말씀하십니다.
"나의 영이 너희 가운데에 머물러 있나니", "이 성전의 나중 영광이 이전 영광보다 크리라"

세번째 설교가 시작되고 있습니다. 세번째와 네번째는 같은날입니다. 오전/오후정도 될까요?
"거룩한 것을 싼 옷자락이 부정한 것에 닿으면 부정하다"
▷ 하나님이 원하시는 것은 단순한 성전의 재건이 아닌 백성들이 죄에서 돌이키고 하나님께로 온전히 돌아오는
것이지, 성전을 재건하는 일에 참여한다는 것 자체가 복의 조건도 아니고 하나님이 원하시는 목적의 전부가
아니라는 것을 말씀하신듯 합니다.
"오늘부터는 내가 너희에게 복을 주리라"
▷ 당시 땅의 소출이 줄고 생산성도 안좋은(정확히 안좋게하신) 상태에서 회복됨을 말씀하고 계십니다.
그런데 잠깐만요.. 지금 성전이 완공되었나요? 아닙니다.
성전의 완공때문이 아닌 마음을 돌이키고 성전의 토대를 만들자 오늘부터 복을 주신다는 말씀을 주십니다.
결단하고 행동을 시작함만으로도 선하신 하나님은 기쁘게 받으시고 즉시 복을 주시고 싶어하신다는 것을
보여줍니다.

[학2:23] 만군의 여호와가 말하노라 스알디엘의 아들 내 종 스룹바벨아 여호와가 말하노라 그 날에 내가 너를 세우고 너를 인장으로 삼으리니 이는 내가 너를 택하였음이니라 만군의 여호와의 말이니라 하시니라

이게 무슨 말인지 어려웠던 기억이 납니다. 보통 인장이라는 것은 왕의 인장, 즉 왕권을 의미하는 경우가 많습니다. 이 의문이 마태복음에서 해결되는 것 같습니다.

[마1:12-13]
12 바벨론으로 사로잡혀 간 후에 여고냐는 스알디엘을 낳고 스알디엘은 스룹바벨을 낳고
13 스룹바벨은 아비훗을 낳고 아비훗은 엘리아김을 낳고 엘리아김은 아소르를 낳고

예수님 족보에 나타나고 있습니다. 왕으로 오실 예수님을 그리는 구절이라고 생각합니다.
결국 학개서를 통해 하나님이 말씀하시는 것은, ① 즉각적인 순종 , ② 죄에서 돌이키고 온전히 돌아오라, ③ 축복받은 삶을 살아가라가 아닐까하는 생각을 해 봅니다.

# 스가랴

학개서와 스가랴서는 "성전재건 독려"만으로 묶기에는 분위기가 좀 다르다고 말씀드렸지요?

스가랴서는 14장중 8장까지는 성전재건기간 동안이고, 9장에서 14장은 성전재건이후로 봅니다.

신약에서 가장 많이 인용된 성경일 정도로 정말 중요한 성경이면서도 어렵기도 합니다. 환상이 많아요.

스가랴서의 주제는 "영적 회복과 메시아의 구원통치"라고 볼 수 있습니다.

후반부의 내용에는 메시아와 관련된 구절이 넘쳐납니다.


▷ **이름 뜻 : 스가랴** - 여호와께서 기억하신다.

▷ **1장~8장** -성전건축의 의미와 중요성을 설교(성전건축기간동안)

▷ **9장~14장** - 메시아왕국에 대한 이야기(성전건축이후)

위에서 두 부분으로 나누어보았는데요. 연결되지 않나요?

**스가랴서는 하나님의 임재속에서 회복하고(성전재건) 메시아의 길을 예비하는 책입니다.**


9장~14장은 문체등도 다르고 연대도 기록되어 있지 않아서 이 부분의 저자가 다르다고도 하지만 보통은 스가랴를 저자로 봅니다. 굳이 이걸 나누는 것이 스가랴서의 주된 목적은 아닐꺼구요.


단지 주전520년이 학개 선지자의 첫 설교이고, 주전 470년정도까지를 스가랴의 생애로 볼 때, 나이가 들고 난 후 스가랴 선지자가 후반부를 기록하였으면 꽤나 긴 기간동안을 담고 있기에 스가랴서도 대선지서(대선지서는 분량때문은 아니거든요, 다니엘서보다 스가랴서가 길지요)로 넣어도 될 수 있지 않을까 생각은 합니다.

하지만 이것도 중요하지 않아요. 단지 다니엘이 소년 다니엘에서 백발의 노선지자로 변한 것처럼, 스가랴서 후반부는 이런 느낌으로 읽으시면 좋을 듯 합니다.


일단 앞 부분은 환상들로 인해 정말 많이 어렵습니다.

책의 맨 앞 계시록에서도 언급했지만 가능한 부분까지가 우리의 영역입니다. 더하지도 빼지도 말고..

처음이 너무 어려울 수 있으니 일단 뒷 부분에서 메시아예언 부분을 뽑아볼께요. 신약에 나타난 예수님요..


[슥9:9] 시온의 딸아 크게 기뻐할지어다 예루살렘의 딸아 즐거이 부를지어다 보라 네 왕이 네게 임하시나니 그는 공의로우시며 구원을 베푸시며 겸손하여서 나귀를 타시나니 나귀의 작은 것 곧 나귀 새끼니라

[슥11:12-13]

12 내가 그들에게 이르되 너희가 좋게 여기거든 내 품삯을 내게 주고 그렇지 아니하거든 그만두라 그들이 곧 은 삼십 개를 달아서 내 품삯을 삼은지라

13 여호와께서 내게 이르시되 그들이 나를 헤아린 바 그 삯을 토기장이에게 던지라 하시기로 내가 곧 그 은 삼십 개를 여호와의 전에서 토기장이에게 던지고

[슥12:10] 내가 다윗의 집과 예루살렘 주민에게 은총과 간구하는 심령을 부어 주리니 그들이 그 찌른 바 그를 바라보고 그를 위하여 애통하기를 독자를 위하여 애통하듯 하며 그를 위하여 통곡하기를 장자를 위하여 통곡하듯 하리로다


왜 성전재건독려라는 키워드로만 바라보면 안되는지 보이시죠?

다시 앞으로 돌아가서 나눌만한 부분을 정리해 보도록 할게요.

스가랴서 1장에서 6장까지 8가지 환상이 나옵니다. 일단 이 환상들을 열거해 볼게요

▷ 붉은 말 탄 사람　　　▷ 네 뿔과 네 대장장이　　　▷ 측량줄(다림줄)
▷ 대제사장 여호수아　　▷ 순금 등대와 두 감람나무　▷ 날아가는 두루마리
▷ 에바속의 여인　　　　▷ 네 병거

### ▷ [슥1:7~21] 붉은 말 탄 사람(화석류 나무 사이에 선 자), 네 뿔과 네 대장장이

스가랴서는 계시록과도 연결점이 많습니다. 그런데 왜 그럴까요?
일단 성전재건을 독려하는 부분이 결국은 성전이 회복되는 것으로 예수님의 초림과 재림에 연결되기 때문입니다.
보잘 것 없어 보이는 성전이기에, 언약궤도 없기에 실망하는 백성들에게 성전재건의 실질적 의미를 보이시기
때문이라고 생각합니다. 스가랴서에서는 붉은 말을 탄 사람이 나옵니다. 일단 말씀부터 볼게요.

[계6:4] 이에 다른 붉은 말이 나오더라 그 탄 자가 허락을 받아 땅에서 화평을 제하여 버리며 서로 죽이게 하고 또 큰 칼을 받았더라

계시록에서 네 말이 나오는데 그 중 두 번째 인을 뗄 때 붉은 말이 나오는데 화평을 제합니다.
스가랴서의 말에 대하여는 설명이 있습니다. "여호와께서 땅에 두루 다니라 보내신 자들"이라고요.
그런데 재밌는 부분이 있습니다.

[슥1:11] 그들이 화석류나무 사이에 선 여호와의 천사에게 말하되 우리가 땅에 두루 다녀 보니 온 땅이 평안하고 조용하더이다 하더라

어쩌면 평안하고 조용하다는 불순종으로 인하여 화평을 제하던 말이 돌아오고, 성전을 재건함으로 이제 평안을
주신다는 말씀처럼 느껴지기도 합니다.
다음 이어지는 환상도 "네 뿔과 네 대장장이"인데 지금까지 대적하던 국가들을 이제 멸하심을 의미하기에
개인적으로는 이런 것이 아닐까 생각합니다.

### ▷ [슥2:1~13] 측량줄을 가진 사람

측량줄은 1:16 먹줄과도 연결이 되지요? 성전건축을 하기 위한 측량을 의미합니다.

[슥2:4-5]
4 이르되 너는 달려가서 그 소년에게 말하여 이르기를 예루살렘은 그 가운데 사람과 가축이 많으므로 성곽 없는 성읍이 될 것이라 하라
5 여호와의 말씀에 내가 불로 둘러싼 성곽이 되며 그 가운데에서 영광이 되리라

성곽없는 성읍라 하심은 백성들이 재건하는 성전이 보잘 것 없어 보이지만 정말 엄청난 것이라는 것을 보여줍니다.
나중에 느헤미야가 돌아와 성벽을 재건을 하지요. 스가랴서에서 성곽 없는 성읍은 그럼 틀린 것일까요?
결국 이 성전은 메시아와 마지막 날에 연결되는 부분이라고 생각합니다. 5절도 동일한 메시지라고 생각합니다.

[슥2:11] 그 날에 <u>많은 나라가</u> 여호와께 속하여 내 백성이 될 것이요 나는 네 가운데에 머물리라 네가 만군의 여호와께서 나를 네게 보내신 줄 알리라

이어지는 구절에서도 많은 나라가 돌아옴을 말씀하여 주십니다. 이 또한 보잘 것 없어보이는 성전이지만 결국 눈에 보이는 것이 전부가 아닌 열방의 회복을 의미하는 것임을 드러내 주고 있습니다.

▷ **[슥3:1~10] 대제사장 여호수아**

천사 앞에 여호수아가 서 있고 사탄이 오른쪽에 있습니다. 하나님은 사탄을 책망하십니다.
"이는 불에서 꺼낸 그슬린 나무"라시며 고난속에서 건져진 백성을 대적하지 말라고 하십니다.
여기서 여호수아는 이스라엘 백성을 의미합니다. 그런데 대제사장 여호수아는 더러운 옷을 입고 있습니다.
말씀 볼게요.(아, 스가랴서 여호수아는 예수아라고도 하는 스룹바벨과 돌아온 여호수아로 여호수아서 인물 아닙니다!)

[슥3:4] 여호와께서 자기 앞에 선 자들에게 명령하사 그 더러운 옷을 벗기라 하시고 또 여호수아에게 이르시되 내가 네 죄악을 제거하여 버렸으니 네게 아름다운 옷을 입히리라 하시기로

여호수아는 스룹바벨과 함께 귀환한 대제사장으로 이스라엘 백성의 예표입니다.
더러운 옷을 벗기고 죄악을 제거하심은 우리의 행위로 인함이 아닌 은혜임을 보여주는 구절입니다.
7절에서 "네가 내 집을 지키고 내 뜰을 지킨다"라는 표현은 <u>이스라엘 백성을 제사장 나라로 부르심</u>을 나타내는 것 같습니다.

[슥3:8-10]
8 대제사장 여호수아야 너와 네 앞에 앉은 네 동료들은 내 말을 들을 것이니라 이들은 예표의 사람들이라 내가 내 종 싹을 나게 하리라
9 만군의 여호와가 말하노라 내가 너 여호수아 앞에 세운 돌을 보라 한 돌에 일곱 눈이 있느니라 내가 거기에 새길 것을 새기며 이 땅의 죄악을 하루에 제거하리라
10 만군의 여호와가 말하노라 그 날에 너희가 각각 포도나무와 무화과나무 아래로 서로 초대하리라 하셨느니라

이 부분은 메시아에 대한 부분임이 보이시리라 생각합니다.
"싹을 나게 하리라"와 "이 땅의 죄악을 하루에 제거하리라" 예수님의 구속사역을 보여줍니다.
이 땅의 죄악을 하루에 제거함은 십자가 구속사역이기도 하고 마지막 날이기도 한 것으로 봅니다.
9절의 일곱 눈도 계시록과 연결이 됩니다.

[계5:6] 내가 또 보니 보좌와 네 생물과 장로들 사이에 한 어린 양이 서 있는데 일찍이 죽임을 당한 것 같더라 그에게 일곱 뿔과 일곱 눈이 있으니 이 눈들은 온 땅에 보내심을 받은 하나님의 일곱 영이더라

계속 말씀드리지만 성전재건이라는 것은 눈에 보이는 성전만을 의미하지 않습니다.

개인적으로는 이 성전재건명령과 독려에 대해 의문이 있던 적이 있습니다.

하나님이 명령하셨던 성막은 움직일 수 있는 것이었고, 사람이 요청해서 허락하신 성전은 고정된 것이었지요.

결국 "예수님을 통해 개인이 성전이 되는 개념이라고 보면 왜 이렇게 성전재건을 독려하셨을까? 게다가 또 다시 무너질 것임을 아시는데.."라고요.

신약의 두 렙돈 과부는 사실 속죄제물로 제일 값싼 비둘기를 드리는 것도 불가능했을 것이라 생각하니 어떤 의미인지 참 어려웠습니다.

스가랴서를 묵상하면서 성전의 의미를 깨닫자 의문이 풀리는 것 같습니다.

스가랴서 전반부는 8개의 환상이라고 했는데 스가랴서 3장까지 이미 4개의 환상이 끝났습니다.

## ▷ [슥4:1~14] 순금 등대와 두 감람나무

순금등잔대는 성막이 떠오르지요? 두 감람나무는 스룹바벨과 여호수아 즉, 왕과 제사장을 의미한다고 보면 되실듯 합니다.

머릿돌을 놓음은 완성된 성전을 의미합니다. 힘으로도 능으로도 아닌 오직 하나님의 영으로 되는 것이기에 은총입니다.

이제 세 개의 환상만 남았습니다. 그런데 지금까지의 환상과는 전혀 다른 분위기의 환상들이 이어집니다.
**▷ 날아가는 두루마리        ▷ 에바속의 여인        ▷ 네 병거**
즉, 지금까지는 성전을 지으며 회복에 대한 말씀이었다면 이제부터 나오는 환상은 죄,심판,전쟁입니다.
다른 선지서들의 경우는 보통 순서가 심판->회복으로 이어지는데 스가랴서의 환상의 경우는 반대입니다.

왜 스가랴서는 이런 구성으로 되어 있을까 생각해 보신 적 있으신가요?
형식이 다른 부분을 묵상하며 스가랴서의 환상만이 아닌 전체의 구성을 다시 한번 생각해 보았습니다.
▷ **1장~8장** -성전건축의 의미와 중요성을 설교(성전건축기간안) : 환상들은 회복->심판
▷ **9장~14장** - 메시아왕국에 대한 이야기(성전건축이후)
스가랴서는 눈에 보이는 성전의 재건만을 의미하는 책이 아니라고 몇 번 말씀드렸습니다.
1. 성전이 완성되고, 2. 심판이 있을 것이며, 3. 결국에는 메시아 왕국이 도래한다(여호와의 날)
이런 관점으로 바로보면 다른 선지서와 구성이 다른 부분이 이해가 되는 것 같습니다.
마지막 세 개의 환상은 간단히만 보고 넘어가도록 할게요.

## ▷ [슥5:1~4] 날아가는 두루마리

이 환상은 내용이 어려워 보이지는 않습니다. 단지 죄에 대한 말씀으로 보이니까요.
'죄'라는 부분은 결국 성전이 필요한 이유이기도 합니다. 죄를 대속하기 위해 예수님이 오시지요?
다음 에바속 여인으로 이어지는 것도 재밌게 볼 수 있습니다.

'악'이라 말씀하시는 여인을 에바에 던져 넣고 납으로 덮는 모습입니다 또한 시날 땅으로 보내는 모습이지요.
이 부분 역시 계시록과 연결이 되는 부분입니다. 계시록 17장의 큰 음녀부분이지요.
'납으로 덮고 시날 땅으로 보내는' 부분도 현실에 맞춰 핵전쟁과 미사일의 납,세라믹등으로 현실에 끼워 맞추는
노력을 할 필요가 없다고 계시록에서 말씀드렸습니다. 성경적으로 그냥 보시면 됩니다.
음녀뒤에 나오는 18장은 바벨론의 패망이고 계시록20장에 천년왕국이 나옵니다.

[계20:2-3]
2 용을 잡으니 곧 옛 뱀이요 마귀요 사탄이라 잡아서 천 년 동안 결박하여
3 무저갱에 던져 넣어 잠그고 그 위에 인봉하여 천 년이 차도록 다시는 만국을 미혹하지 못하게 하였는데 그
후에는 반드시 잠깐 놓이리라

느낌이 에바속여인과 비슷하지 않나요? 에바에 던져넣고 납으로 덮고(결박,인봉)하여 무저갱에 결박합니다.
미사일, 핵등으로 해석을 더 하려고 노력하지 않아도 되지 않나요?
그냥 "시날 땅이 무저갱이고 사단을 결박해서 던져 놓는다"고 보면 성경 그대로 더하지도 빼지도 않는 해석이
된다고 생각합니다. 처음 계시록에서 말씀드렸지만 "더하거나 빼면서 해석하라"고 주신 책이 성경이 아닙니다.
어려운 부분은 신약에서도 비유를 풀어주셨고 계시록등도 사도요한이 어려워하면 "왜 놀라느냐"며 해석을
해주십니다.

이 환상 역시 계시록6장 일곱봉인에 비슷한 부분이 나옵니다.
스가랴서 1장에서도 붉은 말 탄 사람(화석류 나무 사이에 선 자)에서도 잠깐 비교했었습니다.

계시록에 나오는 부분
▷ **흰 말 - 승리(그 탄 자가 활/면류관을 가졌고 이기려고 하더라)**
▷ **붉은 말 - 사망,화평제거,전쟁**
▷ **검은 말 - 인플레이션 / 경제공황**
▷ **청황색 말 - 사망/음부**

스가랴서에 나오는 부분(하늘의 네 바람으로 온 세상의 주 앞에 서 있다가 나가는 것)
(슥6:8) 북쪽으로 나간 자들이 북쪽에서 내 영을 쉬게 하였느니라
▷ **붉은 말 - 어디로??**
▷ **검은 말 - 북쪽땅으로**
▷ **흰 말 - 검은 말의 뒤를 따르고**
▷ **어룽지고 건장한 말 - 어룽진 말은 남쪽 땅으로, 건장한 말은 땅에 두루 다니고**

어떤 해석 없이 성경 그대로를 위에 정리해 보았습니다.
붉은 말은 나왔는데 어디로 갔는지 없습니다. 어룽지고 건장한 말은 뭔가 나누어져 설명이 되어 있구요.

제일 편안한 부분은 북쪽입니다. 검은 말은 경제공황같은 의미로 계시록에 언급되어 있습니다.
경제공황일지 무엇일지는 모르지만 검은 말이 앞서서 심판을 하고 흰말(승리)이 뒤를 따릅니다.
심판과 승리를 하는 것으로 보입니다. 그렇기에 '북쪽에서 내 영을 쉬게 하였느니라' 이구요.

어룽지고 건장한 말이 청황색 말인지, 붉은 말이 간 곳은 어디인지에 집중하지 마세요.
실제 사망/음부등보다는 경제공황은 가벼운 정도이겠지요.
아직도 사랑으로 사망,전쟁(아마겟돈 전쟁) 즉, 마지막 때에 대하여 오래 참고 계시는구나 정도로 생각하며
감사하면 될 것이라 생각합니다.

이제 정말 어려운 스가랴서의 환상 8가지는 모두 지나갔습니다.
그런데 아직도 6장 후반부부터 8장까지는 성전완공중의 기록으로 조금 더 남아있지요?
그 부분을 살펴보도록 하겠습니다.

## ▷ [슥6:9~15] 면류관을 여호수아의 머리에 씌우다

갑자기 또 분위기가 반전됩니다. 금과 은을 받아 면류관을 만들어 대제사장 여호수아에게 씌우라고 하십니다.
대제사장이 면류관을 쓰지는 않지요? 왕이시고 대제사장으로 오신 예수님을 표현합니다.
심판이후에 언급되는 부분을 보며 초림과 재림에 대한 여러가지 생각을 하게 되는 것 같습니다.

## ▷ 7장 ~8장 금식

7장과 8장은 금식에 관한 말씀 중간에 예루살렘의 회복에 대한 말씀이 들어있습니다.
날짜가 나오니 한번 보도록 할게요.

[슥7:1] 다리오 왕 제사년 아홉째 달 곧 기슬래월 사일에 여호와의 말씀이 스가랴에게 임하니라

학개선지자의 첫 설교가 다리오왕 이년(주전520년)이고 여기는 사년입니다. 성전재건에 4년이 걸렸으니 아직도
성전재건 기간이고 짓기 시작한 지 이년이 지난 시점입니다.

[슥7:3] 만군의 여호와의 전에 있는 제사장들과 선지자들에게 물어 이르되 내가 여러 해 동안 행한 대로 오월 중에
울며 근신하리이까 하매
[슥7:5-6]
5 온 땅의 백성과 제사장들에게 이르라 너희가 칠십 년 동안 **다섯째 달과 일곱째 달**에 금식하고 애통하였거니와 그
금식이 나를 위하여, 나를 위하여 한 것이냐
6 너희가 먹고 마실 때에 그것은 너희를 위하여 먹고 너희를 위하여 마시는 것이 아니냐

백성들이 스가랴에게 질문하는데 '오월중에 금식'이 나오고, 스가랴의 답변에는 다섯째달과 일곱째달 금식에 대한
부분이 기록되어 있습니다.
이게 어떤 의미인지를 살펴보겠습니다.

이제 성전이 재건되고 있는 중간쯤에 백성의 질문이 이상합니다. 성전이 무너지고 황폐화 된 것을 슬퍼하는 금식이라면 성전의 재건과 관계없이 그 사건이 발생하게 된 원인을 다시 기억하고 돌아서는 것이 금식의 진정한 이유일 것이라 생각합니다. 성전 재건과 관계없이요..
"나를 위하여 한 것이냐" 라는 부분은 이사야서에도 비슷하게 나와있습니다.

[사1:11~13] 나는 숫송아지나 어린 양이나 숫염소의 피를 기뻐하지 아니하노라 너희가 내 앞에 보이러 오니 이것을 누가 너희에게 요구하였느냐 내 마당만 밟을 뿐이라 헛된 제물을 다시 가져오지 말라

절기를 기억하고 형식적으로 금식하지 말고 진정한 예배로 돌아오기를 원하십니다. 성전이 무너진 이유를 기억하며..
이렇게 바라보는 이유는 다음 이어지는 내용을 봐도 명확합니다. "사로 잡혀 가는 까닭"이 이어집니다. 또한 다음장 후반부에서 금식에 대한 말씀전에 또 하나의 주제가 들어있는 것도 흐름적으로 보셔야 합니다. "예루살렘의 회복"입니다. 진정한 금식은 진정한 회복 (성전재건,성전의 의미) 을 위한 것이어야 합니다.

[슥8:9-10]
9 만군의 여호와가 이같이 말하노라 만군의 여호와의 집 곧 성전을 건축하려고 그 지대를 쌓던 날에 있었던 선지자들의 입의 말을 이 날에 듣는 너희는 손을 견고히 할지어다
10 이 날 전에는 사람도 삯을 얻지 못하였고 짐승도 삯을 받지 못하였으며 사람이 원수로 말미암아 평안히 출입하지 못하였으니 내가 모든 사람을 풀어 서로 치게 하였느니라

성전의 지대를 쌓던 날부터 다시 축복의 시기임을 말씀하십니다. 학개서에서 성전재건을 시작한 날 하나님의 말씀을 볼께요. 성전은 진정한 회복이고 시작되는 시점부터 복을 주신다는 말씀을 하십니다.
보이는 성전만을 말씀하시는 것은 아니지요.. 스가랴서는 성전재건독려인데 이 성전을 알아야 잘 읽혀집니다.

[학2:19] 곡식 종자가 아직도 창고에 있느냐 포도나무, 무화과나무, 석류나무, 감람나무에 열매가 맺지 못하였느니라 그러나 오늘부터는 내가 너희에게 복을 주리라

이제 9장부터 14장으로 들어갑니다. 이 부분은 전혀 다른 이야기입니다. "메시아왕국의 도래와 예언"입니다.
문체도 다르고 시기도 성전재건이후 스가랴의 노년기로 봅니다. 이 부분이 다른 사람이란 의견도 있지만 성경에 없는 내용이기도 하고.. 우리도 나이가 들며 변하잖아요.. 노년이 되며 문체가 달라졌구나 정도로 생각하시면 될듯 합니다.
이제부터 나오는 내용은 신약에서도 매우 많이 인용되는 구절이 많고 예수님에 대한 예언입니다.
**개인적으로는 아주 중요한 부분으로 생각하고 있습니다. 제가 이 책을 쓰며 목표가 "예수님찾기"였기도 하구요.**
좀 더 세부적으로 보면 후반부인 9장~14장의 경우는 절반씩 3장씩 나누어집니다.
9~11장의 경우는 예수님의 초림에 대한 말씀이라면, 12장~14장의 경우는 재림에 대한 말씀입니다.
이런 틀을 잡으시고 말씀을 바라보시면 조금 더 묵상하시기 쉽지 않을까 생각합니다.

[슥9:7] 그의 입에서 그의 피를, 그의 잇사이에서 그 가증한 것을 제거하리니 그들도 남아서 우리 하나님께로 돌아와서 유다의 한 지도자 같이 되겠고 에그론은 여부스 사람 같이 되리라

위 구절에서 그들은 누구인가요? 이스라엘 이웃나라들에 대한 말씀입니다. 그런데 그들도 돌아와 유다의 한 지도자와 같이 된다고 말씀하십니다.

여부스사람은 가나안 정복때 여호수아와 화평을 하고 나무 패는 자로 함께 살아온 족속입니다.

또한 다윗이 교만하여 인구조사후 회개하고 하나님의 재단을 쌓은 곳이 여부스사람 오르난의 타작마당이었구요. 훗날 그 곳에 솔로몬의 성전이 지어집니다.

예수님의 초림은 이제 열방을 향하고 있습니다. 또한 열방의 모두가 회개하고 돌아와 성전이 되기를 원하십니다.

[슥9:9] 시온의 딸아 크게 기뻐할지어다 예루살렘의 딸아 즐거이 부를지어다 보라 네 왕이 네게 임하시나니 그는 공의로우시며 구원을 베푸시며 겸손하여서 나귀를 타시나니 나귀의 작은 것 곧 나귀 새끼니라

[요12:14-15]

14 예수는 한 어린 나귀를 보고 타시니

15 이는 기록된 바 시온 딸아 두려워하지 말라 보라 너의 왕이 나귀 새끼를 타고 오신다 함과 같더라

요한복음에 "기록된 바"가 스가랴서입니다.

스가랴서 후반부인 9장~14장은 이렇게 메시아에 대한 부분들입니다.

그냥 단순히 눈에 보이는 성전재건만 생각하시면 안읽혀집니다.

▷ [슥10장] 여호와께서 구원을 약속하시다

[슥10:1] 봄비가 올 때에 여호와 곧 구름을 일게 하시는 여호와께 비를 구하라 무리에게 소낙비를 내려서 밭의 채소를 각 사람에게 주시리라

NIV : Ask the LORD for rain in the springtime; it is the LORD who sends the thunderstorms. He gives showers of rain to all people, and plants of the field to everyone.

저는 이 번역이 좀 헷갈렸어요. 봄비가 오는데 왜 비를 구할까? 그래서 번역본을 살펴봤습니다. 그런데 저만 헷갈린듯..

여튼 이 구절은 기도의 필요성을 나타내는 구절 같습니다. 다니엘도 예레미아의 예언을 깨닫고 기도로 나아갔을 때 기도를 시작할 때 명령이 내려졌듯이 영적세계의 돌파도 기도를 통해 이루어집니다.

또한 봄비가 오고 있는 상황에서도,올 시기에도 기도의 자리가 필요합니다. 영적/육적인 돌파가 이루어 지기 전까지는 기도로 나아가며 간구하지만 은혜가운데 거하기 시작하면 오히려 무감각해 질 때가 많지요.

▷ [슥11장] 요단의 자랑이 쓰러지다, 두 목자

여기서는 두 목자 부분만 보도록 하겠습니다.
하나님이 스가랴 선지자에게 "잡혀 죽을 양 떼를 먹이라"고 말씀하십니다. "내 양을 먹이라"는 부활후 베드로에게
"네가 나를 사랑하느냐"라고 세 번 물으시며 하신 말씀(요한복음 21장)이기도 합니다.

[슥11:4] 여호와 나의 하나님이 이르시되 너는 잡혀 죽을 양 떼를 먹이라

11장 두 목자는 제겐 좀 어려웠습니다. 짧은 내용속에 뭔가 마구 섞여 있는 느낌이라 많이 다시 읽은듯 합니다.
내용을 요약해서 한번 볼까요?

▷ (하나님) 내 양을 먹이라
▷ (하나님) 내가 다시는 이 땅 주민을 불쌍히 여기지 아니하고 그 이웃의 손과 임금의 손에 넘기리니

▷ (스가랴가) 잡혀 죽을 양때를 먹이니, 내가(스가랴가) 막대기 둘 취하여.. 은총,연합 양 떼를 먹임
▷ (스가랴가) 악한 세 목자를 제거(이 부분은 별도 해석하지 않고 거짓 목자 제거로 보겠습니다.)

▷ (스가랴가) 은총이란 막대기 꺾음(모든 백성들과 세운 언약을 폐함)
▷ (스가랴가) 연합이란 막대기 꺾음(유다와 이스라엘의 형제의 의리를 끊음)

▷ (하나님) 한 목자(거짓목자)를 이 땅에 일으키리니 화 있을찐저

어떠신가요? 한번에 내용이 들어오시나요? 저만 힘들었던건지..
양떼를 먹이라시고 그들을 넘기시겠다고 하고.. 스가랴도 은총과 연합의 막대기를 취하였다가 꺾고..
마지막에는 거짓 목자를 일으키신다고 하시고.. 중간에 은 삼십과 토기장이 부분으로 조금은 이해가 되는 것
같습니다.
중간의 스가랴가 참목자와 거짓목자로의 역할을 에스겔처럼 보인 것으로 볼 수도 있겠지요..


저는 "내 양을 먹이라"가 하나님의 절대계획이라고 생각합니다.
이후 다시 로마제국에 함락되기에 이웃 손에 넘겨지고 잡혀죽을 양떼이구요.
은총과 연합이란 예수님의 은혜로 구원을 받고 교회(연합)이 이루어지는 부분이며, 은총의 막대기를 꺾음은
예수님의 십자가사건으로 이어지는 구절에서 가룟유다사건의 은 삼십과 토기장이부분이 이를 예언한다고 봅니다.
연합의 막대기를 꺾음은 유다와 이스라엘의 반목이라기 보다는 유대인들의 "선민의식"을 꺾으시게 될 것을
말씀하신다고 봅니다. 예수님을 통해 열방이 구원받게 될 것을 말씀하시는 것으로 개인적으로 생각합니다.
거짓 목자가 일어남은 9장~11장이 예수님의 초림이고 12장~14장이 예수님의 재림을 나타내시기에 초림을
마무리하며 재림전에 발생할 거짓목자가 마지막 때를 앞두고 나타나는 부분을 예언한 듯 합니다.

이제 12장부터 14장으로 들어갑니다. "메시아왕국의 도래와 예언중 재림부분"입니다.

들어가기전에 제가 오랜시간 궁금했던 부분을 먼저 언급해 보려고 합니다.

**여러분은 현대의 이스라엘 민족과 유대교에 대해 어떤 생각을 하시나요?**

최근 계속된 중동지역의 분쟁으로 꽤 많이 시끄럽습니다.

개인적으로는 태어나 처음으로 이스라엘 성지순례를 가고자 맘을 먹었었는데 전쟁이 계속되면서 가지 못하고 있습니다.

전쟁이 길어지고 경제적인 면에서도 타격이 있고 하다보니 최근에 이스라엘에 대하여서도 감정이 그리 좋지 않은 것 같습니다.

그럼 이 책을 읽는 여러분들의 생각은 어떠신가요?

이스라엘 민족은 좋은 민족(나라)인가요 아니면 나쁜 나라인가요? 또 유대교는 어떻게 생각하시나요?

방금 제가 이스라엘 종교로 검색을 해보니 유대교 80.1%, 이슬람교 14.6%, 기독교 2.1%로 나오네요.

검색하는 현재기준으로 압도적으로 유대교가 높습니다. 예수님을 부정하기에 유대교는 이단이지요.

여기서 의문이 있었습니다.

선택받은 백성이라고 성경은 계속 말씀하고 계십니다.

언약을 지키기 위해 계속 회복 시키고 계시구요..(말라기에서도 나오지만 에돔과 달리 이스라엘은 회복이 되지요)

영적 이스라엘을 의미한다기에는 제가 읽은 성경에서는 좀 다르게 보이는 것 같아 늘 의문이었어요.

현대 이스라엘의 건국은 1948년 5월 14일입니다.

로마에 의한 멸망이 주후 70년이지요?

우리나라 역사로 보면 가야가 주후 42년경에 건국되었는데요.

지금 시대에 가야,삼한시대의 마한,진한,변한이 재건국된다가 가능한 일일까요?

상식적으로는 이런 말도 안되는 하나님의 사랑을 받고 있는 민족이라고 보여집니다.

아브라함과의 언약을 이루시기 위해 지속적으로 돌아오게 하고 계시구요.

그럼 언약백성이고 제사장의 나라로 선택하시고 언약을 하신 이 백성은 마지막 때에 어찌 되는 것일까요?

계시록에서도 에스겔서에서도 각 지파등에 대한 내용이 나오고 선택하심이 분명하기에 늘 혼란이 있었습니다.

개인적으로 이 혼란에 대한 부분이 스가랴서에서 정리가 되는 것 같습니다.

여러분들도 한번 아래 스가랴서를 읽어보면서 어떠신지 묵상해 보시기 바랍니다.

다음 페이지에 제 생각은 있습니다.

▷ **[슥12장] 예루살렘의 구원**

> [슥12:7] 여호와가 먼저 유다 장막을 구원하리니 이는 <u>다윗의 집의 영광과 예루살렘 주민의 영광이</u> 유다보다 더하지 못하게 하려 함이니라
> [슥12:10] 내가 <u>다윗의 집과 예루살렘 주민에게</u> 은총과 간구하는 심령을 부어 주리니 그들이 그 찌른 바 그를 바라보고 그를 위하여 애통하기를 독자를 위하여 애통하듯 하며 그를 위하여 통곡하기를 장자를 위하여 통곡하듯 하리로다
> [슥12:12] 온 땅 각 족속이 따로 애통하되 다윗의 족속이 따로 하고 그들의 아내들이 따로 하며 나단의 족속이 따로 하고 그들의 아내들이 따로 하며

계시록등을 보며 애매하던 부분이 보이는 것 같습니다. 유다장막도 예루살렘 주민도 "그 찌른 바 그를 바라보고 그를 위하여 애통하리니"로 기록되어 있습니다. 이후 온 땅 족속이 애통하구요.

계시록에 "찌른 자도 볼 것이요"라는 구절과는 조금 다르게 느껴집니다.
계시록에서 언급된 부분은 죽은 자의 심판을 위한 부활로 보여지는 구절인데 비해, 스가랴서의 구절은 비슷해 보이지만 다른 느낌을 주는 것 같습니다.

"그 찌른 바 그를 바라보고 그를 위하여 애통하기를"이라는 구절은..결국 마지막 때가 되면..
당시에도 예수님을 메시아로 인정하지 않았고, 지금까지도 믿지 않고 거부하고 있는 유대교를 믿는 이스라엘 백성들 또한 예수님에 대하여 밝히 보게 되는 시점이 오게 될 것이고 예수님을 메시아로 인정하며 애통하고 돌아오는 시점이 오게 되는 것을 말씀하신다고 생각합니다.

오해하면 안되시는 부분이 "<u>유대교가 좋다가 아니라</u>"는 겁니다.
유대교를 믿는 자들도 예수님을 메시아로 인정하는날이 오게 될 것이라고 생각을 합니다.
열방을 향한 사랑인데 선택받은 백성은 그대로 둔다라고도 생각되지 않기도 하구요.

▷ **[슥13장] 목자를 치라는 명령**

> [슥13:8-9]
> 8 여호와가 말하노라 이 온 땅에서 삼분의 이는 멸망하고 삼분의 일은 거기 남으리니
> 9 내가 그 삼분의 일을 불 가운데에 던져 은 같이 연단하며 금 같이 시험할 것이라 그들이 내 이름을 부르리니 내가 들을 것이며 나는 말하기를 이는 내 백성이라 할 것이요 그들은 말하기를 여호와는 내 하나님이시라 하리라

계시록에서 저는 환난후 휴거의 입장이라고 말씀드렸는데요. 이 구절도 해당합니다.
이런 구절들은 숫자로 계산하셔서 '삼분의 일만 남는다 아니다'라고 해석하지 마시길 권해드립니다.
단지 의미만 보면 "<u>남은 삼분의 일도 불가운데 연단과 시험을 통과한 후 여호와는 내 하나님이시라 하리라</u>"라고 언급되어 있기에 저는 환난을 거친다고 보고 있습니다.

## ▷ [슥14장] 예루살렘과 이방 나라들

"여호와의 날이 이르리라"로 시작되고 있습니다.

많은 사람들이 계시록등을 무서워하고 종말을 두려워하기에 계시록에 이단사설이 많다고 말씀드렸습니다.

그런데 유대인들에게 "여호와의 날" 은 선택받은 백성인 자신들은 구원을 받는 구원의 날입니다.

실제 여호와의 날이 지금이라면 이스라엘 국민중 80%는 유대교를 믿고 있기에 예수님을 거부하고 있습니다.

예루살렘성은 하나님의 함께하시기에 무너지지 않는다는 남유다 멸망기의 생각과 다르지 않습니다.

하지만 믿는자들은 이방인일지라도 구원의 날이기에 두려워할 필요가 없습니다.

이 구원의 날을 보면 2절에서도 절반이나 사로잡혀갑니다.

3절에서 그 때에 여호와께서 나가사 그 이방 나라들을 치시구요. 아마겟돈 전쟁인지 아닌지 해석할 필요 없습니다.

마지막 때에 믿는 자들에게도 환난이 있다는 것이지요.

[슥14:7] 여호와께서 아시는 한 날이 있으리니 낮도 아니요 밤도 아니라 어두워 갈 때에 빛이 있으리로다

"어두워 갈 때에 빛이 있으리로다"라는 구절 역시 환난후 휴거라고 생각합니다.

[슥14:9] 여호와께서 천하의 왕이 되시리니 그 날에는 여호와께서 홀로 한 분이실 것이요 그의 이름이 홀로 하나이실 것이라

[슥14:16] 예루살렘을 치러 왔던 이방 나라들 중에 남은 자가 해마다 올라와서 그 왕 만군의 여호와께 경배하며 초막절을 지킬 것이라

스가랴서의 마지막 부분에서 마지막 때에 여호와께서 천하의 왕이 되신다고 기록되어 있습니다.

결국 마지막 때는 하나님이 왕으로 통치하시는 시기입니다.

많은 절기중 초막절이 나오는 부분도 한번 볼 필요가 있습니다.

초막절은 속죄일후 5일째 시작되어 7일간 지속됩니다. 출애굽후 40년간 광야를 돌던 여정을 상징하며 가나안에 이르게 된 것을 감사하는 절기이지요.

마지막 날에 진정으로 회개하고 왕이신 하나님을 인정할 때 가나안(새에덴)에 이르러 감사의 찬양을 하게 될 것이라고 말씀하고 있습니다.

마지막 날에 이 책을 읽는 분들과 함께 감사의 찬양을 드릴 수 있기를 기도합니다.

# 에스더

제가 늘 "별과 같은 여인"이라고 부르는 에스더입니다. 에스더란 이름의 뜻이 별이거든요.
물론 에스더는 히브리어 이름은 아닙니다. 히브리어는 '하닷사'인데 은매화라는 의미입니다. 화석류나무라고
한글성경에 나오는 단어가 하다쓰인데 이 단어의 여성형입니다. 에2:7에 언급되지요
에스더는 포로귀환시 돌아오지 않고 남은 디아스포라입니다. 바사시대 왕후의 자리에까지 오르는 인물입니다.
일단 에스더서의 시대적 배경을 살펴볼게요.

바사의 <u>다리오1세</u>는 마게도냐지역까지 모두 정복합니다.
하지만 그리스와의 전투는 성공적이지 못합니다.
대표적으로 마라톤 전투에서 그리스가 승리를 합니다.

다리오1세에 이어 왕위에 오르는 인물이 <u>크세르크세스</u>입니다.
이 크세르크세스가 에스더서에 나오는 <u>아하수에로왕</u>입니다.

크세르크세스 역시 아버지의 못 이룬 꿈을 이루기 위해 그리스와 전쟁을 벌입니다.
이미 정복한 마게도냐를 통해 공격한 테르모필레전투에서는 승리를 합니다.
하지만 해전인 살라미스해전에서는 엄청난 대패를 당하게 됩니다.
이런 상황에서 왕후의 자리에 오른 인물이 에스더랍니다.

베냐민지파 모르드개가 나오는데 여호야긴왕과 함께 포로로 끌려왔으니 2차포로입니다.
에스겔도 이때 같이 끌려오지요. 모르드개의 삼촌의 딸이 에스더입니다.
기존의 왕후 와스디가 폐위되고 에스더가 아하수에로왕 7년 왕후가 됩니다.

"반역 모의를 모르드개가 에스더를 통해 왕에게 알리고 반역을 모의한 자들은 나무에 달리게 되며 그 일을
왕앞에서 궁중일기에 기록한다"라고 에스더서 2장에 나옵니다.
그런데 이후 내용이 이상합니다. 모르드개에 대해 보상이 없고, 3장의 시작이 아각사람 하만을 높이는
이야기입니다. 개인적으로 이 흐름이 처음엔 이해가 잘 안되더라구요..
궁중일기는 뭐가 중요한 것일지.. 또 다음장은 모르드개가 높여지리라 생각했는데 전혀 뜻밖의 인물이 높임을
받는 이야기가 이어져서요.

아각사람 하만에서 '아각'은 애굽왕 바로처럼 '<u>아말렉족속의 왕을 의미</u>'하는 단어입니다.
<u>하만이 왕족이라기보다는 아말렉족속을 대표한다는 의미로 보시면 되는데..</u>
아말렉족속은 지속적으로 이스라엘 백성들과 적대관계를 유지하던 민족입니다.
<u>출애굽시 르비딤전투에서 아론과 훌이 모세의 손을 들어서 전투를 승리로 이끄는 장면 기억나시나요?</u>
<u>출애굽한 후 첫번째로 맞이한 전쟁이 바로 아말렉과의 전쟁입니다.</u>
이렇게 시작부터 맞서는 민족이었습니다.

그렇기에 모르드개는 하만에게 꿇어 절하지 않고, 이로인해 하만은 유대인을 멸하는 조서를 받습니다.
하만이 모르드개 개인이 아닌 유대인을 멸하려 하는 부분이 아각사람이란 단어와 연결이 되시죠?
이 기회에 온 유대인에게 복수하고 싶었던 겁니다. 아니 이 세상에서 지우고 싶었던 겁니다.

이 소식을 에스더는 전해들었지만 현실적으로 왕의 부름이 없이는 왕에게 나갈 수 없고 이를 어기면 죽음입니다.

하지만 이 상황에서 그 유명한 에스더의 말이 나오지요..

"죽으면 죽으리이다"

에스더는 유대인들에게 자신을 위해 3일금식도 부탁합니다.

성경이 참 재밌는 것이 의문을 가진 부분이 여기서 풀립니다.

그날 밤 왕이 잠이 오지 않자 역대 일기를 가져다가 읽힙니다.

또한 이 기록에서 모르드개의 반역 고발사건을 알게 되고 어떤 것도 베풀지 않았음을 알게 됩니다.

궁중일기 기록이 왜 중요한 사건인지, 어떤 보상도 받지 못함이 이해되지 않았었는데, 이 모든 것이 하나님의
계획하에 있는 것이 느껴지시나요?

결국 하만은 모르드개를 달려던 나무에 자신이 달리게 되어 죽습니다.

또한 유대인 멸하려던 자들이 오히려 죽임을 당하고 유대인들은 위기를 벗어납니다.

아각사람 하만이 유대인을 멸하려는 계획에서 벗어나게 된 것을 지켜 기념하는 절기가 부림절입니다.

'부림'이란 단어는 '제비'라는 뜻인데요. 하만이 유대인을 멸하기 위해 날과 달을 제비 뽑은데서 유래합니다.

[에3:6-7]
6 그들이 모르드개의 민족을 하만에게 알리므로 하만이 모르드개만 죽이는 것이 부족하다고 생각하고
아하수에로의 온 나라에 있는 유다인 곧 모르드개의 민족을 다 멸하고자 하더라
7 아하수에로 왕 제십이년 첫째 달 곧 니산월에 무리가 하만 앞에서 날과 달에 대하여 부르 곧 제비를 뽑아 열두째
달 곧 아달월을 얻은지라

# 에스라/느헤미야 개요

바사 고레스칙령을 통해 귀환이 가능하여 졌지만 실제 귀환을 선택한 사람은 소수(약20%미만)이고 나머지는 디아스포라로 남았습니다.

바사시대에는 다니엘, 에스겔, 모르드개,에스더,스룹바벨,에스라,느헤미야등을 보면 유대인임에도 고위직으로 나갈 수 있는 기회는 열려 있었고, 느헤미야는 수산성에서 왕의 술관원에까지 오른 사람입니다.
이렇게 현실적으로 모든 좋은 환경을 뒤로 하고 귀환을 선택한다는 것은 쉬운 선택은 아니었을 것이라고 생각됩니다.
그렇기에 에스라서에서 포로에서 귀환을 선택한 이들을 한명 한명 나열하고 있는 것이구요.
읽어가기에는 힘든 부분이지만 이런 귀한 선택을 한 사람이란 느낌으로 보시면 좋으실 듯 합니다.

당시 예레미야의 예언성취를 실제 경험하게 된 이스라엘 민족은 다른 예언인 메시아, 유대인의 왕의 예언을 기억하며 어쩌면 이제 이스라엘 민족의 시대, 즉 선민(선택받은 백성)의 시대가 도래할 것이라고 생각했을 껍니다.
유대인들에게 '여호와의 날'은 선민이 아닌 이방민족에 대한 심판의 날이고 선택된 백성은 '구원의 날'이라고 생각했기 때무입니다.(요엘서에 자주 나오는 "여호와의 날"은 유대인들에게 "마지막 때"로 유대인들은 이 날이 오면 모든 적들을 물리치고 하나님의 백성에게 구원을 주신다고 믿고 있었습니다.)

어려운 선택이지만 또 한편으로는 돌아오면 펼쳐질 장미빛 미래를 생각한 것일 수도 있습니다.
하지만 돌아와서 마주친 현실은 전혀 예상과 다릅니다.
폐허가 되어 버린 땅, 무너져내린 성전과 성벽..

힘을 내서 성전재건을 시작하지만 이미 거주하던 사마리안들의 방해에 막혀 성전재건이 중단됩니다.
이 상황에서 자포자기하고 자신의 집을 지으며 살아가는 이들에게 학개선지자를 통해 말씀하시지요.

"성전은 무너져 있는데 너희들만 판벽한 집에 거하는 것이 옳으냐"라고..
이에 감동한 백성들은 다시 성전재건을 시작합니다.
이 때가 주전 520년입니다. 이렇게 다시 시작된 성전건축은 4년이 지나 주전 516년에 완성이 됩니다.

에스라서는 성전이 건축된 후, 백성들을 다시 세우고 회복시키는 사명을 감당했습니다.
느헤미야 역시 마찬가지지만 성벽재건이라는 부분이 추가로 있구요.
이제 에스라/느헤미야서를 살펴보도록 하겠습니다.

# 에스라/느헤미야

에스라서는 에스라만 주인공이 아닙니다.
에스라는 2차포로귀환을 했기에 1차포로귀환 리더인 스룹바벨과 예수아의 이야기로 시작합니다.
느헤미야서는 느헤미야와 에스라의 이야기로 구성됩니다.

에스라는 1~6장은 스룹바벨과 예수아를 중심으로 한 1차귀환에 대한 이야기이고, 7~10장은 에스라를 중심으로 한 이야기입니다.
느헤미야 1~7장은 느헤미야의 성벽재건 이야기이고, 8장은 에스라를 통한 영적 개혁을 다룹니다.
마지막13장에서는 느헤미야의 개혁을 다룹니다.

[스1:1] 바사 왕 고레스 원년에 여호와께서 예레미야의 입을 통하여 하신 말씀을 이루게 하시려고 바사 왕 고레스의 마음을 감동시키시매 그가 온 나라에 공포도 하고 조서도 내려 이르되

[스3:2] 요사닥의 아들 예수아와 그의 형제 제사장들과 스알디엘의 아들 스룹바벨과 그의 형제들이 다 일어나 이스라엘 하나님의 제단을 만들고 하나님의 사람 모세의 율법에 기록한 대로 번제를 그 위에서 드리려 할새
[스3:6] 일곱째 달 초하루부터 비로소 여호와께 번제를 드렸으나 그 때에 여호와의 성전 지대는 미처 놓지 못한지라

돌아온 백성들이 제일 먼저 한 것은 번제입니다.

[스3:12] 제사장들과 레위 사람들과 나이 많은 족장들은 첫 성전을 보았으므로 이제 이 성전의 기초가 놓임을 보고 대성통곡하였으나 여러 사람은 기쁨으로 크게 함성을 지르니

나이 많은 족장들이 대성통곡함은 솔로몬성전에 비해 보잘 것 없었기에 그렇다고들 많이 말씀하십니다.
화려하지 않다라는 부분은 사실 맞지 않은 듯 하구요(성전의 기초만 놓인 상태이기에..)
규모적으로 많이 작았고, 언약궤도 사라진 상태입니다

[스4:1-4]
1 사로잡혔던 자들의 자손이 이스라엘의 하나님 여호와의 성전을 건축한다 함을 유다와 베냐민의 대적이 듣고
2 스룹바벨과 족장들에게 나아와 이르되 우리도 너희와 함께 건축하게 하라 우리도 너희 같이 너희 하나님을 찾노라 앗수르 왕 에살핫돈이 우리를 이리로 오게 한 날부터 우리가 하나님께 제사를 드리노라 하니
3 스룹바벨과 예수아와 기타 이스라엘 족장들이 이르되 우리 하나님의 성전을 건축하는 데 너희는 우리와 상관이 없느니라 바사 왕 고레스가 우리에게 명령하신 대로 우리가 이스라엘의 하나님 여호와를 위하여 홀로 건축하리라 하였더니
4 이로부터 그 땅 백성이 유다 백성의 손을 약하게 하여 그 건축을 방해하되
[스4:23-24]
23 아닥사스다 왕의 조서 초본이 르훔과 서기관 심새와 그의 동료 앞에서 낭독되매 그들이 예루살렘으로 급히 가서 유다 사람들을 보고 권력으로 억제하여 그 공사를 그치게 하니
24 이에 예루살렘에서 하나님의 성전 공사가 바사 왕 다리오 제이 년까지 중단되니라
[스6:15] 다리오 왕 제육년 아달월 삼일에 성전 일을 끝내니라

사마리안들의 방해속에서 16년간 중단되었던 스룹바벨성전은 학개/스가랴 선지자의 개혁속에 다시 재건을
시작한지 4년만에 완성됩니다. 재건과정은 학개서와 스가랴서보다는 에스라/느헤미야서에 기록되어 있습니다.

[느4:21] 우리가 이같이 공사하는데 무리의 절반은 동틀 때부터 별이 나기까지 창을 잡았으며

느헤미야는 3차귀환을 통해 52일만에 성벽을 재건합니다.
위 구절을 통해 대적들의 방해도 보이지만, 열심도 함께 보입니다.

[느8:9] 백성이 율법의 말씀을 듣고 다 우는지라 총독 느헤미야와 제사장 겸 학사 에스라와 백성을 가르치는 레위
사람들이 모든 백성에게 이르기를 오늘은 너희 하나님 여호와의 성일이니 슬퍼하지 말며 울지 말라 하고

느헤미야는 돌아와 유대총독을 맡습니다.
여기서 에스라에 대한 설명을 보실 필요가 있습니다.
에스라는 제사장 겸 학사라고 여러 번 기록되어 있습니다.  여기서 학사라는 말은 서기관을 의미합니다.

예수님시대에 와서는 서기관이 바리새인과 함께 언급되는 타락한 부류이지만 원래 서기관이란 자리는 꽤나
고위관리직이었습니다.
포로귀환한 백성들은 히브리어도 잊어버리고 성경을 기록하는 역할을 감당하던 율법에 대해서 열심이었던
서기관들이 중요한 역할을 감당합니다.
하지만 나중에 인간적인 생각들을 더하면서 점점 망가지게 됩니다.

# 말라기

다리우스2세때 선지자입니다.

시기적으로보면 에스라와 느헤미야를 통한 부흥이 있은 다음의 시기로 포로귀환후 약 100년이 흐른 시기로 봅니다.

말라기 이후 약400년이 흐른 시점에 예수님이 이 땅에 오십니다.

말라기는 "여호와의 사자"라는 의미로 익명의 선지자로 보기도 하고 말라기라는 인물로 보기도 하지만 보통은 인물로 보는 편입니다.

성경에서 이스라엘 백성으로 특정시켜서 주신 말씀은 신명기와 말라기가 있습니다.

개인적으로는 성경에 정확히 기록되지는 않았으나 열왕기와 역대기도 같은 계열로 생각합니다.

포로 귀환을 선택한 사람들은 그간 이룬 모든 것을 버리고 돌아오는 어려운 결정을 내린 사람들이었습니다.

어쩌면 돌아오면 예전 다윗왕때처럼 번영을 꿈꾸고 돌아왔는지 모릅니다.

그러나 이미 학개서에서도 본 것처럼 돌아오자 생활은 녹록치 않았고 다시금 예전으로 돌아간 모습입니다.

▷ **이름 뜻 : 여호와의 사자**

말라기는 백성들의 질문이 여러개 나오는데 이 질문을 한번 모아보겠습니다

이 질문들만으로도 당시의 영적상태가 보이는 듯 합니다.

[말1:2] 여호와께서 이르시되 내가 너희를 사랑하였노라 하나 너희는 이르기를 주께서 어떻게 우리를 사랑하셨나이까 하는도다

[말1:6] 우리가 어떻게 주의 이름을 멸시하였나이까 하는도다

[말1:7] 우리가 어떻게 주를 더럽게 하였나이까 하는도다

[말2:13-14]

13 너희의 봉헌물을 돌아보지도 아니하시며 그것을 너희 손에서 기꺼이 받지도 아니하시거늘

14 너희는 이르기를 어찌 됨이니이까 하는도다

[말2:17] 우리가 어떻게 여호와를 괴롭혀 드렸나이까 하는도다 또 말하기를 정의의 하나님이 어디 계시냐 함이니라

[말3:7] 내게로 돌아오라 그리하면 나도 너희에게로 돌아가리라 하였더니 너희가 이르기를 우리가 어떻게 하여야 돌아가리이까 하는도다

[말3:8] 너희는 나의 것을 도둑질하고도 말하기를 우리가 어떻게 주의 것을 도둑질하였나이까 하는도다

[말3:13] 여호와가 이르노라 너희가 완악한 말로 나를 대적하고도 이르기를 우리가 무슨 말로 주를 대적하였나이까 하는도다

위 말라기시대 백성들의 질문들을 적으며 지금의 내 모습과도 같지 않은지 생각해보게 됩니다.

"어떻게 저런 말을.."이라는 생각을 넘어 모아서 읽어보니 제 모습이기도 합니다.

몇 가지만 간단히 더 살펴보도록 하겠습니다.

신약시대에도 성전에서 사고 파는 일이 발생하지요..
거주지에서부터 좋고 흠없는 제물을 끌고 오다가 흠이 생기면 다시 돌아가 가져와야 하는 일이 있었기에 귀찮으니 매매를 통하여 구입합니다.

그런데 이게 신약시대에만 일어난 일일까요?
남북분열왕조시에 여로보암왕은 북이스라엘의 최북단인 단과 최남단인 벧엘에 금송아지제단을 만들고 하나님이라고 하지요..
물론 절기를 지키러 남유다로 가다가 백성들이 반역할까봐 여로보암왕은 만들었고, 백성들은 가깝기 때문에 수용한 겁니다.

하나님을 시험해보라고 하시는 특이한 구절입니다.

**[말1:2] 주께서 어떻게 우리를 사랑하셨나이까에** 대한 대답을 하나님의 때에 주시리라는 말씀을 주십니다.
위에 백성들의 질문들처럼 또 다시 악을 행하는 백성들이지만 포기하지 않으시는 모습입니다.

보통 선지자가 끊겼기에 말라기 이후의 시간을 침묵기, 암흑기라고 합니다.
하지만 하나님은 지금도 우리를 위해 일하고 계십니다.
그리고 하나님의 때에 이루십니다.

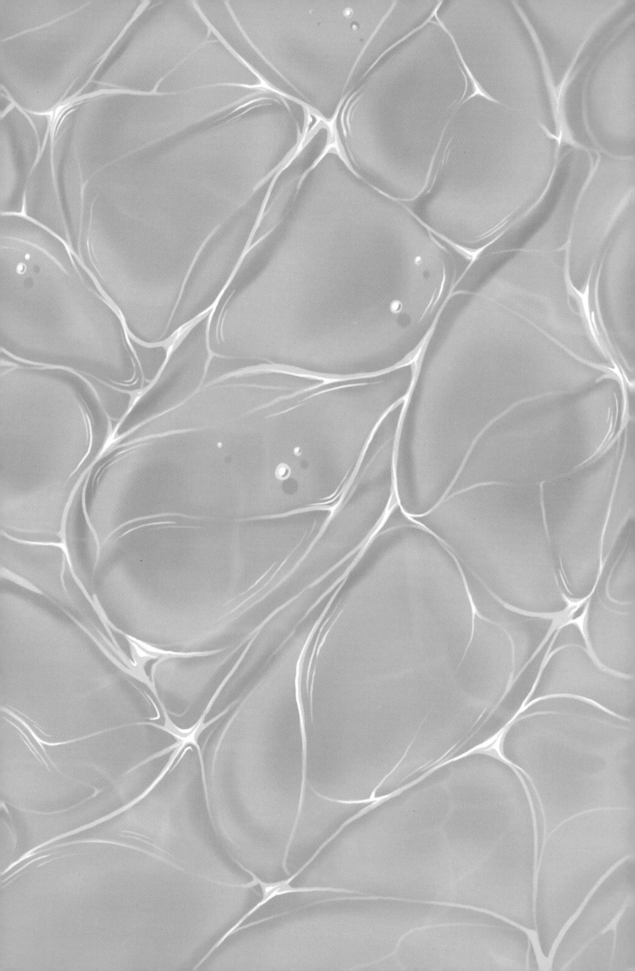

# 신구약 중간사 들어가기전 역사정리

신구약 중간사를 들어가기 전에 북이스라엘과 남유다의 멸망과정등을 한번 정리하고 지나가겠습니다.

## ▷ 북이스라엘 멸망

북이스라엘은 19대 호세아왕 때 왕조의 문을 닫게 됩니다. 잠깐 그 과정을 보도록 하겠습니다.
앗수르의 확장에 두려움을 느낀 북이스라엘과 아람, 다메섹등은 연합군을 만들어 앗수르에 대항하려 합니다.
남유다에도 합류를 요청하지만 당시 남유다의 왕이었던 아하스는 거절하고, 연합군을 방어하기 위해 "막대한
돈을 바치겠다"며 오히려 앗수르왕인 티글랏빌레셀 3세에게 비밀서신을 보냅니다.

정복야욕을 가진 상태에서 명분까지 생기자, 앗수르의 대규모공세가 시작되고 갈릴리까지 함락됩니다.
하지만 사마리아성은 정복하지 못한 상태에서 티글랏빌레셀 3세가 죽게 됩니다.

티글랏빌레셀 3세가 죽자 앗수르가 혼란스러울 것이라고 생각한 북이스라엘의 호세아왕은 조공을 중단합니다.
이에 앗수르의 왕위를 계승한 살만에셀 5세가 다시 북이스라엘을 공격하고, 이때 사마리아성은 3년이상의
시간동안 포위당한 후 멸망하게 됩니다. 이때가 주전 721년입니다.

앗수르는 혼혈정책을 펼치기에 이때 사마리아인이 탄생하게 됩니다.
이후 남유다를 멸망시킨 바벨론과는 정책이 다릅니다. 그래서 남유다는 민족을 유지합니다.
또 한가지 훗날 알렉산더 헬라제국도 혼혈정책을 폅니다. 하지만 앗수르와는 또 다른 정책입니다.
앗수르의 혼혈정책은 자신의 민족은 철저히 유지합니다.
즉, 정복한 나라들의 국민들을 서로 이주시켜서 민족성을 없애는 혼혈정책을 펴고 자신의 민족은 유지합니다.
반면 알렉산더의 헬라제국은 조금 다릅니다.
역시 혼혈정책을 폈지만 알렉산더는 자신부터 다른 민족과의 결혼을 이어갑니다.
정확히는 혼혈정책보다는 동화정책에 가까운 방식을 선택합니다.

## ▷ 남유다 멸망

위에 남유다 왕 아하스가 북이스라엘 멸망과정에 큰 역할을 한 인물로 언급되었습니다.
아하스왕의 생각과 달리 아하스왕이 죽고난 후 히스기야 왕이 즉위하자 앗수르는 남유다까지 들어와 46개의 성을
함락시키고 예루살렘성도 18만 5천명의 군대에 포위를 당합니다. 하지만 하나님의 계획과는 다릅니다.
(왕하19:35) 이 밤에 여호와의 사자가 나와서 앗수르 진영에서 군사 십팔만 오천 명을 친지라 아침에 일찍이
일어나 보니 다 송장이 되었더라.
**만약 이 때 아수르에 멸망했다면 남유다 역시 혼혈정책속에 민족이 사라졌겠지요?**
**정말 성경속에서 놀랍게 느끼는 부분은.,** 이 예루살렘성 함락 실패 과정에서 막대한 피해를 입게된 앗수르는 점차
세력이 약화되게 되고 이 틈을 타서 신흥국가이자 남유다를 멸망시키는 바벨론이 급성장을 하는 계기가 됩니다.

시간이 흐르면서 이제 분위기가 달라집니다.
북이스라엘 멸망시는 반 앗수르 연합이었는데 이제는 반바벨론 연합이 형성됩니다.
제일 두려운, 경계할 국가가 바벨론이 된 거지요.

남유다의 왕조중 아하스 -> 히스기야 -> 므낫세 -> 아몬 -> 요시아 -> 여호아하스 -> 여호야김 ->여호야긴 ->시드기야 를 떠올리시면서 보셔야 하기에 다시 정리했습니다. 앞에서 아하스와 히스기야까지 언급했구요. 여기서는 요시아왕입니다.

이제 오히려 반 바벨론 연합이 구성된다고 말씀드렸지요?
당시 애굽왕 느고는 이제 앗수르와 연합하여 바벨론과의 전투를 준비합니다.
앗수르와의 연합을 위해 올라가려는 애굽군대는 길을 열어달라고 요청을 하지만 당시 유다왕인 요시아왕은 이를 저지하기 위해서 주전 609년 므깃도에서 애굽과의 전쟁을 치르다가 전사하게 됩니다.
이 때 올라간 애굽은 갈그미스를 차지합니다.

이제 남유다 멸망도 다가왔습니다.
므깃도에서 요시아왕이 전사하자 남유다는 여호아하스를 세우는데, 여호아하스의 형인 엘리야킴은 애굽으로 가서 충성맹세를 하고 지원을 요청합니다. 여호아하스가 즉위한지 3개월만의 일입니다.
이에 애굽은 여호아하스를 죽이고 엘리야킴을 여호야김으로 개명을 시킨 후 왕위에 올립니다.
여기서 기억할 부분은 여호야김은 친애굽정책을 펴는 것이 당연해 보인다는 점이 되겠지요.

이후 주전 605년 갈그미스전투에서 애굽은 바벨론과의 전투에서 패하게 됩니다.
당시 남유다왕인 여호야김은 애굽의 편에 서게 되고 애굽과의 전투에서 이긴 바벨론은 예루살렘까지 침공하면서 1차포로를 끌고가게 됩니다.(주전 605년,왕족,귀족 & 다니엘과 세친구)
여호야김 제 3(혹은 4)년, 느부갓네살 원년입니다.

주전 598년 여호야김왕이 죽고 여호야긴왕이 즉위합니다. 이때 또 다시 바벨론이 침공하고 여호야긴왕과 에스겔, 그리고 기술자들을 포로로 끌고 갑니다. 여호야긴왕을 포로로 끌고가면서 대신 여호야긴왕의 삼촌이자 요시아왕의 셋째아들인 맛다니야를 시드기야라는 바벨론식이름으로 개명시켜 왕으로 올립니다.

시드기야 왕은 예레미야의 항복조언에도 불구하고 바벨론에 저항합니다
결국 주전 587년 예루살렘성이 함락되며 솔로몬성전도 파괴됩니다.
이 때 시드기야왕은 도망치다 아들들의 죽음으로 본 후 두 눈이 뽑혀 바벨론으로 끌려가게 되며 남유다왕국도 막을 내립니다. 남은 백성들중 쓸만한? 이들은 이때 3차포로로 끌려갑니다.

포로 연도와 내용을 정리해 둔 표이니 참고하세요~

| 바벨론 1차 포로 | 주전 605년 | 여호야김 제 3(혹은 4)년, 느부갓네살 원년 (왕족, 귀족, 다니엘과 세 친구) |
|---|---|---|
| 바벨론 2차 포로 | 주전 598년 | 여호야긴 즉위년, 느부갓네살 7년 (여호야긴왕, 에스겔, 기술자들) |
| 바벨론 3차 포로 | 주전 587년 | 시드기야 11년, 느부갓네살 18년 (남은 이들중 쓸만한 사람들) |

## 신구약 중간사 개요

구약의 마지막인 말라기와 신약성경 마태복음은 한 장을 넘기면 되지만 그 속에는 약 400년 이상의 시간이 숨어 있습니다.

창세기와 출애굽기도 동일하지만 창세기와 출애굽기는 애굽에 내려간 이스라엘 민족에게 요셉을 모르는 왕이 일어나 노예생활을 하고 있는 것만 이해하면 큰 무리없이 읽어나갈 수 있었습니다.

하지만 구약성경과 신약성경의 차이는 그렇지 않습니다.

약 400년의 시간차이가 있다고 들어는 보셨기에 아시리라 생각되지만 그 시간들에 일어난 일은 역사를 학습하는 것과 같기 때문에 사실 쉽게 접근이 되지는 않습니다.

말라기의 끝은 스룹바벨 성전재건후의 상황에서 마무리가 됩니다. 즉, 바사시대입니다.

그런데 신약성경은 로마시대로 넘어가 있습니다. 이 사이는 어떤 과정이 있었을까요?

해당부분에서 짧게 언급은 했었지만 전체적인 그림을 최대한 짧고 이해하기 쉽게 정리를 해 보도록 하겠습니다.

이 시기는 다니엘서의 환상에서도 많이 적용이 된 적이 있는 부분이지요?

바사 -> 알렉산더 헬라제국 ->헬라제국이 4개의 나라로 분열(남쪽 프톨레마이오스,북쪽 셀레우커스) ->로마

위 과정으로 변화가 일어납니다.

이 시기에 가장 중요한 사건이 유다 마카비혁명이 일어나게 되고 헤롯가문과 연결되는 지점이 생깁니다.

위 국가 순서정도는 다시 기억해 두시고 출발하겠습니다.

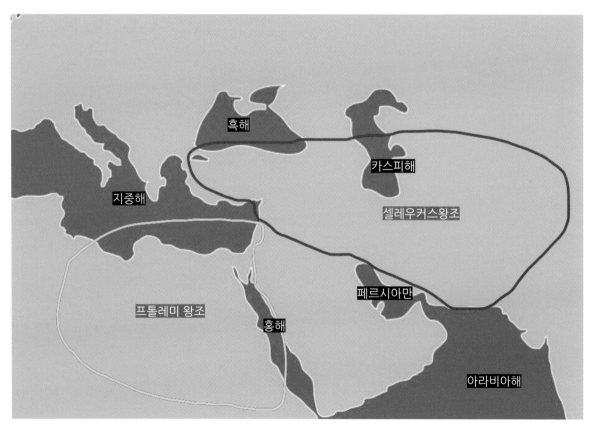

# 신구약 중간사 - 프톨레미/셀레우커스(마카비혁명)

▷ 헬라(프톨레미/셀레우커스 왕조)

| 애굽 프톨레미왕조 | | 시리아 셀레우커스왕조 | |
|---|---|---|---|
| 프톨레미 1세 (소테르) | 주전 322~285 | 셀레우커스 1세 (니카토르) | 주전 312~280 |
| 프톨레미 2세 (필라델푸스) | 주전 285~246 | 안티오쿠스 1세 (소테르) | 주전 280~261 |
| | | 안티오쿠스 2세 (테오스) | 주전 261~246 |
| 프톨레미 3세 (유에르게테스) | 주전 246~221 | 셀레우커스 2세 (칼리니쿠스) | 주전 246~226 |
| | | 셀레우커스 3세 (세라누스) | 주전 226~223 |
| 프톨레미 4세 (필로파토르) | 주전 221~203 | 안티오쿠스 3세 ( 마그누스,메가스) | 주전 223~187 |
| 프톨레미 5세 (에피파네스) | 주전 203~181 | 셀레우커스 4세 (필로파토르) | 주전 187~175 |
| 프톨레미 6세 (필로메토르) | 주전 181~146 | 안티오쿠스 4세 (에피파네스) | 주전 175~163 |
| | | 안티오쿠스 5세 (유파토르) | 주전 163~162 |
| | | 데메트리우스 1세 (소테르) | 주전 162~150 |

알렉산더이후 분열된 헬라제국중 두 왕조가 중요합니다. 애굽지역의 프톨레마이오스(프톨레미)왕조와
시리아지역의 셀레우커스왕조입니다. 초기 유다는 두 왕조중 프톨레미왕조의 지배권하에 들어갑니다.
이후 안티오쿠스 3세때부터 사실상 셀레우커스왕조의 지배하로 넘어가게 됩니다.
이때부터 유다의 황폐화가 시작됩니다.

▷ 주요사건1 : 정략결혼

프톨레미 2세는 안티오쿠스 2세에게 자신의 딸 베레니케를 시집보냅니다(정략결혼)
당시 안티오쿠스 2세는 이미 결혼을 한 상태로 라오디케라는 왕비가 있었습니다.
이후 라오디케가 베레니케와 그의 아들을 모두 죽이고 자신의 아들인 셀레우커스 2세를 왕위에 올리게 됩니다.
자신의 동생인 베레니케가 죽임을 당하자 오빠인 프톨레미 3세는 셀레우커스 원정길에 나서 대규모의 약탈을
합니다. 이후에도 계속적으로 프톨레미와 셀레우커스간의 전쟁이 일어납니다.
사이에 낀 유다는 계속 황폐화되고 있겠지요?
"안티오쿠스 3세 이전에 유대지역은 프톨레미 왕조의 지배하에 있었구나!" 정도면 사실 충분합니다.
이후 안티오쿠스 3세때부터 변화가 시작됩니다.

안티오쿠스 3세는 즉위 초기에 프톨레미 원정에 나서나 실패를 합니다

이후 주전 198년 다시 침공을 하고 팔레스타인지역을 완전히 수중에 넣게 됩니다.

3년여가 흐른 주전 195년 셀레우커스와 프톨레미는 평화조약을 맺으며 안티오쿠스 3세는 자신의 딸(클레오파트라, 우리가 아는 인물과 다른 인물)을 프톨레미에 시집을 보냅니다.

유대 역사가 요세프스는 "이 때 사마리아와 유대, 페니키아(베니게)도 주었다"라고 기록을 하였는데, 이 기록만으로는 팔레스타인지역이 다시 프톨레미왕조의 지배하로 들어가는 듯 보입니다. 실제 셀레우커스의 지배하였기에 좀 애매해 보이는 기록입니다.

하지만 이어지는 구절인 "두 왕에게 세금을 납부해야 했다"라는 부분과 연결해 보면 지역의 통치권을 넘겼다기 보다는 프톨레미에도 세금을 내도록 했다고 보는 것이 맞는 것 같습니다. 실질 지배는 셀레우커스입니다.

여기서 안티오쿠스 3세가 생각지도 못한 변수가 생깁니다.

프톨레미로 시집보낸 자신의 딸이 오히려 프톨레미지역에서 권력을 얻은 후 아버지에 대항하는 일이 발생합니다.

이에 안티오쿠스 3세는 다시 원정길에 오르는데, 당시 셀레우커스의 세력을 견제하는 로마의 스키피오장군과의 전투에서 패배하며 막대한 배상금을 물어주어야 하는 처지에 이릅니다.

이 막대한 배상금을 물기 위해 지독한 약탈을 진행하려다 반란으로 암살을 당하게 됩니다.

이후 왕위를 계승한 자는 셀레우커스 4세인데 다니엘서 11:20절에 언급된 것 처럼 그다지 큰 임팩트는 없기에 넘어갑니다. 다음 왕위 계승자가 안티오쿠스 4세입니다.다니엘서 11:21절에는 "속임수로 나라를 얻는다"라고 되어있습니다.

로마에 패전후 안티오쿠스3세는 안티오쿠스 4세를 로마에 볼모로 보내는데, 술수로 형의 아들을 대신 볼모로 보내고 돌아오게 됩니다. 돌아오는 길에 재무장관이 셀레우커스 4세를 죽인 소식을 듣고 돌아온 후 모두 죽이고 역시 술수로 형대신 왕에 즉위합니다. 이 안티오쿠스 4세는 기억해 둘 인물입니다, 성전을 더럽힌 왕이니까요 게다가 12장으로 이어지는데 마지막 날입니다. 결국 안티오쿠스 4세가 적그리스도의 상징입니다.

안티오쿠스 4세 역시 애굽 프톨레미 원정길에 오르고 승리합니다.

하지만 이때 로마의 경고로 퇴각을 하게 되구요, 퇴각길에 지나는 예루살렘을 점령하는 일이 발생합니다. 점령이기는 하지만 실제 친셀레우커스파가 성문을 열어주었다고 합니다.(얻었지요.. 메대 다리오왕과 다른의미로,,)

당시 예루살렘에 들어와 친프톨레미세력을 학살하고 많은 돈을 약탈하고 돌아가지만, 성전의 기물등의 보물을 맘에 담아두지요. 약 2년이 흐르고 이것이 탐난 안티오쿠스 4세는 다시 예루살렘을 침공합니다.

사실상은 막대한 보물에 대한 욕심으로 인한 침략이지만, 명분정도는 알아두시면 좋습니다.

당시 친프톨레미인 오니아스가 대제사장을 맡고, 친셀레우커스세력인 토비아스를 추방합니다.

이에 토비아스계열이 안티오쿠스 4세에게 도망가서 도움을 요청합니다. 안그래도 노렸는데 아주 제 격입니다.

박키데스를 시켜 예루살렘을 함락하고 성전약탈, 기명약탈, 제단 더럽힘, 돼지피로 제사, 제우스신상 세우고, 율법지키는 것 금지하고, 할례금지하고..이런 만행을 저지릅니다. 박키데스 기억하고 넘어갑니다.

### ▷ 주요사건4 : 유다 마카비혁명

앞에서 안티오쿠스 4세의 명령으로 박키데스가 성전을 더럽혔다는 부분까지 보았습니다.
안티오쿠스의 박해 당시 이에 저항한 많은 희생자가 발생합니다.
이때 이 저항한 무리를 <u>하시딤(경건한 사람들)</u>이라고 합니다.

이런 상황에서 유대의 마티아스 제사장이 등장합니다.
그는 다섯 아들과 식구를 무장시키고 박키데스를 단검으로 살해후 도망칩니다.
그런데 같은 마음을 가지고 있던 많은 유대인 무리(하시딤 포함)가 합류하게 되지요. 결국 이들이 안티오쿠스
4세의 군대를 몰아내는데 성공하게 됩니다.
마티아스(=마따디아)에 이어 장남인 유다가 지휘권을 이양받게 되고 유다는 안티오쿠스 4세의 재침공에 대비하여
유다국을 무장시키고 로마와도 첫 우호동맹을 체결합니다.
또한 성전을 탈환하고 기명들도 다시 만들고 성전벽 수축과 제단의 교체등 성전정화를 합니다.
유다의 별명이 망치(마카비)이기에 유다 마카비혁명이라고 불립니다.
이를 기념하여 절기로 지키게 되는데 이를 <u>하누카(=수전절)</u>이라고 합니다.

일단 다섯 아들의 이름을 확인합니다.
요세푸스의 기록에서는 유다가 장남으로 기록되어 있고 요한과 시몬은 형제로 기록되어 있습니다.
엘르아살과 요나단은 동생으로 기록되어 있구요.

### ▷ 주요사건5 : 안티오쿠스 5세

안티오쿠스 4세를 이은 안티오쿠스 5세도 아버지와 다르지 않습니다. 즉위후 대규모로 유다를 침공합니다.
이 전투에 참여한 유다의 동생 엘르아살은 가장 큰 코끼리에 망대와 금장식을 보고 왕이라고 생각해 코끼리의 배를
찌르고 압사를 합니다만.. 안티오쿠스 5세는 타고 있지 않습니다.

결국 전쟁에 패하고 안티오쿠스 5세가 예루살렘을 점령하지만 물자부족등으로 인해 얼마 지나지 않아 떠나며
소규모의 주둔군만 남깁니다.
유다는 다시 병력을 모아 전투를 벌이고 전쟁중 사망합니다.
몇일 지나지 않아 형제 요한 역시 안티오쿠스 지지세력에 의해 살해를 당하고 동생 요나단이 계승하게 됩니다.
요나단은 로마와 우호동맹을 다시 체결하고, 안티오쿠스와도 우호조약을 맺습니다. 안정을 찾는 듯 해
보입니다만..

안티오쿠스5세 아들의 후견인인 트리포가 요나단을 납치후 유다를 다시 침공합니다.
하지만 요나단의 형제 시몬에 의해 패하고 도망가며 요나단을 처형합니다.

<u>결국 다섯 아들중 시몬 혼자 남게 되고 시몬을 통해 아주 중요한 가문인 하스몬가문이 이어지게 됩니다.</u>

▷ **주요사건6 : 시몬을 통해 이어진 하스몬가문**

앞에서 시몬을 통해 하스몬 가문이 이어진다고 말씀드렸습니다.

시몬은 대제사장이 되며, 시몬의 시대에 셀레우커스의 170년 지배에서 완전히 해방되게 됩니다.

이 시몬 역시 사위 톨레미의 음모에 의해 살해당하게 되지만요..

결국 시몬을 마지막으로 마티아스의 다섯아들은 모두 죽은 상태입니다.

▷ **주요사건7 : 요한 힐카누스 1세(시몬의 아들)**

장인 시몬을 살해한 톨레미는 장모와 두 처남을 감금하고 요한 힐카누스까지 살해하려고 합니다.

요한 힐카누스는 하스몬 가문에 호의적이었던 예루살렘으로 피하고 톨레미도 추격하지만 톨레미는

예루살렘인들에 의해 쫓겨나 여리고 위쪽 다곤요새로 피합니다.

힐카누스는 병력을 모아 모친과 두 형제를 구하기 위해 공격을 합니다. 당시 병력은 힐카누스가 많았지만 모친과

형제들을 성벽에서 떨어뜨리겠다는 협박에 진압을 못하고 시간이 흐릅니다.

그러다 안식년이 돌아오는데, 안식년에는 공격은 못하고 수비만 할 수 있지요?

이 틈을 타서 톨레미는 모친과 두 형제를 죽이고 도망을 갑니다.


안티오쿠스의 재침공이 있는데 힐카누스는 다윗왕의 무덤을 열고 3,000달란트를 주고 포위를 풀게 됩니다.

안티오쿠스가 다른 원정을 떠나자 여리고성,사마리아,갈멜산지역까지 함락을 시키며 33년간 통치하게 됩니다.

요한 힐카누스 1세에게는 다섯아들이 있었는데 두 명의 이름은 불명확합니다.

나중에 한 페이지에 총 정리하겠지만 현재까지의 족보를 우선 올리니 이야기를 되짚어 다시 한번 정리해보세요.

이후 이야기는 다음페이지에서 이어가겠습니다.

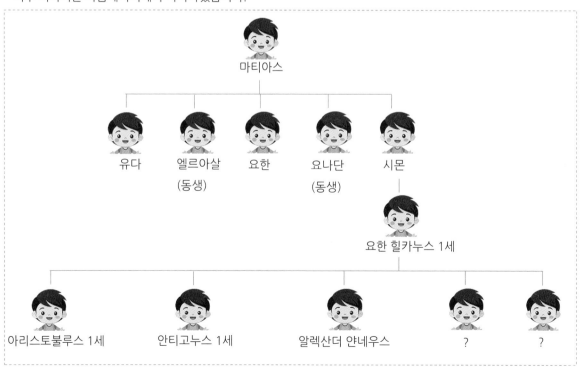

요한 힐카누스 1세에 이어 장남 아리스토불로스가 즉위하는데 동생인 안티고누스는 사랑하기에 자신과 동등 위피로 받들어주고 나머지 동생들은 모친과 함께 감금하게 됩니다.
사실 요한 힐카누스 1세가 모친을 공무집행자로 앉히고 죽었는데 모친이 정권을 두고 동생들과 경합을 시켰다는 이유로 어머니는 감옥에서 죽게 됩니다.

여기서 한 여성이 등장합니다. 아리스토불루스 1세의 아내인 알렉산드라 살로메입니다.
동생 안티고누스도 알렉산드라 살로메의 모함에 의해 죽게 되고 이를 후회한 아리스토불루스 1세는 병을 얻게 되고, 즉위 1년도 안되어 죽음을 맞이합니다.

이후 알렉산드라 살로메는 동생들을 풀어주며 알렉산더 얀네우스를 왕에 즉위시키고 그와 재혼합니다.
알렉산더 얀네우스왕이 죽으며 왕국을 아내인 알렉산드라 살로메에게 넘기게 되는데, 당시 알렉산드라 살로메는 율법을 깊이 연구하는등 유대인의 호감을 받고 있었습니다.
여왕에 즉위한 알렉산드라 살로메는 장남 요한 힐카누스 2세를 대제사장으로 임명합니다.

알렉산드라 살로메가 율법연구에 열심이었기에 바리새파가 이때 중용되게 되는데, 실질적으로는 광신적으로 바리새파를 지지하였기에 실제 권력은 바리새파가 모두 가졌다고 합니다.

이런 상황에서 알렉산드라 살로메가 병이 들자 차남 아리스토불로스 2세가 요새들을 장악하면서 왕이 되려고 하는데, 이를 마무리짓기 전에 알렉산드라 살로메는 9년 통치를 끝으로 병사하게 됩니다.

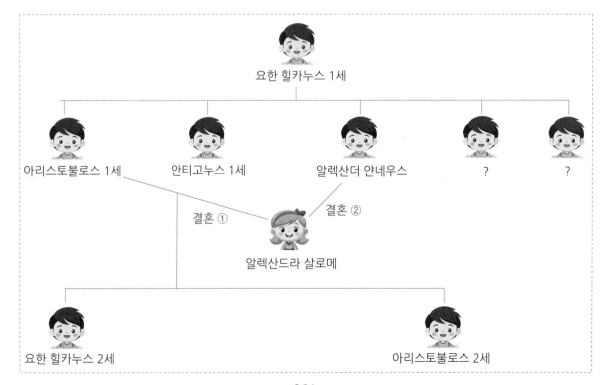

264

왜 길게 중간사를 설명했는지 여기서 나옵니다. 하스몬가문이 헤롯가문과 연결되는 부분이 이제 나옵니다.

어머니가 죽자 동생 아리스토불루스 2세는 여리고 전투에서 승리하며 왕위에 오릅니다.

사실 이후는 계속된 세력싸움이고 가장 중요한 건 로마의 등장과 헤롯가문의 연결입니다.

지금까지는 셀레우커스의 세력에서 벗어나 독립국가를 유지하는 상태이었죠? 또 격변의 시대가 옵니다.

당시 이두매인이었던 헤롯 안티파터(안티파테르)는 아리스토불로스 2세와 사이가 좋지 않았습니다.

이에 요한 힐카누스 2세에게 아라비아에 도움으로 요청하라고 하고 병력을 지원받지만 로마 폼페이우스장군의

휘하에서 수리아로 파견된 스카우르스의 도움을 받은 아리스토불로스 2세는 정권을 유지합니다.

아리스토불로스 2세와 요한 힐카누스 2세 모두 스카우르스에게 사신을 보내지만 아리스토불로스 2세는

300달란트라는 뇌물도 함께 보내기에 아리스토불로스편에 서게 되지요.

이 과정에서 안티파테르의 형제인 팔리온도 아리스토불로스 2세에게 죽임을 당합니다.

여기까지 아리스토불로스의 정권까지 살펴보았습니다. 다음에는 이후의 변화를 살펴보겠습니다.

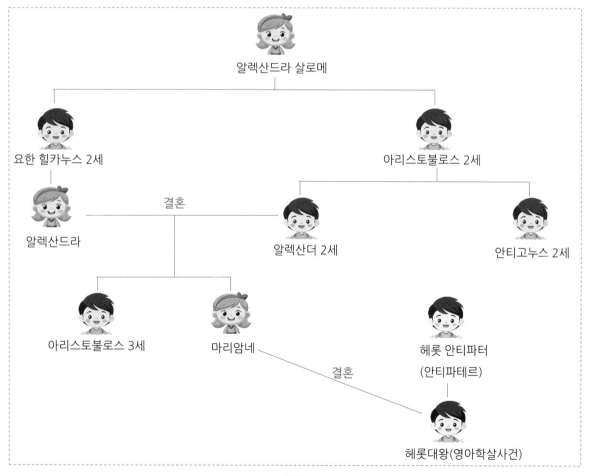

일단 스카우르스의 도움으로 아리스토불루스 2세는 정권을 유지합니다.
그런데 이후 로마장군 폼페이우스가 수리아를 지나 다마스커스로 오게되고 요한 힐카누스2세와 안티파테르는
다시 폼페이우스에게 간청을 합니다.
하지만 아리스토불로스는 이미 왕권을 가진 상태에서 교만해져서 떠나버리고 이에 화가 난 폼페이우스는
아리스토불로스 2세를 향해 원정길에 오릅니다.
결국 아리스토불로스를 감금하고 예루살렘을 포위하는데 힐카누스 지지세력은 투항을 주장했고, 아리스토불로스
지지세력은 성전안까지 들어가 저항을 합니다.

폼페이우스군은 유대인이 안식일마다 쉬는 것을 이용해 성전 북쪽 골짜기를 안식일마다 메웠고 결국 3개월만에
성벽을 허물고 예루살렘성에 진입하게 됩니다.
이때 지성소까지 들어가고 엄청난 기명들과 큰 돈이 있는 것을 보게 됩니다.

폼페이우스는 성전의 거룩한 돈은 손대지 않고 요한 힐카누스 2세를 대제사장으로 임명하고 조공을 바칠것과
사마리아,욥바등을 해방시키며 영토를 축소시키고 떠납니다.

떠나면서 아리스토불로스 2세와 장남 알렉산더2세, 차남 안티고누스 2세와 두 딸까지 모두 로마로 포로로 끌고
갑니다.
알렉산더 2세는 로마로 가는 도중 도망하고, 이후 아리스토불로스 2세는 아들 안티고누스 2세와 함께 로마를
탈출해서 군대를 일으키지만 로마군에 다시 진압되게 됩니다.
이후 요새들을 넘기는 조건으로 자녀들은 석방되어 유대로 돌아오게 됩니다.

이 내용을 정리하면 아리스토불로스 2세 이루는 사실상의 독립국의 지위를 잃은 상태입니다.
단지 헤롯가문과의 연결과 로마로의 연결되는 연결고리에 불과합니다.

지금까지 부분 부분으로 구성된 하스몬가문의 전체 족보를 한 페이지에 다시 정리하고 로마시대로 연결하려고
합니다.
하스몬가문을 족보를 보면서 이야기가 머리에 떠오르는지 한 번 체크해 보시기 바랍니다.

그리고 지금 위치는 헬라의 셀레우커스에서 유대 마카비혁명으로 독립국가를 세우고 유지하다가 사실상 로마의
속국으로 들어가는 지점입니다.
족보 이후 이제는 로마제국을 살펴보려 합니다.
**이 로마제국 시대에 예수님이 이 땅에 오십니다!!!**

# 신구약 중간사 - 하스몬왕조와 헤롯가문의 연결 족보

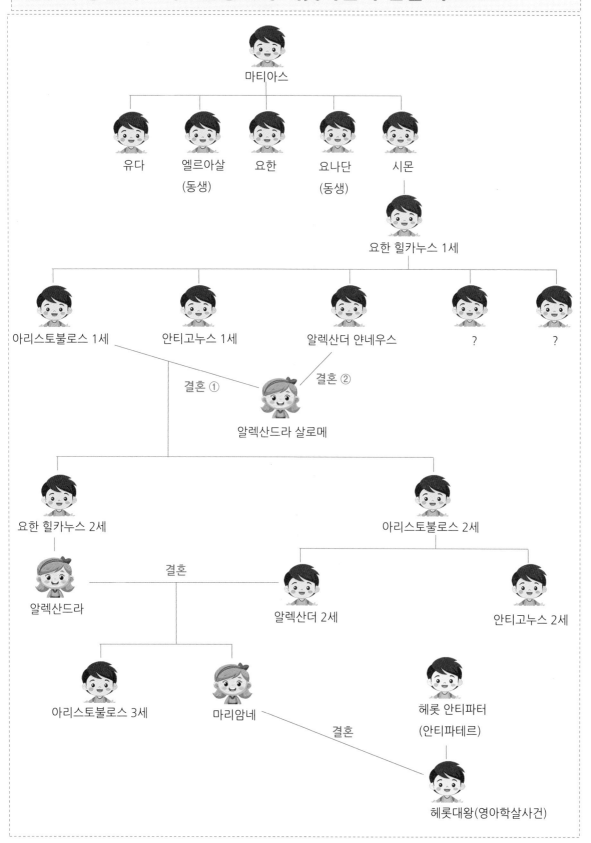

마티아스

유다 | 엘르아살 (동생) | 요한 | 요나단 (동생) | 시몬

요한 힐카누스 1세

아리스토불로스 1세 | 안티고누스 1세 | 알렉산더 얀네우스 | ? | ?

결혼 ① 알렉산드라 살로메 결혼 ②

요한 힐카누스 2세 | 아리스토불로스 2세

알렉산드라 결혼 알렉산더 2세 | 안티고누스 2세

아리스토불로스 3세 | 마리암네 | 헤롯 안티파터 (안티파테르)

마리암네 결혼 헤롯대왕(영아학살사건)

# 신구약 중간사 - 로마제국

이제 로마제국에 대하여 몇 가지를 살펴보겠습니다.

## 주전 60년경 1기 삼두정치
**폼페이우스, 카이사르, 크라수스**
1기 삼두정치는 주전 53년 크라수스가 전사하며 해체됩니다.
폼페이우스와 카이사르의 세력다툼이 시작되는데 카이사르가 승리후 독재체제로 가게 됩니다.

## 주전 44년경 2기 삼두정치
카이사르가 암살된 후 2기 삼두정치가 시작됩니다.
**옥타비아누스, 안토니우스, 레피두스**
주전 36년 레피두스가 탈락되며 해체가 되고 이후 옥타비아누스와 안토니우스의 세력대결로 가게 됩니다.
주전 31년에 옥타비아누스가 악티움해전에서 안토니우스에게 승리하며 공화정이 무너지며 제정(황제)로 가게 됩니다.

## ▷ 주요사건1 : 1기 삼두정치 : 폼페이우스, 카이사르, 크라수스

주전 53년 크라수스가 전사하자 주전 49년 그 유명한 "주사위는 던져졌다"라는 말과 함께 카이사르는 루비콘강을 건너게 되고 폼페이우스와 전쟁을 치르고 승리하게 됩니다.
폼페이우스는 패전후 이집트로 도망을 가게 됩니다.
그러나 이집트의 프톨레마이오스는 카이사르가 두려워 폼페이우스를 죽이게 됩니다.

카이사르는 로마를 통일하고 이집트의 클레오파트라와 사랑에 빠지게 됩니다.
주전 51년 카이사르의 도움으로 클레오파트라는 왕권을 가지게 됩니다.
시리아 원정까지 승리하며 또 하나의 유명한 말을 카이사르는 남기지요. "왔노라 보았노라 이겼노라"
이후 공화정이지만 사실상 독재체제로 로마는 운영됩니다.

## 안티파테르
**여기서 안티파테르에 대해 추가 말씀드릴 부분이 있습니다.**
어쩌면 시대를 보는 눈 만큼은 정말 최고였던 듯 합니다. 폼페이우스가 죽자 바로 카이사르쪽으로 방향을 틀지요.
카이사르의 애굽원정시 눈도장을 찍고, 애굽원정을 마친후 카이사르는 안티파테르에게 로마시민권 부여와 함께 세금 면제등의 혜택을 줍니다.
이후 안티파테르를 유대의 행정장관으로 임명하게 되는데 이것이 헤롯시대의 개막입니다.
안티파테르는 장남 파사엘루스를 예루살렘 총독으로 임명하고, 차남 헤롯을 갈릴리 총독으로 임명합니다.
이후 카이사르는 헤롯을 코엘레수리아와 사마리아의 군대장관으로 임명하게 됩니다.

## 코엘레수리아
팔레스타인, 페니키아(베니게), 시리아 지역을 통칭하는 단어입니다.

▷ **주요사건2 : 2기 삼두정치 : 옥타비아누스, 안토니우스, 레피두스**

카이사르의 유언에 따라 카이사르의 부하였던 안토니우스는 카이사르 누이의 손자였던
옥타비아누스(아우구스투스)를 양자로 삼게 됩니다.

안토니우스는 반대세력인 키게로를 추방후 살해하고 이때 도망친 블루투스는 주전 42년에 마게도냐의
필립피전투에서 안토니우스와 옥타비아누스 연합군에 패배한 후 자살하게 됩니다.

이후 옥타비아누스와 안토니우스도 대립을 하기 시작합니다.
결국 악티움해전에서 안토니우스와 클레오파트라 연합군을 옥타비아누스가 격파한 후 제정으로 들어가게 됩니다.

**옥타비아누스와 안토니우스가 대립하게 된 뒷 이야기**
옥타비아누스는 안토니우스가 클레오파트라에 빠져 알렉산드리아에서 방탕한 생활을 한다고 원로원에
고발합니다.
원로원을 설득후 나서는 전투가 바로 악티움해전입니다.
왜 이렇게 갈라선 것일까요?
안토니우스는 클레오파트라를 사랑하게 되면서 옥타비아누스의 누이 옥타비아와 이혼을 하게 됩니다.
아마 이런 부분이 아닐까 생각합니다.

**악티움해전 뒷이야기**
악티움해전중 클레오파트라는 이집트 함대를 이끌고 먼저 떠납니다. 결국 안토니우스는 패전을 하게 됩니다.
이에 클레오파트라는 자신때문이라 생각해 시녀를 통해 자신이 죽었다고 안토니우스에게 전갈을 보내고
안토니우스는 자살을 하게 됩니다. 이 소식을 들은 클레오파트라 역시 뱀독으로 자살을 하구요
악티움해전중 클레오파트라가 왜 먼저 떠났는가는 개인적으로 참 궁금합니다.

로마는 이 정도면 성경을 읽는 배경으로는 충분할 것 같습니다.
최종적으로 2기 삼두정치의 승자는 옥타비아누스(아우구스투스)입니다.
신약으로 연결합니다.

[눅2:1] 그 때에 가이사 아구스도가 영을 내려 천하로 다 호적하라 하였으니

호적을 하러 유대를 향하여 올라가는 길에 베들레헴에서 예수님이 나시지요.
이때 호적령을 내린 가이사 아구스도가 옥타비아누스(아우구스투스)입니다.

이제 헤롯가문을 살펴보도록 하겠습니다.
앞에 유다 마카비혁명의 하스몬가문 족보에서 잠깐 연결했던 헤롯가문의 족보입니다.
헤롯가문 족보를 이해하면 세례요한의 죽음등 여러가지가 입체적으로 다가옵니다.

# 신구약 중간사 - 헤롯가문족보

## ▷ 헤롯가문 족보

이두매인이었던 헤롯 안티파터(안티파테르)는 유다 마카비혁명이후 요한 힐카누스 2세를 지지하며 등장하기 시작했지요?

왜 중간사를 언급하면서 헤롯가문을 주의 깊게 보셔야 하는지 이제 본격적으로 드러납니다.

※ 헤롯가문

이두매(에돔)인으로 늘 혈통에 대한 열등감을 가지고 있었기에, 헤롯대왕은 <u>하스몬혈통의 두 번째 부인(마리암네)을 맞아 혈통에 대한 열등감을 극복하려 합니다.</u> 이 때문에 유다 마카비혁명의 하스몬가문과 연결됩니다.

유대인들의 심기를 건드리지 않기 위해 예루살렘성전을 확장 증축하는등의 행위도 연결이 되지요.

※ 하스몬가문(마카비혁명을 주도한 유다 마카비 가문)

예수님 시대에도 권위있는 정통가문으로 인정받은 가문으로 유대인들의 선망이 높았습니다.

하누카(수전절)을 성전정화를 기념하여 절기로 지키는 것으로 살짝 느낌이 옵니다.

시몬의 아들 요한 힐카누스가 대제사장이며 통치자로 오르게 되느데 여기서부터는 하스몬왕조라고 불립니다.

일단 헤롯가문의 족보를 그려보고 이어가도록 하겠습니다.

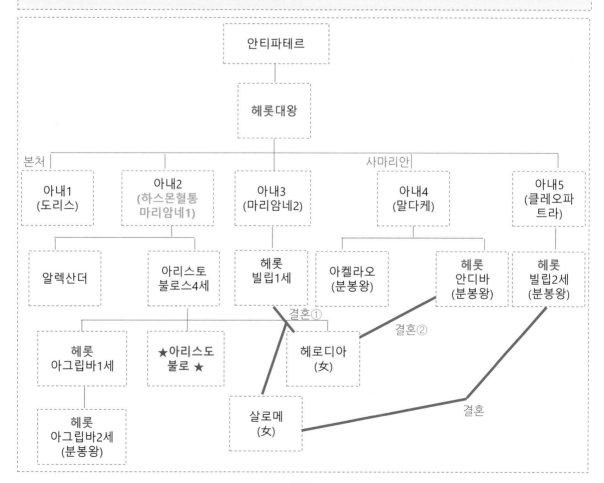

※ 헤롯대왕 : <u>로마로부터 최초로 "유대인의 왕"으로 인정받은 인물입니다.</u>(베들레헴 영아학살)

※ 마리암네 : 하스몬 가문입니다. 이두매출신으로 열등감을 가진 헤롯이 이를 극복하기 위해 결혼합니다.

※ 말다케 : 사마리안출신으로 자신의 아들들에게 권력을 주기 위해 마리암네의 아들들을 죽게 합니다.


※ 헤롯빌립1세 : **하스몬 혈통 헤로디아의 첫번째 남편입니다.**어떤 이유인지 분봉왕도 차지하지 못합니다.

※ 헤로디아 : 헤로디아는 권력욕이 꽤나 강했던 것 같습니다. 자신의 남편인 헤롯빌립 1세가 분봉왕조차도
차지하지 못하자 남편과 결혼을 파기하고 헤롯 안디바와 결혼을 합니다. 헤롯 안디바에서 조금 더 설명합니다.


※ 아켈라오 : 예루살렘을 포함한 유대지역 분봉왕으로 헤롯대왕에게 가장 총애받습니다.
"유대인의 왕"이되기 위해 로마로 찾아가지만 분봉왕에 그치게 되며 잔인한 성품으로 유대인 학살하고 이로 인한
원성이 로마황제에게 까지 전해져 결국 쫓겨나게 되는 인물입니다. 로마는 그 자리에 로마총독을 파견하게 됩니다.
예수님 시절 파견된 총독이 우리가 잘 아는 **본디오빌라도**입니다.

※ 헤롯 안디바 : 갈릴리지역을 다스리던 분봉왕으로 아켈라오와 마찬가지로 "유대인의 왕"이 되고자하는 욕망이
있었습니다. 그렇기에 하스몬혈통의 헤로디아와 **부정한 결혼**을 하는데 **이를 세례요한이 책망**을 하자 무리가
두려워 죽이지는 못하고 옥에 가두게 됩니다
헤롯 안디바의 생일에 부인 헤로디아는 딸 살로메를 시켜 세례요한의 머리를 요구하라고 하며 헤롯안디바의 명에
의해 세례요한은 머리가 잘려 죽게 됩니다(마14장) . 즉, **세례요한의 머리를 잘라 죽인 인물이 헤롯안디바입니다.**

※ 살로메 : 살로메는 헤롯 빌립1세와 헤로디아 사이의 딸입니다.

※ 헤롯 아그립바 : 로마유학파로 <u>로마 황제와의 친분으로 "유대인의 왕"이란 칭호를 얻은 두 번째</u>
<u>인물입니다.</u>유대로 돌아와서 분봉왕들 및 헤로디아의 영토를 몰수하고 추방합니다. 사도행전에 그의 죽음에 대해
언급된 구절이 있습니다.
[행12:23] 헤롯이 영광을 하나님께로 돌리지 아니하므로 주의 사자가 곧 치니 벌레에게 먹혀 죽으니라
**헤롯 아그립바가 죽은 후 로마는 헤롯 아그립바2세가 예전 분봉왕으로 다스리게 합니다.**

※ 아리스도불로 : 헤롯 아그립바처럼 로마 유학파입니다. 헤롯 아그립바는 유대로 돌아와 유대인의 왕노릇을 하며
권력을 탐한 모습입니다. 하지만 동일하게 하스몬혈통의 유학파임에도 귀국을 선택하지 않습니다.
헤롯 아그립바가 3대황제 가이우스 칼리굴라와 친분이 있었다면 아리스도불로는 4대황제인 클라우디우스황제와
인맥이 있었다고 전해집니다.
조건도 헤롯 아그립바와 거의 동일한 조건이기에 형인 헤롯 아그립바가 유대인의 왕이 된지 3년만에 죽고 조카가
분봉왕에 그치는 상황에 온 유대인이 주목한 인물이겠지요? 아마도 귀국을 하면 모든 권력을 가졌으리라
생각됩니다.
하지만 아리스도불로는 귀국을 선택하지 않습니다.
권력을 잡기 위해서는 "로마황제를 주로 시인하는 과정(로마제국의 하수인이 되는 것)이 필요"했기 때문입니다.
<u>**즉, 예수님을 주로 시인하기 위해 로마황제를 주로 시인하는 것을 포기한 거룩한 선택을 한 인물이 아리스도불로**</u>
<u>**입니다. 가족들도 같은 결정을 합니다.**</u>
사도바울은 로마서에서 이런 아리스도불로와 그의 권속에게 문안인사를 합니다.
[롬16:10] 그리스도 안에서 인정함을 받은 아벨레에게 문안하라 <u>아리스도불로의 권속에게 문안하라</u>

헤롯가문의 통치구역입니다. 붉은 색 지역은 당시 로마가 직접 관리하던 지역입니다.
초기에는 위와 같았지만 앞에 말씀드린 것처럼 헤롯 아그립바 이후는 아켈라오 지역을 본디오빌라도가
관할하지요.

기본적인 지도와 분봉왕들의 통치지역도 이해하면 좀 더 쉽게 성경이 다가옵니다.

# 신구약 중간사 - 신약용어등 정리

신약에서는 구약성경에 보이지 않던 단어들이 나옵니다. 또한 성경에 언급은 없지만 엣세네파등도 이해하실 필요가 있습니다. 신약성경전 마지막 단계니 힘내시기 바랍니다.
서기관(서기관은 구약성경에 나옴), 사두개인, 바리새인, 엣세네파등을 정리해 보겠습니다.

## ▷ 서기관

서기관은 구약 사무엘하에서 처음 언급되며 이후로도 많이 나온답니다.
**[삼하8:11]** 아히둡의 아들 사독과 아비아달의 아들 아히멜렉은 제사장이 되고 스라야는 서기관이 되고
제사장과 같이 언급된 것에서 볼 수 있듯이 꽤나 높은 관리였습니다.
하지만 우리가 신약에서 바리새인과 같이 언급되며 임팩트가 너무 크기에, 신약시대 발생한
직업?분파?나쁜사람들?로 오해할 소지가 있습니다.
우리가 잘 아는 에스라서의 저자 에스라도 서기관이었습니다. 꼭 나쁜 사람들인 것만은 아니지요?ㅎㅎ
열왕기보다 역대기가 동일문장기준으로 문자수가 더 많은 것은 저자인 [서기관 에스라]가 당시 추가된 일부모음을
사용하여 역대기서를 썼기 때문입니다.


<<< 서기관 >>>
모세율법에 익숙하며 성경보존, 필사등 구약성경 보존에 큰 역할을 감당한 고위 관리직입니다.
당연히 히브리어에 능통한 사람들이구요.
포로기를 거치면서 포로귀환하지 않은 유대인들을 의미하는 디아스포라 뿐만 아니라, 유대인들조차 히브리어를
읽고 쓰지 못하는 상황이 발생합니다.
(히브리어가 자음만으로 구성된 언어로 사용을 하지 않으면 잊어버리기 딱 좋은 언어였기 때문이기도 합니다.)
이런 시대상황에서 당연히 서기관의 역할은 중요해졌겠지요?
서기관들은 주로 포로기 이후 학자,율법연구가등의 계급이었으며, 이후 시간이 지나면 서기관의 대부분은
율법주의를 따르는 바리새인을 구성하게 됩니다.

다시 시간이 흐르며 정통적인 율법연구와 성경보존등의 역할, 즉 하나님의 율법중심에서 인간의 전통(자신들의
생각)등을 추가하기 시작하고 하나님의 율법보다 인간의 전통을 더 중시하는 방향으로 전개되며 변질된 방향으로
가게 됩니다. 결국 신약시대에 이르러서 바리새인과 같이 언급되게 되구요..

많은 서기관들이 율법주의지파인 바리새파를 구성하게 되지만, 서기관과 바리새파가 정확히 동일한 것은
아닙니다.
신약에 나오는 사두개인/바리새인/서기관의 경우 이렇게 바라보면 생성순서가 다음과 같습니다.
서기관 > 바리새인 > 사두개인

사두개인들을 뒤로 놓은 이유는 ..
원래 아론계열, 사독의 직계후손만 대제사장이 가능하였는데..
성직을 매매하는 등의 시대상황에 대제사장과 제사장직을 차지하고 성전중심으로 권력을 잡기 시작한 이들이기
때문입니다.

바리새인은 앞 하스몬가문의 알렉산드라 살로메에서도 언급한 적이 있지요?
율법 연구에 빠져있던 알렉산드라 살로메 곁에서 실권을 쥔 분파요..

<<< 바리새인 >>>
회당중심, 율법주의자로 전통과 유전을 따르는 민족주의/보수주의적 성향의 분파입니다.
사후불멸이기는 하지만 윤회사상도 가지고 있습니다.
B.C.142년경 하스몬 혈통이 정권을 잡고 있을 때 요세푸스의 기록에서 처음 언급됩니다(하스몬왕이 왕과
대제사장직을 겸직하려고 하자, 그의 아내(알렉산드라 살로메)가 율법의 결함이 있다는 것을 지적하면서
대제사장직을 반대하는 일들이 바리새인들로부터 시작됩니다.
이런 이유로 이후 하스몬가문에서 배척당하고 박해를 당하기 시작하구요, 이들이 배척당한 자리에 사두개인들이
포진하기 시작합니다.

알렉산드라의 아들들이 권력승계로 다투는 과정에서 권력을 잡으려는 바리새인과 사두개인들 사이도 암투가
계속되지만 안티파테르가 권력을 잡으며 성전중심으로 사두개파, 민중속 바리새파로 나누어지게 됩니다.

실제 신약에서 안좋은 이미지로 많이 나오지만 (형식적?)율법에 대해서는 진심이었던 분파입니다.
예수님 탄생이야기에서 나오는 가이사 아구스도의 호구조사 명령에도 "우리 주인은 로마황제가 아니다"라며
거부하다 많은 이들이 처형되기도 했습니다.

이 이야기는 마가복음과 연결됩니다. 신약에 나오는 <u>달라진</u> 바리새인을 보겠습니다.
가이사에게 세금을 바치는 것이 옳은지를 묻는 바리새인에 대한 예수님의 답변입니다.
**[막12:16] 가져왔거늘 예수께서 이르시되 이 형상과 이 글이 누구의 것이냐 이르되 가이사의 것이니이다**
<u>예수님의 이 말씀은 한편으로는 바리새인들에게 너희의 주인은 누구인지를 물으시는 듯 합니다.</u>

사두개인은 성전을 중심으로 활동합니다.
사실 성전중심이라기 보다는 권력중심이라고 보는 것이 더 맞지 않을까 생각합니다.
원래 대제사장은 사독계열에서만 나왔습니다. 그런데 신구약 중간사기간 동안에 돈으로 사고 파는 "직업"이 되어
있습니다.

<<< 사두개인 >>>
사후소멸을 주장하며 천사와 영의 존재도 부정합니다.

**다음페이지에서는 성경에는 언급되지 않은 분파인 엣세네파를 살펴보겠습니다.**

유다 마카비혁명을 언급하면 마카비혁명을 도운 유대인들이 '경건한 사람들'이란 의미의 하시딤이었다고
말씀드렸습니다.
**안티오쿠스 4세의 성전을 더럽히는 사건에 저항**할 때 함께 했지만, 이후 하스몬왕조가 점점 변질되는 과정에서
하시딤그룹은 광야로 떠나가는 과정을 걷게 됩니다.

이들은 주로 광야에서 생활을 했고 1947년 봄 목동이 잃어버린 양을 찾으러 다니던 중, 짐승이 있는지를 확인하기
위해 동굴에 돌맹이를 던졌는데 질그릇이 깨지는 소리가 나서 확인하러 들어갑니다.
이 때 발견된 것이 사해사본, 쿰란사본이라고 불리는 성경입니다.(유일하게 1장부터 66장이 다 기록된
이사야서도 여기서 발견됩니다.)
사해사본이 발견된 쿰란동굴은 엣세네파의 거주지로 쿰란공동체를 이루며 살면서 남긴 엣세네파의 유산으로
생각되고 있습니다.
쿰란사해사본이 발견된 다음해인 1948년 5월 14일 이스라엘이 2천년의 시간을 넘어 건국됩니다.

<<< 엣세네파 >>>
사후불멸을 주장하며 금욕적인 삶을 추구하며 초대교회의 모델로도 생각하시는 분들이 많습니다.
자신의 재산을 입교시 종파조직에 양도하는 규정이 있었고, 기도문을 읽으며 아침을 시작합니다.
정결하게 한 후 식당을 가는 모습은 현대 유대인들의 청결과도 연결됩니다.
정화의 의미로 침례의식을 진행합니다.
한편으로는 신약성경의 침례(세례)요한의 모습도 떠오릅니다.

# 신구약 중간사 - 신약시대 화폐단위

신약성경을 읽으며 감이 안잡히는 것이 화폐단위입니다.
보통 주일학교등에서 달란트등은 많이 사용을 하지요? 그런데 화폐단위를 계산하면 깜짝 놀라게 됩니다.

말씀드리기 전에 한가지 분명히 해 둘 부분이 있습니다.
예수님의 공생애를 주후30년정도까지로 보면 당시 시대는 우리나라 기준으로는 마한,진한,변한시대입니다.
우리가 당시의 돈을 발견한다고 정확한 가치를 알 수 있을까요?
단지 보통 인정되고 있는 정도로만 언급하는 것이라는 것을 말씀드립니다.

제일 기본이 되는 화폐단위가 <u>데나리온</u>입니다.
그리스지역에서는 <u>드라크마</u>라는 단위를 사용했는데 화폐가치로 동일하다고 보시면 얼추 맞습니다.

※ 데나리온 : 노동자의 하루 품삯 정도의 금액입니다. 현재 기준 알바비 생각해도 약10만원은 되겠지요?

※ 므나 : 데나리온의 100배정도의 가치입니다. 약1,000만원입니다.

※ 달란트 : 약10억원정도의 금액입니다. 주일학교에서 볼펜 하나에 몇 달란트 하던 거 어릴때 기억이 있는데 제가 <u>어릴때 겁나 많이 비싼 돈을 주고 산 것 같습니다. 이런 걸 '눈탱이'라고 하나요?</u>ㅎㅎ

※ 앗사리온 : 약 1만원 정도의 금액입니다.

※ 고드란트 : 약 2,500원 정도의 금액입니다.

※ 렙돈 : 성경의 두 렙돈 과부 기억하시지요? 고드란트의 절반의 가치니 약 1,250원 정도의 가치입니다.
이 과부의 전 재산은 두 렙돈, 2500원입니다. 당시 제일 싼 비둘기의 가격도 약 8만원 정도의 가치였다고 하니 이 과부는 속죄제를 드릴 돈도 안되었다는 겁니다. 돈에 눈 먼 이들이 어떤 행동을 하고 있었는지가 보이는 것 같습니다.

당시 성전에서 통용되는 단위는 세겔이었습니다.
사실 세겔의 경우는 제가 (호3:2) 내가 은 열 다섯개와 보리 한 호멜 반으로 나를 위하여 저를 사고 라는 구절 때문에 열심히 비교해 보았는데 사실 세겔의 가치는 어떤 공식적?인 것은 없어 보입니다.
<u>제가 말씀드리려는 것은 조금 다른 이야기입니다.</u>
당시 성전에서 받던 세겔은 두로에서 주조된 세겔이었습니다. 쿰란동굴에서 발견된 세겔도 두로 세겔이었습니다.
로마에서 두로세겔 주조를 금지하였지만 성전에서는 계속 사용됩니다. 두로세겔에는 <u>페니키아신의 형상이</u> 들어가 있습니다. 이 세겔을 성전에서 성전세를 받는 세겔로 계속 사용했다는 점입니다.
왜일까요? 당시 두로세겔이 당시 은 함량이 제일 높고 정확했다고 합니다.
예수님도 베드로와 함께 물고기에서 얻은 한 세겔을 성전세로 내시지요. 이때도 두로세겔입니다.
<u>성전세조차도 우상이 그려진 화폐를 사용한다. 은의 함유량이 제일 높고 정확하기에..</u>
<u>당시 성전을 장악한 무리들은 성전을 "강도의 소굴"로 만드는 "강도들"이었습니다.</u>

# 신구약 중간사를 마치며 - 유대전쟁

이제 신구약 중간사를 마치고 신약성경을 읽으시면 되는데요.
신약성경은 역사서로 바라볼 부분은 사도행전이 유일합니다. 서신서를 연결하는 것이 주된 작업입니다.
그렇기에 지금까지의 흐름을 이어가는 의미에서 유대전쟁 이야기를 하고 마무리하려고 합니다.
사실 유대전쟁은 주후 66~70년에 일어난 사건이기에 예수님 이후의 사건입니다.
하지만 사복음서의 기록시기가 주후55년부터 90년경이기에 이 부분을 이해하는지에 따라 성경을 바라보는
시각이 좀 달라지기에 한번 적어보도록 하겠습니다.

앞에서 살펴본 마카비전쟁과 유대전쟁은 전혀 다릅니다.
마카비전쟁은 주전 168년경 셀레우커스 안티오쿠스 4세의 성전을 더럽힌 일로 발생한 사건이고, 유대전쟁은
주후66~70년에 일어난 사건으로 로마에서 파견된 총독 플로루스에 대항한 전쟁입니다.
유대전쟁이후 약 4년간 유대는 평화를 회복합니다.

그런데 이 부분에서 생각해 보실 부분이 있습니다.
당시 최대의 제국을 이루고 있던 로마가 유대전쟁을 막을 힘이 없었을까요? 아닙니다.

유대전쟁이 일어나자 총사령관 "베스파시안"과 그의 아들 "티투스"는 예루살렘으로 향합니다.
그런데 이 시점에서 **로마의 네로황제가 죽는 사건이 일어납니다.**
네로황제의 죽음이후 로마는 또 한번 권력다툼 속으로 들어갑니다.

이 과정에서 총사령관 "베스파시안"이 로마로 다시 향하여 무력 진압을 하며 로마 황제에 오르게 됩니다.
이후, 그의 아들인 "티투스"는 예루살렘으로 진격해 성전을 파괴하고, 유대인들을 학살하고 포로로 끌고가게
됩니다.
이게 주후 70년입니다.

이렇게 이스라엘이라는 나라는 역사속으로 사라집니다.
당시 시대가 우리나라로 치면 가야의 건국정도의 시기가 됩니다.
이때 사라진 이스라엘이 1948년 5월 14일 다시 건국되는 놀라운 일이 실제 발생합니다.
은혜라고 밖에 할 수 없는 일입니다.

이제 신약성경을 갑니다. 그런데 한가지 기억하실 부분이 있어요.
이 페이지 즉, 유대전쟁은 신구약중간사가 아닙니다. 예수님이후 최종적으로 이스라엘이 멸망하는 이야기입니다.
네로황제의 기독교박해 무렵 베드로와 바울이 순교했다고 알려져 있는데, 이걸 생각해보면 베드로와 바울이
순교하고 난 후 예루살렘이 무너지게 되는 것입니다.
베드로는 주후 65년경, 바울은 주후 67~68년경으로 봅니다.

주후 66년 발생한 유대전쟁, 예루살렘성의 함락이 주후 70년이니 이 무렵에 순교하지요.
그럼 바울서신과 베드로전후서등의 기록시기를 생각해보시고.. 또한 아! 예수님 십자가사건이후부터 유대전쟁이
발생하기 전에 전도여행들을 다닌 것이니까 그런 느낌으로 묵상해야겠다는 느낌을 가지셔야 합니다.

| # | 인물 | 사건 | 지역 |
|---|------|------|------|
| 1 | 베드로(Petros) | 로마에서 복음을 전하다가 네로황제의 박해 당시 순교한다<br>자신이 감히 예수 그리스도와 같은 죽음을 할 수 없다고 십자가에 거꾸로 매달려 처형 됨 | 로마 |
| 2 | 안드레(Andreas) | 아가야(그리스지역)에서 X자형의 십자가에 못 박혀 순교한다 | 아가야<br>(그리스) |
| 3 | 야고보(James,<br>세베대의 아들) | 스데반 죽고 10년도 안되서 헤롯 아그립바가 유대총독이 되고 유대인의 환심을 얻기위해 돌로 치고 목베어 죽임<br>최초 순교자 | 갈릴리 |
| 4 | 요한(Ioannes,<br>세베대의 아들) | "사랑받는 제자", 에베소에 있을 때 도미시안 황제가 로마로 송환후 기름 솥에 던지나 기적적으로 살아나게 된다.<br>이후 밧모섬으로 추방되고 밧모섬에서 요한계시록을 기록(요한복음/요한1,2,3)<br>사도중 유일한 자연사 | 로마 |
| 5 | 마태(Maththaios) | 태국 파티아와 에디오피아에 복음 전하던 중 에티오피아에서 미늘 창(끝이 세 가닥으로 갈라진 도끼)에 찔려 순교 | 에티오피아 |
| 6 | 빌립(Philippos) | 아시아에서 주로 사역하가가 채찍에 맞고 투옥된 후 십자가에서 처형됨 | 터키 |
| 7 | 바돌로매<br>(Bartholomew) | 여러 이방나라들에 복음을 전하던 중 이방왕에 의해 산 채로 살가죽이 벗겨진후 십자가에서 처형(=나다니엘) | 아르메니아 |
| 8 | 도마(Thomas) | 인도에서 전도중 창으로 몸이 관통되어 죽음(=디두모[요11:16]) | 인도 |
| 9 | 야고보(James,<br>알패오의 아들) | 시리아와 예루살렘에서 전도 돌로치고 안죽자 톱으로 켜서 죽였고 지금은 로마로 옮겨져 그곳에 잠들어 있음 | 예루살렘 |
| 10 | 다대오(Thaddaios,<br>알패오의 아들) | 앗수르와 바사(페르시아) 지역에서 전도중 십자가 순교<br>유다(Jude)이지만 다대오로 많이 불림 | 앗수르,<br>바사 |
| 11 | 시몬(Simon) | 아프리카,영국등에서 전도 / 전도중 십자가형으로 순교, 열심당원 | 영국 |
| 12 | 가룟유다<br>(Judas Iscariot) | 마태복음 : 목 메어 자살(마27:5) / 사도행전 : 몸이 곤두박질하여 배가 터져 창자가 나옴(행1:18) | |
| 13 | 맛디아<br>(Maththias) | 터키등에서 복음을 전하다 예루살렘으로 돌아와 돌에 맞아 죽음 | 예루살렘 |
| 14 | 바울(Paul) | 네로황제의 박해 당시 칼에 목이 베어 순교 | 로마 |
| 15 | 누가(Luke) | 여러 나라 전도중 그리스에서 우상숭배자들에 의해 올리브 나무에 목이 매달려 순교 | 그리스 |
| 16 | 마가(Mark) | 알렉산드리아에서 가축 목줄처럼 하여 끌고 다니는 등으로 비참하게 순교 | 이집트 |

# 신약성경 개요

신약성경의 경우는 구약성경처럼 복잡한 역사가 많은 편은 아닙니다.

처음에 사복음서와 사도행전, 그리고 사도행전의 사도바울의 선교여행지를 중심으로 한 바울서신 13권, 그리고 공동서신서 8권, 마지막이 요한계시록입니다.이중 요한계시록은 이미 책의 처음에 말씀드렸습니다.

※ 성경의 순서대로 분류

마태복음 - 세리 마태의 기록
마가복음 - 바나바 생질로 1차전도여행시 중도에서
돌아옴
누가복음 - 유일한 이방인 성경저자로 사도행전도 기록

공관복음 3권

요한복음 - 가능한 공관복음에 없는 내용을 기록 함
사도행전 - 누가(2차전도여행시 드로아 (=트로이)에서 합류)

로마서 - 지역명
고린도전서 - 지역명
고린도후서 - 지역명
갈라디아서 - 지역명
에베소서 - 지역명
빌립보서 - 지역명
골로새서 - 지역명
데살로니가전서 - 지역명
데살로니가후서 - 지역명
디모데전서 - 인명
디모데후서 - 인명
디도서 - 인명
빌레몬서 - 인명(골로새교회 지도자 빌레몬에게
오네시모 용서부탁)

바울서신 13권

히브리서 - 미상,바울?
야고보서 - 예수님 친동생으로 예루살렘 총회등
초대교회 지도자
베드로전서
베드로후서
요한일서
요한이서
요한삼서
유다서 - 예수님 친동생

공동서신 8권

요한계시록 - 밧모섬 유배시 환상을 기록

※ 바울서신서 시간대별 정리

**바울은 3차선교여행을 마친후 가이샤라2년투옥되고 로마로 압송되어 2년간 1차구금됩니다.**

**풀려난 이후 4차선교여행을 가고 로마2차구금된 후 순교합니다.**

# 바울서신(13권)

| 사도행전 (6권) | 데살로니가전서(2차) |
| --- | --- |
| | 데살로니가후서(2차) |
| | 갈라디아서(1차or2차) |
| | 고린도전서(3차) |
| | 고린도후서(3차) |
| | 로마서(3차 마지막) |
| 로마1차구금 (4권) | 골로새서(옥중서신) |
| | 빌레몬서 (옥중서신) |
| | 에베소서 (옥중서신) |
| | 빌립보서 (옥중서신) |
| 4차선교여행 (2권) | 디모데전서(목회서신) |
| | 디도서(목회서신) |
| 로마2차구금 (1권) | 디모데후서(목회서신 이자 옥중서신으로 바울의 마지막편지) |

# 사복음서

| 4복음서 | 특징 |
|---|---|
| **마태복음**<br>**저자** : 마태(=레위)<br>**연대** : 주후60~65년경<br>**독자층** : 유대인 | 1. 유대인들을 대상으로 하기에 아브라함부터의 족보로 시작하며 구약을 많이 인용하며 당시 유대인들이 익숙한 구약과 연결함으로 신약으로의 연착륙을 시도한다.<br>2. 마태의 직업이 세리이기에 화폐단위가 많이 나옵니다.<br>3. 메시아(=다윗의 자손)을 많이 사용합니다.<br>4. 사복음서중 '세리' 마태로 유일하게 표현합니다.<br>5. '천국/교회'라는 단어도 4복음서중 유일하게 나옵니다. |
| **마가복음**<br>**저자** : 마가 요한(열두 제자 아니지만 바울의 1차선교여행 동행)<br>**연대** : 주후55~65년경<br>**독자층** : 로마의 그리스도인 | 1. 사복음서중 가장 먼저 기록된 듯하며 마가복음이 가장 연대기적인 순서로 기록되어 있습니다.<br>2. 예수님의 가르침보다는 기적에 대한 기록이 많습니다.(사역중심)<br>3. 거의 모든 구절이 나머지 복음서에 인용되었습니다.<br>4. 마가복음은 베드로(=반석 / 게바,시몬)에게 전해 듣고 기록했다고 봅니다. |
| **누가복음**<br>**저자** : 누가(헬라인 의사로 신약성경 유일한 이방인,사도행전)<br>**연대** : 주후60년경<br>**독자층** : 이방인 데오빌로 1인 | 이방인 데오빌로를 대상으로 글이기에 누가복음의 족보는 마태복음과 달리 아브라함 위로 아담부터 시작되며, 누가복음의 누가는 예수님 사역을 직접 목격한 것이 아니기에 목격담의 정확한 전달에 중점을 두며 쓰여진 책입니다.<br>9~19장은 예수님이 예루살렘행을 결심하시고 도착까지의 여정으로 많은 분량을 차지하는 특징을 가지는데 예루살렘과 성전을 연결하며 성전과 성령을 강조합니다.<br><br>**누가복음과 사도행전의 독자는 데오빌로입니다.** 데오빌로는 '하나님의 친구', '하나님을 사랑하는 자'라는 의미를 가지며 본명인지 별명인지는 불확실하지만 각하라는 표현으로 보아 고위직이고 로마인으로 누가의 후견인이었을 것으로 봅니다.<br>**예수님 탄생에 대해 자세한 묘사를 하며, 예수님의 사역 중심으로 사도행전과 연결됩니다.** |
| **요한복음**<br>**저자** : 사도 요한(세베대의 아들, 예수님의 사역을 목격한 "사랑하는 제자" 요한 요한계시록, 요한1,2,3서)<br>**연대** : 주후85~90년경<br>**독자층** : 비그리스도인포함 ALL | "태초에 말씀이계시니라"로 시작하는 요한복음은 예수님의 족보나 탄생등에 대한 내용이 없습니다. 예수님이 하나님의 아들이심에 주요 메시지를 두며 태어나서 존재하게 되신 것이 아니라 영원한 존재이심을 강조하며 예수님이 그리스도이심을 믿어 영생에 이르게 하고저 하는 메시지를 전합니다.<br>"내가 그니라(I am)" "나는 ~이니" 라는 표현이 많이 등장합니다.<br>가나 혼인잔치에서 물이 포도주가 되는 등의 이적은 요한복음에서만 나오며, 요한복음은 공관복음과 많은 차이가 있습니다.<br>독자층이 비그리스도인도 대상인 ALL이듯이 예수님에 대해 **초신자분들이 처음에 읽으면 좋은 복음서**로 예수님 공생에 활동 중심입니다. |

# 전도여행 지역 익히기

사도바울의 전도여행을 보실 때 더베,루스드라등의 위치를 기억하시는 것 보다 중요한 부분이 있습니다.
지도에서 갈라디아가 어디인지, 마게도냐가 어디인지등에 대한 전체 지역에 대한 이해가 우선되어야 합니다.
전도여행지를 연결하는 것이 목적이 아니라 성경을 묵상하면서 어느지역쯤인지를 이해하는 것은 매우 중요한
부분이거든요.

일단 전체적인 지역의 명칭을 정리해 보았으니 확인하시고 넘어가시기 바랍니다.

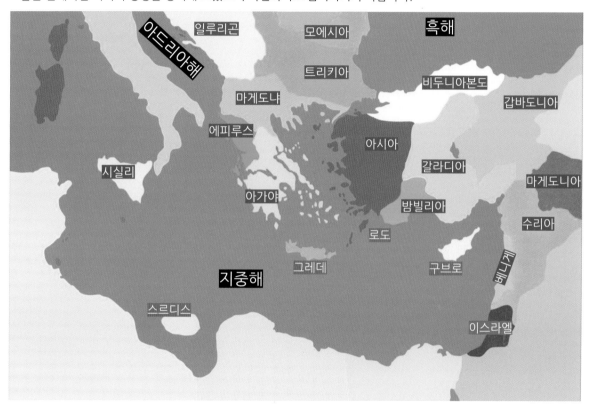

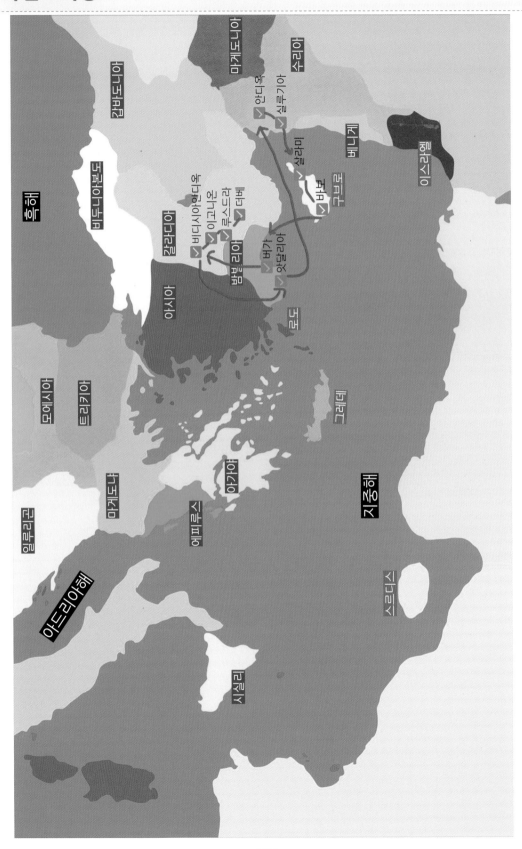

★**경로 : 안디옥** ▷ 실루기아 ▷살라미 ▷바보 ▷버가 ▷비디시아 안디옥 ▷이고니온 ▷루스드라 ▷더베
▷루스드라 ▷이고니온 ▷비디시아안디옥 ▷버가 ▷앗달리아 ▷**안디옥**

★ **1차전도여행 : 바나바,바울,마가(=요한)**
밤빌리아 버가에서 마가(=요한)이 예루살렘으로 돌아가고, 이로 인해 2차 전도여행시 바울과 바나바가 마가의
동행여부로 다투고 갈라져 감(행15:36~41)
안디옥교회에서 선교사로 안수받은 바울의 1차선교여행은, 리더가 바나바에서 바울로 변경됩니다.

★**주요지역 : 밤빌리아,갈라디아**(사실 갈라디아로 기억하세요)

★**주요사건 :** 1차전도여행중 가는길에 들른 루스드라에서 바울이 돌에 맞고 이런 상황에서도 바울은 돌아오는
길에 다시 들러 강건케 하는 모습(행14:22)

★**서신서 :** 서신서들은 다녀온 후, 안부나 문제해결등에 대한 부분이라 1차선교여행중에 서신서를 작성하지는
않습니다.

일반적으로 서신서중 데살로니가 전서를 첫번째 쓰여진 서신서로 봅니다.
그런데 1차 선교여행을 다녀온 후 예루살렘총회 무렵 갈라디아서를 작성했다는 견해도 있습니다.
당시 예루살렘 총회는 예수님의 동생 야고보가 중심인물입니다.
이 총회에서 "이방인들은 할례받을 필요는 없고 오직 예수그리스도를 믿으면 구원을 받는다"라고 공식화 합니다.

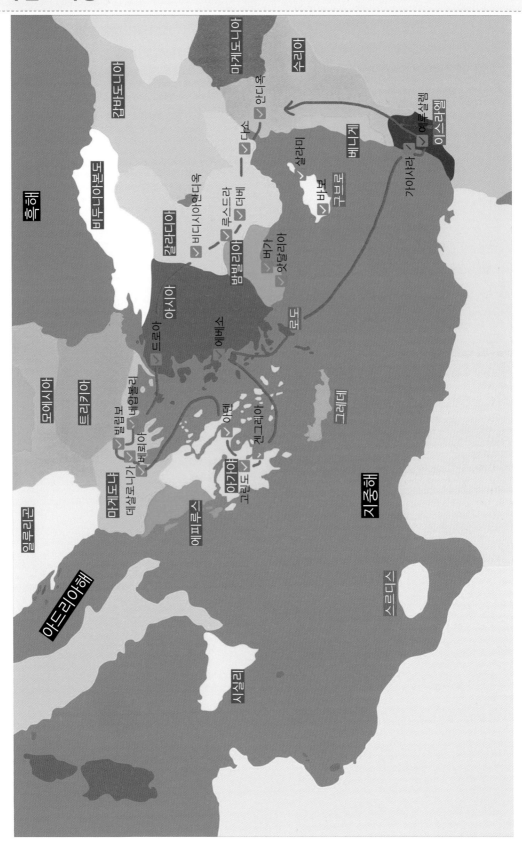

★경로 : **안디옥** ▷ 다소 ▷ 더베 ▷루스드라 ▷ 비디시아 안디옥 ▷ 드로아 ▷ 네압볼리 ▷ 빌립보 ▷ 데살로니가
▷ 베뢰아 ▷ 아덴 ▷ 고린도 ▷ 겐그레아 ▷ 에베소 ▷ 로도 ▷ 가이샤라 ▷ 예루살렘 ▷ **안디옥**

★ **2차전도여행** : 바울, 실라, 디모데(루스드라에서 합류), 누가(드로아에서 합류)
마가의 동반문제로 바나바와 결별후 실라,디모데,누가와 함께합니다.
초기에는는 실라와 두 명이 출발하게 되고 디모데는 루스드라에서,사도행전의 저자인 누가는 드로아에서
마게도냐인 환상 본 후 합류합니다.사도행전의 저자가 누가이기에 이시점부터 "우리"라는 1인칭이 등장합니다.


★**주요지역 : 거의 모든 지역**(마게도냐와 아가야지역 중심)

★**주요사건** : 원래 사도바울의 생각은 갈라디아지역을 거쳐서 소아시아의 주요도시였던 에베소가 목적이었습니다.
하지만 마게도냐인 환상을 보게하시면서 하나님은 유럽의 마게도냐와 아가야지역으로 이끄십니다.
하지만 돌아오는 길에 에베소를 들릅니다. 함께 한 브리스길라/아굴라부부를 목회하도록 하고 돌아옵니다.
이렇게 되면 3차선교여행의 중심지가 에베소가 될 것이라는 느낌이 드시지요?ㅎ

이렇게 바울의 생각과 달리 마게도냐로 넘어간 바울에 의해 **유럽 최초의 교회인 빌립보교회가** 탄생합니다.
이후 고린도에도 가서 말씀을 전하게 되는데 이 때 브리스길라 아굴라부부를 만납니다

★**서신서** : 베뢰아에서 바울은 아덴(아테네)로 가고 실라와 디모데가 남고 6개월 후에 다시 만나게 됩니다.
이때 데살로니가교회에 대한 소식을 듣게 되고 데살로니가전/후서를 작성합니다.
갈라디아서도 이때로 보기도 합니다.

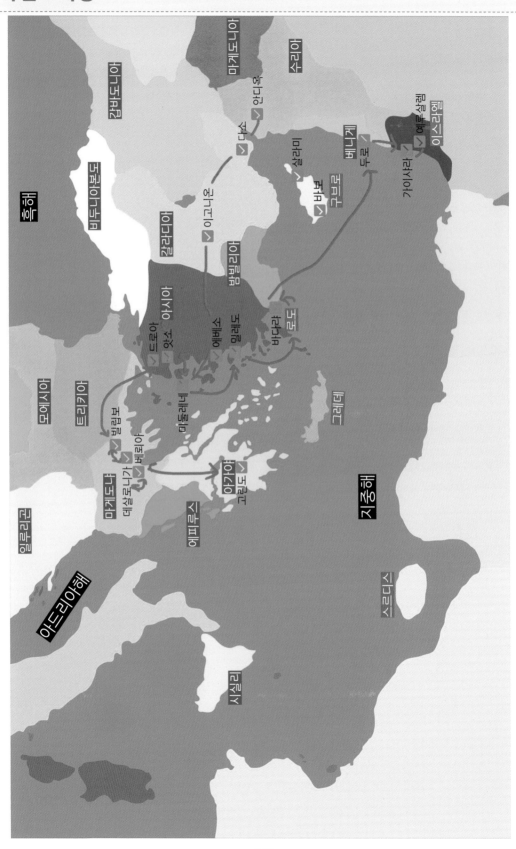

★경로 : 안디옥 ▷ 다소 ▷ 이고니온 ▷ 에베소 ▷ 미둘레네 ▷ 앗소 ▷ 드로아 ▷ 빌립보 ▷ 데살로니가 ▷ 베뢰아
▷ 고린도 ▷ 베뢰아 ▷ 데살로니가 ▷ 빌립보 ▷ 드로아 ▷ 앗소 ▷ 미둘레네 ▷ 밀레도 ▷ 로도 ▷ 바다랴 ▷ 두로
▷ 가이샤라 ▷ 예루살렘(체포당함,안디옥으로 못갑니다.)


★ 3차전도여행 : 2차전도여행에서 목표로 했던 소아시아의 수도인 에베소를 향한 여정입니다.
하지만 2차 전도여행지역도 들러 돌아옵니다.


★주요지역 : (에베소 중심)


★주요사건 : 에베소에서 3년여를 회당과 두란노서원에서 목회를 합니다.
이 때 고린도교회에서 대표단이 바울을 방문하는데 바울파,아볼로파,게바파등으로 나뉘어 있다는 소식을 듣게
됩니다.
이에 대한 회신이 고린도전서입니다. 에베소에서 작성됩니다.


이후 가짜 사도 논란이 불거지자 에베소에서 "눈물로 쓴 편지"를 디도를 통해 전달한 것으로 알려집니다.
에베소에서 발생한 폭동으로 떠나기도 하지만 고린도의 상황이 걱정된 바울은 디도를 만나기 위해 출발합니다.
[고후2:13] 드로아에 전도의 문이 열렸으나 "내가 내 형제 디도를 만나지 못함으로 내 심령이 편치 않아"
디도를 만나 고린도교회의 회개 소식을 듣고 기쁜 마음에 "위로를 받았다는 감사와 찬양"의 서신을 쓰는데 이것이
고린도후서입니다. 빌립보정도로 봅니다.
고린도전서와 고린도후서는 작성한 곳이 다릅니다.
이후 고린도에 3개월가량을 머물며 로마서를 작성합니다.


사도바울은 다음 목적지를 로마를 거쳐 땅끝으로 여겨지는 땅인 스페인(서바나)를 목표로 하고 있었습니다.
하지만 로마로 오기는 하지만 체포되어서 오게 되지요.


예루살렘으로 돌아와 안디옥을 가지 못하고 체포됩니다.

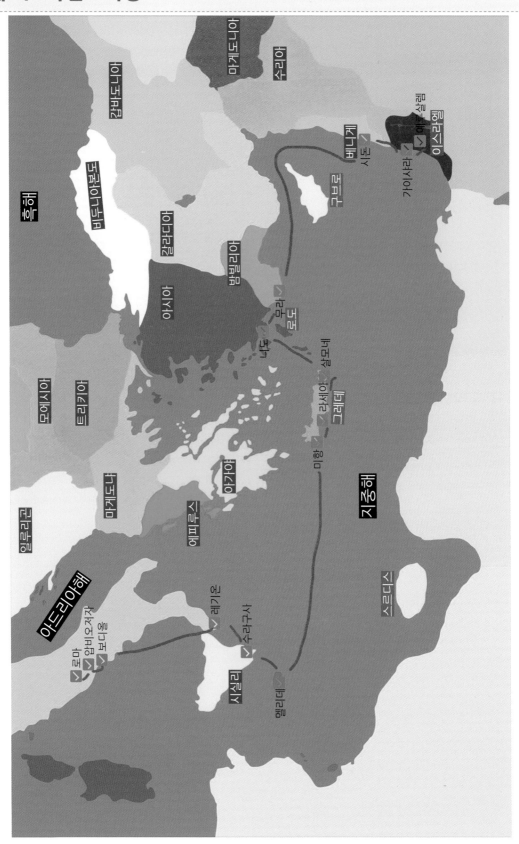

마게도니아

수리아

갑바도기아

해론 살렘
예루살렘

베니게
시돈

가이사랴

구브로

흑해

드로아데아

본도

갈라디아

아시아

밤빌리아

무라
루드

미시아

밀레도

삼모드라게
그레데

드라기아

아가야

지중해

일루리곤

에피루스

마게도냐

레기온

수라구사

스르디스

아드리아해

암비오라자
보디올로

로마

헬리데

시실리

290

★**경로 : 예루살렘** ▷가이샤라(2년) ▷시돈 ▷무라 ▷니도 ▷살모네 ▷라세아 ▷미항 ▷멜리데 ▷수라구사 ▷레기온 ▷보디올 ▷압비오저자(광장) ▷삼관 ▷**로마**

★**주요사건 :** 예루살렘에서 체포된 바울은 가이샤라에 2년간 투옥됩니다.
이후 로마시민임을 주장한 바울은 로마행을 원하게 되고 로마로 압송됩니다.
로마에서도 다시 2년간 1차 구금되게 됩니다.
이렇게 사도행전이 마치지만 로마에 1차 구금당시 서신이 있습니다.
골로새서 : 골로새교회 지도자 빌레몬에게 쓴 서신
빌레몬서 : 오네시모의 용서를 바란다는 내용으로 <u>골로새서와 빌레몬서는 모두 골로새교회의 빌레몬에게 쓴</u>
<u>서신입니다.</u>

빌립보서 : 이후의 시간으로 명확하지는 않은 듯 합니다.

로마에 1차구금 2년을 보내고 풀려난 바울은 디모데, 디도와 함께 사역을 합니다.
이때 디모데를 에베소에 목회하도록 보내고, 디도는 그레데섬으로 보냅니다.
이 두명에게 쓴 서신이 디모데전서와 디도서입니다.

내용상 디모데후서는 이후 2차구금당시 쓴 서신으로 봅니다. 추위에 겉옷과 성경을 가져다달라고 디모데에게
전하는 서신입니다.

원래 신약성경도 구약성경처럼 구절구절등을 좀 더 자세하게 정리할 생각이었으나, 생각보다 분량이 꽤나 많아지기도 하였고, 신약성경을 하게 될 지 아니면 시편을 하게 될 지에 대해서 좀 시간을 가질 필요가 있다는 생각이 들어 이쯤에서 마무리할까 합니다.

아무래도 신약성경의 경우는 많은 분들의 설교도 있고 내용도 구약성경처럼 배경에 대한 많은 지식이 필요한 부분이 아니기에 또 마음을 주시면 그때 한번 정리해 보려고 합니다.

생각보다 길어진 책의 두께에 좀 부담은 가지만..
개인적으로 목회자가 아니기에 평신도의 입장에서 어려울 수 있는 부분에 대해서는 가능한 많은 이야기를 적으려고 했습니다.
제가 고생한 길을 똑같이 걸으실 필요는 없으니까요.
이 책을 읽는 분들의 가정에도 하나님의 축복이 넘치시길 기도합니다.

마지막 부록은 필요할 때 찾아보기 쉽도록 지도와 족보등을 별도로 다시 엮었습니다.

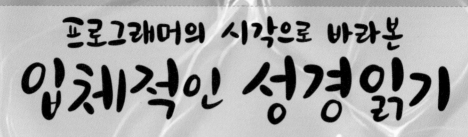

프로그래머의 시각으로 바라본
# 입체적인 성경읽기

## 5부 부록

# 창세기 족보

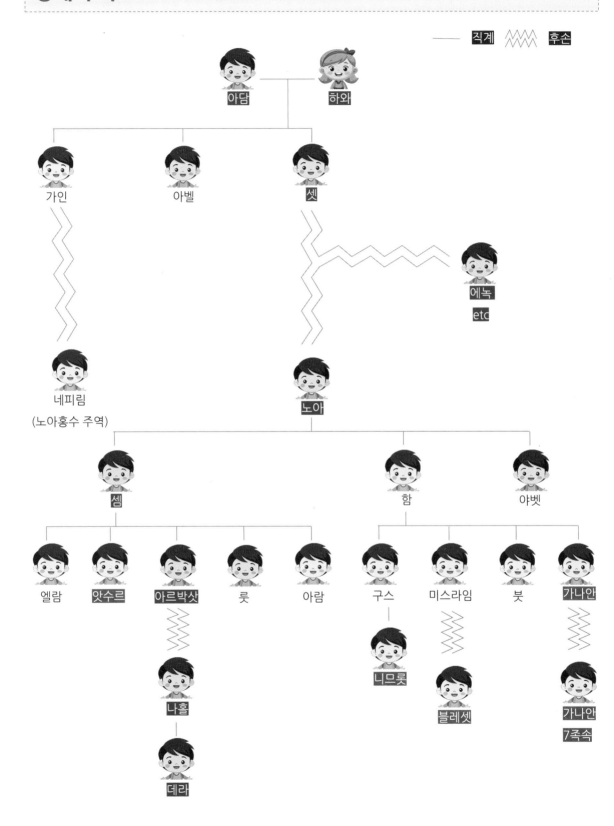

직계 | 후손

아담 — 하와

가인 · 아벨 · 셋

에녹 etc

네피림
(노아홍수 주역)

노아

셈 · 함 · 야벳

엘람 · 앗수르 · 아르박삿 · 룻 · 아람

구스 · 미스라임 · 붓 · 가나안

나홀

데라

니므롯

블레셋

가나안
7족속

294

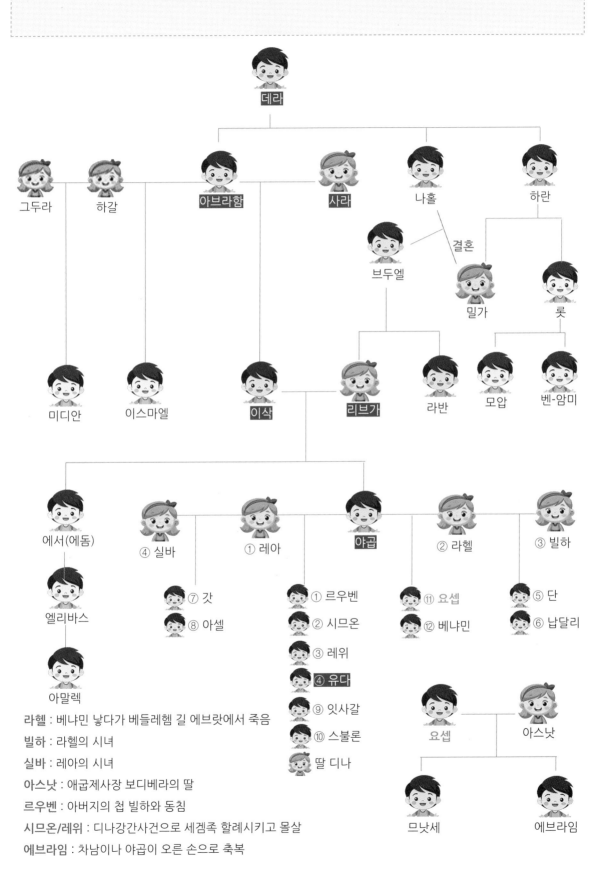

데라

그두라 ─ 하갈 ─ 아브라함 ─ 사라    나홀    하란

브두엘 ─ 결혼 ─ 밀가    롯

미디안    이스마엘    이삭 ─ 리브가    라반    모압    벤-암미

에서(에돔)    ④ 실바    ① 레아    야곱    ② 라헬    ③ 빌하

엘리바스    ⑦ 갓    ① 르우벤    ⑪ 요셉    ⑤ 단

아말렉    ⑧ 아셀    ② 시므온    ⑫ 베냐민    ⑥ 납달리

③ 레위

④ 유다

⑨ 잇사갈

⑩ 스불론

딸 디나

요셉 ─ 아스낫

므낫세    에브라임

**라헬** : 베냐민 낳다가 베들레헴 길 에브랏에서 죽음

**빌하** : 라헬의 시녀

**실바** : 레아의 시녀

**아스낫** : 애굽제사장 보디베라의 딸

**르우벤** : 아버지의 첩 빌하와 동침

**시므온/레위** : 디나강간사건으로 세겜족 할례시키고 몰살

**에브라임** : 차남이나 야곱이 오른 손으로 축복

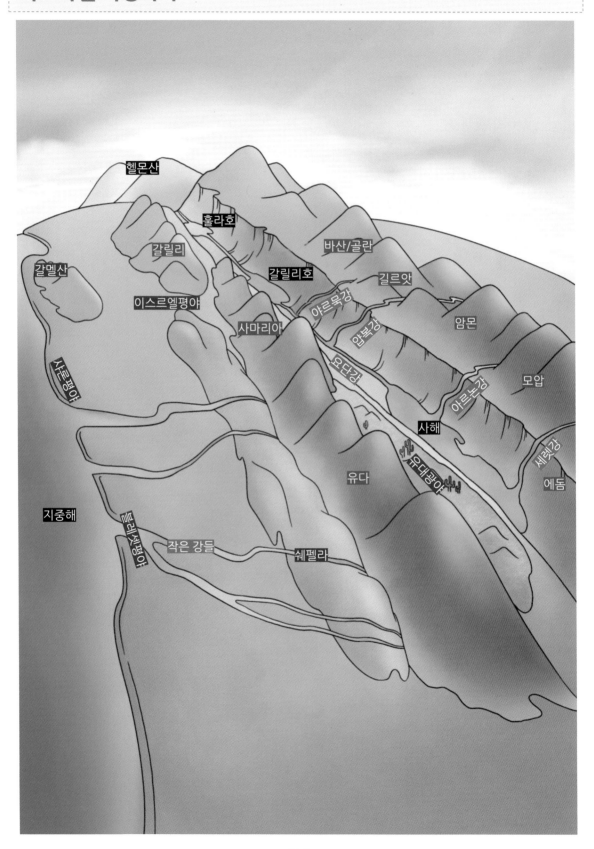

# 여호수아 12지파 땅분배

아람

지중해

⑧ 아셀  ⑥ 납달리

훌라호

므낫세(⑪-1-1)

갈릴리호수

⑩ 스블론

아르묵강

⑨ 잇사갈

요단강

므낫세(⑪-1-2)

얍복강

에브라임(⑪-2)

⑦ 갓

암몬

벧엘

⑤ 단  ⑫ 베냐민

예루살렘

① 르우벤

④ 유다

사해

아르논강

모압

② 시므온

세렛강

에돔

이스라엘 주요지명

지중해

●다마스커스
(=다메섹)

아람

●시돈

페니키아

●두로

갈릴리

▲헬몬산
텔단● ●가이샤라빌립보

●악십

●악고

●악삽

▲갈멜산

기손강

●돌

●므깃도

샤론평야

●가이샤라

가나●

●나사렛

나인●
수넴●

사마리아

사마리아●

욥바●

●에벤에셀

●수가

▲에발산
●세겜

▲그리심산

●실로

훌라호

하솔●
고라신●
가버나움●
게네사렛●
막달라● ●벳세다
●갈릴리호수
디베랴●

바산/골란

●아스다롯

▲다볼산(변화산)
이스르엘평야

아르묵강

길르앗

●길르앗라못
길르앗야베스●
●가다라

●거라사

브누엘(브니엘)● ●마나하임

숙곳●
얍복강

●랍바(암몬)

벧엘●
●아이

미스바●
기브온●

엠마오●
●벧세메스

예루살렘● ●감람산
●베다니
베들레헴●

●아스돗

가드●

●아스글론

블레셋평야
라기스●

●가사

그랄●●시글락

유다

막벨라●
●헤브론

●브엘세바

길갈●
●여리고

쿰란●

엔게디●

마사다●

소돔●
고모라●

●브엘라헤로이

바란광야

아라바

아말렉

가데스바네아

요단강

●베다니
●싯딤
●헤스본

▲느보산
●벧여시못

암몬

●아다롯
●디본

아르논강

모압

●이예아바림
소알● 세렛강

염해

에돔

미디안

# 구약시대 지도

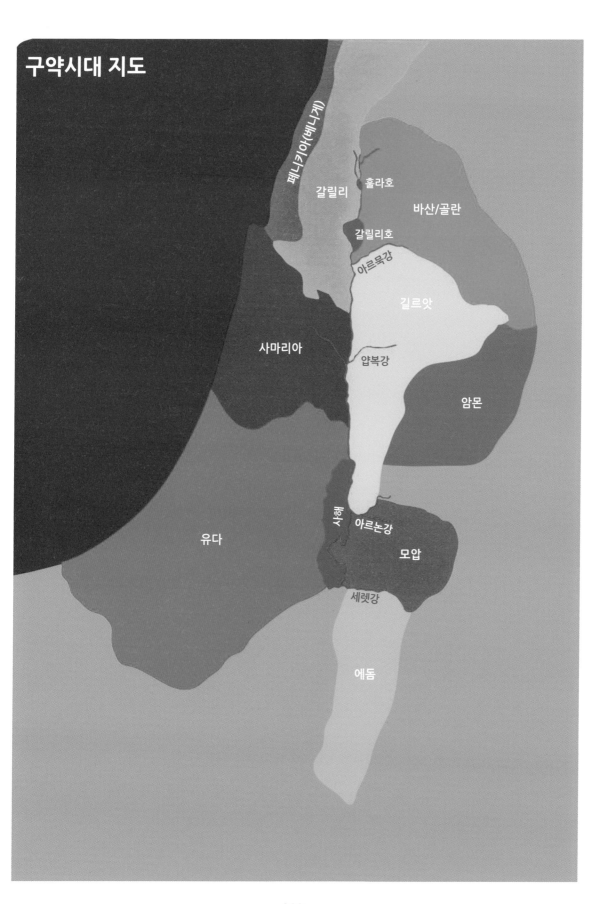

페니키아(두로)

갈릴리

훌라호

바산/골란

갈릴리호

아르묵강

길르앗

사마리아

얍복강

암몬

유다

사해

아르논강

모압

세렛강

에돔

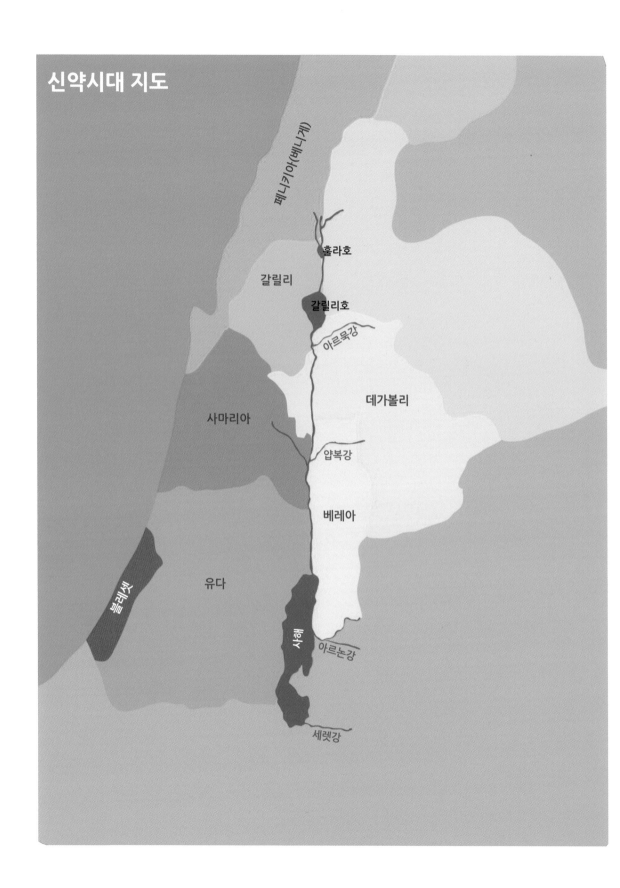

신약시대 지도

페니키아(베니게)

훌라호

갈릴리

갈릴리호

아르묵강

데가볼리

얍복강

베레아

사마리아

유다

지중해

요단

아르논강

세렛강

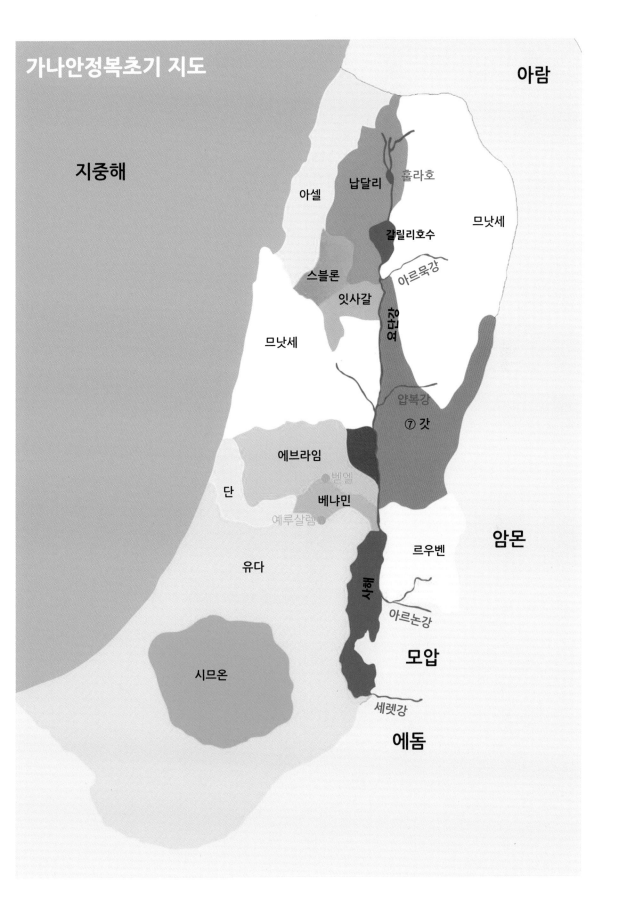

가나안정복초기 지도

아람

지중해

아셀

납달리

훌라호

므낫세

갈릴리호수

아르묵강

스블론

잇사갈

요단강

므낫세

얍복강

⑦ 갓

에브라임

벧엘

단

베냐민

예루살렘

르우벤

암몬

유다

사해

아르논강

모압

시므온

세렛강

에돔

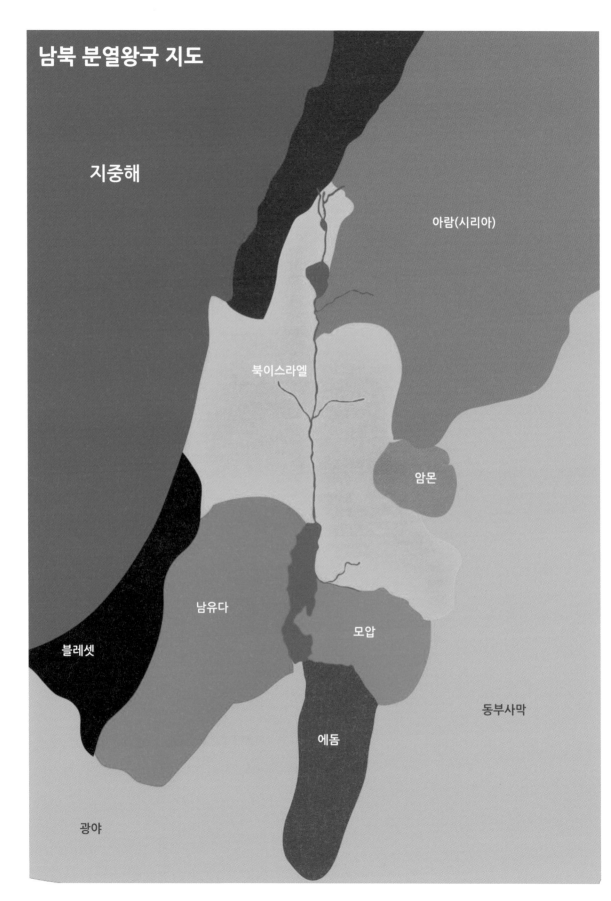

남북 분열왕국 지도

지중해

아람(시리아)

북이스라엘

암몬

남유다

모압

블레셋

에돔

동부사막

광야

# 남북왕조 멸망기 앗수르(앗시리아)왕조표

| 북이스라엘 | 남유다 | 앗시리아(앗수르) 왕조표 | |
|---|---|---|---|
| | | 앗수르 단2세 | **※ 앗수르 초기왕조**<br>북이스라엘 여로보암2세와 남유다 웃시야왕때는 거의 솔로몬제국의 영토에 육박할 만큼 번영기였죠?<br><br>신흥국가로 성장중인 앗수르이지만 아직 세력이 미미하기에 굳이 암기할 필요는 없습니다.<br><br>앗시리아 왕조는 네 명정도면 충분해요. 앞으로 바벨론은 두 명입니다. 쉬워요~ |
| | 아달랴여왕 | 살만에셀 3세 | |
| 예후 | | | |
| 여호아하스 | 요아스 | | |
| 요아스 | 아마샤 | | |
| 여로보암2세 | | 앗수르 단3세 | |
| 스가랴 | 아사랴<br>(=웃시야) | | **※ 디글랏빌레셀 3세**<br>북이스라엘 베가왕과 아람왕 르신이 앗수르를 견제하자고 하고 아하스가 거부하는 사건으로 두 나라의 침공을 받자 디글랏빌레셀에게 뇌물을 줍니다. |
| 살룸 | | | |
| 므나헴 | | | |
| 브가히야 | | | |
| 베가 | 요담 | | **※ 살만에셀 5세**<br>디글랏빌레셀 3세가 죽자 호세아왕이 앗수르를 배반을 하고 이에 사마리아를 3년간 포위합니다. |
| | 아하스 | 디글랏빌레셀 3세 | |
| 호세아(BC 721)<br>북이스라엘 멸망 | 히스기야 | 살만에셀 5세 | **※ 사르곤 2세**<br>살만에셀 5세가 사마리아 포위중 급사하고, 이어받은 사르곤2세가 북이스라엘을 멸망시킵니다. |
| | | 사르곤 2세 | |
| **※ 앗수르 후기왕조**<br>엣살핫돈 : 애굽침공<br><br>앗수르바니팔 : 애굽 노아몬 멸망시킴<br><br>신샤리이슈쿤 : 니느웨성에 불지르고 죽으며 함락됩니다.<br><br>앗수르우발니트3세 : 신샤리이슈쿤의 형제로 하란지역에서 저항하지만 멸망합니다. | | 산헤립 | **※ 산헤립**<br>히스기야왕때 남유다를 공격하고 예루살렘을 포위하는데 밤에 여호와의 사자가 앗수르 군사 185,000명을 치고 구원받지요.<br>산헤립은 돌아가 니느웨에서 죽임 당합니다. |
| | 므낫세 | 엣살핫돈<br>앗수르바니팔<br>**신샤리이슈쿤**<br>**앗수르우발니트3세** | |
| | 아몬 | | |
| | 요시야 | | |
| | 여호아하스<br>(=살룸) | | |
| | 여호야김 | | |
| | 여호야긴 | | |
| | **시드기야**(BC 587)<br>남유다 멸망 | ※ 남유다 요시야왕이 앗수르와 애굽이 바벨론을 막으려고 가는데 애굽을 막아서다가 므깃도에서 전사하지요. 1차 갈그미스전투는 반바벨론이 승리하지만 2차갈그미스전투는 바벨론이 승리를 하며 남유다를 침략합니다.(즉,그 시점에 앗수르는 멸망한 상태입니다) | |

# 분열왕국 왕조표

| 북이스라엘 | 활동 선지자외 | 남유다 | 활동 선지자외 |
|---|---|---|---|
| 여로보암 | 22년 통치 | 르호보암 | 17년 통치 |
| | | 아비얌 (아비야) | 북이스라엘 여로보암왕 십팔년/ 3년통치 |
| 나답 | 남유다 아사왕 이년/ 2년통치 | 아사 | 북이스라엘 여로보암왕 이십년/ 41년통치 |
| 바아사 | (반역) 남유다 아사왕 삼년/ 24년통치 | | |
| 엘라 | 남유다 아사왕 이십육년/ 2년통치 | | |
| 시므리(7일) | (반역) 남유다 아사왕 이십칠년/ 7일통치 | | |
| 오므리 (디브니) | (반역) 남유다 아사왕 삼십일년/ 12년통치 | | |
| 아합 | 남유다 아사왕 삼십팔년/ 22년통치 | | |
| 아하시아 | 남유다 여호사밧왕 십칠년/ 2년통치 | 여호사밧 | 북이스라엘 아합왕 사년/ 25년통치 |
| 여호람 (요람) | 남유다 여호사밧왕 십팔년 &여호람왕 이년/ 12년통치 (아하시아는 아들 없음, 아하시아 동생) | 여호람 | 북이스라엘 요람왕 오년/ 8년통치 |
| | | 아하시아 | 북이스라엘 요람왕 십이년/ 1년통치 |
| 예후 | (반역) 28년통치 | 아달랴여왕 | 아하시아 어머니이자 여호람의 아내(아합/이세벨의 딸) - 남유다 다윗계열이 아님에 주의 |
| 여호아하스 | 남유다 요아스왕 이십삼년/ 17년통치 | 요아스 | 북이스라엘 예후왕 칠년/ 40년통치 |
| 요아스 | 남유다 요아스왕 삼십칠년/ 16년통치 | | |

예후의 반역으로 북이스라엘의 요람왕과 남유다의 아하시아왕은 모두 죽게 됩니다.

이 시점을 하나로 구분하시면 편합니다.

| 북이스라엘 | 활동 선지자외 | 남유다 | 활동 선지자외 |
|---|---|---|---|
| 요아스 | 앞 페이지 연결 | 요아스 | 앞 페이지 연결 |
| | | 아마샤 | 북이스라엘 요아스왕 이년/ 29년통치 |
| 여로보암2세 | 남유다 아마샤왕 십오년/ 41년통치<br>(북이스라엘 여로보암1세 아들 아님,)<br>**호세아, 아모스, 요나**(니느웨 멸망예언) | 아사랴<br>(=웃시야) | 북이스라엘 여로보암2세왕 이십칠년/ 52년통치 |
| 스가랴 | 남유다 아사랴왕 삼십팔년/ 6개월통치<br>(예후 4대손 ) | | |
| 살룸 | (반역) 남유다 웃시야왕 삼십구년/ 1개월통치 | | |
| 므나헴 | (반역) 남유다 아사랴왕 삼십구년/ 10년통치 | | |
| 브가히야 | 남유다 아사랴왕 오십년/ 2년통치 | | |
| 베가 | (반역) 남유다 아사랴왕 오십이년/ 20년통치 | 요담 | 북이스라엘 베가왕 이년/ 16년통치<br>**이사야**, 나훔(앗수르 멸망예언, 요세푸스 기준),<br>미가(북이스라엘과 앗수르 멸망, 유다 바벨론<br>멸망 예언) , |
| | | 아하스 | 북이스라엘 베가왕 십칠년/ 16년통치<br>**이사야**, 미가 |
| 호세아 | (반역) 남유다 아하스왕 십이년/ 9년통치<br>북이스라엘은 멸망(BC 721) | 히스기야 | 북이스라엘 호세아왕 삼년/ 29년통치<br>**이사야**, 미가 |
| | | 므낫세 | 55년통치 최악의 왕중 하나<br>**이사야** |
| | | 아몬 | 2년 통치 |
| | | 요시야 | 31년 통치<br>예레미야, 스바냐, 나훔(앗수르 멸망예언) |
| | | 여호아하스<br>(=살룸) | 3개월 통치<br>예레미야 |
| | | 여호야김 | 11년 통치, 여호아하스 형<br>예레미야, 하박국(바벨론 멸망예언), 다니엘(바<br>벨론1차포로로 끌려 감) |
| | | 여호야긴 | 3개월 통치<br>예레미야, **에스겔**(여호야긴왕과 함께 바벨론 2<br>차포로로 끌려 감) |
| | | 시드기야 | 11년 통치,  남유다 멸망(BC 587)<br>예레미야, **에스겔** |

[호1:4] 여호와께서 호세아에게 이르시되 그의 이름을 <u>이스르엘</u>이라 하라 조금 후에 내가 이스르엘의 피를 예후의 집에 갚으며 <u>이스라엘 족속의 나라를 폐할 것임이니라</u>

# 바사시대 왕조와 역사서/선지서 연결

바벨론포로기와 바사시대는 이스라엘에 시기를 특정할 왕이 없기 때문에 불가피하게 다른 이방국가의 왕조를 기준으로 시기를 가늠해야 합니다.

바벨론은 느부갓네살과 벨사살만 기억해도 거의 가능합니다.

하지만 바사의 경우는 조금 더 구분이 되기에 기억할 수 있으면 좋구요.. 아니면 그때 그때 한번씩 찾아보시며 참고하시라고 바사왕조와 역사서/선지서를 연결하는 표를 만들어 보았습니다.

| 메대-바사왕 | 주요 사건 | 주요인물 & 선지자 |
|---|---|---|
| 다리오 | 메데-바사의 초대 왕으로 고레스의 외삼촌입니다.<br>메데-바사는 그리스처럼 도시국가형태로 초기에 메대와 바사로 분리되어 있다가 바사로 통합됩니다.<br>단6장, 단9장에 나오는 다리오왕이 이 인물입니다. | 다니엘 |
| 고레스 | 이란인들이 실질적인 바사제국의 아버지로 부르는 인물입니다.<br>이 때 고레스칙령(세계최초 인권선언문)이 발표되고 포로귀환이 이루어집니다.(대하36:22~23)<br>1차포로귀환(스룹바벨과 예수아를 중심으로 성전재건을 목표) | 다니엘 |
| 캄비세스 |  |  |
| 스메르디스 |  |  |
| 다리오1세 | 학개, 스가랴 선지자가 중단된 성전재건을 독려 | 학개, 스가랴 |
| 아하수에로 (크세르크세스) | 아하수에로왕의 두 번째 왕비 에스더(에스더서가 에스라,느헤미야 보다 앞선 이야기이기에 시기를 파악하며 먼저 읽어 보세요)의 남편입니다.<br>에스라와 느헤미야가 포로귀환을 통한 귀환한 유대인들에 대한 이야기라면 에스더서는 귀환하지 않은 바사에 정착한 디아스포라에 대한 이야기입니다.<br><br>모세오경에 기록되지 않은 유일한 절기인 부림절(이스라엘 민족이 바사 총리 하만이 꾀한 유대인 멸절에서벗어난 것을 기념하는 축제)의 기원이 기록되어 있습니다. | 에스더 (죽으면 죽으리라) |
| 아닥사스다1세 | 2차포로귀환(에스라 - 영적 생활지도),<br>3차포로귀환(느헤미야 - 무너진 예루살렘 성벽 재건) | 에스라, 느헤미야 |
| 다리오2세 |  | 말라기 (마지막 선지자) |

# 프톨레미/셀레우커스 왕조

| 애굽 프톨레미왕조 | | 시리아 셀레우커스왕조 | |
|---|---|---|---|
| **프톨레미 1세** (소테르) | 주전 322~285 | **셀레우커스 1세** (니카토르) | 주전 312~280 |
| **프톨레미 2세** (필라델푸스) | 주전 285~246 | **안티오쿠스 1세** (소테르) | 주전 280~261 |
| | | **안티오쿠스 2세** (테오스) | 주전 261~246 |
| **프톨레미 3세** (유에르게테스) | 주전 246~221 | **셀레우커스 2세** (칼리니쿠스) | 주전 246~226 |
| | | **셀레우커스 3세** (세라누스) | 주전 226~223 |
| **프톨레미 4세** (필로파토르) | 주전 221~203 | **안티오쿠스 3세** ( 마그누스,메가스) | 주전 223~187 |
| **프톨레미 5세** (에피파네스) | 주전 203~181 | **셀레우커스 4세** (필로파토르) | 주전 187~175 |
| **프톨레미 6세** (필로메토르) | 주전 181~146 | **안티오쿠스 4세** (에피파네스) | 주전 175~163 |
| | | **안티오쿠스 5세** (유파토르) | 주전 163~162 |
| | | **데메트리우스 1세** (소테르) | 주전 162~150 |

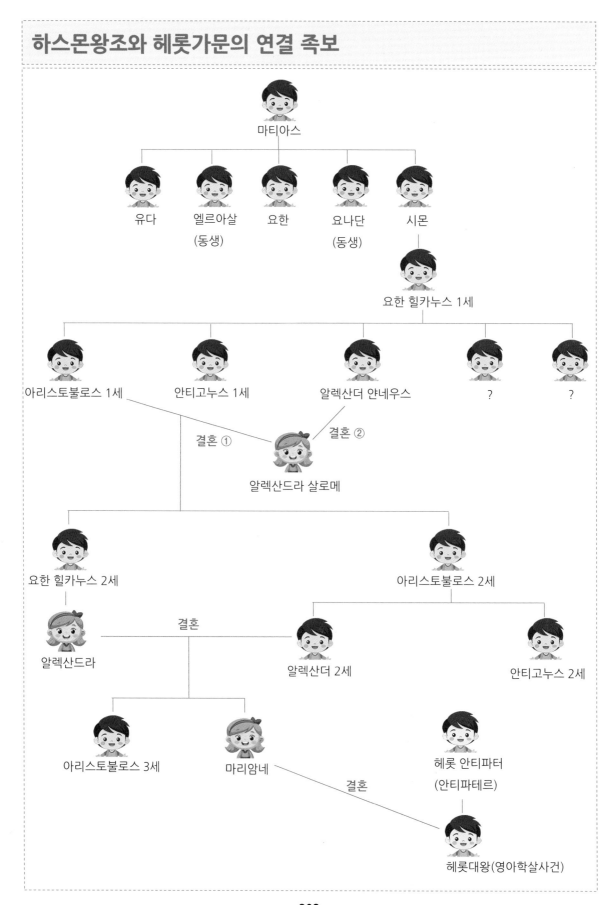

# 하스몬왕조와 헤롯가문의 연결 족보

마티아스

유다 | 엘르아살 (동생) | 요한 | 요나단 (동생) | 시몬

요한 힐카누스 1세

아리스토불로스 1세 | 안티고누스 1세 | 알렉산더 얀네우스 | ? | ?

결혼 ① | 알렉산드라 살로메 | 결혼 ②

요한 힐카누스 2세 | 아리스토불로스 2세

알렉산드라 | 결혼 | 알렉산더 2세 | 안티고누스 2세

아리스토불로스 3세 | 마리암네 | 결혼 | 헤롯 안티파터 (안티파테르)

헤롯대왕(영아학살사건)

## 헤롯가문족보

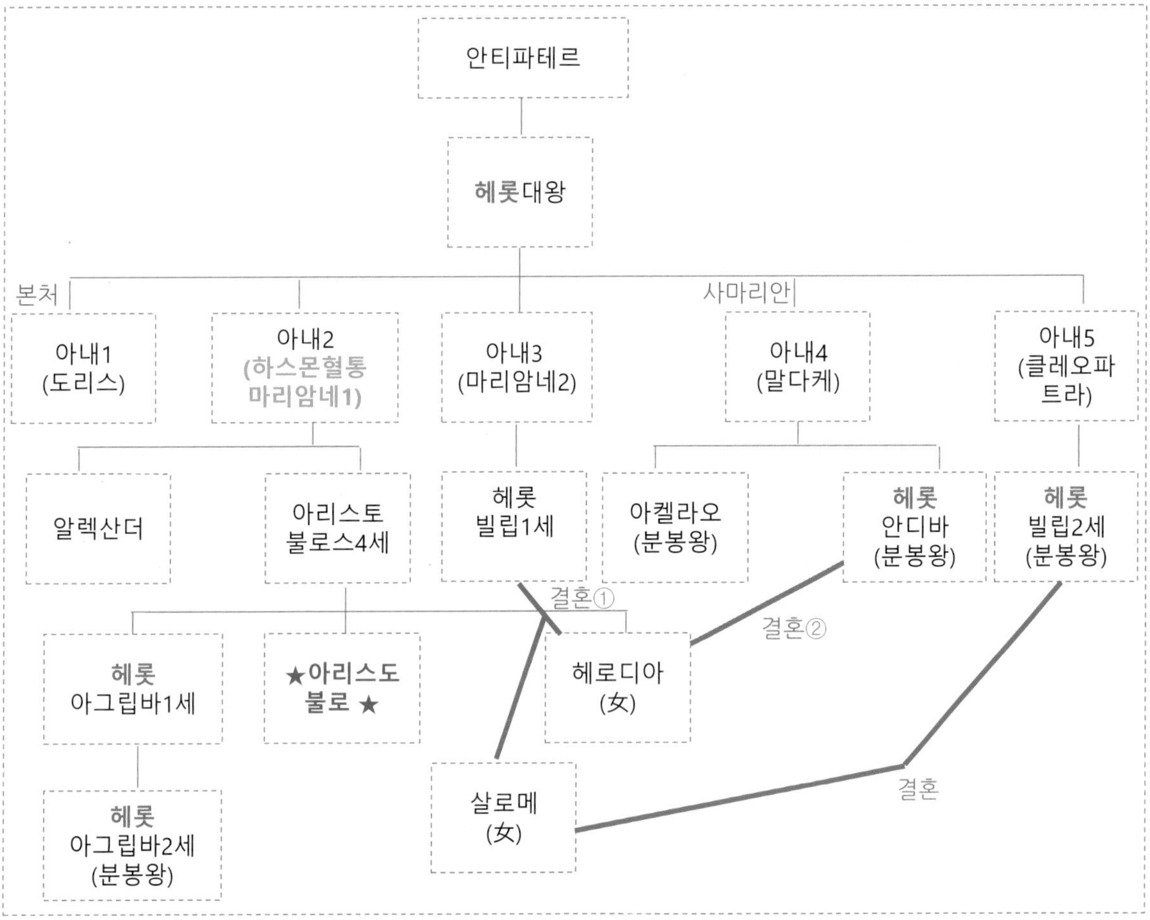

안티파테르

헤롯대왕

본처 | 사마리안

아내1
(도리스)

아내2
(하스몬혈통
마리암네1)

아내3
(마리암네2)

아내4
(말다케)

아내5
(클레오파
트라)

알렉산더

아리스토
불로스4세

헤롯
빌립1세

아켈라오
(분봉왕)

헤롯
안디바
(분봉왕)

헤롯
빌립2세
(분봉왕)

결혼①

결혼②

헤롯
아그립바1세

★아리스도
불로 ★

헤로디아
(女)

결혼

헤롯
아그립바2세
(분봉왕)

살로메
(女)

헤롯가문의 통치구역입니다. 붉은 색 지역은 당시 로마가 직접 관리하던 지역입니다.
초기에는 위와 같았지만 앞에 말씀드린 것처럼 헤롯 아그립바 이후는 아켈라오 지역을 본디오빌라도가 관할라게 됩니다.

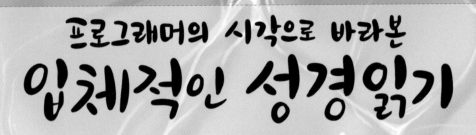

보다 즐거운 성경읽기가 되시기를 바라며,

가정안에 예수님의 평안이 늘 함께 하시기를 기도합니다.

성경읽는 프로그래머